KB217105

민사의견서집

제 1 권

양창수 저

박영사

머 리 말

이 책은 내가 그동안 쓴 민사 관련 의견서들을 모아 펴내는 것이다.

여기서 '의견서'라고 부르는 것은 대체로 어떠한 구체적인 사건, 즉 국내의 민사소송사건이나 국제 중재사건 아니면 당사자들 사이의 갈등을 해소·조정하는 과정 등에서 그 글이 그 이름이나 그와 유사한 이름('법률전문가 의견서', '의견진술서' 등)으로 당해 사건의 판정 기관에 제출된 사실에서 연유한다. 그 글들은 모두 우리말로 쓰여 제출되었으나, 특히 국제 중재사건에서는 이를 영어로 번역하여 함께 제출되기도 하였다.

나에게 그러한 일이 맡겨지게 된 것은 1997년 겨울의 이른바 IMF 외환 위기 때부터였다(물론 예외가 아주 없지는 않은데, 제1권의 맨 첫번 글이 그러하다). 되돌아보면, 그 당시의 대량 채무불이행 사태는 여러 가지 어려운 법문제를 제기하기도 하였다. 그것이 우리의 법원에서 또는 한국법을 준거법으로 하기로 하는 약정을 포함하는 섭외적 계약관계 기타 한국법이 적용되는 사실관계로부터 일어난 것인 경우에, 당해 사건을 다루는 변호사(기업 안에서 일하는 분들을 포함하여)들이 말하자면 '의견'을 청하였던 것이다. 따라서 이들 의견서는 예외 없이 이른바 '주문생산'에 해당한다.

그러한 사건들에는 몇 가지 특징이 있는데, 그 중에는 물론 그와 관련된 이해관계가 크다는 점도 있다. 그러나 이것이 아니라도, 거기서 제기되는 법문제(이것은 경우에 따라서는 다른 것을 풀어가는 과정에서 별도로 제기되기도 하였다)가 종전에는 별로 의식되거나 다루어지지 아니한 말하자면 새로운 것이어서, 아무래도 통상의 문헌 기타 연구 자료로부터 일정한 '해답'을 얻기 또는 건져내기가 쉽지 않고 스스로 머리를 굴려보아야 한다는 점이었다. 나에게는 이 점이 이러한 일을 인수하게 하는 중요한 이유이기도 하였다. 즉 어떠한 학문에서도 이를 영위하는 과정에서 중요한 포인트인 '문제 발견'(그 '해결'과는 사고지평을 달리하는)의 차원에서 흥미로웠던 것이다.

물론 이와 같이 마련되는 의견서를 바탕으로 또는 계기로 해서 아예 논문 등이 작성되기도 하였다. 그러나 이 책에는 그러한 경우를 제외하고 애초의 의견서를 원래의 형태대로 담기로 하였다. 이러한 글들이 간행된 예는 우리에게는 아직 없는 것으로 아는데, 이번에 부끄러움을 무릅쓰고 책으로 공간하기로 마음을 정한 직접적인 계기는 근자의 대법관 임명 과정에서 그 후보자가 이와 같은 '의견서'를 다수 작성하였다는 것을 무슨 흠이라도 되는 양, 변호사법 제109조 위반 기타 위법인 양 문제 삼는 입장이 —심지어는 법학교수 측으로부터도— 적지 않게 제시되었다는 데 있다. 그러나 주요한 외국의 예를 굳이 들 것도 없이, 소송 등 사건에 대하여 대학교수 기타 전문가가 법원 기타의 판정 기관 또는 그 사건을 다루는 변호사 등으로부터 의뢰 받아 일정한 사실적 또는 법적 사항에 관하여 감정, 상담 또는 관련 문서를 작성하여 제출하는 것은 —그것이 일정한 반대급부와 결합되어 있더라도— 그 전문 업무의 성질상 당연히 허용되는 것이다. 예를 들면 나 자신이 2002년에 교수로 있으면서 대법관으로부터 대법원의 실제 사건에 관련하여 문의를 받아 서면으로 응답을 한 일이 있거니와, 근자에도 이러한 일은 행하여지고 있다(이에 대하여는 양창수, "민법 제197조 제2항의 '본권에 관한 소에서 패소한 때'의 해석에 관하여", 민법연구 제10권(2019), 228면; 윤진수, "집합건물 공용부분의 무단점유로 인한 부당이득", 자율과 정의의 민법학: 양창수 교수 고희 기념 논문집(2021), 761면("필자는 이 사건이 대법원에 계속 중에 대법원으로부터 요청을 받아 의견을 제출한 바 있다"); 이동진, "저당물 제3취득자의 비용상환청구권", 재산법연구 제40권 2호 (2023.8), 148면("애초에 위 사건과 관련하여 2023년 대법원의 요청으로 작성·제출된 것") 등). 나는 오히려 대학교수가 위와 같은 일을 하기에 이른 것이, 처음에 전적으로 실무가 중심으로 출발하였던 우리 법학의 역사에 비추어보더라도, 작지 않은 진전이라고 평가한다.

내가 작성한 '의견서'로서 이 책에 실은 것은 나름대로 의미가 있다고 생각되는 일부에 한정하여 추려낸 것이다. 그것은 우선 글의 편성 기타 형식적인 점에서 대표적이라고 할 만한 것들, 다음으로 다룬 대상이 민법을 포함한 민사법률의 해석 내지 운용에서 참고가 될 만한 것들이다. 그리고 각 글의 말미에서 그 작성의 시기를 밝혀 두었다.

여기에 수록된 '의견서'를 작성하는 과정에서 그 작성을 의뢰한 변호사 또는 그 사무실과 사이에 일정한 의견 교환의 과정이 있는 경우가 대부분이었다. 그리하여 내가 작성한 초안에 대하여 제시된 그들의 여러 '의견'을 내가 평가하거나 음미하여 위 초안을 보완·수정하는 경우도 적지 않았음을 이 자리를 빌어 밝혀두기로 한다.

　　한편 내가 이러한 '의견서' 작성의 일을 의뢰받을 때에는 그 의뢰받은 사실을 외부적으로 밝히지 않는다는 일종의 비밀의무도 인수하는 경우가 적지 않았다. 그 약정의 정신을 존중하여 여기에 게재함에 있어서는 당사자 또는 사건번호 기타를 익명 처리하고, 또 날짜 등 구체적인 사건을 특정하거나 지시할 수 있는 징표들은 논지를 흐리지 않는 한도에서 가능한 한 가려 알 수 없게 하였다. 그리고 글 말미에 [후기]를 붙여서 그 제출 후의 귀추 등을 적은 것도 있다.

　　이 글들을 어떠한 순서로 배열하고 또 목차를 얼마나 상세히 꾸릴 것인가 하는 것과 관련해서도 망설임이 많았다. 결국은 제1권에는 국내의 각종 '사건'에 대한 것, 제2권에는 주로 국제 중재사건에 관한 것으로 기타 섭외적 요소가 많은 것으로 나누어 담기로 했다. 그리고 각 권에서 그 글이 작성된 시기 순으로 배치하여, 최근의 것을 맨 나중으로 돌렸다. 그리고 목차에는 각 글의 '제목'이라고 할 것만을 내걸기로 하였다. 거기에 담긴 개별적인 법문제의 세목은 뒤의 '사항 색인'을 살펴보기 바란다.

　　이 책을 내는 데 애를 써 준 김선민 이사님께 이 자리를 빌어 감사드린다.

2025년 2월 10일
강남 연구실에서

양　　　창　　　수

목 차

1. 피상속인이 배우자 및 직계비속 전부와 동시사망한 경우의 재산상속

A. **의견요청내용** : 다음의 1.과 같은 사실관계 아래서 다음의 2.의 문제는 어떠한가?

1. 사실관계

(1) 외국에서의 항공기 추락 사고로 문제의 본인 A와 배우자, 아들과 며느리, 딸, 그리고 손자녀(외손자녀 포함)가 모두 사망하고, 사위는 국내에 남아 살아 있다.

(2) A에게는 직계존속이 없으나 생존하고 있는 형제가 다수 있고, 배우자에게는 형제가 없다. 또한 며느리에게는 친정 부모가 생존하고 있다.

2. 문의사항

(1) 동시사망 추정의 여부
(2) A의 재산의 상속관계

B. **감정의견**

1. 동시사망의 추정에 관한 민법 제30조가 적용되는 전형적인

경우라고 생각됩니다. 그 규정에서 정하고 있는 「동일한 위난」의 예로 하나같이 드는 것이 비행기에 같이 탄 일가족이 그 추락사고로 사망한 경우입니다.

2. 결론적으로 A의 재산은, 위 1.에서의 추정이 뒤집히지 않는 한, 사위에게 상속됩니다.

(1) A에게는 제1순위의 상속인(직계비속)은 상속개시, 즉 그의 사망시에는 일단 없게 됩니다(그리고 제2순위의 상속인(직계존속)은 처음부터 없다는 것이므로 문제가 되지 않습니다).

(2) 그런데 여기서 문제는 배우자의 대습상속권을 정한 민법 제1003조 제2항입니다. 동항은 "제1001조의 경우[제1000조 제1항 제1호 … 에 의하여 상속인이 될 직계비속 … 이 상속개시 전에 사망 … 한 경우]에 상속개시 전에 사망 … 한 자의 배우자는 동조의 규정에 의한 상속인과 동순위로 공동상속인이 되고 그 상속인이 없는 때에는 단독상속인이 된다"라고 정하고 있습니다.

(a) 우선 여기서 「상속개시 전」이라고 정하고 있기 때문에, 피상속인의 직계비속이 상속개시와 동시에, 즉 피상속인의 사망과 동시에 사망한 경우에도 위 규정이 적용되지 않는다고 하여야 할 것이 아닌가 하는 의문이 제기될 수 있겠습니다. 그러나 문언에도 불구하고(일본민법은 용이주도하게도 "상속의 개시 이전에 사망한 때"라고 정하고 있습니다), 형평을 내세워서 대습상속을 긍정하는 것이 학설의 태도입니다(우선 곽윤직, 『상속법』(1997), 124면). 이 점에는 거의 의문이 제기될 여지가 없다고 생각됩니다.

(b) 한편 우리 학설상으로는 피상속인의 자녀가 모두 먼저 사망하고 그들 각각의 자녀(즉 피상속인의 손자녀)가 상속개시 당시 살아 있는 경우에 대하여는, 과연 손자녀의 상속이 민법 제1001조의 대습상속인가, 아니면 민법 제1000조 제1항 제1호(이는 일본민법처럼 「자녀」라고 정하지 아니하고 "직계비속"이라고 정하고 있습니다)에 의한 본래의 상속인가에 대하여 예리한 대립이 있습니다.

이 학설 대립에서 논점의 하나는 —각 손자녀의 상속분 계산의 문제와 함께— 미리 사망한 자녀의 배우자의 상속권 유무입니다. 즉 이를 긍정하는 견해(곽윤직)에 의하면, 손자녀의 상속은 대습상속이어서 이에 대하여는 앞서 본 민법 제1003조 제2항("제1001조의 경우에 …")이 적용되므로, 이 규정에 의하여 먼저 사망한 자녀의 배우자도 공동상속인이 됩니다. 그런데 이를 부정하는 견해를 취하게 되면, 결과적으로(그 설을 취하는 입장[가령 김주수, 박병호]에서 이 점까지 의식하고 있는지는 명확하지 아니합니다) 민법 제1003조 제2항이 적용될 여지가 없어서, 미리 사망한 자녀의 배우자는 상속에서 제외되는 결과가 됩니다.

그러나 이 사건에서는 피상속인의 손자녀도 모두 동시사망한 것으로 추정되어 상속을 받을 피상속인의 손자녀가 전혀 없게 되었으므로, 이 학설상의 논쟁은 이 사건의 사실관계와는 관련이 없다고 하여야 할 것입니다.

(c) 그리하여 민법 제1003조 제2항을 이 사건에 적용하여 보면, A의 상속인이 될 그의 딸(가령 B라고 부르기로 합니다)이 상속개시 이전에 사망하였으므로, 그의 배우자인 A의 사위는 B의 직계비속들이 상속개시 당시 살아 있었다면 그들과 함께 A의 공동상속인이 되었을 것인데, B의 직계비속들이 모두 동시에 사망하여 "그 상

속인이 없"으므로, 결국 단독상속인이 되는 것입니다. 그리고 이와 같이 제1순위의 상속인 B에 갈음하는 대위상속이 행하여지므로, A 의 형제들은 제3순위의 상속인으로서 이에 의하여 당연히 아무런 상속권이 없는 것입니다.

(d) 그러므로 결국 민법 제1003조 제2항의 말미부분("… 그 상속인이 없는 때에는 단독상속인이 된다")에 의하여 사위가 단독상속 인이 된다고 하겠습니다.

민법 제1003조 제2항은, 1991년의 민법개정에서, 종전에 처의 대습상속만을 인정하였던 것을, 부를 포함하여 일반적으로 배우자 의 대습상속을 인정하는 쪽으로 바꾸었습니다. 그러므로, 비록 위 와 같은 결과가 만에 하나 상식에 반드시 일치하지 않는 점이 있지 않은가 의심이 든다고 하여도, 위 민법개정 전이라면 이 사건과 같 은 경우에 며느리만이 생존하였다면 며느리가 당연히 단독상속인 이 되었던 것을 생각하면,[1] 사위만이 생존한 경우라고 하여 달리 해석하는 것은 도저히 허용되지 않는다고 하겠습니다. 말하자면 배 우자의 대습상속권은 하나의 입법적 결단으로서, 「상식」이라고 일 부에서 부르는 것을 가지고 문제삼을 여지가 없다고 할 것입니다. 만일 위의 결론이 상식에 반한다면, 또한 가령 부夫가 사망하였는

---

1) 가령 김주수 편집대표, 주석 상속법(상)(1996), 137면(김주수 집필부분)
은 다음과 같이 설명하고 있습니다. "1990년의 민법 일부개정 전에는 처
에게만 대습상속권을 인정하였으나, 개정법은 부夫에게도 처와 마찬가지
의 대습상속권을 인정하여, 배우자의 대습상속으로 개정하였다. 특히 처
에게 대습상속권을 준 것은 매우 타당한 입법이다. 예컨대 부夫에게 직
계비속이 없고 망부亡夫에게는 재산이 거의 없는 데 반하여 시부모에게
많은 재산이 있을 경우에 처는 부의 사망 후의 생활에 위협을 받지 않게
되는 것이다."

데 자식이 없는 경우에 처가 시부모를 제치고 단독으로 재산상속을 하는 것도 상식에 반한다고 하여야 할 것인데, 그렇다고 그러한 처의 상속이 「법」이 아니라고 할 사람은 아무도 없을 것입니다.

(3) 한편 사돈(며느리의 친정 부모)은 상속인이 될 수 없습니다.

(a) 우선 며느리는 피상속인의 직계비속의 배우자이므로, 만일 피상속인이 사망할 당시 살아 있었다면 민법 제1003조 제2항에 의하여 대습상속을 할 수 있겠습니다. 그러나 대습상속의 요건 중 하나는 ―의문의 여지가 없는 점인데― 대습상속할 자가 상속개시 당시에 살아 있어야 한다는 것입니다.

이 사건에서는 며느리는 이 요건을 갖추지 못하므로 대습상속을 할 수 없습니다. 그 외에 며느리가 상속받을 근거가 없습니다.

(b) 나아가 사돈은 며느리의 직계존속인데, 대습상속인은 상속인이 될 자의 「직계비속」만이 될 수 있습니다(민법 제1001조 참조: "그 직계비속이 있는 때에는 …"). 그리고 무엇보다도 앞의 (a)에서 본 대로 며느리가 상속권이 없으므로, 피상속인과의 관계에서는 그의 사돈은 대습할 또는 상속할 무슨 법적 기초가 없는 것입니다.

(1997년 9월 작성)

[후 기]

1. 이 글은 필자가 1985년 6월 대학으로 일터를 옮기고 10여

년이 지난 후에 처음으로 쓴 —필자로서는 감회가 없지 않은— 감
정의견이다. 필자를 대학으로 끌어주신 은사 곽윤직 선생님께서는
처음 학교의 동료가 되었을 때 필자에게 "10년 동안은 다른 아무것
도 하지 말고 공부를 열심히 하라"고 말씀하셨었다.

2. 주지하는 대로 대법원 2001. 3. 9. 판결 99다13157사건(대법
원판례집 제49권 제1집, 203면; 판례공보 2001년 상권, 831면)은 다음과
같이 본문의 감정의견과 같은 취지의 판단을 내렸다.

(1) 우선 외국에서 사위의 대습상속권을 인정한 입법례를 찾기
어렵고, 또한 피상속인의 사위가 피상속인의 형제자매보다 우선하
여 단독으로 대습상속하는 것이 반드시 공평한 것인지 의문을 가
져볼 수는 있다 하더라도, 다음과 같은 점을 고려하여 보면, 이를
이유로 곧바로 **피상속인의 사위가 피상속인의 형제자매보다 우선하여 단
독으로 대습상속할 수 있음이 규정된 민법 제1003조 제2항이 입법형성의
재량의 범위를 일탈하여 행복추구권이나 재산권보장 등에 관한 헌법규정에
위배되는 것이라고 할 수 없다.** 즉, ① (i) 우리나라에서는 전통적으로
오랫동안 며느리의 대습상속이 인정되어 왔고, (ii) 1958년 2월 22
일 제정되고 1960년 1월 1일 시행된 민법에서도 며느리의 대습상
속을 인정하였으며, (iii) 1990년 1월 13일에 개정된 민법에서 며느
리에게만 대습상속을 인정하는 것은 남녀평등·부부평등에 반한다
는 것을 근거로 하여 사위에게도 대습상속을 인정하는 것으로 개
정하였다. ② 헌법 제11조 제1항이 누구든지 성별에 의하여 정치
적·경제적·사회적·문화적 생활의 모든 영역에 있어서 차별을 받
지 아니한다고 규정하고 있고, 헌법 제36조 제1항이 혼인과 가족생
활은 양성의 평등을 기초로 성립되고 유지되어야 하며 국가는 이

를 보장한다고 규정하고 있다. ③ 현대 사회에서 딸이나 사위가 친정 부모 내지 장인장모를 봉양·간호하거나 경제적으로 지원하는 경우가 드물지 아니하다. ④ 배우자의 대습상속은 혈족상속과 배우자상속이 충돌하는 부분인데 이와 관련한 상속순위와 상속분은 입법자가 입법정책적으로 결정할 사항으로서 원칙적으로 입법자의 입법형성의 재량에 속한다고 할 것이다. ⑤ 상속순위와 상속분은 그 나라 고유의 전통과 문화에 따라 결정될 사항이지, 다른 나라의 입법례에 크게 좌우될 것은 아니다. ⑥ 피상속인의 방계혈족에 불과한 피상속인의 형제자매가 피상속인의 재산을 상속받을 것을 기대하는 지위는 피상속인의 직계혈족의 그러한 지위만큼 입법적으로 보호하여야 할 당위성이 강하지 않다.

(2) 나아가 대습상속제도는 대습자의 상속에 대한 기대를 보호함으로써 공평을 꾀하고 생존 배우자의 생계를 보장하여 주려는 것이다. 또한 동시사망 추정규정도 자연과학적으로 엄밀한 의미의 동시사망은 상상하기 어려운 것이나 사망의 선후를 입증할 수 없는 경우 동시에 사망한 것으로 다루는 것이 결과에 있어 가장 공평하고 합리적이라는 데에 그 입법 취지가 있는 것이다. 이렇게 보면, 상속인이 될 직계비속이나 형제자매(피대습자)의 직계비속 또는 배우자(대습자)는 피대습자가 상속개시 전에 사망한 경우에는 대습상속을 하고, 피대습자가 상속개시 후에 사망한 경우에는 피대습자를 거쳐 피상속인의 재산을 본위상속을 하므로 두 경우 모두 상속을 한다. 그런데 만일 피대습자가 피상속인의 사망, 즉 상속개시와 동시에 사망한 것으로 추정되는 경우에만 그 직계비속 또는 배우자가 본위상속과 대습상속의 어느 쪽도 하지 못하게 된다면 동시사망 추정 이외의 경우에 비하여 현저히 불공평하고 불합리한 것이

라 할 것이고, 이는 앞서 본 대습상속제도 및 동시사망 추정규정의 입법 취지에도 반하는 것이다. 따라서 민법 제1001조에서 정하는 "상속인이 될 직계비속이 상속개시 전에 사망한 경우"에는 '상속인이 될 직계비속이 상속개시와 동시에 사망한 것으로 추정되는 경우'도 포함하는 것으로 합목적적으로 해석함이 상당하다.

(3) 마지막으로 피상속인의 자녀가 상속개시 전에 전부 사망한 경우 피상속인의 손자녀는 본위상속이 아니라 대습상속을 한다는 것이다.

3. 위 대법원 2001. 3. 9. 판결에 대하여는 다음과 같이 많은 판례평석 또는 그 판결을 계기로 한 것으로 추측되는 연구논문이 있다. 이들은 대체로 판례의 취지에 찬성한다.

(i) 정긍식, "배우자의 대습상속권 : 연혁적 고찰", 민사판례연구 제25권(2003.2), 295면 이하(이 글은 그 후 동, 한국 가계계승법제의 역사적 탐구 — 유교적 제사승계의 식민지적 변용(2019), 423면 이하에 재수록되었다. 아래 4.에서 이에 의하여 인용한다).

(ii) 곽동헌, "대습상속", 아세아여성법학 제6호(2003.9), 29면 이하.

(iii) 정구태, "'피대습자의 배우자의 대습상속' 규정의 해석에 관한 방법론적 일고", 호원논집(고려대학교) 제11호(2003), 131면 이하.

(iv) 최성경, "동시사망 추정과 배우자 대습상속", 가족법연구(한국가족법학회) 제19권 제1호(2005.3), 441면 이하.

(v) 안영하, "소위 괌에서의 KAL기 추락사건", 가족법연구 제19권 제2호(2005.9), 483면 이하.

4. 그 중에서 한국법사를 전공한 학자가 쓴 (i) 논문의 결론 부분은 여기에 그대로 옮겨 적어 볼 만하다(456면 이하).(//은 단락이 바뀌는 곳을 가리킨다)

"대상 판결에서 가장 큰 쟁점은 남녀평등과 혼인 등에서의 양성평등의 헌법 이념과 사위에게 대습상속을 인정하지 않는 또는 않으려는 관습과 법의식이다. 그동안 관습 혹은 순풍양속은 친족상속법의 양성평등의 실천과 민주화에 걸림돌로 작용하였다. 여기서 관습은 과연 실체가 있으며 또 언제의 것을 오늘날과 관련이 있는 관습으로 규정할 수 있는가? 그동안 이러한 관습을 바탕으로 법을 제정하거나 법해석을 해 온 논변에서 관습의 시간성을 실종되었다. 역사적으로 변화해 온 관습 가운데 그들의 입장에 유리한 관습만 역사적 맥락을 무시한 채 단장취의斷章取義하였다. 따라서 관습을 근거로 배우자의 대습상속권을 부인하는 것은 역사성이 실종된 근거가 박약한 논변이다. // 입법자는 상속 순위와 상속분에 관한 입법을 하면서 관습과 의식을 고려하여야 하지만 이에 절대적으로 구속되어서는 안 되며, 오히려 헌법 이념에 합치되도록 노력하여야 한다."

2. 대표이사의 자기거래로 인한 매매계약의 무효와 손해배상책임 등

A. 사실관계

A 회사가 1979년 ○월에 B 회사로부터 토지와 그 지상 건물을 80여억 원에 매수하고 그즈음부터 1983년까지 사이에 각 소유권이 전등기를 경료하였다.

그 후 B 회사로부터 위 소유권이전등기의 말소를 청구하는 소송이 제기되어 결국 A 회사가 패소함으로써 위 등기는 말소되었다 (이에는 대법원의 최종적인 판단이 있었다). 판결의 이유는, 위 매매 당시 B 회사와 A 회사의 대표이사가 같은 갑이므로 B 회사의 위 부동산 매도는 「이사의 자기거래」에 해당되는데, 이에 대하여 이사회의 승인이 없었으니 위 매매계약은 무효라는 것이었다.

B. 검토사항

1.

(1) B 회사의 대표이사가 이사회 승인 없이 위와 같이 부동산을 매매한 행위가 A 회사에 대하여 불법행위가 되는가.

(2) 만일 그렇다면, B 회사에 대하여도 책임을 물을 수 있는가.

2. B 회사는 A 회사에 대하여 이행불능으로 인한 채무불이행 책임을 져야 하지 않는가.

3. 손해배상책임이 인정된다고 한다면, 그 소멸시효의 기산점은 매매계약일인 1979년 ○월인가, 아니면 위 판결이 확정된 때인 1996년 ○월인가.

4. 손해배상책임이 인정된다고 한다면,
(1) 그 배상액은 이미 지급한 매매대금 상당액인가, 아니면 소유권이전등기말소판결이 확정될 당시의 목적물의 가액인가.
(2) A 회사는 이사회 승인이 없음을 알았다고 보여지는데, 이는 과실상계사유에 그치는가 아니면 책임 자체가 부인되는가.

5. 기타 이 사건에 관하여 문제가 될 만한 쟁점은 무엇인가.

C. 검토

I. 들어가기에 앞서서

1. 이하의 검토에서는, 이 사건 부동산에 대한 A 회사 앞으로의 소유권이전등기의 원인행위로 1979년 ○월 A 회사와 B 회사 사이에 매매계약이 실제로 체결되어 매매대금 80여억 원이 모두 지급되었다는 사실, 또 그것이 「이사의 자기거래」에 해당함에도 이사회의 승인이 없었다는 것 외에는 실체적 · 절차적 흠이 없음을 전제로 한다.

2. 또한 위 매매계약이 이사회의 승인 없음을 이유로 B 회사에 대하여 효력이 없는 것이라는 점에 대하여도 이제 따로 문제삼지 아니하기로 한다.

Ⅱ. 이사회 승인 없는 이사의 자기거래에서 이사 자신의 책임

1.

(1) 일반적으로 타인과 계약을 체결하는 사람은 그 계약이 유효하게 되기 위하여 자기 측에서 일방적으로 갖추어야 하는 요건을 구비하기 위하여 노력할 의무가 있다고 할 것이다. 그리고 이러한 의무를 유책하게 위반함으로써 그 요건을 갖추지 못하여 결국 계약이 효력 없게 되는 경우에는 그로 인하여 발생한 상대방의 손해에 대하여 불법행위책임을 진다고 할 것이다.

(2) 회사 등 법인의 대표자의 지위에 있는 사람이 법인을 대표하여 타인과의 사이에 계약을 체결하는 경우에 그 계약이 유효하기 위한 요건으로서 강행법규가 특별히 정하는 바를 갖추지 못한 경우에도 마찬가지이다.

(3) 그때 그 대표자의 행위가 "법인의 직무에 관하여" 행하여진 것인 경우에는 법인도 그로 인하여 불법행위책임을 지며(민법 제35조 제1항 제1문), 한편 이로써 대표자 자신의 책임이 면하게 되는 것은 아니다(같은 항 제2문).

(4) 우리나라의 판례는 확고하게 이상을 인정하고 있다. 동일한 취지의 판결은 여럿 있고 실무상의 처리에 있어서도 하나의 명

백한 흐름을 이루고 있는데, 우선 대표적인 판결을 두 개 들어둔다.

[1] 대법원 1975. 8. 19. 판결 75다666사건(대법원판례집 제23권 2집, 220면)

　피고 학교법인의 이사장 M이 학교의 운동장 확장 등의 비용으로 원고로부터 금전을 차용하고 법인 이사장 명의의 수표를 발행하였다. 그러나 이에 대하여 당시의 사립학교법이 요구하는 이사회 결의나 감독관청의 허가를 얻지 아니하여, 그 대차계약이나 수표 발행은 무효이었다. 이 사건 소송에서 원고는 이 사건 소송에서 불법행위책임을 피고 법인에 대하여 물었다. 대법원은 우선 다음과 같이 판시하였다.

　　"설사 M이 원고로부터 차용한 금원을 피고 법인의 유지운영을 위한 것이 아닌 개인적인 용도에 소비하였다 하더라도 그러한 사실만으로써는 M의 금원 차입 등 행위가 피고 법인의 사무집행에 관한 행위로 볼 것임에 영향을 준다고 할 수 없으니, 피고 법인은 M이 금원을 차용하고 수표를 발행함에 있어 사립학교법 제16조 및 제28조가 정하는 이사회의 결의를 거치지 아니하고 [또한] 감독관청의 허가를 받지 않은 잘못으로 인하여 원고가 입은 손해를 불법행위자로서 배상할 의무가 있다."

　다른 한편으로 이 판결은, 원고에게도 "금전 대여에 있어서 사립학교법이 정하는 절차를 거쳤는지 여부를 알아보지 아니한 과실"을 인정하여 피고 법인의 손해배상액을 감액하고 있다(구체적인 감액비율은 대법원판결만으로는 알 수 없다).

　위 [1] 판결 외에 유사한 사실관계에서 학교법인의 손해배상책임을 인정하여도 이것이 위 사립학교법상의 여러 규정들의 취지에

반하는 것이 아니라는 대법원 1980. 4. 8. 판결 79다1531사건(법원공
보 633호, 12774면)도 참고가 된다.

[2] 대법원 1987. 11. 10. 판결 87다카473사건(법원공보 815호(1988년), 86면)
　　피고 상호신용금고의 대표이사 N이 원고로부터 상호신용금고
의 차입한도액 및 차입절차(총사원의 3분의 2 이상의 동의 또는 이사회
의 결의)를 정하는 강행법규인 상호신용금고법 제17조 제1항, 제2항
에 반하여 금전을 차입하였다. 원고는 피고 금고에 대하여 불법행
위책임을 물어 손해배상청구를 하였다. 이 청구는 결국 인용되었
다. 대법원은 다음과 같이 판시한다.

　　"위 금원차입행위가 … 규정에 위배되어 위 신용금고의 채무부담
　　행위로서 무효가 되어 예탁자에게 위 금원을 반환하지 못하게 한
　　손해를 입게 하였다면 대표이사의 위 일련의 행위는 신용금고 대표
　　이사로서의 직무집행행위와 밀접한 관련을 가지고 있고, 외관상 객
　　관적으로 보아 위 신용금고 대표이사의 직무집행행위로 보여진다
　　할 것이므로, 위 신용금고는 대표이사의 위 불법행위로 인하여 예
　　탁자가 입은 손해를 배상할 책임이 있다."

　　2. 이상은 이사의 자기거래에 대하여도 대체로 마찬가지라고
할 것이다. 그러므로 일반적으로는 회사의 이사와 계약을 체결한
사람은 그 계약이 이사의 자기거래에 해당하고 그에 대한 이사회
의 승인이 없었음을 이유로 계약의 효력이 부정된 경우에는 그로
인하여 발생한 손해의 배상을 적어도 당해 이사(계약의 상대방)에
대하여 청구할 수 있다.

(1) 이사의 자기거래에 관한 상법 제398조는, 이사가 "회사와 거래"를 하는 경우, 즉 그 거래의 상대방이 회사인 경우만을 명문으로 정하고 있다. 그 경우에는 회사가 그 계약의 효력을 부정함으로써 별다른 손해가 발생하지 아니하므로, 이사의 불법행위책임의 문제는 사실상 제기될 여지가 없다.

(2) 그러나 이른바 간접거래間接去來의 경우에는 회사가 계약당사자가 되는 것은 아니므로, 역시 위와 같은 책임문제가 실제로 제기될 수 있다. 예를 들면 이사가 회사를 대표하여 제3자와의 사이에 자기 개인의 그 제3자에 대한 채무를 보증하는 계약을 체결하는 경우나 이사가 회사를 대표하여 제3자와의 사이에 자신의 그 제3자에 대한 개인적 채무를 중첩적으로 인수하는 경우 등에도 이는 이사의 자기거래에 해당하여 이사회의 승인이 요구된다고 하는 것이 판례의 태도인 것으로 생각된다.[1]
그렇다면 거래의 상대방이 된 제3자는 보증 또는 채무인수의 유효를 믿고 신용거래를 하였다가 보증 등이 효력을 가지지 못하게 됨으로써 채권의 만족을 얻지 못하게 되는 손해가 발생할 수 있다. 그 경우에는 채권자가 주채무자에게 여전히 채권을 가진다는 것만으로 그에게 손해가 없다고는 할 수 없는 것이다. 최근의 재판

---

[1] 우선 정동윤, 회사법, 제4전정판(1996), 414면; 대법원 1965. 6. 22. 판결 65다734사건(대법원판례집 제13권 1집, 208면); 대법원 1980. 7. 22. 판결 80다828사건(법원공보 641호, 13078면) 등 참조. 그 외에 두 회사의 대표이사를 겸직하고 있는 사람이 그 중 한 회사를 대표하여 다른 한 회사의 채무를 보증한 사안에 대한 대법원 1984. 12. 11. 판결 84다카1591사건(대법원판례집 제32권 4집, 174면)도 상법 제398조의 적용을 긍정하고 있다. 또한 앞 A.의 사실관계에서 본 소유권이전등기말소사건에 대한 대법원판결(아래에서는 본문 또는 각주에서 「이 사건 대법원판결」이라고 부른다)에서도 간접거래에도 동조가 적용됨을 전제로 하고 있다.

례를 들면, 대법원 1996. 12. 6. 판결 95다33610사건(판례공보 1997년, 184면)(인감증명 사무처리상의 과실로 허위의 신청서류에 의하여 근저당권 등이 설정되어 그것을 담보로 물건외상거래를 하였으나 후에 확정판결에 기하여 근저당권 등의 등기가 말소된 사안에서, 담보를 상실한 채권자가 인감증명사무를 처리한 지방자치단체를 상대로 한, 만족을 얻지 못한 채권액에 관한 국가배상청구를 인용) 등이 참고가 된다.[2]

그러므로 그러한 경우 등에는 손해배상문제가 현실적으로 제기된다.

(3) 대표이사의 위와 같은 행위에 대하여 회사는 상법 제389조 제2항, 제210조에 의하여 —또 그 규정이 없더라도 일반적으로 민법 제35조 제1항 제1문에 의하여— 책임을 지게 된다. 그 때 문제가 되는 요건은 대표이사의 행위가 "그 업무 집행으로 인"한 것이어야 한다는 점인데, 이에 대하여는 앞 1.의 (3) 및 (4)에서 본 대로 이른바 「외형설」(또는 「객관설」)에 기하여 판례는 이를 광범위하게 인정하고 있다.

그러므로 위 (2)에서 든 예 중 하나에 좇는다면, 회사의 대표이사가 이사회의 승인 없이 제3자의 그 개인에 대한 채무를 보증한 경우라면 채권자인 그 제3자로서는 회사에 대하여도 손해배상을 청구할 권리를 가지게 될 것이다.

---

2) 반대로 근저당권설정등기가 위법하게 말소된 후 회복등기를 하지 못하고 있는 동안 배당절차가 종료된 사안에 대한 대법원 1997. 11. 25. 판결 97다35771사건(판례공보 1998년, 14면)도 참조: "부동산의 가액 범위 내에서 채권최고액을 한도로 하는 피담보채권액"에 대하여 손해배상청구를 할 수 있으며, 저당권자가 배당받은 자에 대하여 부당이득반환청구를 할 수 있다는 사정은 손해의 성립 여부와는 무관하다고 판시한다.

Ⅲ. 동일인의 쌍방대표행위로 인한 법적 문제

1. 이 사건의 사실관계에서 특유한 점은, B 회사의 대표이사인 갑이 동시에 A 회사의 대표이사이기도 하여서 그가 이들 두 회사를 각각 대표하여 이 사건 매매계약을 체결하였다는 것이다. 이 점은 다음과 같이 몇 가지 관점에서 법적으로 검토를 요하는 문제를 제기한다(한편 과실상계의 문제에 대하여는 뒤의 Ⅶ.에서 다루기로 한다). 이 사건에서 손해배상책임의 성립 여부에 관하여 핵심적인 문제는 바로 여기에 있다고 생각된다.

2. 우선 검토하여야 할 문제는, 갑이 B 회사를 대표하여 이 사건 매매계약을 체결함에 있어서 이사회의 승인을 받아야 함에도 이를 받지 아니하였음을 알았거나 적어도 중대한 과실로 알지 못하였다고 가정한다면, 이는 그가 자신의 그 대표행위가 B 회사와의 내부적 관계에서는 의무 위반의 행위임을 알았거나 중대한 과실로 알지 못한 셈이 되고, 따라서 이 사건 매매계약에서 갑에 의하여 대표된 A 회사도 이를 알았거나 중대한 과실로 알지 못하였다고 평가하지 아니할 수 없으니 결국 A 회사는 B 회사에 대하여 갑의 앞서 본 바와 같은 불법행위로 인한 책임을 B 회사에 대하여 물을 수 없다고 하여야 할 것이 아닌가 하는 점이다.

(1) 이상의 문제는 다음과 같은 법적 맥락에서 중요한 의미를 가진다.

판례는 사용자책임과 관련하여 이른바 「거래적 불법행위」에 있어서 피용자가 ① 원래의 직무범위를 일탈하여 또는 ② 원래의 직무범위에 속하더라도 사용자에 대한 내부관계상의 의무에 위반

하여 행위(아래에서는 양자를 합하여 「외형적 직무행위」라고 부르기로
한다)함으로써 제3자에게 손해를 가한 경우에, 그 행위가 외형적·
객관적으로 직무관련성이 인정된다면 사용자가 그에 대하여 책임
을 져야 하는 것이 원칙이기는 하지만, 피해자, 즉 거래상대방이 그
직무 일탈 또는 의무 위반을 알았거나 중대한 과실로 알지 못한 경
우에는 예외적으로 책임을 묻지 못한다는 태도를 취하고 있는 것
이다.

    이러한 태도는 대법원 1983. 6. 28. 선고 83다카217(대법원판례
집 제31권 3집, 103면) 이래 대법원 1991. 10. 11. 판결 91다24038사건
(법원공보 909호, 2711면); 대법원 1992. 7. 28. 판결 92다10531사건(대
법원판례집 제40권 2집, 263면); 대법원 1996. 4. 26. 판결 94다29850사
건(판례공보 1996년, 1662면); 대법원 1996. 12. 10. 판결 95다17595사
건(판례공보 1997년, 293면) 등 확고한 판례가 되었다고 하여도 좋을
것이다.

    이들 재판례 중에서 대법원 1996. 4. 26. 판결이 이 문제와 관
련하여 추상적으로 설시하는 부분을 보면 다음과 같다.

    "피용자의 불법행위가 외관상 사용자의 사무집행의 범위 내에 속
    하는 것으로 보여지는 경우에 있어서도, 피용자의 행위가 사용자나
    사용자에 갈음하여 그 사무를 감독하는 자의 사무집행행위에 해당
    하지 않음을 알았거나 중대한 과실로 알지 못한 경우에는 사용자
    또는 사용자에 갈음하여 그 사무를 감독하는 자에 대하여 사용자책
    임을 물을 수 없"다.

    (2) 그런데 이러한 법리는 법인 대표자의 행위를 이유로 법인
자체의 불법행위책임을 물음에 있어서도 마찬가지로 적용된다고

할 것이다.

(가) 아직 우리나라의 재판례 중에 법인의 불법행위책임에 대하여 위와 같은 취지를 밝힌 경우는 찾아볼 수 없다.

그러나 위의 (1)에서 본 법리는 일본에서 전개되어 우리 실무·이론에 수용되었다고 할 수 있는데, 일본에서는 최고재판소가 일찍이 1967.(소화 42년) 11. 2. 판결(民集 21−9, 2278) 이래 1969.(소화 44년) 11. 21. 판결(判例時報 577, 65); 1970년(소화 45년) 2. 26. 판결(民集 24−2, 109) 등에서 사용자책임에 대하여 채택하였던 위와 같은 법리를 그 후 1975년(소화 50년) 7. 14. 판결(民集 29−6, 1012)에서 법인의 불법행위책임에 대하여도 적용하였던 것이다.

(나) 그리고 실질적으로 보아도, 사용자책임에서나 법인의 불법행위책임에서 그 요건으로서의 「직무관련성」("그 직무에 관하여" 또는 "그 사무집행에 관하여")에 대하여 이른바 외형설이 취하여지는 이유가 결국 직무관련성에 대한 상대방의 신뢰를 보호하고자 하는데 있다고 한다면, 위와 같은 법리는 평행되게 적용되지 않으면 안될 것이다.

(다) 한편 민법 제116조 제1항은 "어느 사정을 알았거나 과실로 알지 못한 것으로 인하여 영향을 받을 경우에 그 사실의 유무는 대리인을 표준으로 결정한다"고 정한다. 이는 민법 제59조 제2항("법인의 대표에 관하여는 대리에 관한 규정을 준용한다")에 의하여 회사의 대표이사에도 준용된다고 할 것이다.

나아가 법인의 온전한 대표가 아니더라도 법인의 대표자로부터 당해 계약에 관하여 교섭·협상 또는 체결의 권한을 부여받은 사람에 대하여도 위 민법 제116조 제1항의 규정이 유추적용되어야 할 것이다. 이는 다른 한편 이행보조자의 고의·과실에 대한 채무자 본인의 책임을 정하는 민법 제391조의 법리에 비추어서도 설명될 수 있다.

(3) 이상에 비추어 보면, 갑이 자신이 B 회사를 대표하여 이 사건 부동산을 매도한 행위가 그 대표이사로서의 원래의 직무범위를 일탈하거나 B 회사에 대한 내부적 의무를 위반하여 행한 것임을 알았거나 적어도 중대한 과실로 알지 못하였다고 할 것이 아닌지 여부는 중요한 의미를 가진다.

그런데 이에 대하여는 별도로 생각하여 볼 점이 있다.

(가) 대법원 1973. 10. 31. 판결 73다954사건(대법원판례집 제21권 3집, 138면) 이래 일관된 판례는 이사의 자기거래의 효력에 관하여 "이사와 회사와의 사이에 직접 있는 이해상반하는 거래에 있어서 회사는 당해 이사에 대하여 그 거래행위의 무효를 주장할 수 있으나, 이사가 회사를 대표하여 자기를 위하여 회사 이외의 제3자와의 사이에 한 거래에 있어서는 회사는 이사회의 승인을 얻지 못하였다는 것 외에 상대방인 제3자가 이사회의 승인 없었음을 알았다는 사실을 주장·입증하여야만 비로소 그 거래의 무효를 상대방인 제3자에게 주장할 수 있다"는 태도를 취하고 있다. 다시 말하자면 위의 2. (2)에서 본 간접거래, 즉 위 판례의 표현에 의하면 "이사가 회사를 대표하여 자기를 위하여 회사 이외의 제3자와의 사이에 한 거래"에 있어서는 ① 그 거래행위가 무효이기 위한 요건 중에는 「상대방인 제3자」가 이사회 승인 없음을 알았다는 것이 포함되며, ② 그 악의에 관한 주장입증은 무효를 주장하는 회사 측에서 부담

한다는 것이다.

그러므로 엄밀하게 말하면, 이 사건 매매계약에서도 그것이 무효라고 하려면 거래의 「상대방」인 A 회사가 이사회 승인 없음을 알았음을 B 회사가 주장·입증하였어야 하는 것이다(간접거래의 사안을 판단하는 대법원 1984. 12. 11. 판결 84다카1591사건(대법원판례집 제32권 4집, 174면)도 같은 취지를 판시하고 있다). 그런데 이 사건 매매계약이 무효라고 판단한 원심판결이나 대법원판결은 그 점에 대하여 아무런 설시·판단도 하지 아니하고 있다.

(나) 이를 어떻게 이해할 것인가? 몇 가지 가능성이 검토될 수 있다.

(a) 이들 법원은 혹시 이 사건에서 갑, 따라서 A 회사가 당연히 악의로 평가되는 또는 악의로 평가되어야 하는 것으로 전제하였기 때문에 위와 같이 판단하였다고 볼 수도 있겠다. 만일 그렇다면 A 회사는 B 회사에 대하여 불법행위책임을 묻기 어려울 것이다.

(b) 또는 이 사건의 사안을 위와 같은 간접거래의 경우가 아니라 직접거래의 경우와 동일하게 보았기 때문에 「상대방인 제3자」의 악의를 애초에 문제삼지 아니하였을 가능성도 있다. 앞의 (가) 말미에서 본 대법원 1984. 12. 11. 판결의 사안은, 앞의 Ⅱ. 2. (2)에서도 본 것처럼, 두 회사의 대표이사를 겸직하고 있는 사람이 그 중 한 회사를 대표하여 다른 한 회사의 채무를 보증한 사안에 대한 것이어서, 그 「상대방인 제3자」(즉 채권자)가 말하자면 대표이사나 회사와는 독자적으로 그 외부에 별도로 존재하는 경우이었다. 이에 반하여, 이 사건의 경우에는 매매계약의 당사자인 A 회사나 B 회사가 모두 갑에 의하여 대표되어서, 매매가 직접 이사와 회사 사이에

행하여진 경우, 즉 직접거래와 다를 바 없다는 것이다.

만일 그렇다면 반드시 A 회사의 악의가 당연히 전제된 것은 아니어서, B 회사의 불법행위책임이 그것만으로 배제되지는 아니한다.

(c) 원심법원이나 대법원은 위와 같은 문제 자체를 전혀 의식하지 못하였다고 단순하게 생각해 볼 수도 있겠다.

(d) 이에 대하여는 단정할 수 없으나, 아마도 (b)일 가능성이 가장 높지 않을까 추측된다.

(4) 이 사건 대법원판결을 이와 같이 이해한다면, 새삼스럽게 갑 또는 그의 의사에 기하여 이 사건 계약의 협상 또는 체결의 업무를 실행한 사람(이하 이를 합하여 「갑 등」이라고 한다)이 이 사건 계약에 이사회의 승인이 요구됨에도 이것이 없음을 알았거나 중대한 과실로 알지 못하였는지 여부를 생각하여 볼 필요가 생긴다. 주의할 것은 여기서의 악의 또는 중과실은 무엇보다도 이 사건 계약에 이사회의 **승인이 필요하다는 점**에 관하여 문제되는 것이며, 단지 이사회의 승인 자체의 부존재를 알았는지 또는 중과실로 알지 못하였는지는 고려할 여지가 없다는 점이다.

(가) 이 점에 대한 입증책임은 악의 또는 중과실을 이유로 사용자책임 또는 법인책임의 면책을 주장하는 자가 부담한다고 해석되고 있다. 또한 그 판단은 당해 거래행위가 행하여진 때를 기준으로 하고 그 후의 사정은 고려하지 않는다고 이해되고 있다.

그런데 실제로 이 문제에 대하여 판단한 우리나라 또는 일본의 재판례는 쉽사리 발견되지 아니한다.

(나) 그런데 우선 갑 등이 이 점에 대하여 악의라고는 생각되지 않는다. 만일 갑 등이 이를 알고 있었다면 쉽사리 이사회의 승인을 얻을 수 있었을 것이다. 그런데도 이를 얻지 아니하고 바로 이 사건 매매계약을 체결한 것은 이 사건 매매계약에 이사회의 승인을 얻어야 함을 알지 못하고 있었다는 강한 증빙이 되지 않을까 생각되는 것이다.

또한 악의라는 점에 대한 입증도 쉽지는 않을 것이다.

(다) 나아가 갑 등이 이 점에 대하여 알지 못한 것에 중대한 과실이 있다고 하여야 할 것이 아닌가 하는 점이다. 갑 등에게 과실이 있다고 함에는 의문이 없다고 하겠으나(그렇지 아니하다면 애초 불법행위책임이 문제될 수 없다), 과연 그것을 **중대한** 과실이라고 할 것인지가 문제인 것이다.

「중대」나 「통상」이나 「특별」 등과 같은 불명확개념이 항상 그러하듯이 이 판단은 개별 사안의 구체적 사정을 종합하여 결정될 것이다. 결국 이는 법원이 이 사건을 전체적으로 볼 때 「누가 억울한가」, 「A 회사에게 법적 구제를 줄 만한가」 하는 법감정 내지 형평감각에 의하여 정하여질는지도 모른다. 개인적인 느낌을 말하자면, 중대한 과실이 있다고 할 가능성도 있으나, 다른 한편 중대한 과실까지는 아니라고 하고 이를 뒤의 Ⅶ.에서 보는 과실상계의 문제로 처리할 가능성도 적지 않다고 생각된다.

이는 다음과 같은 사정을 고려한 결과이기도 하다.

(a) 재판례의 경향은, 사용자책임에서 피해자의 중과실을 이유로 사용자의 면책을 인정하는 데 반드시 적극적이라고는 말할

수 없다.

　　앞의 2. (1)에서 본 재판례 중에서 사용자의 면책을 인정한 것은 ① 1983. 6. 28. 판결 83다카217사건(대법원판례집 제31권 3집, 103면)과 ② 대법원 1992. 7. 28. 판결 92다10531사건(대법원판례집 제40권 2집, 263면)이다. 그런데 전자는 개인이 상호신용금고로부터 금전을 차용함에 있어서 농지개량조합의 조합장이 농지개량조합을 대표하여 이를 담보하기 위하여 수표를 발행한 사안에 대한 것으로서, 그 대법원판결이 설시하는 대로 "개인이 신용금고로부터 차용하는 금전에 대하여 농지개량조합이 그 지급담보로 수표를 발행한다는 것은 **극히 이례**에 속하는 일"(인용문에서 고딕체에 의한 강조는 인용자가 가한 것이다. 아래에서도 같다)이라는 사정이 결정적으로 작용하였다고 보여서, 오히려 처음부터 그 「직무관련성」을 부인할 수도 있었던 경우이다. 또한 후자의 판결은 공사의 현장소장이 중기를 무상으로 차용하여 사용하다가 사고를 낸 사안에 대한 것으로서 이는 이른바 「거래적 불법행위」에 해당하지 아니하여 여러 모로 위 법리의 말하자면 정상적 적용의 경우라고 할 수 없다.

　　그 외의 대법원판결들, 즉 ③ 대법원 1991. 10. 11. 판결 91다24038사건(법원공보 909호, 2711면), ④ 대법원 1996. 4. 26. 판결 94다29850사건(판례공보 1996년, 1662면), ⑤ 대법원 1996. 12. 10. 판결 95다17595사건(판례공보 1997년, 293면) 등은 모두 중대한 과실을 부인하여 사용자의 면책을 인정하지 아니하였다. 이 중 ④와 ⑤는 모두 은행의 예금거래가 변칙으로 이루어진 사안(정상이율보다 높은 이자의 지급, 예금통장 기재의 이상異常 또는 통장보관증만의 교부 등등)에서 피해자의 중과실을 부정한 경우이다. 또 ③은, 대표이사를 실질적으로 대리하여 재개발사업지구 내의 토지매입 교섭과 매매계약 체결 및 대금지급 등의 실무를 직접 처리하여 온 피고 회사 관리부

소속의 재개발 담당 과장이 위 회사가 매입한 토지의 대금 지급에 사용한다는 명목으로 금전을 차용한 사안에서 상대방인 피해자의 과실은 인정되나 중대한 과실은 없다고 판단하였다.

(b) 위 (a)의 모든 재판례에서도 간취되는 대로, 피해자측의 중대한 과실의 유무는 피용자의 행위의 「직무관련성」의 정도와 상관적으로 판단될 것이라고 생각된다. 즉 「직무관련성」이 높으면 높을수록 피해자의 중과실이 인정될 가능성은 적은 것이다.

그런데 이 사건에서 갑은 B 회사의 단순한 피용자가 아니라 그 대표이사로서 회사의 모든 업무에 대하여 대표권을 가지고 그가 회사의 대표이사로서 한 행위는 적어도 '외형적'으로는 당연히 그의 직무와 관련되는 것으로 판단되어야 한다. 이와 같이 「직무관련성」의 정도가 높다고 한다면, 피해자의 중과실이 인정될 가능성은 그만큼 낮아진다.

(c) 여기서 문제된 이사의 자기거래 및 그에 요구되는 이사회의 승인은 말하자면 법이 회사의 이익 보호를 위하여 명하는 바이고, 예를 들면 금전의 횡령이나 편취와 같이 그 행위 자체의 성질상 악성이 있는 것이 아니다. 그러므로 이사회의 승인을 얻어야 함을 알지 못하였다는 것은 말하자면 「법의 무지」에서 온 것이다. 물론 법의 무지는 변명이 되지 아니하고 따라서 과실이 없다고는 할 수 없으나, 그것을 통상 고의에 준하는 것으로 이해되는 「중대한」 과실이라고 평가하기는 쉽지 아니할 것이다.[3]

---

3) 「실화책임에 관한 법률」에 관한 것이기는 하나 예를 들면 대법원 1983. 2. 8. 판결 81다428사건(대법원판례집 제31권 1집, 58면) 참조: "중대한 과실이라 함은 통상인에게 요구되는 정도 상당의 주의를 하지 않더라도

(d) 사용자책임이나 법인책임에서 피해자의 고의 외에 중과실에 대하여도 면책이 인정되는 것은, "악의가 있을 듯은 한데 내심의 일이어서 입증이 곤란하기 때문에, 중과실이 있다고 해서 타당한 결론을 이끌어내려는 것이라고 이해할 수 있을 것이다"라고 설명되고 있다(新版 注釋民法(1991), 318면 참조). 그렇다면 「악의가 있을 듯」 하지 아니한 이 사건의 경우에 중과실을 인정하는 것은 그 취지에 맞지 않는다고도 생각된다.

3. 한편 다음과 같은 반대주장도 생각하여 볼 수 있다.

(1) 갑은 A 회사와 B 회사를 각각 대표하여 이 사건 매매계약을 체결하였는데 이는 형식적으로 보면 대립하는 당사자인 A 회사와 B 회사 사이의 계약이나 실질적으로는 갑 한 사람의 의사에 의하여 전적으로 결정·좌우된 것이다. 그리고 그 과정에서 법이 요구하는 이사회의 승인을 얻지 아니하였다는 「흠」(갑은 이 사건 부동산의 매매에 관하여 B 회사 이사회뿐만 아니라 A 회사 이사회의 승인 또한 얻지 아니하였다) 역시 갑의 행위 그 자체에 부착된 것이다. 그런데도 그 단일한 행위를 A 회사와 B 회사의 각각의 대표이사의 행위로 별개로 분리하고 이것을 전제로 하여 A 회사가 B 회사에 대하여 책임을 묻는 것은, 결국 자신에게도 귀책되어야 하는 「흠」을 들어 상대방을 문책하는 것이 되어 **신의칙상** 허용되지 아니한다는 것이다. 비유를 들자면, 밧줄이 썩은 것을 들어 그 밧줄의 한 끝이

약간의 주의를 한다면 쉽사리 위법·유해한 결과를 예견할 수 있는 경우임에도 만연히 이를 간과함과 같은 **고의에 가까운** 현저한 주의를 결여한 상태를 말한다." 이 추상론은 그 외에 다수의 대법원판결에서 반복되고 있다.

다른 끝을 비난하는 것과 같이 넌센스라는 것이다.

위와 같은 입장에서는 나아가 다음과 같이 주장할 것이다. 이 사건 거래의 실체가 위와 같은 것이기에, A 회사로서도 만일 그것이 필요하게 되는 사정(예를 들면 이 사건 부동산의 가격이 급락한 경우 등)이 생긴다면 그 판단에 좇아 이 사건 매매계약에 대한 이사회 승인이 없음을 들어 계약의 무효를 주장할 수 있었을 것이다. 그렇게 한 경우에 B 회사는 A 회사에 대하여 지금 A 회사가 주장하는 것과 같은 불법행위책임을 물을 수 있다고 할 것인가? 이와 같이 책임의 유무가 각각의 사정과 판단의 여하에 달리게 되는 것과 같은 불합리한 사태는, 바로 위와 같이 A 회사와 B 회사 모두의 대표이사인 갑이 각각 대표하여 행한 이 사건 매매계약을 하나의 단일한 행위로 파악하지 아니하고 그 법적 효과의 각 귀속자에 좇아 분열시켜 파악한 데 연유한 것이다. 그러한 불합리를 피하려면, 이 사건 매매의 계약상 효과의 귀속과는 무관하게, **불법행위의 관점에서는** 갑의 행위를 단일한 것으로 평가하여야 하고, 그렇다면 A 회사도 그 대표이사였던 갑의 행위를 들어 역시 갑이 그 대표이사였던 B 회사에 대하여 책임을 물을 수 없다고 함이 타당하다는 것이다.

(2) 이 사건에서 A 회사의 청구가 통상의 사람에게 '어색하게' 느껴지는 일이 있다고 하는 경우에, 그 '느낌' 아래 가려진 숨은 이유를 법적으로 표현하여 드러내 보면 아마 위와 같은 주장이 될 것이 아닌가 생각된다. 그러므로 이러한 느낌 또는 주장에 대하여 논박하는 것은 적어도 청구의 당부라는 결론을 획득함에 있어서는 중요한 포인트가 될 수도 있을 것이다.

(3) 이 점에 대하여는, 설사 이 사건 매매계약이 실질적으로 갑

일인의 의사에 의한 것이라고 하더라도, 그 원래의 효과는 B 회사로부터 A 회사로의 소유권의 이전이라는 그 회사 각각에 있어서 극히 중대한 내용을 가지며, 특히 이 사건에서와 같이 계약의 무효가 되어서 그 소유권 이전이 좌절되는 경우에는 그 과정에서 발생한 손해를 당사자 사이에서 종국적으로 분배하여야 하는 문제가 제기됨을 강조할 필요가 있을 것이다.

이 사건에서는 이 사건 매매계약이 무효가 됨으로 인하여 발생한 **손해**가 전적으로 A 회사 측에 있으며, 그 손해의 회복을 위하여는 그 손해의 원인인 갑의 행위에 대한 책임을 B 회사에 돌릴 수 있을 것인지 하는 문제가 제기되지 아니할 수 없는 것이다. 그와 같은 경우에 갑이 A 회사와 B 회사 모두의 대표이사이었다는 사유만으로 갑 개인과는 어디까지나 별도의 법인격을 가지고 따라서 별도로 막중한 손해를 입은 A 회사가 상대방 당사자인 B 회사에 대하여 책임을 물을 수 없다고 하는 것은, 법인격의 법적 의미를 몰각한 것이라고 할 수도 있지 않을까?

(4) 또한 이 사건에서 문제되고 있는 갑의 행위에 부착된 「흠」은 그가 B 회사의 대표이사로서 행위하면서 B 회사 이사회의 승인을 받지 아니하였다는 것이지, A 회사의 대표이사로서 이 사건 계약을 체결함에 있어서 A 회사 이사회의 승인을 받지 아니하였다는 점이 아니다. 원래 이사의 자기거래에서는 그로 인하여 이익침해의 우려가 발생한 당해 회사가 그 행위의 무효를 주장할 수 있는 것이지, 제3자가 이를 할 수는 없다. 예를 들면 대법원 1980. 1. 29. 판결 78다1237사건(법원공보 628호, 12589면)가 이사가 회사로부터 채권양도를 받으면서 이사회의 승인을 받지 아니하였더라도 제3자(이 사건에서는 채무자)에 대한 관계에서는 유효하다고 하는 것은 이러

한 의미인 것이다.

그런데 이 사건에서 매매계약의 무효를 주장한 것은 바로 B 회사이고, B 회사는 갑이 자신을 대표하여 이 사건 부동산을 매도하면서 자신의 의사회의 승인을 받지 아니하였다는 것을 그 이유로 하였다는 것이다. 그러므로 갑의 행위에 부착된 「흠」이란 바로 B 회사의 입장에서 볼 때의 흠이지, A 회사로서는 문제될 것이 아닌 바이다.

이 점은 특히 만약 갑의 이 사건 매매계약 체결에 대하여 A 회사의 이사회가 이를 승인하였다고 가정하여 보면 분명하게 된다. 그 경우에도 B 회사는 마찬가지로 자신의 의사회의 승인이 없었음을 이유로 내세워 계약의 무효를 주장할 수 있음은 명백하다. 또 갑이 A 회사를 대표하여 행위에 「흠」이 있었다고 하더라도 A 회사가 이를 내세워 행위의 효과를 다투지 아니하는 이상 이는 그 행위에 「흠」이 없는 것과 다를 바 없다. 그러므로 이 사건에서 갑의 단일한 행위에 부착한 「흠」은 A 회사에 대하여도 당연히 귀책되어야 한다는 주장은 타당하지 아니한 것이다.

(5) 한편 대법원 1997. 3. 28. 판결 95다48025사건(판례공보 1997년, 1192면)은, 원고 회사의 피용자 K(○○건설주식회사 자금부 과장)가 피고 회사의 피용자 P(○○증권주식회사 ○○지점 차장)에게 피고 회사 명동지점에 개설된 원고 회사의 계좌에 입고되어 있는 채권債券을 증권거래법에 반하는 방식으로 거래할 것(채권을 영업시간 외에 장외거래하는 것)을 제의하여 을이 이를 받아들인 결과 원고 계좌의 채권이 갑의 위탁을 받은 채권중개업자 Q에게 출고되고 Q가 그 채권 및 그 매각대금을 횡령한 사안에서 피고의 사용자책임을 인정하였다(물론 원고 측의 「과실」을 인정하고, 피고의 과실비율은 전체의

40%에 한정된다고 하여 그에 상응한 배상을 명하였다. 이 점에 대하여는
뒤의 Ⅶ. 3. 참조).

이 판결은, 원고 측과 피고 측의 "합의에 의하여" 위와 같은 위
법행위가 범하여진 경우에도 원고가 피고에 대하여 사용자책임을
물을 수 있음을 긍정하고 있는 것이다. 특히 이 판결의 사안에서는
오히려 **원고**의 피용자가 적극적으로 위와 같은 위법행위를 제안하
였다. 그리고 위의 사건에서도, 이 사건에서의 갑과 마찬가지로, 원
고 측이나 피고 측의 각 피용자에게 원고 회사나 피고 회사에 손해
를 가하려는 의도는 없었으며, 단지 "이 사건 국민주택채권의 가격
이 하락세에 있어 그 매각이 쉽지 않았으므로 … 채권중개업자인
병을 통하여 매각하기로" 하는 의도 아래 증권거래법에서 정하여진
채권의 장외거래에 관한 규정을 위반하는 행위를 하였을 뿐이었다.

이러한 재판례에 비추어 보아도, 이 사건에서 갑이 A 회사와 B
회사 모두의 대표이사였다는 사실이 피고의 책임을 부인하는 근거
가 될 수 없을 것으로 생각된다. 이 사건 매매계약과 위 대법원
1997. 3. 28. 판결의 사안이 다른 것은, 이 사건에서는 갑 1인이 A
회사와 B 회사를 각기 대표하여 행위하였는 데 비하여 위 대법원
판결의 사안에서는 원고 측과 피고 측에 각기 다른 직원이 관여하
였다는 점일 것이다. 그러나 위 대법원판결의 사안에서도 양측의
직원이 「합의」하여 위법행위를 하였다는 점을 고려하면, 이러한 차
이는 의미 있는 것으로는 생각되지 아니한다.

Ⅳ. B 회사의 A 회사에 대한 채무불이행책임의 유무

이 사건 대법원판결에 의하여 확정된 대로 B 회사가 이 사건
부동산을 매도한 것은 이사의 자기거래에 해당하고 그에 대하여

이사회의 승인이 없으므로 그 계약이 무효라고 한다면, A 회사는 B 회사에 대하여 채무불이행책임을 물을 수 없다. 그 계약이 무효이어서 B 회사는 A 회사에 대하여 아무런 계약상 채무를 부담하지 아니하기 때문이다.

V. 부동산매매계약의 하자로 인한 손해배상청구권의 소멸시효

1.

(1) 이 사건에서와 같이 어떠한 부동산에 관하여 A로부터 B 앞으로 그들 사이의 매매 등의 계약을 원인으로 소유권이전등기가 경료된 후에 A가 그 원인인 계약이 무효임을 이유로 B 또는 그로부터의 전득자를 상대로 하여 소유권이전등기 등의 각 말소를 청구하는 소송이 제기된 경우에 이번에는 B가 A를 상대로 그 원인계약을 체결함에 있어서 A가 행한 불법행위를 이유로 손해배상을 청구하는 경우는 실무에서 종종 관찰된다. 그러한 청구는 소유권이전등기청구소송에서 반소로 제기되기도 하지만, 전소에서 패소가 확정된 피고가 별소로 제기하는 경우가 많다.

이와 같은 소송에서 후소의 피고가 된 A는 그 손해배상청구권에 대하여 소멸시효가 완성되었음을 주장하는 경우도 흔히 보인다. 이 때 거의 예외없이 문제되는 것은 그러한 손해배상채권의 소멸시효의 기산점을 언제부터인가 하는 점이다.

(2) 불법행위로 인한 손해배상채권의 소멸시효를 따로 정하고 있는 민법 제766조는 그 제2항이 "불법행위를 한 날로부터 10년을 경과한 때"에[도] 그 권리의 소멸시효가 완성한다고 정하고 있다. 이 문제는 거기서 「불법행위를 한 날」을 어떻게 해석할 것인가에

달려 있다고 할 수 있다.

2. 이 문제에 대한 판례의 태도는 그 사이에 매우 의미 있는 변화를 거쳤다고 할 수 있다. 즉 종전에는 B 앞으로 소유권이전등기가 행하여진 때를 기산점으로 본다는 입장이었으나, 대법원 전원합의체 1979. 12. 26. 판결 77다1894사건(대법원판례집 제27권 3집, 238면)을 계기로 하여 소유권이전등기말소소송에서 B의 패소판결이 확정되는 때를 기산점으로 보아야 한다는 입장으로 전환하였던 것이다.

(1) 이는 다음과 같은 논리에 의하여 설명되고 있다.

즉 위와 같이 "가해행위와 이로 인한 현실적인 손해의 발생 사이에 시간적 간격이 있는 불법행위로 인한 손해배상채권의 경우에는, 소멸시효의 기산점이 되는 「불법행위를 한 날」이란 단지 관념적이고 부동적인 상태에서 잠재적으로만 존재하고 있는 손해가 그 후 현실화되었다고 볼 수 있는 때, 다시 말하자면 손해의 결과발생이 현실적으로 되었다고 할 수 있을 때로 보아야 한다"는 것이다. 예를 들면 대법원 1990. 1. 12. 판결 88다카25168사건(법원공보 867호, 457면); 대법원 1993. 7. 27. 판결 93다357사건(대법원판례집 제41권 2집, 260면), 그리고 최근의 대법원 1998. 5. 8. 판결 97다36613사건(판례공보 1998년, 1578면) 등이 이러한 설시를 반복하고 있다.

(2) 그리하여 구체적으로는,

① 국가의 국유재산 매각처분이 처분권한 없는 자에 의하여 이루어져서 당연 무효라는 이유로 국가가 그 매수인 등에 대하여 제기한 등기말소청구소송이 국가의 승소로 확정된 사안에서 그 매

수인의 국가에 대한 손해배상채권의 민법 제766조 제2항 소정의
소멸시효의 기산점은 위 말소판결이 확정되는 때라고 판시한 대법
원 1979. 12. 26. 판결 79다684사건(법원공보 627호, 12535면);

　② 분배대상농지가 아님에도 농지분배사무를 처리하던 국가
공무원이 갑에게 분배된 것처럼 관계서류를 위조하여 L 명의로 상
환완료로 인한 소유권이전등기가 경료되고 전전 양도된 후에 국가
가 L 등의 소유권이전등기말소청구를 하여 승소판결을 얻은 사안
에서 동일한 취지로 판단한 대법원 1981. 11. 24. 판결 81다1071사
건(법원공보 672호(1982년), 71면);

　③ 귀속재산에 관하여 동일한 사안에 대한 대법원 1988. 10.
11. 판결 85다카693사건(법원공보 836호, 1394면);

　④ 동장의 동일인 증명 발급상의 과실로 무효의 근저당권이
설정되어 결국 근저당권말소소송에서 패소당한 채권자가 국가를
상대로 제기한 국가배상법에 기한 손해배상채권에 대하여 같은 취
지로 판시한 대법원 1990. 1. 12. 판결 88다카25168사건(법원공보
867호, 457면)

　등이 나왔다.

　심지어는 ⑤ 농지분배를 받은 사람이 농지분배공무원의 착오
로 분배대상농지가 아닌 다른 토지에 대한 농지상환증서를 발급받
아 그에 대하여 소유권이전등기를 경료받은 후 타에 처분하였는데
후에 그 등기가 말소되자 자신이 실제로 분배받은 농지에 대하여
등기한 자들에 대하여는 등기말소를, 국가에 대하여는 이전등기를
각 구하는 소송을 제기하였으나 토지구획정리사업의 시행으로 분
배받은 농지를 특정할 수 없다는 이유로 패소판결을 받은 사안에
서, 그 패소판결 확정시에 비로소 분배농지의 소유권을 확정적으로
취득할 수 없게 되었다고 하여 그 때로부터 국가에 대한 손해배상

채권의 소멸시효가 진행되었다고 판시한 대법원 1992. 11. 13. 판결 92다28365사건(법원공보 935호, 107면)도 있다.

3. 이상에 비추어 보면, 이 사건에서 B 회사의 불법행위책임이 긍정되는 한에서는 A 회사의 손해배상채권은 이 사건 대법원판결이 나온 1996년 ○월부터 민법 제766조 제2항에서 정하는 10년의 소멸시효기간이 진행한다고 할 것이다.

Ⅵ. 손해배상의 내용

1. 이 사건에서의 손해배상의 내용과 관련하여서는 무엇보다도 먼저 대법원 전원합의체 1992. 6. 23. 판결 91다33070사건(대법원 판례집 제40권 2집, 119면)을 검토하여 볼 필요가 있다. 만일 이 사건에 위의 대법원 전원합의체 판결이 판시한 법리가 적용되어야 한다면, A 회사의 손해배상청구권은 B 회사에 지급한 매매대금 상당액에 한정될 것이다.

(1) 이 판결은, 종전에 피고의 불법행위가 관여되어 원인 무효인 소유권이전등기가 경료되고 그에 기하여 부동산이 전전 양도되었는데 그 후 소유자가 최종매수인을 상대로 이전등기말소소송을 제기하여 승소의 확정판결을 얻은 경우에 대하여 최종매수인이 입은 손해는 자신이 출연한 금액, 즉 매매대금이고, 최종매수인이 소유권을 상실하였음으로 인하여 입은 손해는 이에 해당하지 아니한다고 판시하였다. 그리하여 원심이 말소판결 확정 당시의 목적물의 시가 상당액을 배상하도록 명한 것을 파기하였다.[4]

이는 종전에 위와 같은 사안에 대하여 재판례가 갈려 있던 것을 정리한 것이다. 즉 한편으로 대법원 1978. 3. 14. 판결 77다2423 사건(대법원판례집 제26권 1집, 202면)은, 원인 무효인 등기명의자로부터 부동산을 매수하였는데 진정한 소유자로부터 소유권이전등기말소청구를 당하여 이전등기가 말소된 사안에 대하여 불법행위로 인한 손해배상액은 매수인이 지급한 매매대금 상당액이라고 하였고 또 대법원 1982. 7. 27. 판결 81다카558사건(대법원판례집 제30권 2집, 234면)도 유사한 사안에서 동일한 취지로 판시하였다. 그러나 다른 한편으로 예를 들면 앞의 V. 2. (2) ③에서 본 대법원 1988. 10. 11. 판결 85다카693사건(법원공보 836호, 1394면)은 말소판결 확정 당시의 시가 상당액의 배상을 명하였던 것이다.

그러므로 이 대법원 전원합의체 판결이 이 사건의 손해배상채권에 그대로 적용되어야 한다면, A 회사는 기껏해야 1979년 9월 매매계약 당시 지급한 대금에 상당하는 액의 배상을 청구할 수 있을 뿐이다. 그런데 이러한 내용의 배상청구권은 이미 이 사건 매매계약의 무효를 이유로 B 회사가 당연히 반환하여야 할 매매대금에 대한 부당이득반환청구권과 같은 내용이어서, 별다른 논의의 실익이 없게 된다.

(2) 법원은 위 대법원 전원합의체 판결의 취지를 이 사건에서 문제되는 손해배상에도 그대로 적용할 가능성이 충분히 있다고 생각된다. 특히 위 판결과 같이 나온 대법원 전원합의체 1992. 6. 23. 판결 91다43848사건(대법원판례집 제40권 2집, 40면)이 피고 회사의

---

4) 그 후 대법원 1994. 4. 26. 판결 93다35797사건(법원공보 1994년, 1464면)도 등기말소판결을 받은 최종매수인의 손해배상청구에 대하여 같은 취지로 판단하고 있다.

직원에 의하여 위조된 피고 명의의 수표를 할인에 의하여 취득한 원고가 피고 회사를 상대로 사용자책임을 묻는 사안에서 "원고가 그로 인하여 입게 되는 손해액은 특별한 사정이 없는 한 그 위조수표를 취득하기 위하여 현실적으로 출연한 할인금에 상당하는 금액이고, 그 수표가 진정한 것이었다면 그 수표의 소지인이 지급받았을 것으로 인정되는 그 수표의 액면에 상당하는 금액이 아니"라고 판시하면서, 그 이유로 "위조수표의 액면에 상당하는 금액은, 그 수표가 위조된 것이 계기가 되어 그 소지인이 그 금액을 **얻을 수 있으리라는 기대를 갖게 되는 이익**에 지나지 아니할 뿐, 수표의 위조라는 불법행위가 없었더라면 그 소지인이 원래 얻을 수 있었던 것으로서 그 수표의 위조행위로 말미암아 얻을 수 없게 된 이익은 아니"라고 덧붙였다.

　　이러한 태도에 의한다면, 이 사건에서 A 회사가 이 사건 부동산의 소유권을 취득할 수 있었다고 하는 측면은 하나의 기대에 불과하여 그것을 얻지 못하게 됨으로 인한 손해의 배상은 이를 청구할 수 없다는 결론에 귀착하게 될지도 모른다.

　　2. 그러나 이들 대법원 전원합의체 판결의 법리를 이 사건에도 적용할 것인지에 대하여는 의문이 있고, 주저가 없지 아니하나 역시 이 사건 손해배상액은 1996년 5월 현재 이 사건 부동산의 시가가 될 것으로 생각된다.

　　(1) 위의 대법원 전원합의체 1992. 6. 23. 판결이 말소판결 당시의 목적물의 시가 상당액의 배상을 부인한 이유는, "최종매수인은 처음부터 이 사건 부동산을 취득하지 못한 것이고 위 말소판결의 확정으로 비로소 이 사건 토지의 소유권을 상실한 것이 아니므

로 소유권 상실이 그 손해가 될 수 없다"(대법원판례집 제40권 2집, 127면 이하에서 인용)고 하고, 나아가 "관계문서를 위조하여 불법행위를 경료한 이 사건과 같은 경우에 있어서는, 위와 같은 불법행위가 없었다면 이 사건 토지에 대한 최종매수인 앞으로의 매도행위 자체도 있을 수 없어 최종매수인이 그 소유권을 취득할 수가 없으므로, 위와 같은 불법행위가 없었더라면 이 사건 토지의 소유권을 취득할 수 있었을 것을 전제로 한 소극적 손해는 이를 인정할 여지가 없다"(같은 곳, 128면에서 인용)는 데 있다.

다시 말하면 위의 판결은, O(피고의 직원)가 서류를 위조하여 자기 또는 제3자 앞으로 무효의 소유권이전등기를 경료한 것이 원인이 되어 그 후의 전전 양도가 이루어진 것이어서, 원고의 매수행위, 즉 소유권 취득의 원인행위 자체가 O의 불법행위 없이는 있을 수 없었으므로, 그러한 소유권 취득의 가능성의 상실이라는 소극적 손해를 배상받을 수 있는 손해에 해당한다고 할 수 없다는 것이다.

(2) 그러나 이 사건에서는, 첫째, B 회사가 **이사회의 승인 없이** 이 사건 부동산을 매도하였다는 것이 불법행위의 내용을 이루는 것이다. 이 점이 위의 1.에서 든 여러 재판례에서의 사안과 결정적으로 다른 점이다. 즉 그 재판례들에서는 아예 계약이 없는데 위조된 관계서류로 소유권이전등기가 경료되었거나, 원인 무효의 등기명의자, 즉 무권리자로부터 부동산을 매수한 것이 문제되었던 것임에 비하여, 이 사건에서는 적법한 권리자인 B 회사와의 사이에 실제로 매매계약이 체결되었는데, 다만 매도인측이 당연히 갖추어야 할 유효요건을 갖추지 못하여 계약이 효력을 가지지 못하게 되었던 것이고, 문제의 불법행위는 바로 매도인측이 그와 같이 유효요건을 갖추지 못하였음에도 이 사건 부동산을 A 회사에게 매도하였

다는 바로 그 사실에 있었던 것이다.

그리하여 이 사건의 경우에는 A 회사는 B 회사의 불법행위가 없었다면, 즉 B 회사가 이사회의 승인을 얻어 이 사건 부동산을 매도하였다면, 바로 적법하게 이 사건 토지의 소유권을 취득할 수 있었던 것이다(또한 위 대법원 전원합의체 판결은 「최종매수인」의 손해배상책임을 논하는 것인데, 이 사건에서 A 회사는 B 회사의 직접 계약상대방이고 전전 양수된 후의 최종매수인이 아니다). 그러므로 위 대법원 전원합의체 판결의 법리는 이 사건에 그대로 적용될 수 없으며, 오히려 이 사건에서는 A 회사가 이 사건 부동산의 소유권을 취득하지 못함으로 인한 손해의 배상을 청구할 수 있다고 보아야 한다고 생각된다.

(3) 우리나라의 재판례 중에는 원래라면 취득할 수 있었던 권리를 타인의 불법행위로 인하여 취득하지 못함으로 인하여 손해배상이 문제된 사건에서 "사회통념상 그 목적물을 취득할 수 없게 된 당시"의 목적물의 시가를 배상액 산정의 기준으로 하는 일련의 흐름이 존재한다.

(a) 우선 대법원 1967. 9. 5. 판결 67다1014사건(대법원판례집 제15권 3집, 6면)은, 원고가 경락받아 이전등기를 경료한 부동산에 대하여 등기말소청구소송이 제기됨으로써 결국 등기가 말소되자 원고가 경매의 기초가 된 근저당권의 설정과 관련하여 불법행위를 행한 피고를 상대로 손해배상청구를 한 사안에서, 원심은 원고가 실제로 지출한 경락대금에만 한정하여 손해배상을 인정하였는데 대법원은 원고의 상고를 인용하여 원심판결을 파기하면서 다음과 같이 판시하였다.

"본건 농지를 경락한 원고가 **소유권을 취득 못하게 된 것**이 피고의 불법행위로 인한 것이라고 인정된다면, 피고는 그로 인하여 보통 발생할 손해를 배상할 책임이 있다고 할 것이고, 본건에 있어서 원고가 본건 토지의 소유권을 상실함으로써[아마도 「취득하지 못하게 됨으로써」라는 취지일 것이다] 입을 보통 생길 손해라 함은, 특단의 사정이 없는 한 불법행위 당시의 본건 토지의 가격에 상당한 금액 즉 싯가라고 봄이 상당할 것"이라는 것이다.

(b) 대법원 1970. 7. 24. 판결 70다560사건판결(대법원판례집 제18권 2집, 172면)은, 피고 대한민국의 세무공무원이 체납처분으로 I 소유의 부동산을 공매처분에 붙여 J가 이를 매수하였다. 원고는 J로부터 이를 다시 매수하여 소유권이전등기를 경료하였다. 그런데 그후 위 공매처분이 담당 공무원이 한 직무수행상의 과실, 즉 공매기일 통지상의 하자를 이유로 취소되었다. 이로써 원고는 그 소유권을 상실하여, 피고에 대하여 손해배상을 청구하였다.

대법원은 손해배상 산정의 기준시에 관하여 다음과 같이 판단하였다.

"위의 담당 공무원의 직무상 과실로 인한 위법행위는 공매처분을 할 당시인 1964. 6. 22.에 있었으나 그 손해는 위의 공매처분이 취소된 1967. 5. 17.에 발생하였다 할 것인즉 원심이 위의 손해발생 당시의 싯가를 기준으로 하여 그 손해액을 산정하고 위의 위법행위와 그 손해와의 사이는 상당한 인과관계가 있다는 취지로 판단하였음에 위법이 있다 할 수 없다."

(c) 대법원 1995. 6. 30. 판결 94다13435사건(법원공보 1995년, 2538면)은 앞의 1.에서 본 대법원 전원합의체 1992. 6. 23. 판결이 나

온 후에 나온 것인데, 추상론이기는 하나, 앞의 (a)에서 본 대법원
1967. 9. 5. 판결을 인용하면서,

> "타인의 불법행위로 인하여 토지에 대한 소유권을 취득하지 못하
> 게 된 경우에 그로 인한 손해액은 특별한 사정이 없는 한 불법행위
> 당시의 토지의 가격에 상당한 금액"

이라고 판시하고 있다. 문제는 여기서 「불법행위 당시」란 언제
를 가리키는 것인가, 즉 가해행위가 있었던 때인가 아니면 손해가
현실적으로 발생한 때인가일 것이다. 이 점에 대하여 뒤의 (d)에서
보는 대법원판결은 명백하게 후자로 이해하고 있으며, 앞의 (a) 및
(b)에서 본 대법원의 판결도 그렇게 이해될 여지가 있다.

구체적으로 이 판결에서는 피고가 「공공용지의 취득 및 손실
보상에 관한 특례법」에 기하여 원고로부터 협의취득한 토지에 대
하여 그 후 위 법에서 정한 환매요건이 갖추어져서 원고가 환매권
을 가지게 되었는데도 피고가 위 법에서 정한 원고에의 통지 등의
절차를 밟음이 없이 토지를 제3자에게 양도함으로써 환매권을 상
실시켰다는 사안이 다루어졌다. 이 판결은 그로 인한 손해배상의
액에 대하여는 "원고들의 환매권의 상실로 인한 손해배상액은 피
고가 이 사건 각 토지를 … 에게 매도하여 소유권이전등기를 경료
함으로써 원고들의 환매권을 박탈할 당시의 이 사건 각 토지의 시
가"가 기준이 된다고 하면서, 다만 여기서 "원고들이 환매권을 행사
할 경우 반환하여야 할 보상금 상당액"을 공제하여야 한다고 판시
하였다.

(d) 최근의 대법원 1998. 6. 12. 판결 97다29424사건(판례공보

1998년, 1860면)은 여러 모로 주목할 만하다.

이 판결은, 이 사건 광업권의 3분의 2 지분이 이중으로 매도된 경우에 제2매수인(이전등록은 명의수탁자 앞으로 경료하였다)이 원래의 지분권자(매도인)의 그러한 배임행위에 적극 가담하였음을 이유로 제1매수인이 제2매수인에 대하여 **불법행위**의 책임을 묻는 사안에 대한 것이다(물론 제2매도행위는 주지하는 바의 판례준칙에 의하여 공서양속에 반하여 무효이나, 그 후 삼성건설주식회사가 광업권의 부지 위에 대규모 공장을 건설하게 됨으로써 제2매수인은 그 광업권을 다시 삼성건설에 매도하여 대금(당사자들은 이를 「보상금」으로 이해하였던 듯하다)을 수령하였고, 이어 그 공장 건설에 의하여 "위 광업권에 기한 권리 행사는 … 불가능하게 되었"다).

　　(aa) 이 판결은 우선 추상론으로 위의 (a) 내지 (c)의 세 대법원판결을 인용하면서, 다음과 같이 판시한다.

　　"타인의 불법행위로 인하여 취득할 수 있었던 목적물을 취득하지 못한 경우에 그로 인한 손해액은 특별한 사정이 없는 한 불법행위 당시의 그 목적물의 가격 상당이라고 할 것이고 … **여기서 불법행위 당시란 사회통념상 그 목적물을 취득할 수 없게 되어 불법행위가 완성된 때를 가리킨다**"

　　(bb) 이어서 구체적인 손해배상액을 산정하는 기준이 되는 「사회통념상 그 목적물을 취득할 수 없」게 된 때가 언제인가에 대하여는 다음과 같이 판시하였다.

　　"피고가 배신적 행위로 광업권 지분을 이중으로 양수한 것은 원고에 대하여 불법행위가 된다고 할 것이지만, 한편으로 이는 사회질서에 반하는 법률행위로서 무효이므로, 설사 명의수탁자 및 삼성건설 앞으로 위 광업권 지분의 이전등록이 경료되었다고 하더라도 원고는 그 이전등록의 말소를 구하여 원상회복할 수 있기 때문에 그 이전등록만으로는 아직 원고가 위 광업권을 취득할 수 없게 되었다고 할 수는 없으나, 기록에 의하면 삼성건설은 위 광업권을 양수한 후 오래지 않아 위 광업권이 설정되어 있는 토지 일대에 석유화학공장 부지를 조성하기 시작하여 위 광업권의 부지가 사회통념상 원상회복이 불가능하게 되었음이 분명하므로, 위 광업권에 기한 권리 행사는 이로 인하여 불가능하게 되었고, 따라서 원고는 피고의 위와 같은 배신적 이중매수라는 불법행위로 말미암아 위 광업권 지분을 본래의 목적대로 취득할 수 없게 되었다고 할 것이며, 위 광업권을 삼성건설이 양수한 이후에 가격의 변동이 있었다는 등 달리 특별한 사정이 없는 한 이로 인한 손해는 삼성건설이 피고에게 지급한 가액 상당액이라고 봄이 상당하다"

그렇게 판시하여 원고가 1987년 11월에 3천만원에 매수한 이 사건 광업권의 3분의2 지분에 대하여 5억여 원의 배상을 명하고 있는 것이다.

(cc) 이 판결의 사안에서 피고의 가해행위 그 자체는 이중의 매수행위로서, 이는 이 판결이 손해배상 산정의 기준시로 삼는 「사회통념상 그 목적물을 취득할 수 없게 된 때」, 즉 공장부지 건설로 "광업권 지분을 본래의 목적대로 취득할 수 없게 된 때", 그것도 피고 자신이 한 것이 아니라 피고로부터의 양수인인 삼성건설이 한 위와 같은 조치로 인하여 취득불능이 된 때와는 명백하게 구별되어 논하여지고 있는 것이다.

(dd) 그리고 위의 사건에서 원고의 청구가 —위 대법원판결 스스로의 파악에 의하면— "광업권자로서 광업권 자체를 침해당하였음을 청구원인으로 하는 것이 아니라 광업권 지분을 양수한 자로서 그 권리 행사가 객관적으로 가능한 광업권 지분을 피고의 불법행위로 인하여 취득할 수 없게 됨으로써 입은 손해의 배상을 구하고 있"다는 점도 주목할 만하다. 그것은 이 사건에서도 A 회사는 이 사건 부동산의 소유권 자체를 침해당하였음을 문제삼는 것이 아니라, 이 사건 부동산의 소유권을 B 회사의 불법행위로 인하여 취득할 수 없게 됨으로 인하여 입은 손해의 배상을 구하고 있기 때문이다.

(4) 또한 생각하여 보면, 만일 이 사건과 같은 사안, 즉 매매와 같은 소유권 취득의 원인행위가 그 당사자 일방의 불법행위로 인하여 그 유효요건을 갖추지 못한 경우에 그 불법행위책임의 내용이 단지 매매대금과 같이 상대방이 그 계약상 의무이행으로 출연한 액에 한정된다고 한다면, 그 불법행위를 범한 당사자에게 불법행위책임을 인정한다는 것은 실제로는 무의미한 구제수단을 이중으로 부여하는 데 불과한 것이 된다. 왜냐하면 상대방은 어차피 그 매매 등 원인행위의 「무효」(넓은 의미에서의)를 이유로 불법행위자가 수령한 매매대금을 부당이득반환청구할 수 있기 때문이다.

불법행위제도가 형벌 또는 제재를 1차적인 목적으로 하지 아니함은 물론이다. 그러나 그것이 적어도 불법행위자의 행위에 대한 법적 관점에서의 부정적 평가(그것을 성립요건 차원에서 구현하는 것이 바로 위법성과 고의·과실 등 귀책사유의 요건이다)를 당연히 내포하는 것이라고 한다면, 그에 상응한 내용의 불법행위책임이 인정되어야 하며, 그것이 없어도 행위 당사자 사이에서 당연히 회복되어야 하는 바의 매매대금액에 한정되어서는 안 될 것이다.

특히 뒤의 3.에서 보는 바와 같이 손해배상액이 과실상계를 이유로 감액되어야 하는 경우에는, 원래 배상되어야 할 액이 A 회사가 지급한 매매대금 상당액에 한정된다면, 과실상계 후에 실제로 배상될 액은 그보다도 줄어들게 되는 부당한 결과가 되는 것이다.

(5) 그렇다면 이 사건에서 A 회사가 소유권을 취득하지 못하게 된 손해가 현실적으로 발생한 것은, 위의 3. (2)에서 본 대로, A 회사의 소유권이전등기의 말소를 명하는 판결이 확정된 1996년 5월이라고 할 것이므로, 결국 그 당시의 이 사건 부동산의 시가가 배상되어야 한다고 할 것이다. 그리고 이렇게 보는 것이 앞의 Ⅴ.에서 본 대로 민법 제766조 제2항에서 정하는 "불법행위를 한 날"을 A 회사 명의의 소유권이전등기의 말소를 명하는 이 사건 대법원판결이 행하여진 날로 보는 것과도 논리적으로 정합적이라고 할 것이다.

Ⅶ. 과실상계

한편 이 사건의 손해배상청구에 대하여는 과실상계의 문제가 당연히 제기될 것이다.

1. 이는 갑 등이 A 회사를 위하여 이 사건 매매계약을 체결함에 있어서 B 회사 이사회의 승인이 요구됨을 알지 못하였거나 알았음에도 이를 얻지 아니한 채 행위한 것에 대한 「과실」로서 문제될 것이다. 이는 그 과실은 갑의 불법행위를 문제삼는 이 사건에서는 당연히 인정된다.

2. 불법행위의 피해자 측에 손해의 발생이나 확대에 「과실」이 있는 경우에 이에 대하여 어떠한 효과를 인정할 것인가는 일률적으로 말할 수 없으며, 예외적으로는 가해자의 책임을 면제할 수도 있음은 물론이다. 그러나 일반적으로 피해자 측에 「중대한 과실」이 없는 경우에 가해자의 책임 자체를 인정하지 아니하는 것은 쉽사리 상상하기 어렵다. 그러므로 앞의 Ⅲ. 2. (4)에서 본 대로 A 회사 측에 중과실을 인정할 수 없다고 한다면, 이 사건에서 B 회사의 불법행위 책임을 전적으로 면제할 수는 없는 것이 아닌가 생각된다.

뿐만 아니라 이 사건에서 A 회사와 B 회사에 대한 각각의 비난가능성이라는 관점에서 보면, 양자는 적어도 **균등하게** 비난되어야 할 것이지, A 회사 측의 「과실」이 B 회사측의 과실에 비하여 현저히 많다고는 하기 어렵다고 할 것이다. 이는 갑이 두 회사를 각각 대표하여 이 사건 매매계약을 체결하였고 두 회사 모두의 이사회의 승인이 없었다는 점에 비추어 보아도 그러하다. 즉 두 회사는 갑 일인의 행위의 법적 효과가 나뉘어 귀속하는 각각의 당사자로서, 그의 행위를 가운데 두고 말하자면 동일한 거리에서 자리잡고 있었다고 할 수 있을 것이다.

그렇다면 B 회사의 과실에 비하여 A 회사의 「과실」이 현저히 많다고 할 수도 없고 또한 A 회사의 「과실」 자체가 중과실에 해당한다고 할 수 없는 이 사건에서는 과실상계의 효과로서 가해자의 면책이 인정될 수는 없을 것이다.

3. 다른 한편 과실상계로 인한 **책임 감액의 비율이 상당한 것**(가령 **50% 이상**)일 가능성은 충분히 있다고 생각된다. 앞의 Ⅲ. 3.에서 본 B 회사측에서 제기할 수 있는 반대주장이 이유 없는 것이라고 하더라도, 그러한 주장이 법관 또는 일반인의 형평감각에 호소하는

힘은 무시하지 못할 바가 있으리라고 추측되고, 그렇다면 그것은 피해자 측의 「과실」을 고려하여 구체적인 배상액을 정하는 단계, 즉 법관의 재량이 본격적으로 발휘되는 단계에서는 그에 당연히 영향을 미칠 것이기 때문이기도 하다.

Ⅷ. 결 론

이상의 검토의 결과를 요약하면 대체로 다음과 같다.

(i) B 회사의 대표이사인 갑이 그 이사회의 승인을 얻음이 없이 이 사건 부동산을 A 회사에 매도한 것은 불법행위를 구성한다.

(ii) B 회사는 그 대표자 갑의 위 (i)에서 본 바와 같은 불법행위로 인하여 스스로 A 회사에 대하여 책임을 진다.
① 비록 갑의 위와 같은 매도행위는 B 회사에 대한 내부관계에서의 의무에 위반한 것이나, A 회사는 그러한 의무 위반에 관하여 악의는 물론 중과실도 없다고 할 것이다.
② 또한 갑의 위와 같은 행위는 불법행위의 관점에서 볼 때 A 회사에게도 B 회사와 마찬가지로 귀책되어야 할 것이므로 A 회사는 B 회사에게 책임을 물을 수 없다는 주장은 인정될 수 없다.

(iii) B 회사에 의하여 이 사건 매매계약의 효력이 부인된 이상, A 회사는 B 회사에 대하여 채무불이행책임을 묻지 못한다.

(iv) A 회사의 B 회사에 대한 손해배상청구권은 A 회사의 소유권이전등기의 말소판결이 확정된 1996년 5월부터 그 소멸시효가

진행된다.

(v) 그 손해배상청구권의 내용은, 지금까지의 재판례에 의하면 A 회사가 B 회사에게 지급한 매매대금 상당액이라고 볼 여지도 있으나, 위 (iv)에서 본 1996년 5월 당시의 시가 상당액이라고 봄이 타당하다.

(vi) 실제로 B 회사가 배상하여야 할 손해액은 과실상계를 이유로 상당한 정도로 감액될 것이나, B 회사의 책임 면제는 인정되기 어렵다.

(1998년 7월 작성)

[후 기]

1. 이 글이 작성된 후의 대법원 2004. 3. 25. 판결 2003다64688 사건(판례공보 2004년, 701면)은 우선 "회사의 대표이사가 이사회의 승인 없이 한 이른바 **자기거래행위**는 회사와 이사 사이에서는 무효이지만, 회사가 위 거래가 이사회의 승인을 얻지 못하여 무효라는 것을 제3자에 대하여 주장하기 위해서는 거래의 안전과 선의의 제3자를 보호할 필요상 이사회의 승인을 얻지 못하였다는 것 외에 제3자가 이사회의 승인 없음을 알았다는 사실을 입증하여야 할 것이고, 비록 제3자가 선의였다 하더라도 이를 알지 못한 데 중대한 과실이 있음을 입증한 경우에는 악의인 경우와 마찬가지라고 할 것이다. 그리고 이 경우 '중대한 과실'이라 함은, 제3자가 조금만 주의

를 기울였더라면 그 거래가 이사와 회사 사이의 거래로서 이사회의 승인이 필요하다는 점과 이사회의 승인을 얻지 못하였다는 사정을 알 수 있었음에도 불구하고 만연히 이사회의 승인을 얻은 것으로 믿는 등 거래통념상 요구되는 주의의무에 현저히 위반하는 것으로서 공평의 관점에서 제3자를 구태여 보호할 필요가 없다고 봄이 상당하다고 인정되는 상태를 말한다”고 판시하였다. 이는 제3자에게 중대한 과실이 있는 경우에도 회사는 위와 같은 자기거래행위의 무효를 주장할 수 있다는 입장을, 말하자면 무효의 범위를 **확장**하는 방향을 새로이 취한 것이다(나아가 이 사건의 사실관계, 즉 어음 할인 등 여신을 전문적으로 취급하는 은행이 대표이사의 개인적인 연대보증채무를 담보하기 위하여 대표이사 본인 앞으로 발행된 회사 명의의 약속어음을 취득한 사실관계에서 은행은 위 어음의 발행에 관하여 이사회의 승인이 없음을 알았거나 이를 알지 못한 데 대하여 중대한 과실이 있다고 판단한 바 있다).

회사의 자기거래에 관한 이러한 판례법리는 그 후에도 그대로 이어지고 있다. 근자의 것만 보더라도 대법원 2013. 7. 11. 판결 2013다5091사건(법고을); 대법원 2014. 6. 26. 판결 2012다73530사건(법고을) 등이 그러하다.

2. 위와 같은 회사의 자기거래행위에 관한 태도는 대법원 전원합의체 2021. 2. 18. 판결 2015다45451사건(대법원판례집 제69권 민사편, 119면)에도 확장적으로 취하여지고 있다. 위 판결은, **주식회사의 정관이나 이사회 규정 등에서 이사회 결의를 거치도록 대표이사의 대표권을 제한한 경우**에 거래행위의 상대방인 제3자가 상법 제209조 제2항에 따라 보호받기 위하여 선의 이외에 무중과실이어야 한다고 판시하는 것이다. 다만 위 전원합의체판결은 종전에 무과실을 요구하

던 태도를 보다 제한하는 것으로 변경하였으나, 결국 회사가 그 행위를 무효를 주장할 수 있는 범위를 악의 또는 무중과실로 한정한 점에서 위 1.에서 본 태도와 맥을 같이하는 것이다.

　이 판결은, 피고 회사의 이사회 규정에 의하면 보증행위에 관하여 이사회 결의를 거쳐야 하는데, 피고 대표이사가 이사회 결의를 거치지 아니하고 원고에게 피고가 갑의 채무를 보증한 사안에 대한 것이다.

3. 투자신탁에서 수탁회사의 투자에서의 의무 등

Ⅰ. 질의의 요지

A. 사실관계

서울지방법원 제○○민사부 2002년 ○월 ○일 판결 2000가합 ○○사건(아래에서는 「이 사건 판결」이라고 부른다) 중 「이유」의 「1. 기초사실」(동 판결, 2면 내지 11면)을 전제로 하되, 질의서에 부가적으로 기술된 바를 종합하기로 한다.

사실관계를 요약적으로 말하면 대체로 다음과 같다.

1. P1은행 및 P2은행(아래에서는 합하여 「이 사건 은행」이라고 부른다)과 A투자신탁주식회사(아래에서는 「A투신」이라고 부른다)는 증권투자신탁업법에 따른 신탁회사와 수탁회사의 관계에 있었다. 즉, 이 사건 은행은 A투신이 ○○펀드 등을 통하여 다수의 일반투자자로부터 조성한 자금을 신탁재산으로 하여 신탁회사인 A투신의 지시에 따라 운용하는 수탁회사이다.

2. 이 사건 은행은 1999년 3월부터 2000년 1월까지 그 보유의 신탁재산으로 B종합금융주식회사(아래에서는 「B종금」이라고 부른다)로부터 그가 발행한 어음을 매입하고 그 대금을 지급하는 등의 방

법으로 B종금 등에 투자를 행하였다(아래에서는 이를 「이 사건 거래」라고 부른다). 이는 A투신의 운용 지시에 좇은 것이다.

이 사건 은행이 이 사건에서 행한 투자 내지는 여신의 형태 및 그 상대방은 다양하지만, 이하에서는 B종금이 발행한 어음을 매입하고 그 대금을 지급하는 것에 논의를 한정하고자 한다.

3. A투신의 위와 같은 투자 지시는, A투신이 1999년에 C주식회사(아래에서는 「C회사」라고 부른다)와의 사이에 맺은 별도의 약정(아래에서는 「이 사건 협약」이라고 부른다)에 기한 것이다. 그 경위는 다음과 같다.

(1) C회사는 1999년 3월경에 A투신에 자금지원을 요청하였는데, 당시 A투신은 자신이 조성한 신탁재산의 15% 정도를 C회사에 투자하여 회사채만으로도 7천여억원을 C회사에게 지원하고 있었고, C회사 및 그 계열회사(이들을 합하여 아래에서는 「C회사그룹」이라고 부른다)에게 2조원 이상의 여신을 하고 있었다. 당시 시행 중이던 증권투자신탁업의 관련 규정은, 위탁회사는 수탁회사에게 특정회사가 발행한 유가증권(회사채, 기업어음 등. 주식은 제외한다)을 각 신탁재산의 10% 이내에서만 취득하도록 운용 지시할 것을 정하고 있었으므로, A투신으로서는 오히려 이와 같은 동일종목 투자한도 제한 등을 초과하고 있는 C회사에 대한 투자 내지는 여신의 규모를 축소하여야 할 필요가 있었다.

(2) 그러자 C회사는 A투신에 대하여, A투신이 종합금융회사(아래에서는 「종금사」라고 부른다)가 발행한 어음(아래에서는 「자발어음」이라고 부른다)을 매입하는 등의 방법으로 종금사에 여신을 제공하면

C회사는 그 종금사로부터 여신지원을 받기로 하되, 그 경우 시중의 실세금리와 자발어음 매입거래 등에서의 금리의 차이는 C회사가 이를 다른 방식으로 메워주는 것을 제안하였다. 이렇게 하면 위의 여신한도 제한을 피할 수 있고, 또한 종금사의 자발어음은 예금자보호법의 적용대상이므로 A투신으로서는 자금의 회수를 보장받을 수 있다는 것이었다.

(3) A투신은 위의 제안에 동의하여 그러한 내용으로 협약서를 체결하고, 이에 기하여 위와 같이 수탁회사인 이 사건 은행에 대하여 신탁재산으로 B종금의 자발어음을 매입하도록 지시하는 등의 조치를 취하였던 것이다.

4. 이 사건 은행은 B종금으로부터 자발어음을 매입하여 그 대금을 지급하고 그 어음을 직접 취득하였다. 그리고 그 어음의 만기에는 어음금액을 상환받고, 이로써 다시 B종금의 자발어음을 매입하는 거래를 계속하였다.

그러던 중에 1999년 후반부에 들어서 C회사그룹의 자금사정이 극도로 악화되고, 끝내는 동년 8월에 C회사그룹에 대한 워크아웃절차가 개시됨으로써 B종금이 C회사그룹에 대여한 자금을 제대로 회수하지 못하게 되었다. 그러나 그 후에도, 위와 같은 거래는 2000년 1월까지 계속되었다.

5. B종금은 그즈음 금융감독위원회(아래에서는 「금감위」라고 부른다)로부터 영업정지처분을 받았고, 얼마 못 가서 그에 대한 종합금융업인가 또한 적법하게 취소되었다.

B. 질의사항

1. 이 사건 은행과 B종금 사이의 이 사건 자발어음 거래가 통정허위표시 또는 비진의의사표시에 해당하는지 여부.

2. 이 사건 협약에서 C회사로 하여금 B종금의 자발어음에 대한 최종 책임을 부담하도록 한 점, A투신 및 이 사건 은행이 자발어음 매입에 관한 모든 사항을 결정하고 B종금은 그 요청에 따라 자발어음을 발행해 주었을 뿐 자금의 규모나 어음의 조건 등에 관하여 실질적인 결정권을 행사하지 못한 점, B종금에게 지급된 어음대금이 C회사의 A투신에 대한 회사채 환매대금과 상계된 후의 잔액에 불과한 점, B종금은 자발어음을 발행하였지만 그로 인한 얻은 자금을 종국적으로 C회사에게 주었고 실제로 1%의 중개수수료만을 취득하였던 점, C회사가 A투신에게 수익률을 보장하는 별도의 약정을 해 주었던 점 등의 사실에 비추어 볼 때, 이 사건 은행이 B종금에게 자발어음금채무를 면제시킬 의사가 있었다고 인정할 수 있는지 여부.

3. 이 사건 은행과 B종금의 사이의 자발어음 매입이 반사회질서의 법률행위로서 민법 제103조에 좇아 무효인지 여부.

(1) 그것이 「특정경제범죄 가중처벌 등에 관한 법률」 제9조 제2항에 비추어 자본시장의 근간을 침해하는 반사회질서의 법률행위라고 할 것인지 여부.

(2) 2000년 1월 21일 법률 제6179호로 개정되기 전의 증권투자

신탁업법 제33조 제1항 제1호에 비추어 반사회질서의 법률행위라
고 할 것인지 여부.

(3) 예금자보호법의 입법취지를 잠탈하여 민법 제103조에 위반
한다고 할 것인지 여부.

II. 의 견

A. 전제적 논의

1. 증권투자신탁에서 수탁회사의 지위

이 사건에서 A투신과 이 사건 은행은 증권투자신탁거래상의
신탁회사와 수탁회사의 관계에 있다. 그리고 이 사건 은행이 B종금
의 자발어음을 매입하고 신탁재산으로 그 대금을 지급한 것은 신
탁회사의 운용 지시에 따른 것이다. 따라서 먼저 증권투자신탁에서
수탁회사가 신탁회사 및 제3자와의 사이에 어떠한 법적 지위에 있
는가를 살펴보는 것이 필요하다고 하겠다.

(1) 일반적으로 투자신탁은 이른바 집단투자제도(collective in-
vestment scheme)의 하나로서, 다수의 일반 사람(투자자)들이 제공하
는 여럿의 소액자금으로 모은 기금(펀드)을 투자전문가가 투자·운
용하고 그 결과를 투자자에게 배분하고자 하는 것이다. 여기서 투
자의 대상이 되는 것은 증권 외에도 부동산이나 일반 상품 등 다양
하게 있을 수 있겠다. 그런데 증권투자신탁업법(아래에서는 단지 「투
신업법」이라고 부른다)(한편 이하 법령의 인용은 이 사건 자발어음 매입거

래가 있던 당시를 기준으로 한다)의 제2조 제1항은 "이 법에서 「증권
투자신탁」이라 함은 투자자로부터 유가증권 등의 투자에 운용할
목적으로 자금 등을 수입受入하는 위탁자가 그 자금 등을 수탁자로
하여금 당해 위탁자의 지시에 따라 특정 유가증권에 대하여 투자·
운용하고, 그에 따른 수익권受益權을 분할하여 당해 불특정다수인에
게 취득시키는 것"이라고 정의하여, 위에서 본 바와 같은 투자신탁
의 개념을 그대로 이어받으면서도 그 규율의 대상을 증권투자 목
적의 투자신탁, 즉 증권투자신탁에 한정하고 있다. 이하에서도 논
의를 증권투자신탁에 한정하기로 한다.

(2) 한편 위 규정에서도 드러나는 대로, 그리고 그 용어 자체에
도 표현되어 있는 대로, 증권투자신탁에서는 「신탁」이라는 법적 장
치가 투자재원의 보유수단(portfolio holding device)으로 이용되어서,
위의 투자전문가에 해당하는 신탁회사가 다수의 투자자로부터 모
은 기금(즉 신탁재산)을 투자·운용하되, 그 신탁재산의 명의는 수탁
회사 앞으로 이전되게 하는 구성을 취함을 알 수 있다. 투신업법
제17조 제5항에 좇아 위탁회사가 수탁회사에 위탁하여야 하는 "신
탁재산의 보관"이 바로 이를 의미하는 것이다. 다시 말하면 증권투
자신탁에서는 자금의 투자·운용과 그 '보관', 즉 귀속이 분리되어,
전자는 신탁회사가 행하되 후자는 수탁회사가 가진다는 것이 그
기본구조이다.

따라서 수탁회사는 신탁회사에 대하여 그의 지시에 좇아 신탁
재산을 운용할 채권법적인 의무를 부담하기는 하지만, 신탁재산 자
체는 어디까지나 수탁회사에 귀속되는 것이다. 대법원 2002. 11.
22. 판결 2001다49241사건(판례공보 2003년 상권, 148면); 대법원
2002. 12. 26. 판결 2002다12734사건(판례공보 2003년 상권, 470면)이,

신탁재산에 속하는 채권을 자동채권으로 하는 상계권이 누구에게
속하는가 하는 문제에 대하여 판단하면서, "증권투자신탁업법에 따
른 투자신탁에 의하여 위탁회사가 투자자(수익자)들로부터 모은 자
금 등을 신탁하여 수탁회사가 **보관**하고 있는 신탁재산은 **신탁법 및
증권투자신탁업법의 법리에 의하여** 대외적으로 수탁회사가 그 소유자
가 된다"(고딕체에 의한 강조는 인용자가 가한 것이다. 다른 지적이 없는
한 이하에서도 같다)고 전제적으로 판시하는 것이 바로 그러한 취지
이다.[1] 그 전에 이미 대법원 2002. 4. 12. 판결 2000다70460사건(판
례공보 2000년 상권, 1114면)은 신탁법상의 신탁 일반에 대하여, "신
탁법상의 신탁은 위탁자가 수탁자에게 특정의 재산권을 이전하거
나 기타의 처분을 하여 수탁자로 하여금 신탁 목적을 위하여 그 재
산권을 관리·처분하게 하는 것이므로(신탁법 제1조 제2항), 부동산
의 신탁에 있어서 수탁자 앞으로 소유권이전등기를 마치게 되면
대내외적으로 소유권이 수탁자에게 완전히 이전되고, 위탁자와의 내부
관계에 있어서 소유권이 위탁자에게 유보되어 있는 것은 아니라
할 것이며, 이와 같이 신탁의 효력으로서 신탁재산의 소유권이 수
탁자에게 이전되는 결과 수탁자는 대내외적으로 신탁재산에 대한
관리권을 갖는 것이고, 다만 수탁자는 신탁의 목적범위 내에서 신

---

[1] 그리고 이어서 "따라서 신탁재산에 속한 채권을 자동채권으로 하는 상계
권 역시 수탁회사가 행사하여야 하는 것이고, 이 경우 수동채권은 수탁
회사가 부담하는 채무이어야 하되, 이와 같은 상계는 신탁법 및 증권투
자신탁업법의 관계 규정에 의한 제한을 받는다고 할 것이다. 증권투자신
탁업법의 관계 규정에 따라 위탁회사는 선량한 관리자로서 신탁재산을
관리·운용할 책임이 있으나, 같은 법 제25조 제1항 단서에 의하여 의결
권 외의 권리는 수탁회사를 통하여 이를 행사하도록 되어 있으므로, 상
계권에 관해서도 위탁회사가 수탁회사에게 지시하여 수탁회사로 하여금
일정한 내용으로 상계권을 행사하게 할 수는 있을 것이나, 스스로 신탁
재산에 속한 채권에 관하여 상계권을 행사할 수는 없다"고 판시하고 있다.

탁계약에 정하여진 바에 따라 신탁재산을 관리하여야 하는 제한을
부담함에 불과하다"고 판시하고 있는데, 그 내용은 증권투자신탁의
경우에도 그대로이고 다를 바 없다. 그리고 이를 확인하여 준 것이
바로 앞에서 든 대법원 2002. 11. 22.과 동년 12. 26.의 두 판결이라
고 하겠다.

(3) 한편 신탁법 제19조는 "신탁재산의 관리, 처분, 멸실, 훼손
기타의 사유로 수탁자가 얻은 재산은 신탁재산에 속한다"고 정한
다. 이는, 신탁관계가 종료된 후에도 신탁재산이 신탁자에게 환원
되지 아니한 한 수탁자가 여전히 소유자임을 전제로 그에게 수용
보상금청구권이 귀속된다고 판시하는 대법원 1997. 9. 26. 판결 97
다24290사건(판례공보 1997년 하권, 3244면) 등에서도 확인되고 있다.

그러므로 증권투자신탁에서도 수탁회사가 신탁회사의 운용 지
시에 의하여 취득한 재산은 그것이 구체적으로 어떠한 것이든 수
탁회사에 속한다.[2] 이는 투신업법 제38조 이하의 규정이 당연한 전
제로 하는 것이다.

(4) 증권투자신탁에서 수탁회사가 신탁회사의 운용 지시를 받
아 신탁재산으로 유가증권 등을 취득하는 행위를 한 경우에, 수탁
회사는 신탁회사의 대리인(민법 제114조 이하 참조)으로서가 아니라
자신이 보유하는 신탁재산을 가지고 자신의 이름으로, 즉 자신이
당사자가 되어 투자하는 독자적 지위에서 이를 하는 것이다. 그렇

---

[2] 박삼철, 투자신탁 해설(2001), 226면 이하도 "증권투자신탁의 신탁재산도
  신탁계약에 따라 형성된 것이므로 신탁법상의 신탁재산 보호에 관한 규
  정의 적용을 받는다"고 설명하면서, 신탁법 제19조에서 규정되어 있는「
  신탁재산의 물상대위성」이 증권투자신탁에도 적용된다고 한다.

기 때문에 그 행위에 의하여 취득되는 재산은 앞의 (3)에서 본 대로 바로 신탁재산에 속하게 되고, 그리하여 직접 수탁회사에 귀속되는 것이다.

그러므로 증권투자신탁에서는 그 제도의 성질상 자금의 운용은 신탁회사의 지시에 의하여 함은 물론이지만, 그 지시에 따른 대외적인 투자, 즉 제3자로부터의 유가증권 매입은 당연히 수탁회사가 본인의 이름으로 또 본인에 속하는 자금(앞서 본 대로 신탁재산도 수탁자의 재산이다)으로 하게 된다. 그리고 그 유가증권 거래로 인한 이익은 물론이고, 그로부터 발생하는 법적인 책임도 모두 수탁회사가 지게 된다. 앞의 (2)에서 본 대법원 2002. 11. 22.과 동년 12. 26.의 두 판결이 판시하는 바도 바로 이것이라고 하겠다.

또한 투신업법 제38조에서 「수탁회사의 업무」로 열거된 사항들, 즉 유가증권 등의 구입대금의 지급, 유가증권 등의 매각에 따른 증권의 인도, 투자유가증권 등의 이자 및 배당의 수령, 수익증권의 환매대금 및 이익금의 지급 등도 이러한 이해를 당연한 전제로 하여서야 비로소 수탁회사의 업무가 될 수 있을 것이다.

(5) 신탁회사가 신탁재산의 운용에 관하여 제3자와의 사이에 일정한 약정을 맺었다고 하더라도, 수탁회사도 그 약정의 당사자가 되지 아니하는 한, 그 약정은 수탁회사에 대하여 구속력이 없음은 물론이다. 증권투자신탁에서 신탁회사와 수탁회사는 법적으로도 경제적으로도 동일체가 아니다. 오히려 양자 간에 인격과 책임을 엄격하게 분리하는 것을 통하여 수익자의 이익을 도모하고자 하는 것이, 바로 증권투자신탁이 증권투자신탁다운 소이所以이다.

또한 신탁회사가 제3자와의 사이에 맺은 약정을 이행하기 위하여 수탁회사에게 그 약정의 내용대로 일정한 운용 지시를 하였

다고 하여서, 그것이 위법하다거나 수탁회사가 이에 좇아서는 안
되는 것은 아니다(물론 신탁회사가 신탁재산의 운용 지시에 대하여 완전
히 자유로운 것은 아니고, 이에는 투신업법에 이를 제한하는 규정이 없지
아니한데, 그 내용과 효력에 대하여는 뒤의 D. 2.에서 보기로 하겠다). 유
가증권 등의 매입을 통한 투자가 적절한가 하는 것은 매우 미묘한
문제이므로, 신탁회사가 한 운용 지시에 대하여 수탁회사가 그「적
절성」을 스스로 판단하여 이에 좇을 것인지 여부를 결정할 권한은
없을 것이다.

(6) 한편 각각의 투자자는 수익증권受益證券(이에 대하여는 투신업
법 제6조 참조)을 매입하여 그 자금을 신탁재산으로 출연함으로써
투자를 행하게 된다. 여기서 수익증권이란 결국 위와 같은 신탁회
사와 수탁회사와의 신탁계약에 기한 수익권을 표창하는 것이다. 투
신업법상으로 투자자가 '수익자受益者'라는 이름으로 불리는 것(동법
제2조 제6항 참조)도 이러한 이유에 의한 것으로 생각된다.

또 증권투자신탁에서 위탁회사와 수탁회사 사이에는 증권투자
신탁약관에 의하여 신탁계약이 체결되는데(투신업법 제21조 제1항 참
조), 그 약관의 기준이 되는 표준신탁약관[3](동법 제22조 제1항 단서
참조. 이를 아래에서는 단지「투자신탁약관」이라고 부르기로 한다)의 제2
조 제5호에서 "「수익권」이라 함은 위탁회사와 수탁회사 간에 체결
된 투자신탁계약에 의하여 발생하는 권리로서 투자신탁원본의 상
환 및 투자신탁이익의 분배에 관한 권리와 수익증권의 환매청구권,

---

3) 박삼철(전주), 310면 주 72에 의하면, "금감위가 제정하는 표준약관에 따
  라 투자신탁약관을 제정하는 경우에는 금감위에의 신고로 승인을 갈음
  할 수 있도록 하고 있었기 때문에 위탁회사는 표준약관의 내용에 따라
  투자신탁약관을 제정하는 것이 일반적이었다. 따라서 대부분의 투자신
  탁약관의 내용은 표준약관의 내용과 동일"하다고 보고하고 있다.

투자신탁재산에 대한 장부 및 서류의 열람이나 등본 또는 사본의 교부청구권 등의 권리를 말한다. …" 운운하는 것도 이러한 관점에서 이해될 수 있겠다.

2. 증권투자신탁에서 신탁법리가 적용되는 이유

(1) 증권투자신탁제도는 기본적으로 앞의 1. (1)에서 본 바와 같이 개개의 투자자의 소액자금을 운용하는 것보다는 이들을 모아서 만든 기금(펀드)을 집합적으로 운용하는 것에 따르는 이익을 누리고자 하는 것이다. 즉 그러한 펀드의 조성에 의하여 자금의 규모가 커지기 때문에 투자전문가의 도움을 받을 수 있고, 또 분산 투자가 가능하게 되어 투자상의 위험도 분산할 수 있는 것이다.

(2) 그런데 거기다가 역시 앞의 1. (1)에서 본 대로 그 기금, 즉 투자재원의 보유수단으로서의 법적 제도로서 「신탁」을 이용한다. 이와 같이 투자재원의 보유수단으로 신탁을 이용하는 것은 무엇보다도 앞의 1. (6)에서 본 투자자, 즉 수익자의 이익을 보호하기 위한 것이다.

무엇보다도 만일 일반 투자자로부터 모집자가 모으는 자금을 그대로 그 모집자의 재산으로 둔다면 그 자금은 그의 일반재산과 합하여져서 특정성을 잃기 쉽다. 그러면 투자자는 모집자가 무자력 또는 지급불능(insolvency; Insolvenz)이 됨에 따른 위험을 고스란히 부담하여야만 한다. 모집자의 무자력이 그 자금운용의 실패에 기인하는 것이라면, 투자자로서는 그것을 그야말로 「투자위험」으로 스스로 감수하여야 하겠다. 그러나 그 원인은 얼마든지 다른 데 있을 수도 있는데, 그러한 경우에까지 투자자가 손해를 감수하여야 한다면, 투자자는 아예 투자를 하지 아니할 것이다.

(3) 그러므로 여기서 「신탁」을 도입하여, 모집된 자금 자체를 **처음부터** 수탁자에게 귀속시킴으로써 모집자의 일반재산과 확실하게 분리되도록 한다. 그렇게 하면 모집자, 즉 신탁자가 무자력이 되더라도, 신탁자에게 귀속하는 재산만이 그의 책임재산이 되는 것이므로, 신탁자의 일반채권자는 다른 주체에게 귀속되어 있는 위의 자금으로 자기 채권의 만족을 도모할 수는 없다.

또 이 신탁재산은 수탁자의 고유재산과도 별개로 하여서, 수탁자의 일반채권자도 이를 공취攻取할 수 없게 한다. 구체적으로 보면, 원칙적으로 신탁재산에 대하여는 수탁자의 채권자들이 강제집행을 할 수 없고(신탁법 제21조 제1항 본문), 수탁자의 파산재산에도 속하지 아니한다(동법 제22조). 신탁재산에 속하는 채권에 대하여 신탁재산에 속하지 아니하는 재산을 가지고는 상계를 할 수 없다(동법 제23조). 수탁자가 사망하여도 신탁재산은 상속재산에 속하지 아니하여 그 상속인들이 상속을 받지 못한다(동법 제25조). 또 수탁회사는 신탁재산을 자신의 고유재산을 위하여 이용할 수 없다(투신업법 제39조 제1항).

이와 같이 신탁에 의하여 투자자로부터 모집한 자금을 「도산위험으로부터 분리시키는 것(bankruptcy remoteness)」을 통하여 투자자에게 보다 광범위한 이익추구의 가능성을 부여하고 이로써 이 자금도달방식을 투자자에게 보다 매력적인 것으로 만들려고 하는 것이 바로 증권투자신탁에서 신탁법리가 채택되는 기본적인 이유라고 하겠다.

(4) 이와 같이 법률은 일정한 목적을 위하여 증권투자신탁의 제도설계에서 「신탁」이라는 법적 장치를 도입함으로써 그 제도의 신뢰도를 높이고, 이를 통하여 투자자로 하여금 안심하고 증권투자

신탁제도를 이용할 수 있게 하려는 것이다. 이러한 제도 설계는 이와 같이 자금의 원활한 흐름을 유지하기 위하여 요청되는 것인데, 자금의 원활한 흐름이란 우리 경제의 근간인 시장경제제도를 활발하고 무리 없게 운용하기 위하여 반드시 충족되어야 할 요구이다.

B. 이 사건 자발어음 거래가 허위표시 또는 비진의의사표시인지 여부

1. 허위표시 등의 요건으로서의 「의사와 표시와의 불일치」

(1) 민법 제108조 또는 제107조에서 규정하는 허위표시 또는 비진의의사표시가 인정되려면, 추상적으로 말하면, 우선 법률행위의 당사자가 행한 의사표시에 있어서 그 표시상의 의사가 내심의 진정한 효과의사와 일치하지 아니할 것, 즉 이른바 「의사와 표시와의 불일치」가 요구된다. 나아가 당해 의사표시를 하는 당사자 스스로 자신이 행하는 의사표시에 이러한 「의사와 표시와의 불일치」가 있음을 인식하고 있음이 요구된다. 다시 말하면, 여기서 표의자表意者는 상대방 측이 자신의 의사표시를 X라고 이해할 것임을 스스로 알면서, 또한 자신에게는 그와 같이 X라는 내용의 진정한 의사가 없음을 스스로 알면서 그러한 의사표시를 행하는 것이다. 그러므로 이 경우에 표의자로서는 그 X라는 내용대로 법률행위의 효과가 발생하는 것을 진정으로 의욕하는 것은 아니다.

(2) 그와 같이 「의사와 표시의 불일치」 및 이에 대한 표의자의 인식을 전제로 하여, 허위표시에 있어서는 나아가 그 의사표시의 상대방도 역시 위와 같이 X라는 내용대로 법률행위의 효과가 발생

하는 것을 의욕하지 아니하는 경우, 즉 X라는 표시상의 의사대로의
법률효과가 발생하지 아니하는 것에 대한 쌍방의 합의가 있는 경
우를 말한다. 민법 제108조 제1항은 이를 "상대방과 통정通情"하였
다고 표현하고 있다. 그리고 이러한 의사표시로 행하여진 법률행위
는 무효라고 정한다.

　비진의의사표시란 그러한 상대방과의 통정이 없는 경우를 말
한다. 민법 제107조 제1항은, 비진의의사표시는 원칙적으로 법률행
위의 효력에 영향을 미치지 아니하여서, 그러한 의사표시가 포함되
더라도 그 법률행위는 유효라고 정한다. 다만 상대방이 이를 알았
거나 알 수 있었을 경우에는 예외적으로 그 법률행위가 무효가 된
다고 한다(동조 제1항 단서).

　(3) 위와 같이 법률행위의 효력에 영향을 미쳐서 그것을 무효
로 만드는 요건으로서의 「의사와 표시와의 불일치」, 그에 대한 표
의자의 인식, 나아가 상대방과의 '통정'이나 상대방이 그것을 알았
거나 알 수 있었다는 사정은 모두 법률행위의 무효를 주장하는 측
에서 주장하고 증명하여야 한다는 것이 확고한 통설이고 판례임은
주지하는 대로이다.

2. 이 사건 자발어음 거래와 「의사와 표시와의 불일치」

　(1) 이 사건 자발어음 거래가 허위표시 내지는 비진의의사표시
에 해당하는지를 생각함에 있어서는, 우선 이 사건 자발어음 매입
의 당사자가 이 사건 은행과 B종금임을 명확하게 하는 것으로부터
출발하여야 할 것이다.

　앞의 A. 1.에서 말한 대로, 증권투자신탁에서 수탁회사가 신탁
재산의 운용으로 제3자로부터 유가증권을 매입하는 경우에는, 비록

그것이 신탁회사의 지시에 좇은 것이라고 하더라도, 그 매입은 수탁회사의 이름으로 또한 그의 계산으로 행하여지는 것이다.

(2) 그리고 나아가 이 사건 자발어음 거래를 함에 있어서 이 사건 은행이나 B종금에 과연 「의사와 표시의 불일치」가 있었는지, 즉 그 거래에 따르는 권리의무을 취득·부담할 실제의 의사가 없었는지를 살펴보아야 할 것이다. 이는 앞의 1. (3)에서 말한 대로 그러한 불일치가 있다고 주장하는 측에서 입증하여야 할 문제이고, 증명 여부는 구체적인 입증활동의 내용을 개별적으로 평가하여야만 가능하다.

그러나 일반적으로 말하면, 이 사건 거래에서 위와 같은 「의사와 표시와의 불일치」를 인정할 수 없다고 생각된다. 이 점에 대하여는 이 사건 판결의 「이유」의 「3. 피고의 주장에 대한 판단」 중 가.항에서 설시한 바(동 판결 18면 내지 20면)를 그대로 원용할 수 있으리라고 생각한다.

요컨대 이 사건 은행이 보관하는 신탁재산으로부터 B종금 앞으로 자금이 실제로 이전되었고, 이 사건 은행도 상응하는 자발어음을 B종금으로부터 실제로 취득하였다는 엄연한 사실은, 이 사건 자발어음 거래의 연유에 불과한 앞의 Ⅰ. A. 3.에서 본 신탁회사 A투신과 C회사 사이의 이 사건 협약에 대한 법적 평가가 여하한 것이든, 「의사와 표시의 불일치」를 쉽사리 인정할 수 없게 할 것이다.

C. B종금에 대한 어음채무의 면제 여부

1. 채무면제의 인정 일반

(1) 우리 민법상 채무의 면제, 뒤집어서 말하면 채권의 포기는 채권자와 채무자의 계약에 의하여서는 물론이고 채권자의 일방적인 의사표시로도 할 수 있다(민법 제506조 참조). 채무면제가 행하여졌다는 사실도 그로 인한 채무소멸의 효과를 주장하는 측에서 이를 증명할 책임을 진다.

(2) 물론 채무면제의 존부도 당사자의 입증활동에 대한 평가에 의존한다. 그러나 채무면제로 인하여 채권자가 자신의 권리를 종국적으로 상실하게 되는 중대한 결과를 가져오므로, 실제의 사건에서 이는 쉽사리 인정될 수 있는 것이 아니다. 대법원 1996. 11. 26. 판결 96다21027사건(판례공보 1997년, 45면)도 **"통상 아무런 반대급부 없이 권리를 포기하겠다는 약정은 매우 이례적인 것**이어서 그와 같이 약정하게 된 특별한 사정이나 또는 권리를 포기할 만한 합리적인 이유가 없는 한 처분문서를 함부로 문언에 반하여 그와 같이 해석하여서는 아니된다"라고 판시함으로써, 「매우 이례적인 사실」의 입증에는 그에 상응하는 강도의 증거를 요구하고 있다.

재판실무를 살피면, 예를 들면 공동불법행위의 피해자가 공동불법행위자 중 1인으로부터 손해의 일부를 배상받고 그 나머지에 대하여 그를 면책시키는 등의 사안유형을 제외하고는, 그야말로 가뭄에 콩 나듯 할 뿐이다. 물론 위의 공동불법행위사안에서는, 한편으로 피해자가 치료비의 지급이나 생계의 유지 등 자신의 긴급할 수요에 대처하기 위하여 손해액의 일부라도 당장 가해자로부터 현실적으로 전보를 받을 필요가 있고, 다른 한편으로 그 일부면제는 다른 공동불법행위자의 책임에 영향을 주지 아니하고 포기한 부분의 손해금에 대하여도 다른 공동불법행위자로부터 전보를 받을 권리를 그대로 보유하므로, 그만한 이유가 있어 채무의 면제 내지 포기가 인정되는 것이다.

(3) 또한 조금 시야를 넓혀서 보면, 예를 들어 면책적 채무인수나 경개 또는 계약탈퇴, 나아가서는 어음의 발행·배서 등에 의한 기존채무의 대물변제 인정 등에 관한 재판례에서도 알 수 있듯이, 우리의 재판실무는 타당하게도 설사 현실적으로 유효하게 발생한 채무와 관련하여 어떠한 경위로 채권자에게 그 채권의 만족을 도모할 수 있는 별도의 법적 수단이 주어졌다고 하더라도, 이로써 채권자가 원래의 채무에 대한 권리를 상실한다고 인정하는 일은 현저하게 드물다. 이러한 실무의 「경향」도 아울러 참고할 필요가 있는지도 모른다.

2. 이 사건 어음채무의 면제?

(1) 결론적으로 말해서, 귀 질의에서 든 사정들을 종합하여 보아도, 이 사건에서 우선 이 사건 은행이 B종금이 이 사건 거래로 인하여 이 사건 은행에 대하여 부담하는 어음금채무를 면제하여 자신의 채권을 포기하였다고 인정하기는 어렵다고 하겠다.

(2) 무엇보다도 귀 질의에서는 채무면제에 관한 처분문서 기타 직접적인 증거가 아니라 이를 추단하게 하는 듯한 간접사실이 열거되어 있을 뿐이다. 그리고 그 사정들도 대체로 A투신과 C회사 또는 B종금 사이에서 일어난 일로서, 이 사건 은행과는 무관한다. 이

들을 가지고는 다름 아닌 이 사건 은행이 B종금에 대한 이 사건 어음채무를 면제하였다고 인정할 수는 단연코 없을 것이다.

(3) 뿐만 아니라 증권투자신탁에서 자신이 보관하는 신탁재산으로 유가증권인 자발어음을 매입한 수탁회사가 그 자발어음상의 어음금채무를 면제한다는 것은 자신이 수탁회사로서 가지는 권리를 모두 포기한다는 것과 다를 바 없다. 이러한 일은 특히 수익자에 대한 관계에서의 「신탁적 지위」에서 부담하는 의무에 위반하는 것이다. 증권투자신탁에서 수탁회사는 신탁회사와의 사이에 신탁관계에 서는 것은 물론이지만, 수익자와의 사이에서도 신탁적 지위에 있는 것이다.[4]

이와 같이 수탁회사가 자신의 본질적인 권리를 포기한다는 일은 쉽사리 상정될 수 없고, 따라서 그것을 간접사실의 중첩만으로 이를 인정하기는 그야말로 다른 특별한 사정이 존재하지 않는 한은 어려울 것이다.

D. 이 사건 자발어음 거래가 민법 제103조에 위반하는지 여부

1. 「특정경제범죄 가중처벌 등에 관한 법률」 제9조 제2항의 고려

(1) 「특정경제범죄 가중처벌 등에 관한 법률」의 제9조 제2항은 다음과 같이 규정하고 있다.

---

4) 박삼철(주 2), 210면도 "수탁회사는 투자신탁계약의 체결에 의해 수익자에 대하여 계약상 의무를 부담하는 외에 신탁재산의 수탁자로서 수익자에 댓하여 신탁상의 의무를 부담한다"고 설명한다.

"저축을 하는 자가 당해 저축과 관련하여 당해 저축을 중개하는 자 또는 당해 저축과 관계없는 제3자에게 금융기관으로부터 대출 등을 받게 한 때 또는 저축을 중개하는 자가 당해 저축과 관련하여 금융기관으로부터 대출 등을 받거나 당해 저축과 관계없는 제3자에게 대출 등을 받게 한 때에는 제1항의 형과 같다."[5]

그리고 동법 제2조 제2호는 동법상의 「저축」에는 신탁재산이나 어음·수표를 금융기관에 예입·납입 또는 신탁하거나 금융기관으로부터 수령 또는 매입하는 것을 포함하고(가목 및 나목), 또 동조 제1호는 이 사건 은행과 같은 은행이나 B종금과 같은 종합금융회사도 동법상의 「금융기관」에 해당함을 규정하고 있다.

(2) 그런데 과연 이 사건 자발어음 거래에서 또는 A투신과 C회사 사이의 이 사건 협약 기타 이 사건과 관련된 일체의 사실관계에서 위 처벌규정의 구성요건에 해당하는 행위가 실제로 있었는지 여부도 문제일 수 있겠다. 그러나 그 점을 판단하기에 앞서, 설사 그러한 행위가 있었다고 가정하더라도, 그것이 당해 「저축」의 행위 자체가 민법 제103조에 의하여 무효가 된다고 판단할 기초적 사정이 될 수 있다고는 쉽사리 생각되지 않는다. 왜냐하면 위의 처벌규정에서 문제삼고 있는 것은 「저축」을 하는 자가 그 저축을 중개하는 자 또는 제3자에게 금융기관으로부터 대출을 받게 하는 행위 기타로서, 당해 저축행위 자체와는 직접적인 관련이 없기 때문이다.
위의 처벌규정은 예를 들면 A가 B은행에 거액의 예금을 하면서 그 은행으로 하여금 C회사에게 일정한 여신을 주게 하는 행위

---

5) 여기서 "제1항의 형"이란 동조 제1항에서 규정하고 있는 5년 이하의 징역 또는 5천만원 이하의 벌금을 말한다.

를 대상으로 한다. 이것은 A와 B 은행 사이의 예금행위 자체가 바로 어떠한 반사회성을 띠게 되는 것을 의미하지는 아니한다고 생각된다.

(3) 위와 같이 「저축」을 하는 자가 제3자에게 여신 등 일정한 이익을 주게 하는 행위 또는 은행 측에서 보면 그러한 이익을 주는 행위로 인하여 그 「저축」의 행위 자체가 반사회성을 띠게 되어 민법 제103조의 적용을 받게 되려면, 아마도 사실관계 전체에 대한 세밀한 음미에 기하여 과연 그 「저축」의 행위가 당해 사안에서 사법상 효력의 거부라는 제재를 받을 만큼 용납될 수 없는가를 판단하여야 할 것이다. 그리고 그러한 사정에 대한 증명책임을 그 행위의 무효를 주장하는 사람 측에서 부담함은 물론이다.

(4) 이 사건에서 민법 제103조의 적용 여부가 문제가 되고 있는 행위는 수탁회사인 이 사건 은행이 B종금으로부터 자발어음을 매입한 것이다. 그런데 가사 이 사건에서 위의 처벌규정이 적용될 수 있는 「저축」에서의 이익 공여가 문제된다고 가정하더라도, 이는 A투신과 C회사 사이에 행하여졌던 이 사건 협약과 관련되어 행하여졌을 것이라고 추측된다.

그러므로 이 사건에서와 같이 수탁회사가 자신의 계약상 의무를 이행하기 위하여 위탁회사의 지시에 좇아서 한 유가증권 매입행위에 대하여 위의 처벌규정과의 관련을 들어 그 사법적私法的 효력을 공격하는 것은 결정적으로 어려울 것이라고 생각된다.

2. 투신업법 제33조 제1항 제1호, 제41조의 고려

(1) 투신업법 제33조는 위탁회사가 수탁회사에 신탁재산의 운

용 지시를 함에 있어서 하여서는 안 될 사항을 정한다. 그 중 하나 에 "각 신탁재산의 100분의 10 이내에서 대통령령이 정하는 비율을 초과하여 동일 종목의 유가증권에 투자하는 행위"가 있다(동조 제1 항 제1호).[6] 신탁회사가 이 규정에 위반하는 운용 지시를 하였을 경 우에는, 5년 이하의 징역 또는 3천만원 이하의 벌금에 처하여진다 (동법 제59조 제5호).

그리고 동법 제41조는 이번에는 수탁회사에 대하여 "수탁회사 는 위탁회사의 신탁재산에 관한 운용 지시가 법령 또는 신탁약관 에 위반되는 경우에는 위탁회사에 대하여 당해 운용 지시의 철회· 변경 또는 그 시정을 요구**할 수 있다**"고 정하고 있다(동법 제41조 제1 항). 그리고 동조 제2항은 "위탁회사가 제1항의 규정에 의한 수탁회 사의 요구에 응하지 아니한 때에는 재정경제부장관에게 이의를 제 기할 수 있다. 이 경우 당해 위탁회사 및 수탁회사는 총리령이 정 하는 기준에 의하여 재정경제부장관이 결정하는 바에 따른다"고 규 정한다. 한편 2000년 1월 21일 법률 제6179호로 이 투신업법 제41 조 제1항은 "… 요구**하여야 한다**"로 개정되었고, 또한 그 위반에 대 하여는 동법 제60조 제4항의2를 신설하여 3년 이하의 징역 또는 2 천만원 이하의 벌금에 처하여지게 되었다. 그러나 이 개정법률은 동년 4월 1일부터 시행되는 것이어서, 이 사건 거래 당시에 대하여 는 적용이 없고, 종전의 규정이 여전히 적용된다.

이 사건에서 신탁회사인 A투신이 수탁회사인 이 사건 은행에 대하여 한 B종금 자발어음의 매입지시가 위의 규정에 반하는 것이 라면, 이 사건 은행의 자발어음 매입은 사법적으로 무효로서 효력 이 없는 것은 아닌지 문제된다.

---

6) 이 경우에 동일회사가 발행한 유가증권 중 주식을 제외한 유가증권은 여기서의 「동일 종목」에 해당한다고 규정되어 있다.

(2) 우선 투신업법 제33조 제1항, 제41조는 강행규정이 아니므로, 이 사건 자발어음 매입이 그 규정에 위반하여 행하여졌다고 하여도 이로 인하여 그것이 사법적으로 무효가 되지는 아니한다.

무엇보다 신탁회사가 그의 운용 지시를 제한하는 위 제33조 제1항에 위반하여 신탁재산의 운용 지시를 하였다고 하여도, 수탁회사가 그에 기하여 제3자인 B종금으로부터 매입하는 행위의 사법상 효력에 영향을 미친다고는 말할 수 없다. 어디까지나 이 규정은 신탁회사의 행위를 제한하는 것일 뿐이며, 그것과 수탁회사와 제3자 사이에 행하여진 행위는 별개의 것이기 때문이다. 이것은 특히 투신업법에서 위와 같이 신탁회사의 운용 지시에 대한 제한과 그 제한에 반한 운용 지시를 받은 수탁회사가 취할 조치를 각기 별도로 규정하고 있는 것에 비추어서도 명백하다.

나아가 위 제33조 제1항의 입법취지에 비추어 보아서도, 그에 반하는 운용 지시에 좇아 행하여진 수탁회사의 유가증권거래행위 자체의 사법적 효력에 소장消長이 있다고는 생각되지 않는다. 위 규정의 입법취지에 대하여는 이 사건 판결이 그 3면에서 설시하는 바에 더 보탤 것이 없다. 그러므로 같은 입법취지를 가진 구 상호신용금고법(1995년 1월 5일 법률 제4867호로 개정되기 전의 것) 제12조의 법적 성질에 대하여 이를 단속규정이고 효력규정이 아니라고 판시하는 대법원 1995. 1. 12. 판결 94다21320사건(법원공보 1995년, 873면)의 태도를[7] 여기에 그대로 옮겨 적용하여도 별다른 잘못은 없을 것이다.

뿐만 아니라 특히 증권투자신탁의 경우에는 앞에서 본 관련 규

---

7) 이러한 취지는 그 후의 대법원 1996년 8월 23일 판결 96다18076사건(판례공보 1996하, 2847면); 대법원 1997년 8월 26일 판결 96다36753사건(판례공보 1997하, 2818면) 등에서도 반복되고 있다.

정에서도 드러나듯이, 수탁회사는 적어도 이 사건 거래 당시에는
설사 신탁회사가 위의 제33조 제1항에 반하는 운용 지시를 하였어
도 반드시 이 지시의 철회나 시정 등을 요구할 의무도 없었다("…
요구할 수 있다"). 따라서 그러한 철회 등의 요구를 함이 없이 그 지
시에 좇아 유가증권의 매입을 실행하였다고 하여도, 이것을 가지고
강행법규 위반이라고 말할 수는 도저히 없을 것이다. 그것은 특히
앞에서 본 대로 신탁회사의 위반행위에 대하여는 형사처벌을 정하
여 놓고 있으면서, 수탁회사가 그 지시에 좇은 행위에 대하여는 그
러한 형사처벌조차 규정하지 아니한 이 사건 자발어음 매입 당시
의 법상태에서는 더욱 그러하다.

(3) 이와 같이 이 사건 자발어음 매입이 강행법규에 반하지 아
니한다고 한다면, 이번에는 그 행위에 반사회성이 있다고 하여 이를
민법 제103조 위반으로 무효라고 할 수 있는지를 살펴보기로 한다.
여기서 문제되는 행위가 투신업법 제33조 제1호에서 제한되고
있는 A투신의 운용 지시가 아니라, 그에 좇아 수탁회사인 이 사건
은행이 행한 B종금으로부터의 자발어음 매입이라는 것을 다시 한
번 상기할 필요가 있겠다. 그리고 앞의 (2)에서 본 대로 위의 투신
업법 제33조 제1호, 제41조의 규정이 강행법규가 아니라고 하는 것
은, 비록 신탁회사의 운용 지시가 투신업법의 규정에 반한다고 하
더라도 또 그 사실을 수탁회사가 알고 있다고 하더라도, 수탁회사
는 적법하게 그 지시에 따른 행위를 할 수 있음을 의미하는 것이다.
그러한 행위를 투신업법이 일반적으로 허용하는 터에 이번에
는 반사회성을 들어 그 행위의 효력을 부인하려면, 이 사건의 사실
관계 전체로부터 이를 강력하게 추단케 하는 주관적 및/또는 객관
적 요소의 「특별한 이유」가 있어야 할 것이다. 그런데 이 사건에서

그러한 반사회성을 인정할 「특별한 이유」는 쉽사리 찾기가 매우
어렵다.

3. 예금자보호법의 입법취지의 고려

(1) 이 사건 자발어음 매입 당시에 일반적으로 어떠한 규정에
의하여 어떠한 요건 아래서 어떠한 내용의 예금보험금지급의무가
발생하는 것으로 정하여져 있었는지에 대하여는 이 사건 판결의
「이유」의 「2. 예금보험금 지급의무의 성립 및 그 범위」의 「나. 법
령의 규정」에서 설시한 바(12면부터 14면까지)에 더 보탤 것이 없으
므로, 이를 그대로 인용하도록 하겠다.

그러면 이 사건 자발어음 매입이 예금자보호법의 입법취지에
배치되어 반사회성을 가지는 것으로서 민법 제103조에 좇아 무효
라고 할 것인지에 대하여 아래에서 살펴보도록 한다.

(2) 예금자보호법은 한 마디로 하면 우리나라의 금융제도에서
예금보험제도를 도입·규율하는 법률이다.

선진의 여러 나라에서 발견할 수 있는 예금보험제도는 무엇 때
문에 존재하는 것일까? 어느 경제학자는 예금보험제도 일반에 대하
여 다음과 같이 설명한다.[8]

"금융제도는 신용을 토대로 형성된다. 따라서 경제주체들이 거래
상대방에 대해 갖는 신뢰는 매우 중요하다. 신뢰 정도가 높을 때에
는 신용창조를 통해 가용자원이 허용하는 만큼의 성장을 누릴 수
있는 반면, 신뢰에 금이 가기 시작하면 신용창조 규모가 급속히 축
소되는 일종의 레버리지 효과(leverage effect)가 작용한다. … 예금

---

8) 정운찬, 예금보험론(1999), 52면 및 70면.

보험에는 일반적인 보험과는 다른 특수한 측면이 있다. 그것은 개
별은행의 부실이 그 은행에만 부정적인 영향을 미치는 것이 아니라
은행제도 전반에 커다란 악영향을 미칠 수 있다는 사실에 기인한
다. 개별은행의 부실화가 파급되어 은행제도 전반에 대한 일반 경
제주체의 신뢰성이 무너지면, 광범위한 뱅크런[9]이 도래하여 건전한
은행까지도 덩달아 파산의 위험에 직면할 수 있다. 즉 개별은행의
도산은 여타 건전한 은행에 외부불경제를 미치게 된다. 따라서 은
행제도가 갖는 외부성(externality)은 예금보험제도에 관한 논의의
핵심을 이룬다."

다시 말하면 예금보험제도의 취지는, 한편으로 개별 예금자의
예금청구권의 만족을 보장하는 데도 있는 것은 물론이겠지만, 오히
려 그보다는 금융제도 자체의 신뢰성을 객관적·제도적으로 제고함
으로써 이른바 「금융공황」의 발생을 억제하고 나아가 이로써 궁극
적으로는 자금조달의 안정성을 확보하려는 데 있다는 것이다.

예금보험공사에서 "예금보험제도의 역할에 대한 이해를 높이
기 위해" 발간하였다는[10] 『예금보험의 이론과 실제』라는 책자에서
도, 금융제도에 고유하게 내재하고 있는 「금융불안정성」을 설명하
고 난 다음, 「금융안전망[11]으로서의 예금보험제도」의 역할에 대하
여 다음과 같이 서술하고 있다.[12]

---

9) bank run. 이는 run upon a bank의 다른 말로서, 은행의 지급불능을 예
   상하여 다수의 예금자가 일시에 쇄도하여 예금의 반환을 청구하는 현상,
   즉 통상 「예금인출사태」라고 일컬어지는 현상을 말한다.
10) 예금보험공사, 예금보험의 이론과 실제(연구총서 2000-1)(2000), 머리말.
11) 이는 "금융제도의 불안정성을 보완하기 위한 인위적인 제도적 장치"를
    총칭하는 것이다. 예금보험공사(전주), 12면 참조.
12) 예금보험공사(주 10), 14면.

"금융부문의 중요성과 내재적인 불안정성을 고려할 때 예금보험 제도는 금융안전망 중에서도 아주 명확한[「뚜렷한」 또는 「현저한」 이라는 의미일 것이다] 역할을 수행한다. 예금보험제도는 인출사태 의 가능성과 그로 인한 금융공황의 발생을 억제한다. 예금보험제도 는 금융부문에 자금조달의 안정성을 강화하고 위로 인한 충격을 감 소시킨다. 예금인출가능성이 있는 은행에게는 예금기반을 안정화시 켜 인출사태를 방지하고 급속한 자산매각으로 인한 손실가능성을 감소시킨다. 다른 건전한 금융기관에게는 시스템 전체의 안정을 도 와 금융공황을 예방한다."

여기에 바로 눈에 띄는 것은 개별 예금자의 보호에 대하여는 아무런 언급이 없다는 점이다.

(3) 물론 예금보험의 보호를 받는 범위를 어떻게 정하고, 그 요 건으로 무엇을 요구할 것인가는 기본적으로 입법자의 합리적 재량 판단에 맡겨진 사항이라고 할 것이다.

그러나 위의 (2)에서 말한 예금보험제도의 취지에 비추어 보 면, 이 사건 자발어음 매입 당시에 예금자보호법 및 그 시행령 기 타 관련 규정에서 B종금과 같이 동법이 정하는 부보금융기관附保金 融機關(아래에서는 단지 「금융기관」이라고 부른다)이 이 사건 은행과 같 은 다른 금융기관으로부터 금전을 조달함으로 인하여 부담하게 된 「예금 등 채무」를 예금보험의 보호대상에 포함시킨 것은 하등 특 이하거나 예외적인 조치가 아니라고 하겠다. 왜냐하면 예를 들어 A 라는 금융기관이 B라는 다른 금융기관로부터 어음의 매입 등의 거 래로 금전을 조달하여 부담하게 되는 채무에 대하여 지급불능의 상태가 되는 경우에도, 그로 인하여 소액의 예금채권자는 물론이고

B 이외의 다른 금융기관으로부터도 「광범위한 뱅크런」이 발생할 수 있고, 나아가서는 이로써 "은행제도 전반에 커다란 악영향을 미칠 수 있음"은 거의 자명하기 때문이다.

　　또 같은 관점에서 보면, 예금보험의 보호대상을 예금자가 금융기관을 신뢰하여 자금을 예치한 경우에 한정하여야 하고, 예금자 스스로의 판단과 책임 하에 자금을 예치하는 경우는 그에 해당되지 아니한다고 보아야 한다는 견해에는 찬성할 수 없다. 이 견해는, 우선 예금자 등 은행에 대하여 금융거래로 인한 채권을 취득한 사람이 과연 당해 금융거래 당시에 상대방 금융기관을 신뢰하여 행위한 것인지, 아니면 그 스스로의 판단과 책임 하에 행위한 것인지를 쉽사리 가릴 수 없을 뿐만 아니라(금융기관에 대하여 어떠한 신용이라도 이를 제공하는 사람은, 한편으로는 은행을 신뢰하면서도, 다른 한편으로는 그 금융거래의 「불안정성」으로 인하여 스스로의 판단과 책임 하에 행위하는 것이라는 것이, 앞에서 본 대로 예금보험제도의 근간에 깔려 있는 생각이다), 보다 근본적으로, 이 견해는 예금보험제도의 존재 자체로 인하여 발생 또는 보강되는 은행에 대한 신뢰성을 무시하고 있기 때문이다. 이는 일반 서민들의 은행거래행태를 살펴보면 바로 알 수 있는 바이기도 한다.

　　(4) 이 사건에서 증권투자신탁상의 수탁회사인 이 사건 은행이 신탁재산으로 B종금으로부터 자발어음을 매입하는 거래를 함에 있어서 그 투자가 예금보험의 보호대상에 들어간다는 것을 명확하게 의식하였다고 하여도, 나아가 또한 예금보험의 보호대상이 아니라면 당해 자발어음 매입을 하지 아니하였을 것이라고 하여도, 즉 예금보험의 보호를 받을 수 있기 **때문에** 그와 같은 거래를 하였다고 하여도, 이로써 그 자발어음 매입이 예금자보호법의 입법취지에 반

하는 것으로서 민법 제103조에 위반하여 무효가 된다고 할 수 없을
것이다. 예를 들어 금융기관의 신용에 불안을 느껴서 예금을 꺼리
고 있던 사람이 예금보험제도가 있어서 그 보호를 받을 수 있음을
알게 되어서 안심하고 예금을 하였다는 경우에, 즉 예금보험의 보
호를 받을 수 있기 **때문에**, 그 예금거래가 민법 제103조 위반이 아
님은 명백한다. 이 사건 거래도 이와 크게 다를 바 없다고 생각되
는 것이다.

  (5) 가사 금융거래의 당사자들이 예금보험제도의 보호를 받을
수 있도록 하기 위하여 그 요건에 맞추어 거래한 것이라고 가정하
더라도(이 사건 판결의 24면에 인용된 피고의 주장대로, "C회사가 자금을
상환하지 못할 경우를 대비하여 예금자보호제도의 적용을 받으려고 B종금
의 발행어음을 매입하는 형식을 의도적으로 작출하였다"고 하더라도), 이
로써 그 거래가 반드시 예금자보호법의 입법취지에 반하는 것으로
서 민법 제103조에 위반하여 무효가 된다고는 할 수 없을 것으로
여겨진다.

  일반적으로 국가가 일정한 공적 목적을 달성하기 위하여 개별
적으로 거래당사자에게 이익을 줄 수 있는 제도를 마련한 경우에,
국민들이 서로 간에 거래를 하면서 이 제도의 보호를 받으려고 자
신들의 거래를 그에 맞추어 '조직'하였다고 하더라도, 거기에 허용
될 수 없는 불법의 목적을 달성하려는 의도가 있다는 등의 특별한
사정이 없는 한에서는, 일반적으로 이를 탓할 것이 전혀 없다. 당해
제도의 빈번한 이용을 통하여 그 제도를 마련한 공적 목적이 달성
될 수 있다면, 이는 오히려 그 제도의 발전을 위해서도 바람직한
바이다. 예를 들어 현재의 예금보험제도 아래서 예금이 각 금융기
관마다 2천만 원의 한도 내에서 보호를 주고 있으므로, 1억 원을

예금하려고 하는 사람이 이를 2천만 원씩 다섯으로 나누어 다섯 개
의 금융기관에 나누어 각각 예금을 하였다고 해서, 그 각각의 예금
계약이 예금자보호법의 입법취지에 반하여 민법 제103조에 좇아
무효라고 할 수는 없는 것이다.

4. 소결

이상에서 본 바와 같이「특정경제범죄 가중처벌 등에 관한 법
률」제9조 제2항은 원래 이 사건 자발어음 매입 자체와 무관한 구
성요건을 정하고 있는 것이므로 논외라고 할 수밖에 없다. 나아가
투신업법 제33조 제1항, 제41조도 이 사건 거래 당시에는 신탁회사
의 위법한 운용 지시에 좇은 수탁회사에 대하여 어떠한 제재도 규
정하지 아니하고 있어서, 수탁회사가 수익자에 대하여 계약상 책임
을 지는가는 별론으로 하고, 당해 수탁회사의 거래행위를 반사회적
이어서 무효라고 할 것은 도저히 못된다. 또한 이 사건 자발어음
매입이 예금보험의 보호대상이 되기 때문에 행하여졌다고 해도, 그
것으로 예금자보호법의 취지에 반하는 거래라고는 할 수 없을 것
이다.

그러므로 이 사건 자발어음 매입이 반사회적인 것으로서 민법
제103조에 좇아 무효라고는 할 수 없다고 생각한다. 또 이는 앞의
1.부터 3.까지의 사정을 모두 합하여 종합적으로 관찰하더라도 마
찬가지일 것이다.

E. 결론

이상을 결론적으로 요약하면,

1. 이 사건 자발어음 거래가 통정허위표시 또는 비진의의사표

시에 해당한다고는 보기 어렵다.

　2. 이 사건 은행이 B종금에게 자발어음금채무를 면제시킬 의
사가 있었다고 인정하기는 어려울 것으로 생각된다.

　3. 이 사건 자발어음 매입이 반사회질서의 법률행위로서 민법
제103조에 좇아 무효라고 할 수는 없을 것이다.

(2003년 3월 작성)

4. 세금 절약을 위한 공모행위와
민법 제746조 단서의 유추적용 여부

I. 사실관계 및 질의

A. 배경적 사실

1. 부산신항만 프로젝트

가. 대한민국을 동북아시아의 물류 허브로 육성하겠다는 정부 정책의 일환으로, 부산항에 컨테이너 선박을 정박시킬 수 있는 대규모 컨테이너 부두 30개(아래에서는 「부산신항」이라고 부른다)를 건설하기로 하는 계획이 수립되었다.

나. 이 사건 P와 D 사이의 분쟁은 그 중 'X-1 단계' 및 'X-2 단계'에 해당하는 9개의 컨테이너 부두 건설과 관련이 있다.

2. 부두 건설 일반

가. 일반적으로 부두의 건설은 다음과 같은 순서로 진행된다.
(i) Initial Channel : 작업선이 오갈 수 있는 항로를 준설한다
(ii) Sand Mound : 부두의 부지를 마련하기 위한 매립작업의 전제로서 모래 둑을 쌓는다

(iii) Reclamation : 매립한다

(iv) 부두 건설 : 매립된 부지 위에 부두를 건설한다

나. 위 작업을 위하여서는 심해로부터 모래를 채취하고 이를 운반하여 작업현장에 배출하는 대형 준설선이 필요하다. 이러한 대형 준설선은 전세계적으로 6대에 불과하다. 그 중 A(준설량: 9천 입방미터)와 B(준설량: 1만8천 입방미터)의 2대를 P가 소유하고 있다.

3. 관련 세금 문제

가. 국내의 건설사가 외국기업 보유의 대형 준설선을 이용하여 부두 건설작업을 진행하기 위하여서는 용선(선박임대차)계약과 도급계약의 두 계약형태를 고려하여 볼 수 있을 것이다.

나. 대형 준설선(호퍼선[Hopper] 포함)은 일반 선박보다 전문적인 기계장치가 많으므로 선박만을 임대차의 대상으로 하는 것은 부적절하며, 준설선 내의 기계를 작동시킬 기술자(operator)도 준설선과 함께 제공되어야 준설선을 제대로 사용할 수 있다. 그러므로 대형 준설선의 사용에 보다 부합하는 계약의 형태는 선박임대차계약이라기보다는 도급계약이라 할 수 있다.

다. 그러나 국내 건설사들은 외국 기업과 대형 준설선의 이용에 관한 계약을 체결함에 있어서, 외부적 목적(과세당국 제출용)으로는 용선계약을 체결하고 내부적 목적(실제적 작업의 진행)을 위해서는 하도급계약을 체결하는 예가 많으며, 이는 다음과 같은 두 가지 측면에서 공사비용의 지출을 줄이기 위한 것이다.

첫째, **세금 절약**. 이 사건의 당사자인 P 등 A국 기업과 대형 준

설선의 사용에 관한 계약을 체결할 경우, 한국·A국 간 이중과세 방지조약 및 한국의 과세법령에 의하면,

(i) 용선계약을 체결할 경우 : 대형 준설선을 제공하는 외국기업은 한국의 과세당국에 2.2%의 원천징수세만 납부하면 된다. 부가가치세가 부과되지 않는다. 계약기간과 관계없이 위 원천징수세의 납부의무는 인정된다.

(ii) 도급계약을 체결할 경우 : 대형 준설선을 제공하는 외국기업은 한국의 과세당국에 28%의 법인세를 납부하여야 하고, 또 전체 도급금액의 10%에 해당하는 부가가치세를 납부하여야 하다. 다만 도급계약이라 할지라도 그 공사기간이 12개월 미만인 경우에는 위와 같은 세금을 납부할 필요 없다.

다만 P는 위와 같은 조세법령의 내용을 한국 과세당국의 추징 문제가 제기된 2004년 후반기에 와서야 명확히 알게 되었다. 그 이전에 삼성과 관련 계약을 체결할 당시는 명확한 지식을 가지고 있지 않았다.

둘째, **건설업 면허와 관련된 비용절감**. 건설업법에 의하면, 국내 건설사가 자신이 수주한 공사를 국내 또는 국외의 기업에게 다시 도급(하도급) 주려면, 그 하수급인이 건설업법에 따른 건설업 면허를 보유하고 있어야 한다. 그런데 위 건설업 면허를 받기 위하여는 일정한 인적·물적 시설의 보유 요건을 충족하여야 하며, 이를 위해서는 수십억원이 소요되는 것으로 해석된다. 또한 대형 준설선을 보유한 외국기업이 건설업 면허를 획득한 선례가 없어, 건설업 면허의 획득을 위하여 시간이 소요되면 공사가 지연될 가능성도 있다.

4. 당사자 회사들의 개입

가. 부산신항 X-1 단계 및 X-2 단계 프로젝트에 대하여 한국

정부가 입찰을 시행한 결과, D 등 몇 개 건설업체가 설립한 합자기업(joint venture)인 A회사가 이를 낙찰받았다.

A회사의 주주인 회사들은 공동수급체(일종의 조합)을 형성하여 A회사로부터 신항만공사부분을 도급받고 이를 다시 개개의 하도급업체에 도급하는 방식으로 작업을 진행하다.

나. 위 하도급과 관련하여서는, 우선 위 공동수급체 명의로 입찰을 시행하여 낙찰자를 선정한 뒤에, 나아가 D가 A회사에 가장 많은 지분을 보유하고 있는 위 공동수급체의 대표회사로서, 앞서 낙찰자로 선정된 각 하도급업체와 협상을 진행하고 자신의 명의로 계약을 체결하였다.

다. P는 위 X-1 단계 및 X-2 단계 프로젝트의 연속된 입찰(Initial Channel, Sand Mound, Reclamation의 각 공사)에서 계속 낙찰자로 선정되고 D와의 협상을 거쳐 그와 계약을 체결하였다.

B. D와 P 사이의 계약

1. 2001년 ○월에 D가 속한 공동수급체는 부산신항 X-1 단계 및 X-2 단계의 Initial Channel 공사를 위한 첫번째 입찰을 시행하고 P 등 대형 준설선을 보유한 외국업체들에게 입찰설명서를 보냈다.

2. 당시의 입찰설명서에 의하면, 대형 준설선의 이용과 관련하여서 (i) 용선계약(charter agreement)을 체결할 것이고, (ii) 이 경우 2.2%의 원천징수세를 D(공동수급체)가 지급할 것이며, (iii) 공사기간

은 12개월 미만(8개월)으로 명시되어 있었다.

3. P는 이 입찰에 참여하였는데, 이는 P가 한국에서 행하여지는 공사에 참여한 첫번째 경우이었다. 당시 P는 위 입찰설명서의 내용에도 불구하고, 대형 준설선의 이용에 관한 계약의 형식을 FIDIC 표준양식에 따른 하도급계약으로 할 것을 제안하였다. 또한 동 제안에 의하면, 하도급계약에 따른 세금문제는 한국·A국 간의 이중방지과세조약에 따라 처리될 것임을 명시하고 있었다.

4. 그러나 D는 하도급계약이 아닌 용선계약의 형식을 계속 주장하였다. **한국 내 agent의 설명으로 P는 용선계약의 형식이 요구되는 이유를 건설업법상 면허와 관련된 것으로 이해하였다.** 다만 D가 그와 같은 사실을 P 측에 명시적으로 설명한 사실은 없는 것으로 보인다.

5. 위 계약형식과 관련된 협상이 P와 D 사이에 진행되었다. 그 협상의 과정에서 D는 "용선계약의 형식을 취하면, P는 한국의 과세당국에 2.2%의 원천징수세만 납부하면 되는데, 이는 D가 부담한다"는 취지로 설명하였다. **P의 입장에서는 ─계약기간이 1년 미만이어서─ 세금을 납부할 필요가 없는 하도급계약의 형식을 취하든 D가 원천징수세를 부담하는 용선계약의 형식을 취하든 한국의 과세당국에 세금을 부담하지 않는다는 점에서 차이가 없었으므로, 용선계약의 형식을 받아들였다.**

6. P가 낙찰자로 선정된 후, 실제의 계약 체결을 위한 구체적 협상이 진행되었다. 그 협상에서 D는 **외부용(과세당국용)으로 용선계약을 체결하는 외에, 내부용(당사자들간의 업무처리용)으로 하도급계약을 체결할**

것을 요청하여 그에 관한 계약서가 작성되었다. 그 하도급계약서에는 (i) 당사자 내부관계에서는 하도급계약이 선박용선계약에 우선한다는 것 외에 (ii) 하도급계약의 체결 사실을 당사자 간의 비밀로 하고 외부에는 누설하지 아니하기로 하는 비밀유지(Confidentiality)에 관한 합의가 포함되어 있다.

    7. 나중에 D(공동수급체)는 부산신항 X-1 단계 및 X-2 단계의 Sand Mound 및 Reclamation을 위한 입찰을 순차적으로 시행하였다. 그리고 P는 이들 입찰에 모두 참여하여 낙찰자가 되고, D와의 사이에 P 보유의 대형 준설선 사용에 관한 계약을 체결하였는데, 모두 위 첫번째 계약의 이중구조에 따라 외부적 용선계약, 내부적 하도급계약을 동시에 체결하였다. 그러나 그 계약형식 등에 따른 세금문제 등은 모두 앞서 본 첫번째 계약 당시 정리되었으므로, D과 P 사이에 그에 대한 특별한 논의가 새로이 이루어지지 않았다.
    P는 한국의 leading 회사인 D가 말하는 바의 용역계약에 따른 2.2%만 세금을 부담하면 된다는 입장을 신뢰하고, 차후의 입찰과정에서도 그로 인한 조세문제가 발생할 것이라는 의심을 하지 않았으며, 그로 인하여 별도로 조세에 관련된 법적 검토를 수행하지 않았다.

    8. 앞서 본 계약들에 따라 P는 부산신항 X-1 단계 및 X-2 단계 프로젝트를 위한 작업을 수행하였으며, 이때 사용된 준설선은 모두 동일하다. 그런데 제1차 및 제2차 입찰에 의한 공사의 경우에는 그 기간이 각기 1년 미만이었으나, 제3차 입찰에 의한 공사의 경우는 그 기간이 22개월로 1년 이상이었다.

C. 한국 과세당국의 과세 및 의심되는 D의 과거 행위들

1. P가 낙찰자가 되었던 바의 부산신항 공사들이 종료된 후인 2004년 ○월경에 한국의 과세당국은 P에게 위 공사와 관련된 세금 문제를 조사할 필요가 있으니 출두할 것을 요구하였다.

2. P는 과세당국에 가기 전에 D과 상의하였다. 이때 D는 앞서 본 이중계약구조를 절대로 과세당국에 발설하지 말 것을 요청하였다.

3. 한국 과세당국의 조사과정에서 P는 위와 같은 D의 요청에 따라 부산신항 공사는 용선계약에 따라 이루어진 것임을 주장하였다. 그러나 이때 한국의 과세당국은 —D과 P가 외부에 대하여는 비밀로 하기로 합의하였던— 하도급계약서의 하나를 증거로 제시하였다.

4. 결과적으로 한국의 과세당국은, (i) 대형 준설선 사용의 실질은 단순한 선박용선이 아닌 하도급이라는 점, (ii) 하도급계약서의 존재, (iii) P가 도합 3차의 입찰에 의한 공사에서 사용한 대형 준설선이 모두 동일한 준설선이라는 점, (iv) 이와 같이 동일한 준설선에 의하여 수행된 하도급기간이 1년 이상(3개의 공사기간을 모두 합치면, 약 26개월 이상 동일한 준설선이 연속 작업한 셈이 된다)임을 근거로 해서 다음과 같은 세금을 P에 부과하였다.

한국·A국 간의 이중과세방지협약과 한국의 과세법령에 의할 때, P의 D에 대한 대형 준설선의 공급은 과세가능한 하도급계약에 해당하여, P는 28%의 법인세와 10%의 부가가치세를 납부할 의무가 있음에도 불구하고 2.2%의 원천징수세만 지급하여 조세를 면탈하였다는 이유로 법인세 60억원 및 부가가치세 140억원 합계 200억원 상당을 추징하였다(가산세 포함).

5. 이상의 사항과 관련하여 P가 사후적으로 발견하게 된, 다음과 같은 D의 의심스러운 행동들이 있다.

(1) 용선계약에 따라 대형 준설선이 한국의 항구에 입항하는 경우, 임차인(용선자)인 D는 그에 따른 관세를 납부하여야 한다. 그런데 2002년 ○월경 동 관세의 산정근거인 대형 준설선의 가액에 관하여 한국 세관이 의문을 제기하여, D의 요청에 따라 P가 관련 근거를 제공해 준 사실이 있다. 이 때 D는 P에게 세관에 관련 서류를 제출하던 중 실수로 하도급계약서를 제출하였다. 그러나 D는 용선/하도급의 문제는 관세청이 아닌 일반 세무서에서 취급하는 것이므로 큰 문제는 없을 것이라는 취지로 P에게 설명한 바 있다.
한국의 과세당국이 증거로 제시한 하도급계약서는 위와 같이 D가 유출시킨 것일 가능성이 크다.

(2) 한국의 과세법령에 의하면, 용선계약에 부과되는 2.2%의 원천징수세는 외국사업자(임대인, 즉 P)가 납부하는 것이 아니고, 한국사업자(임차인, 즉 D)가 대납하고, 그와 같이 납부한 세액의 확인서를 과세당국으로부터 발급받아 외국사업자에게 제공하도록 되어 있다. D는 P가 실제 작업을 시작한 2001년 ○월경부터 2002년의 연말까지 P에게 매달 위 세액확인서를 제공하였다(다만 그와 같은 세액확인서제도는 2002년의 연말로 소멸되었다).
그런데 동 세액확인서에는 대납한 세금의 종류가 무엇인지 여부를 표시하는 난이 있는데, D가 2001년 ○월부터 2002년 ○월경까지 제공한 확인서에는 세금의 종류가 '12'로 표시되어 있었던 반면, 2002년 ○월 이후에 제공된 확인서에는 세금의 종류가 '7'로 표시되어 있었다.

위와 같은 숫자의 의미는 확인서의 뒷면에 표시되어 있는데, 당시 D가 제공해 준 것은 확인서의 앞면 사본이었을 따름이므로 P로서는 그러한 숫자의 변경이 있었는지 여부를 파악할 수 없었고, 실제로 P는 D가 2.2%의 세금을 납부하였다는 사실만을 확인하고 위와 같은 숫자의 변화는 인지하지 못하였다.

그런데 위와 같이 200억원을 추징당한 후에 확보한 세액확인서의 뒷면에 의하면 '12'는 임대차(용선)에 대한 원천징수세를 의미하는 반면, '7'은 법인세를 의미하는 것으로 되어 있다.

결국 위 확인서상의 표시 변경으로 보아, D는 P가 대형 준설선을 투입하여 공사를 시작한 때로부터 1년이 경과하였을 때로부터, D과 P 간의 본건 계약관계가 한국의 과세당국에 의하여 용선계약관계가 아닌 하도급계약관계로 인정될 가능성을 인식하였고, 그리고 나아가 위 확인서에서 적극적으로 그와 같이 법인세로 표시하였던 것으로 판단된다. 과세당국은 이와 같은 표시를 보고, D과 P 간의 계약관계는 하도급관계라는 것을 이해할 수 있었을 것이다. 그러나 이러한 사실을 D는 P에게 알리지 않았다.

(3) 세금은 비용의 일종이고, 비용은 입찰가격에 직접적인 영향을 미치므로, P가 이러한 사실을 미리 알았다면 D에 당연히 세금의 부담에 대하여 재협상을 요구하였을 것이다. P의 입장에서는 비용이 200억원 가까이 늘어날 수 있는 상황이라면 이는 프로젝트에 참여할 것인지 자체의 여부에도 영향을 미칠 수 있는 사항이다. 이 경우 D로서는 P의 요청을 쉽게 거절할 수 없었을 것이다. 그러나 한국 과세당국의 조사는 P의 공사가 종

료한 후 개시되었으므로, P는 D에 대하여 아무런 견제수단 내지 교섭수단 (leverage)도 가지지 못한 상황에서 한국 과세당국과의 문제해결에 도움을 요청하였으나 D는 실질적으로 별다른 도움을 제공하지 않았다.

6. 한편 부가세와 관련하여 보면, P가 당시 부가가치세법에서 정하는 사업자등록만 하였다면 그 액수가 환급되므로 P 및 D 양자가 모두 비용부담 없이 처리할 수 있었음에도 불구하고, D가 미리 알려 주지 아니하여 위 시기를 놓쳤고, 그로 인하여 P가 부가세를 추징당하고도 이를 환급받지 못하는 상황이 발생하였다.

D. 검토 요청 사항

한국법 하에서, P가 예기치 않게 한국의 과세당국에 추징당한 법인세 및 부가세에 대한 부분을 D에 대하여 misrepresentation/불법행위, 비밀유지의무 위반, 신의칙상의 고지의무 기타 근거로 손해배상을 청구할 수 있는지 여부.

그에 있어서는 한국의 법령을 조사할 의무를 게을리한 외국사업자의 과실이 손해배상청구 자체를 배척하는 것인지 혹은 손해배상청구는 성립하되 과실상계의 원인이 될 뿐인지 여부도 검토되어야 한다.

II. 검 토

A. 전 제

1. 이하의 검토는 이상에서 제시된 사실관계를 전제로, 또 그 한도에서만 유효한 것이다. 만일 제3자, 특히 법원 기타 권한 있는 재정기관에 의하여 인정된 사실관계가 달라지거나 또는 새로운 사실이 부가된다면, 이하의 검토는 그 전제를 잃어서 발언력을 잃게 될 수 있다.

2. 이하의 검토는 본인의 개인적 판단에 따른 것이다. 물론 그것은 본인의 최선의 지식에 좇아 성실하게 작성되었다. 그러나 그것이 본인 개인의 주관적 판단이라는 것을 배제하지는 않는다.

B. 이 사건 거래에서의 이른바 「이중구조」의 법적 평가

1. 이 사건에서 P과 D가 부산신항 X-1 단계 및 X-2 단계 공사와 관련하여 체결한 도합 세 차례의 계약(이하에서는 단지 「제1차 계약」, 「제2차 계약」, 「제3차 계약」이라고만 부른다. 이들을 모두 합하여 지칭할 때에는 「이 사건 거래」라고 부른다)에서 당사자들 사이에서는 '하도급계약서'를 작성하였으면서 외부용으로는(과세당국과의 관계에 있어서는) 용선계약서가 별도로 작성된 것, 즉 이른바 「이중구조(dual structure)」가 취하여진 이유를 P가 어떻게 파악하였는지가 결정적으로 중요한 사정으로 보인다.

2. 위와 같은 「이중구조」는 적어도 이를 적극적으로 제안하고

고집하여 실행한 D 측에 관하여서는 세금의 포탈을 목적으로 한 것이라고 해석되기 쉬울 것이다.

(1) 조세범처벌법 제9조 제1항에서는 "사기 기타 부정한 행위로써 조세를 포탈하거나 조세의 환급·공제를 받은 자"는 조세포탈범으로 규정한다. 이는 각종의 조세범 중에서 가장 무거운 형벌로 제재되는 것으로, 통상 국세의 경우 3년 이하의 징역 또는 포탈세액이나 환급·공제받은 세액의 3배 이하에 상당하는 벌금에 처하도록 되어 있다(동항 제3호). 또한 연간 포탈조세액이 5억 원을 넘으면 무기 또는 5년 이상의 징역, 그것이 2억 원 이상 5억 원 미만이면 3년 이상의 징역에 처하도록 되어 있다(「특정범죄 가중 처벌 등에 관한 법률」 제8조).

판례는 대법원 1977년 5월 10일 판결 76도4078사건(대법원판결집 제25권 2집, 형사편 8면); 동 1982년 11월 23일 판결 81도1737사건(대법원판례집 제30권 4집, 형사편 18면) 이래 근자의 대법원 2003년 2월 14일 판결 2001도3797사건(판례공보 2003년 상권, 871면)에 이르기까지 줄곧 여기서 「사기 기타 부정한 행위로써」라고 함은 조세의 부과와 징수를 불능하게 하거나 현저하게 곤란하게 하는 위계 기타 **부정한 적극적인 행위**가 있음을 의미하는 것이고, 그러한 행위가 수반됨이 없이 단순히 세법상의 신고를 하지 아니하거나 허위의 신고를 하는 것은 여기에 해당하지 않는다고 판시하여 왔다.

(2) 이른바 거래형태의 위장은 위 법규정에서 정하는 「부정한 행위」의 하나의 유형으로 인정되고 있다.[1] 예를 들면 대법원 1984년 4월 24일 판결 83도892사건(법원공보 730호, 943면)은, 점포를 분

---

1) 가령 임승순, 조세법, 2005년도판(2005), 338면 이하 참조.

양하고도 임대한 것처럼 허위의 관계서류를 작성·비치하고 이에 맞추어 부가가치세를 신고누락한 행위에 대하여 조세의 부과를 현저하게 곤란케 하는 「부정한 행위」에 해당한다고 인정하였다. 또 대법원 1984년 6월 26일 판결 81도2388사건(법원공보 734호, 1324면)은, 부동산을 상속 또는 증여로 취득하였는데 이를 매수한 것처럼 매매를 원인으로 하는 소유권이전등기를 경료하고 당시의 상속세법에 의한 상속세와 증여세의 과세표준을 신고하지 아니한 채 그 기한인 3개월이 경과하였다면 위와 같은 행위는 조세포탈행위에 해당한다고 판시하고 있다.

(3) 그러므로 D과 P 사이의 이 사건 거래가 도급계약임에도 불구하고 조세당국에 대하여 이를 용선계약 또는 선박임대차계약으로 신고하고 이를 전제로 하여 조세를 납부하였다면, 이는 앞서 본 '거래형태의 위장'에 전형적으로 해당하는 행위라고 할 수 있다고 여겨진다.

(4) 한편 이 사건에서 문제되는 법인세나 부가가치세와 같은 신고납세방식의 조세에 있어서는, 과세권자가 조세채권의 성립 여부를 조사·확인하고 이에 관계 법령을 적용하여 과세표준과 세액을 확정한 다음 이를 납세의무자에게 통지하는 부과납세방식의 조세와는 달리, 과세표준과 세액의 신고가 개별세법에서 의무로 되어 있고 그 신고에 의하여 조세채권이 확정되는 만큼, 앞의 (1)에서 본 바와 같이 행위의 적극성을 요구하는 판례의 태도를 가급적 완화하여, 과소신고행위 또는 신고행위가 없는 것 그 자체를 조세포탈범의 실행행위로서의 「부정한 행위」에 해당한다는 주장도 행하여

지고 있는 형편이다.[2]

C. 쌍방 당사자에게 불법원인 있는 거래에서의 법적 구제의 허용 여부

1. 이 사건 거래에서 이른바 「이중구조」를 어떻게 법적으로 평가할 것인가가 논의될 필요가 있는 것은 만일 그것이 조세의 포탈과 같은 위법한 목적을 추구하기 위한 것이라면, 그에 대하여 P가 어떠한 형태로 관여하였는가에 좇아 P가 D에 대하여 추급할 수 있는 법적 책임이 제한 또는 배제될 수 있기 때문이다.

2. 민법 제746조는 "불법의 원인으로 인하여 재산을 공여하거나 노무를 제공한 때에는 그 이익의 반환을 청구하지 못한다. 그러나 그 불법원인이 수익자에게만 있는 때에는 그러하지 아니하다"라고 규정한다. 이 규정은 이른바 불법원인급여에 관한 것으로서, 채권편 중 부당이득의 장에 규정되어 있어서 무엇보다도 부당이득반환청구에 대하여 적용됨은 물론이다.

그런데 불법원인의 급여에 대하여 그 반환청구를 배척하는 이유는 대체로, 첫째, 불법의 원인행위를 저질러 자신을 법 밖에 놓은 사람이 스스로 그 행위와 관련하여 법적 보호를 요구하는 것은 이율배반의 자기모순이고, 국가가 이러한 요구에 대하여 법적 보호를 제공하는 것은 법규범체계를 유지한다는 근본적 법목적과 배치되게 되어서 이를 허용할 수 없다는 것이고, 둘째, 불법의 원인행위와 관련한 법적 보호를 거부함으로써 그러한 행위를 억제하여야 한다

---

2) 예를 들면 김용대, "조세포탈범에 있어서의 사기 기타 부정한 행위", 행솔 이태로 교수 화갑기념논문집(1992), 920면.

는 정책적 고려라고 말하여지고 있다.[3]

(1) 민법 제746조의 제도목적을 위와 같이 이해한다면, 그러한 취지는 비단 부당이득의 반환이 문제되는 장면에서만이 아니라 다른 법원인法原因을 들어 손해배상 등 일정한 법적 구제를 요청하는 경우에도 마찬가지로 관철되어야 할 것이 아닌가 하는 문제가 제기된다.

이 문제에 대하여 대법원 전원합의체 1979년 11월 13일 판결 79다483사건(대법원판결집 제27권 3집, 민사편 140면)은 다음과 같이 매우 중요한 판단을 제시하고 있다.

"민법 제746조는 불법의 원인으로 인하여 재산을 급여한 때에는 그 이익의 반환을 청구하지 못한다고 규정하고 있는바, 일반의 법리에 따른다면 불법의 원인에 의한 급여는 법률상의 원인이 없는 것이 되므로 부당이득이 되어 그 이익의 반환을 청구할 수 있게 되는 것이나, 이러한 청구를 인정하는 것은 법의 이념에 어긋나는 행위를 한 사람의 주장을 시인하고 이를 보호하는 것이 되어 공평의 이념에 입각하고 있는 부당이득제도의 근본취지에 어긋날 뿐만 아니라 법률 전체의 이념에도 어긋나게 되기 때문에 이 규정은 선량한 풍속 기타 사회질서에 위반한 사항을 내용으로 하는 법률행위를 무효로 하는 민법 제103조와 표리를 이루어, 사회적 타당성이 없는 행위를 한사람을 보호할 수 없다는 법의 이념을 실현하려고 하는 것이다.

이리하여 민법 제746조는 민법 제103조와 함께 사법의 기저를 이루는 하나의 큰 이상의 표현으로서 이것이 비록 민법 채권편 부당

---

3) 이에 대하여는 우선 민법주해 [XVII](2005), 447면 이하(박병대 집필부분) 참조.

이득의 장에 규정되어 있기는 하나, 이는 일반적으로 사회적 타당
성이 없는 행위의 복구가 부당이득의 반환청구라는 형식으로 주장
되는 일이 많기 때문이고, 그 근본에 있어서는 단지 부당이득제도
만을 제한하는 이론으로 그치는 것이 아니라, 보다 큰 사법의 기본
이념으로 군림하여, 결국 **사회적 타당성이 없는 행위를 한 사람은 그 스스
로 불법한 행위를 주장하여 복구를 그 형식 여하에 불구하고 소구할 수 없다
는 이상을 표현하고 있는 것**이라고 할 것이다."(고딕체에 의한 강조는
인용자가 가한 것이다. 이하 같다)

그러므로 위와 같은 판시를 액면 그대로 밀고 나간다면, 애초
불법원인의 거래가 행하여진 경우에는 그 일방 당사자가 당해 거
래와 관련하여 손해배상 기타 어떠한 법적 구제를 구하더라도 이
는 민법 제746조의「준용」내지「유추적용」에 의하여 부인될 가능
성이 있는 것이다.

(2) 구체적으로 보면, 위 대법원 전원합의체 판결에서는 앞서
본 바와 같은 이유를 내세워 물권적 청구권에 기한 원상회복청구
를 부인하고 있다.

나아가 대법원 1992년 12월 11일 판결 92다33169사건(법원공보
1993년, 457면)은, 관세 포탈을 위해 조세 당국에 수입가격을 낮추어
신고하고 실제의 수입대금과 신고금액의 차액은 비밀송금을 하도
록 무인가無認可의 환전상에게 위탁하였다가 그 송금위탁계약을 해
제하고 교부한 금액의 반환을 청구한 사건에서, 그 송금위탁행위는
외국환관리법 및 관세법에 위반되는 관세포탈 등의 범죄를 저지르
기 위한 것이므로 민법 제746조에서 정하는 불법원인행위에 해당
된다고 하면서, 그 금전의 교부가 송금위탁계약에 기한 것으로서

그 계약의 해제를 전제로 하여 그 반환을 청구하는 것도 허용되지 않는 다고 하였다.

또한 대법원 1991년 3월 22일 판결 91다520사건(대법원판례집 제 39권 1집, 민사편 290면)은 도지사에게 청탁하여 택시운송사업면허를 받아 줄 것을 부탁하면서 청탁교제비조로 금전을 교부한 것은 **단순한 임치라고 주장하여 반환을 청구하는 것도** 허용되지 않는다고 하면 서, 그 금전을 교부할 당시에 그 면허를 취득하지 못하게 될 경우 돈을 반환하여 주기로 약정하였다 하더라도 이와 같은 약정은 결국 불법원인급여의 반환을 구하는 범주에 속하는 약정이라 할 것이며 이는 사회질서에 반하는 법률행위로서 무효라고 판시한 바 있다.

한편 대법원 1966년 12월 27일 판결 66다2145사건(대법원판결집 제14권 3집, 민사편 374면)은, 일정한 물건을 허가 없이 국외로 가지 고 가서 처분하고 그로써 얻은 대가로 다른 물건을 역시 허가 없이 국내로 들여 올 것을 위탁한 이른바 밀수거래에 관한 약정을 맺고 그에 기하여 국내로 들여 온 물건이 가짜라는 이유로 그 손해를 배 상하여 주기로 별도로 특약하여 그 특약의 이행이 청구된 사건에 서, "불법원인급여자가 수익자와의 약정에 의하여 그 급여의 대상 으로서 급여물이 아닌 다른 물품의 지급을 받기로 하였을 경우라 도 그 **지급을 구하는 원인으로 당초의 불법원인급여사실을 주장하게 되는 한** 그 청구는 불법원인급여의 반환청구의 범주에 속한다"고 판시하 고 "피고가 지급하기로 한 손해배상금은 필경 원고가 피고에게 대 하여 대만에 가지고 가라고 주었던 황삼 28근의 대가로 받게 된 육 신환의 대가임이 분명하다 할 것이니, 원고와 피고 간에 원고가 피 고에게 주었던 황삼을 당국의 허가 없이 수출하여 그 대가로 육신 환을 역시 허가 없이 수입하라는 취지였다면 이는 불법원인급여의 반환청구로서 인용될 수 없다"고 결론내렸다. 이 사건에서 원심법원은 "황삼의 수출이나 육신환의 수입이 금지되어 있다고 하여도, 이미 수입되어 원고에게 지급된 육신환이 가짜라는 이유로 손해를 배상하기로 특약한 이상 이 특약은 유효"라고 판단하였던 것인데, 대법원은 위와 같이 판단하여 원심판결을 파기하였던 것이다.

(3) 그리고 우리나라의 학설은 일치하여 불법행위를 원인으로 한 손해배상청구에 대하여도 민법 제746조가 준용된다는 견해를 취한다.[4)]

우리나라에서는 아직 이 점을 정면으로 인정한 재판례는 찾을 수 없다. 그러나 문헌에서는, 지폐를 위조하는 데 드는 자금을 제공한 사람이 그것이 **상대방의 사기로 인한 것임을 이유로 하여 손해배상을 청구**하는 경우에 그 청구를 불법원인급여에 관한 민법 제746조의 법리에 기하여 배척하는 것[5)] 등을 들고 있다.[6)]

3. 그런데 민법 제746조는 앞의 2.의 맨 앞에서 본 대로 그 단서에서 "그러나 그 불법원인이 수익자에게만 있는 때에는 그러하지 아니하다"라고 규정한다.

(1) 이 규정은 문언대로라면 반환청구를 하는 손실자에게 조그

---

4) 곽윤직, 채권각론, 제6판(2003), 368면; 김상용, 채권각론(하)(1999), 75면; 김주수, 채권각론(1992), 573면; 김형배, 사무관리·부당이득(2003), 148 면; 이은영, 채권각론, 제5판(2005), 717면; 김석우, "민법 제746조의 해석·적용범위의 일반에 관한 소고", 한국민사법학의 현대적 전개(배경숙 교수 화갑 기념 논문집)(1991), 634면; 송덕수, "불법원인급여", 민법학론총·第二(곽윤직 교수 고희 기념 논문집)(1995), 449면 등.

5) 실제로 일본의 대심원 1903년 12월 22일 판결(대심원형사판결록 제9집, 1843면)의 내용이다.

6) 우선 민법주해 [XⅦ](주 3), 459면 참조.

마한 불법원인이 있어도 그의 청구는 배제되어야 할 것이다. 그러
나 대법원 1993년 12월 10일 판결 93다12947사건(대법원판례집 제41
권 3집, 민사편 319면)은 다음과 같이 판시하여 이른바 불법성비교론
을 채택하여 그 적용범위를 확장하였다.

> "민법 제746조는 그 본문에서 불법의 원인으로 인하여 재산을 급
> 여하거나 노무를 제공한 때에는 그 재산의 반환을 청구하지 못한다
> 고 규정하면서 그 단서에서는 그 불법원인이 수익자에게만 있는 때
> 에는 그러하지 아니하다고 규정하고 있으므로, 어느 급여가 불법원
> 인급여에 해당되고 급여자에게 불법원인이 있는 경우에는 수익자에
> 게 불법원인이 있는지의 여부나 그 수익자의 불법원인의 정도 내지
> 불법성이 급여자의 그것보다 큰지의 여부를 막론하고 급여자는 그
> 불법원인급여의 반환을 청구할 수 없는 것이 원칙이라 할 것이다.
> **그러나 수익자의 불법성이 급여자의 그것보다 현저히 크고, 그에 비하면 급**
> **여자의 불법성은 미약한 경우**에도 급여자의 반환청구가 허용되지 않는
> 다고 하는 것은 공평에 반하고 신의성실의 원칙에도 어긋난다고 할
> 것이므로, 이러한 경우에는 민법 제746조 본문의 적용이 배제되어
> 급여자의 반환청구는 허용된다고 해석함이 상당하다."

여기서 주의할 것은 법적 구제를 구하는 사람의 불법성에 비하
여 상대방의 불법성이 「**현저히** 클 것」이 요구되고 있다는 점이다.
그리고 이와 관련하여서는 "불법성의 대소·강약의 계량적 비
교만에 의하여 민법 제746조 본문 적용의 배제 내지 단서의 유추적
용 여부를 결정하는 것은 문제가 있다. 불법성의 정도만으로 보면
급부자가 수익자보다 약하더라도 불법성의 내용이 매우 중대한 반
도덕성이나 사회적 악성을 반영하고 있는 경우에는 반환청구가 부
정되어야 할 경우가 있는 반면, 급부에 이른 경위에 있어 수익자의

기망欺罔·유인誘引 등이 게재되어 있거나 급부의 목적이나 동기 등 여러 정황에 비추어 급부자의 불법성이 큰 경우에도 반환청구가 인정되어야 할 경우는 얼마든지 있다. … 보다 구체적으로는 급부 행위에 개재된 불법원인의 내용, 불법성의 정도, 쌍방의 불법성의 대소와 강약, 불법원인의 형성에 관여하게 된 동기와 경위 등 여러 관련사정을 종합적으로 고려하여 판단할 수밖에 없을 것이다"라고 설명되고 있다.[7]

(2) 그리고 이러한 취지는 앞의 2.에서 본 대로 민법 제746조가 「준용」 내지 「유추적용」되는 경우에도 그대로 관철될 수 있을 것이다. 그리고 그 경우에 일방이 **손해배상**을 청구하고, 그것이 비록 그 청구자가 관여한 불법원인의 행위와 관련된 것이지만 민법 제746조 단서에 의하여 그 청구가 배제되지 않는다면, 청구자의 불법성은 과실상계에 관한 민법 제396조의 적용에 의하여 법원에 의하여 상대방에게 이행이 명하여질 손해배상액을 구체적으로 산정함에 있어서 고려될 것이다.

4. 조세의 포탈을 목적으로 행하여진 행위는 민법 제746조의 적용 또는 유추적용에 있어서 동조에서 말하는 「불법의 원인」으로 행하여진 것으로 평가될 것이다. 앞의 2. (2)에서 인용한 바 있는 대법원 1992년 12월 11일 판결 92다33169사건(법원공보 1993, 457면)도 그러한 태도를 취한 것으로 이해된다.

---

7) 민법주해 [XVII](주 3), 502면 이하.

D. 이 사건 거래에서의 P의 행태에 대한 법적 평가 및 그로 인한 귀결

1. 앞의 I.의 사실관계, 특히 그 B.의 5. 및 6.에 비추어 보면, P는 애초 이 사건 제1차 계약을 체결할 당시 이 사건 거래가 앞서 본 바와 같은 이중구조로 행하여지는 주된 목적이 세금의「절약」에 있음을 알고 있었던 것으로 보인다. 그리고 그 세금의「절약」을 위하여 위와 같은 이중구조를 취하여, 당사자들 사이에서 실제로 효력을 가지는 계약서와는 별도로「과세당국용」의 계약서를 작성한 것이 바로 앞의 B. 2. (2)에서 본「부정한 적극적 행위」에 해당한다.

결국 D과 P는 이제 단순한 세금을 절약하기 위한 거래형식의 자유로운 선택의 범위를 넘어서서, 앞서 말한 의미에서의 조세포탈에 관하여 공모를 한 것이라고 봄이 상당할 것이다.

(1) 이 사건 1차 계약이 체결되기 전에 어떠한 교섭이 당사자들 사이에 행하여졌는지와는 상관없이, 이 맥락에서 결정적으로 중요한 사실은 위와 같이 이 사건 1차 계약이 위와 같은 이중구조로 체결되었다는 점이다. 비록 P가 그 주장하는 바대로 "한국의 leading 회사인 D가 말하는 바의 용역계약에 따른 2.2%만 부담하면 된다는 입장을 신뢰하고, 차후의 입찰과정에서도 그로 인한 조세문제가 발생할 것이라는 의심을 하지 않았으며, 그로 인하여 별도로 조세에 관련된 법적 검토를 수행하지 않았다"고 하더라도, 그것이 이 사건 거래를 위에서 말한 이중구조를 취하여 행한 이유는 설명되지 않는다. 만일 P가 D의 그와 같은 입장을 신뢰하고 또한 그것이 한국법상 정당한 세금이었다고 생각하였다면, 그 신뢰를 내용으

로 담은 하나의 계약서만을 작성하였을 것이고, 앞서와 같은 이중
구조의 계약체결을 하지 않았을 것이다.

(2) 그 계약이 비밀 유지의 의무를 부과하는 조항을 담고 있다
는 것도 위와 같은 추론을 뒷받침하는 간접적인 증빙이 될 수 있을
것이다.

그리고 물론 그와 같이 불법원인의 행위를 외부에 대하여 은폐
하기 위한 계약조항은 민법 제103조에 반하여 무효라고 할 것이다.
그러므로 그 계약조항을 D가 위반했다고 해서 그로 인하여 무슨
법적 책임이 발생하지 않는다. 대법원 2003년 3월 28일 판결 2002
다72125사건(판례공보 2003년 상, 1057면)은, 가장행위의 사안에서이
기는 하나, "무효인 법률행위에 따른 법률효과를 침해한 것처럼 보
이는 위법행위나 채무불이행이 있다고 하여도 법률효과의 침해에
따른 **손해는 없는 것**"이라고 판시하여, 일체의 손해배상책임을 부정
하고 있다.

(3) P가 이 사건 제1차 계약을 체결한 당시에는 구체적으로 이
사건 거래에 대하여 부과될 수 있는 한국의 조세에 대하여 「명확한
지식」을 가지고 있지 아니하였다고 하여도, 앞서 말한 바에는 영향
이 없다고 할 것이다. 조세의 포탈을 위한 「부정한 적극적 행위」를
함에 있어서 그로 인하여 어떠한 조세가 얼마나 포탈되는지를 정
확하게 인식하고 있어야 할 필요는 없다고 할 것이기 때문이다.

2. 그러므로 —뒤의 3.에서 보는 유보를 제외하고— P는 D에
대하여 어떠한 법적 책임을 묻기 어렵다고 할 것이다.

(1) P가 대형 준설선을 투입하여 공사를 시작한 후 일정한 시점에서 D가 이 사건 거래가 한국의 과세당국에 의하여 용선계약관계가 아닌 하도급계약관계로 인정될 가능성을 인식하여 원천징수세의 세액확인서에서 적극적으로 그와 같이 법인세로 표시하였고 (그 사실에 대하여는 앞의 I. C. 5. (2) 참조), 그럼에도 이를 P에게 알리지 않았다고 하더라도, 이는 앞의 1. (2)에서 본 비밀유지의무에 대하여 말한 바와 같은 차원에서 이를 이유로 D의 법적 책임을 물을 수는 없는 것으로 보인다. 오히려 그 행위는 조세당국이 이 사건 거래의 실질을 파악할 수 있도록 하는 것으로서, 그것이 위법하다고 하기는 어려울 것이다.

(2) 나아가, 세금은 비용의 일종이고 비용은 입찰가격에 직접적인 영향을 미치므로, P가 이러한 사실을 미리 알았다면 D에 당연히 세금의 부담에 대하여 재협상을 요구하였을 것인데(P의 입장에서는 비용이 200억 원 가까이 늘어날 수 있는 상황이라면 프로젝트 자체를 할 것인지 여부에도 영향을 미칠 수 있는 사항이다) 이 경우 D로서는 P의 요청을 쉽게 거절할 수 없었을 것이라고 하여도(이상의 사정에 대하여는 앞의 I. C. 5. (3) 참조), P가 이 사건 거래를 앞서 본 바와 같은 이중구조로써 행하는 데 동의하여 그러한 거래가 실제로 행하여진 이상, 위와 같은 사정을 들어 D의 법적 책임을 물을 수는 없다고 할 것이다. 왜냐하면 P는 D과의 사이에 세금의 문제를 위와 같은 이중구조의 거래를 통하여 해결하는 것으로 합의하였다고 볼 것이기 때문이다. 다시 말하면 위와 같은 이중구조의 거래를 선택함으로써 P는 세금의 문제에 관련한 D과의 「협상」을 종국적으로 마감지었다고 할 것이다. 그러므로 P가 D에 대하여 재협상을 요구할 가능성이 있다고 하여도, 그러한 이중구조를 실제로 선택하여

계약을 체결하기 전에 이를 현실화하였어야 할 것이고, 그 계약 체결 후에 그러한 가능성을 들어 D측에 법적 책임을 물을 수는 없다고 생각된다.

오히려 P으로서는 ―통상의 국제거래에서 그렇게 하여야 하는 것처럼― 위와 같은 이중구조의 거래를 실행하기 전에 미리 한국의 조세법령을 상세히 조사하여 당해 거래에 부과될 조세를 정확하게 파악하고 그 지식에 기초하여 상대방이 제안하는 계약의 형식 및 내용에 동의할 것인지를 주체적으로 결정하였어야 했다. 그렇게 하지 아니하고 조세 부과와 관련한 상대방의 주장만을 신뢰한 채 위법한 조세 포탈의 목적을 추구하는 것이 명백한 앞서 본 바와 같은 이중구조의 계약 체결에 동의하여 이를 실행하고 난 후에 「재협상」의 가능성을 운위하는 것은 허용되지 않는다고 할 것이다.

(3) 그리고 한국 과세당국의 조사가 P의 공사가 종료한 후 개시되었으므로, P는 D에 대하여 아무런 견제수단 내지 교섭수단(leverage)도 가지지 못한 상황에서 한국 과세당국과의 문제해결에 도움을 요청하였으나 D는 실질적으로 별다른 도움을 제공하지 않았다는 사정(이에 대하여는 앞의 I. C. 5. (3)의 말미 참조)에 대하여도 앞의 (2)에서 말한 바가 그대로 타당할 것이다. 즉 「한국 과세당국과의 문제」는 애초에 P의 동의 아래 이 사건 거래가 이중구조로 행하여졌다는 데서 발생한 것이므로, 그것이 실제로 제기된 것이 P의 공사가 종료한 후라고 하더라도, 우선 D측이 제공하여야 할 「도움」이 무엇인지 명확하지 아니할 뿐만 아니라, 나아가 그 「도움」을 주지 않는 것이 위법하다고는 쉽사리 말할 수 없을 것이다.

(4) 또한 부가세와 관련하여서 P가 당시 부가가치세법에서 정

하는 사업자등록만 하였다면 그 액수가 환급되므로 P 및 D 양자가 모두 비용부담 없이 처리할 수 있었음에도 불구하고, D가 미리 알려 주지 아니하여 위 시기를 놓침으로 인하여 P가 부가세를 추징당하고도 이를 환급받지 못하는 상황이 발생하였다는 사정(이에 대하여는 앞의 I. C. 6. 참조)에 대하여도, 앞의 (2)에서 말한 바가 그대로 타당할 것이다.

3. 비록 D과 P가 이 사건 거래와 관련하여 조세의 포탈을 공모한 것이라고 하더라도, 앞의 C. 3.에서 본 대로, 그에 있어서 D의 불법성이 P의 그것에 비하여 「현저히 큰」 경우라면, P는 D에 대하여 손해배상청구를 할 수 있을 것이다. 그리고 이 때 그 손해배상청구는 이 사건 거래계약에 기하여 D가 P에 대하여 부담하는 부수적 의무의 위반을 이유로 제기될 수 있을 것이다.

(1) 이 사건 거래와 관련하여 D과 P 각각의 「불법성」을 비교함에 있어서 D 측에 불리하고 P에 유리한 사정으로는 다음과 같은 점을 들 수 있을 것이다.

첫째, 무엇보다도 D가 이 사건 거래를 앞에서 말한 이중구조로 행할 것을 처음부터 제안하고 고집하였다.

둘째, P는 이 사건 거래가 한국에서 행하여지는 대형 준설선을 이용한 공사에 참여한 최초의 경우로서, 한국의 제반 사정에 밝지 않아서 많은 경우에 한국에 본거지를 둔 D가 제공하는 정보에 일방적으로 의존하였고, 이 사건 거래에 대한 세금의 부과에 대하여도 P는 D의 그에 관한 언명에 의존하였다.

그 외에 혹 이 사건 거래에 대한 세무조사 및 법인세 등의 추징은 오로지 이 사건 공사를 행한 사업자인 P에게만 행하여졌으며,

그와 관련하여 D 측에는 별다른 불이익이 없었다는 점 및 기타 앞의 2.의 (1)부터 (4)까지 든 사정도 추가할 수 있을는지 모른다.

(2) 그런데 앞의 (2)에서 든 사정을 다 합하여도, 그것이 이 사건 거래와 관련하여 D의 불법성이 P의 그것보다 「현저히 크다」고 말할 수 있을는지 의문이 든다. 그러나 「현저히 크다」는 판단은 앞의 C. 3. (3)에서 본 대로 「제반 사정」을 고려하여 정하여지는 것으로서 단정적으로 말하기는 어렵다.

(3) 만일 D의 불법성이 P의 그것보다 현저히 큰 것으로 인정되어 민법 제746조 단서가 이 사건 거래에 적용 또는 유추적용될 수 있다면, P는 D를 상대로 하여 이 사건 거래에 관한 계약에 기하여 D가 P에 대하여 부담하는 부수적 의무의 위반을 이유로 하여 손해배상을 청구할 수 있을 것이다.

(가) 한국법에서 계약의 당사자들은 계약상 명확하게 정하여진 각종의 급부 외에도 그 계약관계의 진전에 좇아 신의칙상 상대방의 이익에 대하여 배려할 부수적 의무를 진다고 인정되고 있다. 특히 그 일방 당사자가 구체적인 상황 아래서 상대방이 제공하는 정보 등에 일방적으로 의존하고 있으며 상대방도 이와 같은 사실을 잘 알고 있는 경우에는 적절한 정보를 제공하여야 할 의무가 부과되며, 그 의무를 해태하였을 경우에는 이를 이유로 하는 손해배상 책임이 긍정된다.

(나) 최근의 재판에 나타난 현저한 예를 몇 개 들어보면 다음과 같다.

(a) 대법원 1998년 11월 24일 판결 98다25061사건(법원공보 1999년 상, 5면)은 해외여행을 기획하는 사람에 대하여 여행계약상의 부수의무로서, "여행자의 생명·신체·재산 등의 안전을 확보하기 위하여" ① 목적지·일정·행정 등의 선택 등에 관한 조사·검토 및 ② 위험의 제거 또는 ③ 위험을 고지하여 합리적 선택의 기회 부여할 "신의칙상의 주의의무"를 부과하고, 이는 "여행업자는 통상 여행 일반은 물론 목적지의 자연적·사회적 조건에 관하여 **전문적 지식**을 가지는 자로서 **우월적 지위에서** 행선지나 여행시설의 이용 등에 관한 **계약 내용을 일방적으로 결정**하는 한편, 여행자는 그 안전성을 **신뢰**하고 **여행업자가 제시하는 조건에 따라 여행계약을 체결**하게 되는 점을 감안할 때" 인정된다고 판시하였다. 이 사건에서는 한국에서 모집·출발하여 간 태국의 관광지에서 관광객이 탄 제트스키와 바나나보트가 충돌하여 그가 부상한 입은 사안에서 위와 같이 판시하여 여행업자의 손해배상책임을 인정하였다.

(b) 또한 대법원 2002년 11월 22일 판결 2002다9479사건(판례공보 2003년 상, 144면)은, 피사취수표와 관련되어 대여금청구소송을 위임받은 변호사가 그 수표에 관하여 사고신고담보금이 예치되었음을 안 경우에는 "**법률전문가의 입장에서** 승소판결금을 회수하다에 있어 매우 실효적인 사고신고담보금에 대한 법적 조치 등의 방안을 위임인에게 설명하고 필요한 정보를 제공하여 그 회수를 위하여 필요한 수단을 구체적으로 강구할 것인지를 결정하도록 하기 위한 법률적 조언을 하여야 할 보호의무가 있다"고 판시하고, 그러한 조치를 행하지 아니함으로써 결국 위임인이 손해를 입었다고 하여 변호사의 손해배상책임을 인정하였다.

그 후에 대법원 2003년 1월 10일 판결 2000다61671사건(판례공

보 2003년 상, 585면)은 법무사의 근저당권말소등기 신청사무의 처리
와 관련하여, 최근의 대법원 2005년 12월 7일 판결 2005다38294사
건(판례공보 2005년 하, 1777면)은 관세사의 통관사무처리와 관련하
여, 각기 유사한 취지를 밝히고 있다.

        (c) 나아가 대법원 2002년 12월 10일 판결 2001다56904사건
(판례공보 2003년 상, 327면)에서는 한약재를 판매하는 한약업사의 설
명의무를 인정하고, 그 위반으로 인한 손해배상책임을 긍정하였다.
그에 의하면, "전문적 지식을 가진 자(한약업사)가 인체에 치명적 결
과를 초래할 수 있는 약재를 판매하는 경우에는 복용 여부나 복용
방법에 관하여 스스로 선택·결정할 수 있는 기회를 가지도록 할
의무가 있다"는 것이다.

        (다) 이상의 재판례에 비추어 보면, 이 사건에서 나타난 사정
아래서, 이 사건 거래와 같은 거래를 행한 경험이 많아서 일종의 「
전문가」의 지위에 있다고 할 수 있는 D 측으로서는 이 사건 거래
에 관련하여 제기될 수 있는 한국에서의 조세문제에 관하여 그에
관한 경험이 없어서 일방적으로 D에 의존하고 있는 P에게 상세하
고 정확한 정보를 제공함으로써 P으로 하여금 조세의 처리와 관련
한 적정한 태도결정을 가능하게 하도록 하고, 나아가 후에 P가 조
세당국으로부터 세무조사를 받는 과정에서 적정한 조언을 할 신의
칙상의 의무가 있다고 판단될 가능성이 아주 없지는 않다고 보여
진다.

        (라) 그러나 위와 같은 의무의 위반을 들어 P가 D에 대하여 법
적 청구를 제기하는 데는 이 사건 거래가 이른바 이중구조를 취한

데서 오는 앞서 말한 바와 같은 장애를 넘어가야 할 것이다.

E. 결 론

P가 이 사건 거래와 관련하여 D에 대하여 손해배상 등의 법적 구제수단을 가질 수 있는 가능성은 아주 없다고는 단정할 수는 없겠지만 역시 매우 적다고 할 것이다.

(2006년 1월 작성)

5. 독립적 어음보증과 가압류의 피보전채권 적격

사   건   2014카단○○ 가압류이의

채 권 자   ○○건설 주식회사 외 1

채 무 자   ○○ 컴퍼니

위 사건에 관하여 본인은 채권자들의 요청에 따라 아래와 같이 의견을 제출합니다. 본인의 경력은 별첨으로 첨부합니다.

I. 사안의 개요 및 질의 요지

1. 검토의 기초가 되는 자료

본인이 이 의견서를 작성함에 있어서 채권자들로부터 제공받은 자료로는 ① 채권자들의 2014년 ○월 ○일자 채권가압류신청서, ② 서울중앙지방법원의 같은 달 ○일자 2014카단○○ 채권가압류결정, ③ 채무자의 2014년 ○월 ○일자 가압류이의신청서, ④ 채권자들의 2014년 ○월 ○일자 준비서면, ⑤ ○○ 교수의 2015년 ○월 ○일자 의견서, ⑥ 채무자의 2015년 ○월 ○일자 준비서면, ⑦ 채권자들의 2015년 ○월 ○일자 준비서면 등이 있습니다.

2. 사안의 개요

2. 및 3.에서는 이러한 자료들 및 채권자들의 대리인의 설명으로부터 본인이 이해한 이 사건의 사안의 개요 및 본인이 이 의견서에서 다루어야 하는 질의사항을 요약합니다.

(1) ○○건설 주식회사(이하 "A건설") 및 ○○컨스트럭션 아라비아 컴퍼니 리미티드(이하 "A건설 아라비아". 앞의 A건설과 합하여 부르는 경우에는 "채권자들")는 2011년 ○월 ○○컴퍼니(이하 "B" 또는 "채무자")와 사이에 EVA Plant의 설계·조달·건설(Engineering, Procurement, Construction. 이하 "EPC")의 일을 도급 받는 총 계약금액 미화 4억여 달러의 도급계약을 체결하였습니다(이하 "이 사건 도급계약"). 다만 위 계약의 효력은 그 날짜를 소급하여 2010년 12월 ○일부터 발생하는 것으로 합의하였습니다.

(2) 이 사건 도급계약과 관련하여 채권자들은 ○○은행(이하 "C은행")에 의뢰하여 채무자를 수익자로 하는 선수금환급보증·이행보증 및 유보금환급보증(이하 "이 사건 각 보증")을 내용으로 하는 4건의 보증서를 발행하도록 하였습니다. 이 사건 각 보증은 모두 채무자의 서면 청구가 있으면 그러한 청구의 근거를 확인하지 않고 즉시 보증금액을 지급한다고 정하여져 있는 이른바 '독립적 은행보증'입니다.

채무자는 2014년 10월 채권자들에 대하여 지체상금채권을 가진다고 주장하면서 C은행에 대하여 이 사건 각 보증 중 이행보증 2건에 따른 보증금의 지급을 청구하였습니다. 채무자는 위 이행보증에 기하여 보증금지급청구권을 보유하고 있습니다.

　(3) 채권자들은 2014년 11월 서울중앙지방법원에 채무자에 대하여 보유하고 있는 ① 추가공사대금 청구채권 내지 비용반환 청구채권, ② 미지급 기성금 청구채권, ③ 보너스 청구채권을 피보전채권으로 하여 채무자의 위 보증금지급청구권에 대하여 가압류신청을 하였고, 서울중앙지방법원은 이를 받아들여 2014년 11월 ○일에 가압류결정을 하였습니다. 이에 대하여 채무자는 2014년 12월 ○일에 가압류 이의를 하였습니다.

　(4) 한편 채권자들은 채무자를 상대로 2014년 8월 ○일 런던중재법원에 중재청구를 제기하였고, 채무자도 채권자들을 상대로 반대청구를 제기하여 현재 중재판정부가 구성되고 있는 과정에 있습니다. 앞으로 서면 제출 및 심리 절차 등을 통하여 중재 결정이 내려지기까지는 상당한 시간이 소요될 것으로 예상됩니다.

3. 질의의 요지

　본인은 위의 사안과 관련하여 채권자들의 대리인으로부터
　(i) 독립적 은행보증에 따른 보증금지급청구권을 가압류할 수 있는지 여부
　(ii) 가압류가 가능하다면 채권자들이 주장하는 채권을 피보전채권으로 할 수 있는지 여부 및
　(iii) 그 보전의 필요성이 인정되는지 여부
　에 관하여 검토를 요청받았습니다.

Ⅱ. 질의에 대한 검토의견

1. 전제적 검토

우선 가압류의 일반적 요건, 독립적 은행보증에 대한 논의 및 가압류와 가처분의 관계 등에 관하여 살펴 본 이후에 위 질의에 대한 본인의 의견을 밝히겠습니다.

가. 가압류의 일반적 요건

가압류를 하기 위해서는 (i) 보전을 하여야 할 실체법상의 권리인 피보전권리 및 (ii) 이를 미리 보전하여야 할 필요성이 존재하여야 합니다. 그리고 이들 요건에 해당하는 사실은 본안소송에서와 같이 증명되어야 할 필요가 없고, 그에 대한 소명으로 족합니다(민사집행법 제276조, 제277조, 제279조 제2항).

가압류는 금전채권의 강제집행을 보전하기 위한 제도이므로, 피보전권리는 금전채권이나 금전으로 환산할 수 있는 채권이어야 합니다. 즉, 가압류는 재산상의 청구권이 아닌 권리를 피보전권리로 할 수 없습니다. 청구권이 가압류신청 당시 확정적으로 발생되어 있어야 하는 것은 아니고, 그 발생의 기초가 되는 법률관계가 이미 존재하는 경우라면 조건부 채권이나 장래에 발생할 채권이라도 피보전권리가 될 수 있습니다.[1]

한편 가압류에서 보전의 필요성이란 가압류를 하지 않으면 판결 그 밖의 집행권원을 집행할 수 없거나 집행하는 것이 매우 곤란

---

1) 대법원 1993. 2. 12. 판결 92다29801사건(판례공보 1993상, 969) 등. 한편 가처분에 대하여도 같은 취지를 밝히는 대법원 2002. 8. 23. 판결 2002다1567사건(판례공보 2002하, 2204) 등이 있습니다.

할 염려가 있는 경우를 의미합니다. 여기서 "집행권원을 집행할 수 없거나 집행하는 것이 매우 곤란할 염려가 있을 때"라고 함은, 채권자가 가압류를 하지 않고 채무자의 재산을 그대로 놓아두면 금전채권에 기하여 본안에서 승소하더라도 그 집행이 불능으로 돌아가거나 집행이 매우 곤란할 염려가 있는 경우를 의미한다고 하겠습니다. 보전의 필요성은 피보전권리의 금액, 채무자의 직업·경력·신용상태·자산 상황 등 여러 사정들을 종합적으로 고려하여 객관적으로 판단하여야 한다고 합니다.[2]

나. 독립적 은행보증에 대한 논의

독립적 은행보증은, 주채무에 대하여 부종성을 지니는 통상의 보증과 달리, 보증의뢰인과 수익자 사이의 원인관계와는 독립되어 그 원인관계에 기한 사유로서는 수익자에게 대항하지 못하고 수익자의 청구가 있기만 하면 보증인의 무조건적인 지급의무가 발생하게 되는 보증을 의미합니다. 따라서 이러한 은행보증의 보증인으로서는 수익자의 청구가 있기만 하면 보증의뢰인이 수익자에 대한 관계에 있어서 채무불이행책임을 부담하게 되는지의 여부를 불문하고 그 보증서에 기재된 금액을 지급할 의무가 있게 되는데, 독립적 은행보증은 수익자와 보증의뢰인과의 원인관계와는 단절된 추상성 내지 무인성을 가지게 됩니다.[3]

---

2) 권창영, 민사보전법, 제2판, 2012, 250면.
3) 대법원 1994. 12. 9. 판결 93다43873사건(판례공보 1995상, 437). 주의할 것은 여기서 문제되고 있는 '채무불이행'이란 수급인, 즉 보증의뢰인이 공사계약상의 채무를 불이행하는 것을 가리키고 있는 것이고, 따라서 '독립적 이행보증'은 그러한 채무불이행에 대한 담보가 되는 것입니다. 이는 도급인 측의 계약 위반, 즉 그의 귀책사유로 인한 채무불이행에 대하여 수급인이 어떠한 권리를 가지는가, 또 그 권리를 어떻게 보전할 것

　　여기서 독립적 은행보증이 원인관계로부터 독립되고 단절되었다고 함은, 수익자의 보증금지급청구와 관련하여 원인관계에서 보증의뢰인의 채무(불)이행이 존재하는지 여부, 즉 수익자의 보증금지급청구의 원인이 되는 법률관계에 있어서 보증의뢰인이 그에 대항할 항변을 가지고 있는지 여부에 관한 것이지만, 보증의뢰인이 원인관계 혹은 기타의 법률관계에 기하여 수익자에 대하여 어떠한 권리 내지 채권을 가지고 그를 행사하는 것까지 금지하는 것은 아니라는 점을 유의할 필요가 있습니다.

　　다만 위와 같은 독립적 은행보증의 독립성 및 추상성을 악용하여 보증의뢰인의 계약 위반이 없음에도 보증금을 청구하는 경우가 증가함에 따라 독립적 은행보증임에도 불구하고 지급거절을 할 수 있는 예외 법리들이 발전하였습니다. 대표적인 것이 '사기' 및 '권리남용'의 법리인데, 우리나라의 대법원 판례에서도 권리남용에 관한 법리가 확립되어 있습니다. 판례에 따르면 독립적 은행보증의 경우에도 신의성실의 원칙 내지 권리남용금지의 원칙의 적용까지 배제되는 것은 결코 아니라고 할 것이므로, 수익자가 실제에 있어서는 보증의뢰인에게 아무런 권리를 가지고 있지 못함에도 불구하고 독립적 은행보증의 추상성 내지 무인성을 악용하여 보증인에게 청구를 하는 것임이 객관적으로 명백할 때에는 권리남용의 경우에 해당하여 보증금의 지급을 거절할 수 있습니다.[4]

　　인가의 문제와는 무관합니다.

4) 위 각주 3의 대법원 93다43873판결. 한편 최근의 대법원 2014. 8. 26. 판결 2013다53700사건(판례공보 2014하, 1837)은 위 대법원 93다43873판결을 인용하면서 "수익자가 실제로는 보증의뢰인에게 아무런 권리를 가지고 있지 못함에도 불구하고 위와 같은 은행보증의 추상성과 무인성을 악용하여 보증인에게 청구를 하는 것임이 객관적으로 명백할 때에는 권리남용에 해당하여 허용될 수 없는 것이고, 이와 같은 경우에는 보증인

　독립적 은행보증의 위와 같은 특성은 보증의뢰인이 보증인을 상대로 하여 수익자에게 보증금을 지급하지 말라는 내용의 가처분 사건에서도 그대로 적용됩니다. 이러한 가처분 사건에서 우리 대법원은 보증의뢰인으로서도 보증인에 대하여 수익자의 청구가 권리남용임이 명백하다는 것을 입증하여 그 보증금의 지급거절을 청구할 수 있는 권리, 즉 가처분의 피보전권리를 가진다고 보고 있고, 나아가 수익자가 권리남용적인 보증금의 지급 청구를 하는 경우 경우에는 보증의뢰인은 그 보증금의 지급거절을 청구할 수 있는 권리에 기하여 직접 그 의무자인 보증인을 상대방으로 하여 수익자에 대한 보증금의 지급을 금지시키는 가처분을 신청할 수 있으며, 보증금의 지급거절을 둘러싼 권리관계의 분쟁으로부터 생길 수 있는 현저한 손해를 방지한다는 측면에서 그 보전의 필요성도 충분히 인정될 여지가 있다고 판단하고 있습니다.[5] 이러한 가처분은 현재 우리나라 법원뿐만 아니라 외국 법원들도 인정하고 있습니다.

다. 가압류와 가처분의 관계

　이 사건에서는 독립적 은행보증에 관하여, 보증의뢰인의 보증인을 상대로 한 수익자에게 보증금을 지급하지 말라는 내용의 가

　　으로서도 수익자의 청구에 따른 보증금의 지급을 거절할 수 있다고 할 것"이라고 하면서도, 새롭게 "앞서 본 원인관계와 단절된 추상성 및 무인성이라는 독립적 은행보증의 본질적 특성을 고려하면, 수익자가 보증금을 청구할 당시 보증의뢰인에게 아무런 권리가 없음이 객관적으로 명백하여 수익자의 형식적인 법적 지위의 남용이 별다른 의심 없이 인정될 수 있는 경우가 아닌 한 권리남용을 쉽게 인정하여서는 아니될 것"이라고 덧붙이고 있다. 이 새로운 판시부분은 윤진수, "독립적 은행보증의 경제적 합리성과 권리남용의 법리", 법조 2014년 5월호, 5면 이하의 결론적 주장(그 59면 참조)과 궤를 같이하는 것입니다.
　5) 위 각주 3의 대법원 93다43873판결.

처분이 아니라, 보증의뢰인이 수익자에 대해 갖는 금전지급청구권을 피보전권리로 하여 수익자의 보증인에 대한 보증금 지급청구권을 가압류할 수 있는지가 문제됩니다.

가압류와 가처분은 장래에 있을 확정판결의 집행을 보전하기 위한 보전처분이라는 점에서는 유사하지만, 그 목적과 대상 및 기능면에서 명백히 구별되는 별개의 제도입니다.

가압류는 채무자의 일반재산의 감소를 방지하기 위한 것으로, 금전채권의 집행을 보전할 목적으로 미리 채무자의 재산을 동결시키는 집행보전제도입니다(민사집행법 제276조). 채권자가 그 권리를 실현하기 위해 민사소송절차를 거쳐 집행권원을 얻고 다시 강제집행절차를 밟아 권리의 종국적인 실현을 얻기까지 상당한 시일이 소요되는데 그 사이에 채무자의 재산상태가 변하여 버리면 채권자가 많은 시일과 경비만을 소비하였을 뿐 권리의 실질적 만족은 얻을 수 없게 되는 결과가 초래될 수 있으므로 미리 채무자의 일반재산을 동결시켜 둘 필요가 있어 인정되는 보전처분입니다.

이에 반해 가처분은 채권자가 강제집행절차를 통하여 권리의 종국적 실현을 할 때까지 다툼의 대상인 계쟁물이 멸실·처분되는 등 사실적 또는 법률적 변경이 발생하지 않도록 그 현상을 동결시켜 두는 것으로, 청구권 보전을 위하여 현상변경 금지의 잠정적인 법률관계를 형성시켜 채권자에게 발생할 수 있는 손해를 사전에 방지한다는 점에서 가압류와 구별됩니다. 즉 가처분의 경우 다툼의 대상인 계쟁물의 현상이 변경되는 불안을 제거하는 것을 목적으로 합니다(민사집행법 제300조).

가압류와 가처분 모두 피보전권리 및 보전의 필요성이라는 공통의 요건을 필요로 하나, 그 목적과 대상이 다르므로 구체적인 내용에서 차이를 보입니다. 가압류는 금전채권이나 금전으로 환산할 수 있는 것을 피보전권리로 하는 것과 달리 가처분은 금전 외의 특정물에 관한 이행청구권을 피보전권리로 합니다. 보전의 필요성에서도 차이를 보이는바, 가압류의 보전의 필요성은 채무자의 재산상태 변동으로 인해 집행이 곤란할 경우에 인정되는 것과 달리 가처분은 계쟁물의 현상이 바뀌어 권리자가 권리를 실행하는 것이 곤란할 경우에 인정됩니다.

이처럼 가압류와 가처분은 법원이 집행보전 또는 손해방지를 위하여 잠정적 조치를 명하는 보전처분이라는 점에서는 동일하나, 그 목적과 대상 및 기능이 분명히 구별되는 별개의 보전처분입니다.

2. 본인의 견해

이상과 같은 일반적 논의의 기초 아래 이 사건 질의사항에 관한 본인의 의견을 이하에서 정리합니다.

가. 법정지법法廷地法의 적용

한 가지 중요한 전제는, 이 사건 질의에서 문제되는 쟁점들이 순수하게 한국법의 관점에서 다루어져야 한다는 점입니다. 즉, 이 사건 질의의 대상인 가압류, 보다 일반적으로 강제집행절차나 강제집행을 보전하기 위한 보전처분절차 및 요건은 법정지법에 따라야 합니다. 따라서 한국의 법원에서 문제되고 있는 이 사건 가압류의 요건은 법정지법인 우리나라 민사소송법과 민사집행법에 따라 결정되고 판단되어야 하며, 이하 본인의 의견도 이러한 전제에서 작성되었습니다.

나. 독립적 은행보증과 가압류

독립적 은행보증의 경우 수익자의 청구에 기하여 보증금의 지급을 담보하는 보증인은 아무런 이의의 제기 없이 약정된 보증금을 지급하여야 함이 원칙입니다. 다만, 수익자의 청구가 부당함(예를 들면, 사기 또는 권리남용 등)이 명백한 경우 보증인은 보증금의 지급을 거절할 수 있습니다. 이는 보증의뢰인의 경우도 마찬가지로, 보증의뢰인이 가압류가 아닌 가처분에 의하여 독립적 은행보증에 기한 보증금의 지급 거절을 구할 수 있는지는 수익자의 보증금 지급청구가 사기 또는 권리남용 등에 해당하는지 여부에 따라 결정되고, 이때 보전하고자 하는 것은 가압류와 같은 금전채권의 장래의 집행보전이 아니라 다툼의 대상이 되고 있는 보증금 지급청구권의 현상을 동결시켜 두고자 하는 것입니다. 즉, 보증의뢰인이 보증인을 상대방으로 하여 수익자에 대한 보증금의 지급을 금지시키는 가처분의 신청은 '보증의뢰인의 보증인에 대한 보증금의 지급거절을 청구할 수 있는 권리'를 피보전권리로 한 것이므로 보증의뢰인이 수익자에 대해 금전채권의 피보전채권이 있는지 여부가 문제되는 가압류와는 차이가 있습니다.

보증의뢰인이 보유하는 수익자에 대한 금전채권으로 독립적 은행보증에 따른 수익자의 보증금 지급청구권을 가압류하는 것은, 수익자의 지급청구가 권리남용적인 청구가 아닌 한에서 그 지급청구에 따라 보증인이 무조건적으로 보증금을 지급하여야 함을 전제로 하고 있다고 볼 수 있습니다. 따라서 독립적 은행보증에 따른 보증금 지급청구권에 대한 가압류는 독립적 은행보증의 추상성 내지 무인성과는 무관한 것이고, 오히려 어떤 면에서는 독립적 은행보증의 추상성 내지 무인성에 부합한다고 볼 수 있으므로, 독립적 은행보증에 따른 보증금 지급청구권에 대한 가압류 신청을 인용한다고 하여 곧바로 독립적 은행보증의 취지가 훼손된다고 볼 수 없습니다.

특히 수익자에게 유리한 독립적 은행보증의 구조를 악용하는 사례가 빈번한 현실에서, 보증의뢰인과 수익자 사이의 균형을 도모한다는 측면에서 보증의뢰인의 수익자에 대한 별개의 금전채권에 기한 가압류를 허용하는 것이 독립적 은행보증이라는 손해담보계약의 활용에도 도움이 될 수 있을 것입니다.

다. 보증의뢰인의 채권이 피보전채권이 될 수 있는지

(1) 가압류의 피보전채권으로 문제될 수 있는 보증의뢰인이 수익자에 대하여 보유할 수 있는 금전채권의 종류는 크게 세 가지로 나눌 수 있습니다.

첫 번째는 독립적 은행보증의 이면에 있는 채권, 즉 보증의뢰인이 수익자의 부당한 청구로 말미암아 보증인으로부터 구상을 당하게 됨으로써 수익자에 대해 가지게 되는 손해배상채권입니다. 이와 같은 구상에 따른 손해배상채권은 독립적 은행보증과 직접적인 관련이 있는 채권이라 할 수 있습니다.

두 번째는, 독립적 은행보증의 근거가 된 기본계약과 관련하여 보증의뢰인이 수익자에 대하여 가지는 채권입니다. 이에는 기본계약에서 정해진 바에 따라 발생한 계약의 이행으로 인한 공사대금채권 또는 수익자의 채무불이행으로 인한 손해배상채권 또는 그에 관한 계약상 청구권 등이 해당됩니다. 이러한 채권은 독립적 은행보증의 근거가 된 기본계약에 의하여 가지게 된 채권이라는 점에서 독립적 은행보증과 간접적인 관련이 있는 채권이라고 할 수 있

습니다. 이 사건에서 채권자들이 가지고 있는 추가공사대금채권 및
비용반환청구권, 기성금청구권 등도 이러한 범주의 채권에 포함된
다고 생각됩니다.

세 번째는, 위와 같은 기본계약과 무관하게 보증의뢰인이 수익
자에 대하여 가지게 된 채권으로서 예를 들면 기본계약과는 별도
로 보증의뢰인이 수익자와 사이에 체결한 별도의 계약에 기하여
발생하는 것이 이에 해당합니다. 이는 독립적 은행보증과 아무런
관련이 없는 채권이라 할 수 있습니다.

  (2) 첫 번째 종류의 채권, 즉 독립적 은행보증과 직접적인 관련
이 있는 채권을 피보전채권으로 하여 독립적 은행보증의 보증금
지급청구권을 가압류할 수는 없다고 봄이 보다 합리적 해석으로
생각됩니다.[6] 이 경우 통상 문제되는 것은 보증의뢰인이 보증인으
로부터 구상을 당함에 따라 장래 가지게 될 손해배상채권이라 할
수 있는데, 이러한 손해배상채권을 피보전채권으로 인정하여 가압
류를 인정하게 되면 결국 가압류의 대상이 되는 수익자의 보증금
지급청구권을 부정하는 셈이 될 수 있기 때문입니다. 또한 이와 같
은 손해배상채권의 존부를 심리의 대상으로 삼게 되면 독립적 은
행보증의 추상성 내지 무인성의 취지를 부정하는 결과가 야기될
수 있기 때문입니다. 이 경우에는 보증의뢰인이 보증인을 상대로
수익자에게 보증금을 지급하지 말라는 내용의 가처분을 통해 자신
의 권리를 실현하여야 할 것이지, 가압류를 통해 권리를 실현하는
것은 적절하지 않다고 할 것입니다.

  이에 반하여 세 번째 종류의 채권, 즉 독립적 은행보증과 아무

---

  6) 다만 독일에서는 과거에 이러한 종류의 가압류도 가능하다는 견해가 없
    지 않았던 것으로 이해됩니다.

런 관련이 없는 채권을 피보전채권으로 하여 독립적 은행보증의
보증금 지급청구권을 가압류할 수 있다는 것은 다툼의 여지가 없
을 것입니다. 예컨대, 보증의뢰인이 수익자에 대하여 기본계약과는
전혀 별개의 물품매매계약에 따른 매매대금채권을 보유하는데, 이
의 집행이 현저히 곤란할 것으로 판단되는 경우 수익자의 유일한
자산인 보증금지급청구권을 가압류할 수 있습니다.

　(3) 두 번째 종류의 채권, 즉 독립적 은행보증과 간접적인 관련
이 있는 채권을 피보전채권으로 하여 독립적 은행보증의 보증금
지급청구권을 가압류할 수 있는지 여부에 관하여는 국내에서 아직
까지 그에 관한 논의가 별로 없는 것으로 보이나, 보증금 지급청구
권과 독립되어 있는 별개의 채권이라는 점에서 피보전채권으로 인
정하여야 할 것입니다. 독립적 은행보증이 기본계약의 일부 조항에
따라 발행된 것이라는 이유만으로 기본계약과 관련하여 발생할 수
있는 보증의뢰인의 모든 채권을 피보전채권으로 할 수 없다는 것
은 부당합니다. 보증의뢰인이 두 번째 종류의 채권을 갖고 있는지
여부 및 그 채권의 집행보전에 관한 필요성이 있는지 여부는 보증
의뢰인이 수익자에게 채무불이행을 하였는지 여부와는 직접적인
관련이 있는 것이 아니므로, 이와 같은 채권은 독립적 은행보증과
분리하여 파악하여야 합니다.

　(4) 본인은 우리나라의 가압류(및 가처분)의 제도가 그에 연유
하고 있는 독일에서 이 문제에 대하여 어떠한 논의가 이루어지고
있는지를 시간 등이 허용하는 한에서 조사하여 보았습니다.
　이 사건에서 문제되고 있는 법문제를 다룬 최선의 포괄적 문헌
으로서 본인이 입수할 수 있었던 것은 Peter O. Mülbert, *Mißbrauch*

von Bankgarantien und einstweiliger Rechtsschutz : Die dogmatischen Grundlagen der Bankgarantie "auf erstes Anfordern" und ihre Behandlung im Verfahren des einstweiligen Rechtsschutzes (1985)이라는, 본문만으로 206면(목차, 색인 등을 합하면 239면입니다)에 달하는 단행본이었습니다. 이 책의 제목은『은행보증의 남용과 보전처분 : 요구불 은행보증의 법이론적 기초와 보전적 권리보호절차에서의 그 처리』라고 번역될 수 있습니다. 이 자료는 1984년 독일 튀빙겐대학의 법학박사 학위 논문을 기초로 출간된 것으로서 그 논문이 '라인홀트 토이펠·마리아 토이펠 재단'으로부터 우수논문으로 상을 받았다는 것, 그리고 이 책이 '튀빙겐대학 법학총서'에 포함되어(그 총서 제60권으로) 독일에서 학술적인 법학 도서에 관한 한 가장 권위가 있는 모르(지벡) 출판사(통상 Mohr(Siebeck)으로만 부릅니다)에서 출간되었다는 것에서 그 우수성을 짐작할 수 있고, 따라서 신뢰할 만한 문헌이라고 하겠습니다.

이에 의하면, 앞의 (1)에서 본 것과 같이 피보전채권의 종류를 세 가지로 나누어 수익자의 보증금지급청구권에 대하여 가압류를 할 수 있는가 여부를 검토하는 방식으로 설명이 이루어지고 있고, 나아가 앞의 (1)에서 제시한 바와 같은 내용이 '통설(herrschende Meinung)'이라고 하고 있습니다.[7]

---

7) 특히 S. 180의 설명 : "**수익자[은행보증의 수익자, 즉 이 사건에서는 도급인]가 그의 대금지급에 관하여 지체에 빠진 경우에는 아직 지급되지 아니하고 있는 금액에 관한 청구권은 물론이고 지체를 이유로 하는 손해배상청구권도 가압류의 피보전채권으로 이용될 수 있다.**"(고딕체 및 밑줄에 의한 강조는 인용자가 가한 것입니다) 그리고 그 후에도 "제2형에 속하는 청구권['원인관계로부터 발생하는 다른 청구권'을 가리킵니다. 여기서 '다른 청구권'이라고 하는 것은 수익자가 은행보증상의 권리를 **남용적으로 행사함으로 인한 청구권이 아닌** 보증의뢰인이 원인관계에 기하여 수익자에 대하여 가지는 다른 청구권을 말합니다. 그 책, S. 179에서 보는 대로 남용행사에

라. 보전의 필요성이 있는지

보전의 필요성은 채권자가 가압류를 하지 않고 채무자의 재산을 그대로 놓아두면 집행이 매우 곤란할 염려가 있을 경우에 인정됩니다. 앞서 언급한 것처럼 가압류에 있어서 보전의 필요성은 채무자에게 있는 사유를 근거로 판단되어야 하고, 피보전권리의 금액, 채무자의 직업, 경력, 신용상태, 자산의 상황 등 여러 사정들을 종합적으로 고려하여 객관적으로 판단하여야 합니다. 이는 독립적 은행보증에 따른 보증금 지급청구권을 가압류하는 경우에도 마찬가지라고 할 것입니다.

보증의뢰인이 보증금 지급청구권을 가압류하여 보전을 받게 된다고 하더라도 결과적으로 보증 은행에 대하여 구상채무를 부담하게 되는 관계가 성립하므로 보전의 필요성이 없다는 논리는 가압류의 채무자(수익자)에게 있는 사유가 아니어서 판단 근거가 될 수 없습니다. 보증의뢰인이 피보전채권을 근거로 가압류하여 현실적으로 채권의 만족을 얻을 수 있도록 하는 것과 구상의 법률관계는 명백히 구별되는 것입니다. 보증의뢰인과 보증인 사이의 별도

의한 청구권이 바로 '제1형의 청구권'입니다]에 관하여는 압도적으로 이러한 견해가 주장되고 있다"(꺾음괄호 안은 인용자가 가한 것입니다)라고 하면서, 독일의 다른 문헌을 인용하고 있습니다(S. 181 및 같은 면 주 104 참조). 이 서술은 이 사건에서 문제된 보증의뢰인의 도급인에 대한 원인관계상의 채권(예를 들면 공사대금청구권)을 피보전채권으로 하여 보증금지급청구권을 가압류할 수 있음을 단적으로 말하여 주는 것입니다.

특히 첫 번째 종류의 채권, 즉 보증의뢰인이 수익자의 부당한 청구로 말미암아 보증인으로부터 구상을 당하게 됨으로써 수익자에 대해 가지게 되는 손해배상채권에 기하여 보증금지급청구권을 가압류하는 것이 허용되지 않는다는 것에 대하여는 본인이 입수할 수 있었던 또 하나의 문헌, 즉 *Münchener Kommentar zum Handelsgesetzbuch*, Bd. 6: Bank-vertragsrecht(2014), S. 889(Welter 집필부분)에 의하여 본문에서 말한 저술의 신빙성을 확인할 수 있었습니다.

법률관계인 구상관계를 근거로 보증의뢰인의 수익자에 대한 채권의 집행을 보전하기 위한 필요성을 판단하여서는 안됩니다.

 뿐만 아니라 구상관계를 고려한다고 하더라도 마찬가지라고 할 수 있습니다. 보증의뢰인에게는 여전히 보증금 지급청구권을 동결하고 나아가 장래 집행권원을 통해 강제집행을 하여 가압류로 동결된 보증금 지급청구권에 대해 강제집행을 하여 현실적으로 보증금을 수령함으로써 얻는 법률적 및 경제적 이익이 있습니다. 만약 보증의뢰인이 보증금 지급청구권을 가압류하지 못하는 경우를 가정하면, 수익자의 지급청구에 따라 보증인은 보증금을 지급하게 될 것이고 이에 따라 보증의뢰인은 가압류와 무관하게 여전히 구상채무를 부담하게 됩니다. 즉, 보증의뢰인은 자신의 수익자에 대한 채권인 피보전채권의 집행보전 및 장래의 현실적 만족은 얻지 못한 채 구상채무만을 부담하게 되는 불합리하고 매우 불리한 상황에 처하게 됩니다. 하지만 만약 보증의뢰인의 가압류가 인정된다면, 비록 보증의뢰인이 보증인에 대한 구상채무를 부담하게 되지만, 피보전채권의 집행보전 및 장래의 현실적 만족은 얻을 수 있게 됩니다. 이와 같이 가압류 여부와 무관하게 보증의뢰인이 구상채무를 부담한다는 사정이 동일하다면, 피보전채권의 만족을 얻을 수 있도록 하는 것이 보증의뢰인에게 법률적 및 경제적 이익이 됨은 분명합니다.[8] 나아가 만약 수익자가 독립적 은행보증에 따른 보증금 지급청구권을 제3자에게 양도한 경우, 제3자가 보증금 지급청구를 하면 보증의뢰인은 보증인으로부터 구상 청구를 받게 될 것이

---

8) 이는 채권자가 채무자에 대하여 집행권원을 이미 가지고 있는 경우에, 채권자가 설사 구상채무를 부담할 관계이더라도 채무자의 독립적 보증에 기한 보증금청구권에 대해서 강제집행을 부정할 근거가 없다는 점에서도, 그 가압류 보전의 필요성을 이해할 수 있습니다.

고, 보증의뢰인은 그 구상 청구에 응하여야 합니다. 가압류는 이런 상황을 예방하기 때문에 인정 실익이 있습니다.

또한 보증의뢰인은 가압류를 통해 상계의 담보적 기능과 유사한 담보를 인정받는 결과가 되기도 합니다. 즉 상계의 경우 수동채권의 존재가 사실상 자동채권에 대한 담보로서의 기능을 하고 있는데, 가압류와 무관하게 보증의뢰인이 보증인에 대해 보증금에 상당하는 금액의 구상 청구를 당하게 되더라도, 보증의뢰인이 가압류를 통해 보증금 지급청구권을 동결시켜 놓을 수 있게 되면, 보증의뢰인이 장래 집행권원을 얻게 될 경우 동결시켜 놓았던 보증금의 현실적인 수령을 통해 같은 금액의 구상금의 지출을 서로 상쇄시킬 수 있게 됩니다.

마. 이 사건의 경우

앞서 언급한 것처럼 본 사건에서 채권자들이 채무자에 대하여 보유하는 채권은 ① 추가공사대금 청구채권 내지 비용반환청구채권, ② 미지급 기성금 지급 청구채권, ③ 보너스 지급 청구권으로, 두 번째 종류의 채권입니다. 특히 지연과 무관하게 기존 계약에 따른 공사를 수행한 대가인 미지급 기성금 지급청구채권이나, 설계 변경 등으로 인한 추가 공사로 인한 대금채권 내지 비용반환청구채권은 채무자가 주장하는 지체상금채권과 논리적으로 양립가능한 것으로 이해됩니다. 이러한 채권들은 독립적 은행보증의 대상과 별개로 기존 계약대로 공사를 수행하거나 혹은 추가 공사를 하게 되면서 발생한 비용에 관한 채권들일 뿐으로서, 비록 본 사건의 독립적 은행보증이 이루어진 기본계약에 의해 발생한 채권이기는 하지만 독립적 은행보증과 간접적인 관련을 갖는 채권에 불과하므로, 가압류의 피보전채권으로 인정될 수 있습니다.

또한 이 사건에서 채권자들이 현재 채무자를 상대로 중재를 제기한 상태이나 중재 결정이 내려지기까지는 상당한 시일이 소요될 것이 명백합니다. 채권자들에 의하면, 채무자가 외국 법인으로 국내에는 집행가능한 재산이 없을 뿐만 아니라, 채무자의 외국 소재 재산들의 경우에는 그 대부분이 이 사건 사안의 프로젝트를 위하여 채무자에게 대출을 제공한 대주단에 선순위 담보권이 설정되어 있고 이 사건 독립적 은행보증에 따라 채무자가 수령하게 되는 현금도 그 즉시 위와 같은 선순위 담보권이 설정되거나 혹은 대주단에게 바로 지급될 가능성이 크다고 하는바, 이러한 점들을 고려하면 중재판정 이후에는 채권 보전이 상당히 어려울 것으로 보입니다. 채무자의 집행 가능한 유일한 재산을 가압류하지 아니하고 채무자가 보증금을 현실적으로 수령하여 외국으로 재산을 이전할 수 있게 하면 채권자들은 향후 상당한 시간과 비용을 들여 집행권원을 가지게 되더라도 현실적으로 채권의 만족을 얻을 수 없는 중대한 위험에 놓이게 되므로, 보전의 필요성도 충분히 인정된다고 할 것입니다. 그리고 채권자들과 보증 은행 사이의 구상관계를 이유로 가압류의 보전의 필요성을 부정할 수도 없다고 할 것입니다.

III. 결론

따라서 이 사건에서 채권자들의 채무자에 대한 공사대금채권 등은 채무자의 제3채무자에 대한 보증금 지급청구권을 가압류할 수 있는 피보전채권이 될 수 있고, 그 보전의 필요성도 있다고 할 것입니다.

(2015년 1월 작성)

6. 개인정보 유출로 인한 위자료 배상에 관하여

I. 머리말

1.

이제 개인정보는 특히 현대 기업의 사업에서 없어서는 안 될 존재가 되었다. 대부분의 업무가 컴퓨터로 처리되면서부터 그 현상은 더욱 가속화되었다. 개인정보 활용의 주된 목적은 이들 활용을 통하여 개인정보 주체에게 보다 편리하고 나은 서비스를 제공하기 위함이다. 수많은 사업체들이 개인정보를 제공받아 이를 활용하고 있고, 궁극적으로는 개인정보 주체에게 편리함을 제공하면서 수익을 얻고 있다.

반면 개인정보의 가치를 노리는 범죄들도 잇따르고 있다. 지난 수년간의 기사만 찾아보더라도, 개인정보 유출[1] 사건은 한 달에 한두번 꼴로 발생하고 있으며, 최근에도 개인정보유출 사고 기사를 심심치 않게 접할 수 있다. 그 피해는 고스란히 개인정보 주체에게 돌아갈 것이다. 따라서 개인정보 주체들이 개인정보처리자 또는 개인정보 유출범인들을 상대로 한 손해배상청구소송도 증가하고

---

[1] '개인정보의 유출(누출)'이란 개인정보가 해당 정보통신서비스 제공자 내지 개인정보처리자의 관리통제권을 벗어나 제3자가 그 내용을 알 수 있는 상태에 이르게 된 것을 의미한다. 대법원 2014. 5. 16. 판결 2011다 24555사건(판례공보 2014년, 1177면) 등 참조.

있다.

이러한 개인정보 유출사건으로 인하여 개인정보 주체에게 재산상의 손해가 발생하였다면, 개인정보처리자에게 그 재산상의 손해배상을 청구하는 것에 문제가 없어 보인다. 입증도 어려운 편이 아니다.

한편 개인정보 유출사건으로 인하여 개인정보 주체에게 정신적인 손해가 발생한다면, 이 역시도 개인정보처리자에게 그 배상을 구할 수 있을 것이다. 그러나 위자료를 청구하는 대부분의 사건들이 그러하듯, 정신적인 손해의 경우에는, 그 손해의 유무 및 손해의 정도를 판단하는 것이 쉽지는 아니하다.

2.

개인정보 유출과 관련하여 손해배상의 근거가 될 수 있는 개인정보 보호법 등의 법령에서는 재산적 손해와 비재산적 손해를 구별하지 아니하고 있기는 하나,[2] 그렇다고 하여 개인정보 유출사건으로 인하여 발생한 비재산적 손해, 즉 정신적인 손해의 성격이 바뀌는 것은 아니다. 결국 민법 제751조 제1항은 개인정보 유출사건에서의 정신적 손해 판단의 영역에 적용된다.

일반적으로 불법행위법은 고의, 과실, 위법성 등 여러 불확정 개념들의 토대 위에서 판사가 사안별 또는 분야별로 법의 의도적 여백을 메워나가며 법형성작용을 분담하는 법, 즉「판사가 만드는 법」의 속성을 가지는데,[3] 그 중에서도 정신적인 손해의 판단 영역

---

2) 예를 들면 개인정보보호법 제39조 제1항은, 정보주체는 개인정보처리자가 이 법을 위반한 행위로 손해를 입으면 개인정보처리자에게 손해배상을 청구할 수 있고, 이 경우 그 개인정보처리자는 고의 또는 과실이 없음을 입증하지 아니하면 책임을 면할 수 없다고 규정하고 있다.

3) 양창수·권영준, 민법 II: 권리의 변동과 구제, 2011, 526면.

이 더욱 그러하다.

개인정보의 대규모 유출소송과 같은 경우에도 사법부에 상당한 재량이 맡겨져 있다. 그러나 통상 전국적으로 수많은 재판부에 소송이 계류된 상태에서, 동일한 사건의 당사자들 사이에서 (i) 정신적인 손해 유무나 (ii) 위자료 액수의 정도가 달라지는 것은 바람직하지 아니하다. 특히 사법부의 신뢰 차원에서 더욱 그러하다.

대법원 2012. 12. 26. 판결 2011다59834사건(판례공보 2013년, 219면)[4]은 이와 같은 정보주체에게 위자료 배상을 인정할 만한 정신적 손해가 발생하였는지 여부를 다루는 최초의 대법원 재판례이다. 위 판결은 개인정보 유출로 인하여 개인정보 주체에게 위자료로 배상할만한 정신적인 손해가 발생하였는지를 판단하기 위한 기준을 구체적으로 제시하고 있다.

3.

농협은행의 개인정보유출사건의 경우에도, 개인정보 유출사고로 인하여 개인정보 주체들에게 위자료로 배상할 만한 정신적인 손해가 발생하였는지가 크게 다투어지고 있는 것으로 보인다. 한편 손해배상의 액수에 대하여서는 별로 다투어지지 아니하는 것 같기도 하다. 자료에 의하면, 원고들은 자신들이 생각하는 금액을 특별한 입증 없이 주장하고 있고, 피고들은 청구가 모두 기각되어야 한다고 주장하고 있을 뿐이다. 따라서 이번 의견서에서는 개인정보 주체들에게 위자료로 배상할만한 정신적인 손해가 발생하였는지를 판단할 수 있는 기준에 대하여 중점적으로 살펴보고, 그 손해배상의 액수 판단 기준에 대해서도 함께 검토할 것이다.

---

4) 이 대법원판결에 대하여는 아래 II. 2.에서 보기로 한다.

이에 부수하여 개인정보 유출 자체가 손해인지, 개인정보 유출로 인하여 명의도용 등의 위험성이 증가하였다거나 개인정보유출로 인한 불쾌감·불안감 등의 정신적 고통을 이유로 손해배상청구가 가능한지도 살펴보기로 한다.

Ⅱ. 개인정보 유출 자체가 손해라고 볼 수 있는지

1. 개인정보에 대한 권리의 성질

개인정보는 생존하는 개인에 관한 정보로서 당해 정보에 포함되어 있는 사항에 의하여 당해 개인을 식별할 수 있는 정보를 말한다. 또한 당해 정보만으로는 특정 개인을 식별할 수 없더라도 다른 정보와 용이하게 결합하여 식별할 수 있는 것도 포함한다. 우리나라의 대법원과 헌법재판소는 개인정보에 관한 권리를 인격권의 일종인 개인정보자기결정권의 개념으로 파악하고 있다.[5] 즉, 개인정보 유출로 인하여 침해될 수 있는 권리는 개인정보자기결정권이다.

인간의 존엄과 가치, 행복추구권을 규정한 헌법 제10조 제1문에서 도출되는 일반적 인격권 및 헌법 제17조의 사생활의 비밀과 자유에 의하여 보장되는 개인정보자기결정권은 자신에 관한 정보가 언제 누구에게 어느 범위까지 알려지고 또 이용되도록 할 것인지를 그 정보주체가 스스로 결정할 수 있는 권리이다. 즉 정보주체가 개인정보의 공개와 이용에 관하여 스스로 결정할 권리를 말한다. 개인정보자기결정권의 보호대상이 되는 개인정보는 개인의 신체, 신념, 사회적 지위, 신분 등과 같이 개인의 인격주체성을 특징짓는 사항으로서 그 개인의 동일성을 식별할 수 있게 하는 일체의

---

5) 양창수·권영준(주 3), 657면 이하.

정보라고 할 수 있고, 반드시 개인의 내밀한 영역에 속하는 정보에 국한되지 아니하고 공적 생활에서 형성되었거나 이미 공개된 개인정보까지 포함한다.[6)]

　손해배상청구권이 인정되려면 우선 손해가 실제로 발생하여야 하는데, 어떤 경우에 손해가 발생하였다고 평가할지는 쉬운 문제가 아니다. 더욱이 개인정보에 대한 인격적 법인의 보호범위가 어디까지 미쳐야 하는가에 대하여는 아직 충분한 논의가 이루어지지 아니하였고, 개인정보자기결정권을 구성하는 내용은 아직도 생성과정에 있다는 점에서 더욱 그러하다.[7)] 정신적 손해의 경우에는 손해액 산정에 나아가기에 앞서 과연 정신적 손해가 현실적으로 발생하였다고 볼 것인지 여부를 판단하기 애매한 경우가 상당히 많다. 정신적 손해의 경우에는 무형의 불편함, 불안함, 스트레스, 괴로움, 절망감 등 가운데 과연 어디에 선을 그어 배상책임이 인정되는 '법적인 의미의 손해'라고 볼 것인지가 애매한 경우가 많기 때문이다.[8)]

2. 법익의 침해와 손해 발생의 구별

　손해는 법익에 대한 침해 그 자체와는 구별되어야 한다. 따라서 법익이 침해되었다고 하여 늘 손해가 발생하는 것은 아니다.[9)]
　개인정보의 침해 특히 정보주체의 동의 없이 이루어진 개인정

6) 대법원 2014. 7. 24. 판결 2012다49933사건(판례공보 2014년, 1646면) ; 헌법재판소 2005. 5. 26. 결정 99헌마513사건(헌법재판소판례집 제17권 1집, 668면) 등 참조.
7) 정상조·권영준, "개인정보의 보호와 민사적 구제수단", 법조 2009년 3월호, 21면 참조.
8) 송혜정, "개인정보 유출로 인한 손해배상책임", 민사판례연구 제37집(2015), 402면.
9) 양창수·권영준(주 3), 553면.

보의 수집, 불법유통은 불법행위의 구성요건을 충족시키고 이는 결국 손해배상청구권의 대상이 되어 개인정보의 침해는 독립한 재산적 가치를 가지게 되는 것으로 보아야 한다는 주장도 있다[10]. 그러나 개인정보가 유출되었다는 것만으로 당연히 재산상 손해가 발생한 것으로는 보기 어려울 것이다.[11]

    개인정보 유출로 인한 정보주체에 대한 정신적 손해발생 판단의 기준에 관한 다음의 대법원 판례에 따르면, 위와 같이 개인정보 유출 자체만으로는 손해배상청구권을 인정하기 어렵고, (1) 유출된 정보의 성격 : 유출된 개인정보의 종류와 성격, 개인정보 유출로 정보주체를 식별할 가능성이 발생하였는지, (2) 유출로 인하여 예상되는 결과 : 제3자 열람 여부나 열람 가능성, 유출 확산 범위, 유출로 인한 추가적인 법익 침해의 가능성, (3) 개인정보처리자의 측면 : 개인정보 관리 실태, 유출 경위, 유출 방지를 위한 조치 등을 종합적으로 고려할 것을 요구하고 있다.

○ 대법원 2012. 12. 26. 판결 2011다59834사건(판례공보 2013년, 219
    면)[12]

    "개인정보를 처리하는 자가 수집한 개인정보를 그 피용자가 해당 개인정보의 정보주체의 의사에 반하여 유출한 경우, 그로 인하여 그 정보주체에게 위자료로 배상할 만한 정신적 손해가 발생하였는지 여부는, 유출된 개인정보의 종류와 성격이 무엇인지, 개인

---

10) 임건면, "개인정보의 의의와 귀속관계", 중앙법학 제7집 제4호(2005.12),
    237면.
11) 최호진, "해킹에 의한 개인정보유출과 정보통신서비스 제공자에 대한 손
    해배상책임에 관한 고찰 — SK컴즈 사건을 중심으로", 법조 2014년 2월
    호, 148면 참조.
12) 판례공보 2013상, 219면.

정보의 유출로 정보주체를 식별할 가능성이 발생하였는지, 제3자가 유출된 개인정보를 열람하였는지 또는 제3자의 열람 여부가 밝혀지지 아니하였다면 제3자의 열람 가능성이 있었거나 앞으로 그 열람 가능성이 있는지, 유출된 개인정보가 어느 범위까지 확산되었는지, 개인정보의 유출로 추가적인 법익 침해의 가능성이 발생하였는지, 개인정보를 처리하는 자가 개인정보를 관리하여 온 실태와 개인정보가 유출된 구체적인 경위는 어떠한지, 개인정보의 유출로 인한 피해의 발생 및 확산을 방지하기 위하여 어떠한 조치가 취하여졌는지 등 여러 사정을 종합적으로 고려하여 구체적 사건에 따라 개별적으로 판단하여야 한다."

  다수의 학설도 개인정보 유출로 인한 자기결정권 침해와 이로 인한 정신적 손해의 발생을 구분하면서, 인격권의 일종인 개인정보 자기결정권이 침해되었다고 하여 논리필연적으로 정신적 손해가 곧바로 발생한다고 할 수 없다는 취지이다.[13]
  실제 사건에 있어서 원고들에게 위자료로 배상할 만한 정신적 손해가 발생하였는지 여부의 판단은 위와 같은 요건을 기계적으로 적용하는 것만으로는 족하지 아니하다. 오히려 더 중요한 점은, 원고들에게 위자료로 배상할 만한 정신적 손해가 발생하였는지 여부를 판단하여야 한다는 것이다. 이는 모든 개인정보 유출이 정신적

---

13) 고홍석, "개인정보 유출로 인하여 위자료로 배상할 만한 정신적 손해의 발생 여부", BFL(서울대학교 금융법센터) 제66호(2014.7), 78면; 정상조·권영준(주 7), 32면 이하; 이원우, "개인정보 보호를 위한 공법적 규제와 손해배상책임 ― 개인정보 누출을 중심으로", 행정법연구(행정법실무연구회) 제30호(2011.8), 262면 내지 266면; 유대종, "개인정보유출과 손해배상책임 ― 리니지Ⅱ 개인정보유출 사건", 디지털재산법연구(한국디지털재산법학회) 제10권 제1호(2012.1), 215면.

손해로 연결되지는 아니한다는 것을 의미한다. 그리고 정신적인 손해가 발생하였다고 하더라도 이를 모두 위자료로 배상하여야 하는 수준의 것은 아니라는 취지인 것으로 풀이된다. 보다 구체적으로 사건의 사실관계에 따라 개인정보 주체가 감내하지 못할 정신적인 충격과 이로 인하여 금전적으로 위자 받아야 할 필요성이 발생하였는지를 판단하는 것이 사법부의 역할이다.

이를 판단함에 있어서는 다른 법문제에 있어서와 마찬가지로 먼저 비교법적인 접근을 하여 봄이 유용하다고 할 것이다. 개인정보의 개념, 보다 넓게 프라이버시의 개념은 기본적으로 외국에서 먼저 형성되고 발전하여 온 것이기 때문이다. 물론 각 국가별로 국민들이 개인정보의 침해에 느끼는 감정이 같을 수 없고, 개인정보 유출로 인한 정신적인 충격 역시 다를 수 있다. 그러나 서양의 경우 대부분 동양에 비하여 프라이버시 침해에 대하여 민감한 경향이 있다는 점을 고려하면, 적어도 이 사건에 있어서 참고할 만한 기준을 제공할 수 있을 것으로 기대한다.

Ⅲ. 개인정보 유출로 인한 비재산적 손해에 관한 외국 입법례 및 판례

1. 미국

가. 정신적 손해배상

미국에서는 별도의 독자적(비재산적) 손해가 없이 정신적 고통만이 있는 경우를 순수한 정신적 고통(pure emotional distress)이라고 한다. 이러한 손해와 관련하여서는 전통적으로 고의에 의한 경우와

과실에 의한 경우가 달리 취급되어 왔다.[14)]

　　고의에 의한 경우에 대한 Restatement (Second) of Torts, § 46은 가해자가 ① 고의 또는 현저한 부주의로(recklessly) ② 극단적이고 포악한(extreme and outrageous) 행동을 하여 ③ 피해자에게 중대한 (severe) 정신적 고통을 가한 경우에 배상책임을 인정하고, 과실로 정신적 고통을 야기한 경우(negligent infliction of emotional distress. NIED라고 줄여 부르기도 한다)의 책임요건은 더욱 엄격하다. 종전의 커먼로는 본래 잘못 부고訃告를 전한 경우 외에는 과실로 정신적 고통을 야기하여도 불법행위가 성립한다고 보지 아니하였다.[15)]

　　이러한 경직된 입장은 오늘날 상당 부분 극복되었다고 하나,[16)] 여전히 다수의 주에서는 과실에 의한 정신적 고통 야기가 불법행위가 되려면 적어도 가해자가 피해자에 '물리적인 충격(physical impact)'을 가하여야 한다거나, 정신적 고통이 육체적으로 드러나거나 기타 증상, 가령 진료기록 등으로 확인되어야 한다는 입장을 취하고 있다.

　　미국에서 개인정보에 관한 권리는 프라이버시의 문제로 다루어지는데, 개인정보 침해는 프라이버시의 노출(disclosure of private fact)의 일종이다. 그런데 프라이버시의 노출이 되려면, ① 노출된 사적 사실이 합리적 사람에게 매우 불쾌한(highly offensive) 것이어야 하고,[17)] ② 그 정보가 상당한 수의 사람들[18)]에게 알려져 '공개

---

14) 이동진, "미국 불법행위법상 비재산적 손해의 배상과 그 한계", 민사법학 제66호(2014. 3), 288면

15) 신재형, 개인정보 유출로 인한 기업의 책임 — 손해배상책임을 중심으로, 2014, 85면.

16) 이동진, "미국 불법행위법상 비재산적 손해의 배상과 그 한계", 민사법학 제66호(2014.3), 288면.

17) Dwyer v. Am. Express Co., 652 N.E.2d 1351, 1351(Ⅲ. App. Ct. 1995). 정

된 지식(public knowledge)'에 이를 것이 확실하여야 한다.[19] 따라서 개인정보가 본래 의도된 바와 달리 취급되거나 이용되었더라도 그 것이 상당수의 사람들에게 공개되지 아니하였다면 프라이버시 침해는 성립하지 아니한다.[20]

나. 개인정보 유출로 인한 손해배상

법원은 개인정보의 침해에 대한 손해배상청구소송에서 법적으로 보상가능한 실질적인 손해(actual damage)가 없으면 청구를 기각한다는 것이 일관된 입장이다. 이에 따라 누출된 정보가 특별히 도용되어 피해가 발생하였다는 사실이 없는 한 개인정보가 위태롭게 되었다거나 위험이 증가했다는 것만으로는 실제 손해가 발생하지 아니하였다는 이유로 손해배상책임을 부인하고 있다. 따라서 미국에서는 단순한 '불안감'을 이유로는 위자료를 받을 수 없다.[21] 즉, 미국의 법원에서는 프라이버시의 노출이 있었다고 하더라도 그 손해배상이 되는 손해에 대하여 실질적 손해(actual damage)가 입증되

상조 · 권영준(주 7), 37면에서 재인용.

18) Restatement(Second) of Torts 652E, Comment a.에서는 공표가 '불특정 다수인(public at large)'을 대상으로 하여야 한다고 한다. 정상조 · 권영준 (주 7), 37면.

19) Restatement(Second) of Torts 652D. 정상조 · 권영준(주 7), 37면에서 재인용.

20) 정상조 · 권영준(주 7), 37면.

21) 예를 들면 AIDS에 감염된 의사의 진료를 받은 환자가 실제 AIDS에 감염되지 아니하였는데 불안감을 이유로 위자료를 청구한 사안에서 미국의 법원은 '위험에 대한 실제 노출(actual exposure to the danger)'을 요구하면서 원고가 실제로 이로 인하여 AIDS에 감염된 경우가 아니라면 위자료청구를 받아들이지 아니하였다. Kimberly C. Simmons, Recovery for Emotional Distress Based on Fear of Contraction HIV or AIDS, 59 *A.L.R.* 5th 535 (1998). 정상조 · 권영준(주 7), 38면에서 재인용.

어야 한다고 하면서 그 손해입증을 엄격하게 요구하고 있다.[22]

또한 미국의 법원은 개인정보를 소홀히 다루어 유출된 것을 이유로 손해배상을 청구하는 사건에서 원고가 실제로 손해가 발생하였음을 입증하는데 실패하였다는 이유로 당사자적격이 없다고 하며 각하하는 경우가 종종 있어 왔다.[23]

다. 법제 및 판례

미국의 개인정보 보호및 프라이버시 침해에 관한 손해배상 관련 법률은 다양한데, 특히 신분도용 등으로 인한 손해배상청구는 주로 주법상의 불법행위이론에 따라 청구하고 있다. 그러나 미국법원은 뒤에서 살피는 바와 같이 실질적인 손해가 발생하지 아니하였다는 이유로 손해배상청구를 기각하고 있는 입장이다.[24]

---

22) 이러한 미국 판례의 손해배상요건은 아래와 같이 정리할 수 있다. (i) 손해는 추측에 근거하거나, 불확실하거나, 가상적인 것이어서는 아니되며, 실질적인 손해(actual damage) 또는 합리적으로 손해배상액이 평가될 수 있는 손해이어야 하고, (ii) 그러한 손해를 입증하여야 하며, (iii) 정신적 고통의 경우 의학적으로 진단된 질병을 앓고 있고 그것이 피고의 과실로 인하여 야기된 것임을 주장·입증하여야 한다.
　　이상과 같은 손해배상책임의 법리에 따라 미국법원은 개인정보가 위태롭게 되었다는 것만으로는 실제 손해가 발생하지 아니하였다는 이유로 손해배상책임을 일관되게 부인하고 있다. 이에 관하여는 이원우(주 13), 250면 참조.
23) Stephen I. Rancourtt, Hacking, Theft, and Corporate Negligence: Making the Case for Mandatory Encryption of Personal Information, 18 *Tex. Wesleyan L. Rev.* 183(2011−2012), at 188. 최호진(주 11), 132면에서 재인용.
24) 자세한 내용은 이원우(주 13), 241면 내지 243면 참조.

○ Pisciotta v. Old National Bancorp., 499 F. 3d 629 (7th Cir. 2007)[25] [26]

　은행 서비스를 제공하는 마케팅 웹사이트를 운영하는 피고(Old National Bancorp)가 고객의 성명주소사회보장번호생년월일신용카드번호, 은행계좌번호 등과 같은 개인정보를 보유하고 있었는데, 해커들의 침입에 의하여 개인정보가 유출되어 고객들이 손해배상을 청구한 사안이다. 원고들은 피고의 과실 또는 계약위반으로 인하여 발생한 모든 경제적정신적 손해에 대한 보상 등 모든 법적 구제수단을 청구하였는데, 원고들 중 피고의 개인정보보호조치 위반으로 인하여 직접적인 재정적 손실을 입었거나 신분도용의 피해를 입은 사람은 없었다. 항소법원은 원고들의 개인정보가 위태롭게 되었으나 실제로 오용되지 아니한 경우에는 인디애나주의 불법행위법이나 계약법에서 요구하는 보상가능한 피해 내지 손해의 수준에 미치지 못한다고 판시하면서, "장래에 신분도용이 발생할 위험이 증가하였다는 주장만 가지고는 법이 구제하고자 하는 손해를 입었다고 할 수 없다(Without more than allegations of increased risk of future identity theft, the plaintiffs have not suffered a harm that the law is prepared to remedy)"고 결론지었다.

　위의 판결과 동일한 태도를 취하는 판례로 Melancon v. Louisiana Office of Student Financial Assistance, 567 F. Supp. 2d 873, 877 (E.D.La. 2008)가 있다. 이 사건에서 법원은 개인정보가 높아진 위험에 처할 수 있다는 단순한 가능성은 과실책임을 주장하기 위해 충분한 실질적인 손해에 해당하지 아니한다고 설시하였다.[27]

---

25) 정상조·권영준(주 7), 39면; 이원우(주 13), 247면.
26) http://caselaw.findlaw.com/us-7th-circuit/1249514.html의 웹페이지 내용 참조.
27) 이원우(주 13), 249면 참조.

○ State ex rel. Dean v. Cunningham, 182 S.W. 3d 561, 568 (Mo. Banc 2006)[28] [29]

　약재보험관리회사인 피고(Express Scripts)가 회원들의 성명, 생년월일, 사회보장번호, 처방전 등의 정보를 저장하고 있던 중 2008년 10월 해커들로부터 피고 DB에서 해킹으로 획득한 정보를 공개하겠다는 협박을 받고, 다음달인 2008년 11월 홈페이지에 자신들의 개인정보보호조치 위반 사실을 알리면서 해커들이 정보가 해킹되었다고 주장한 회원들에게 개별적으로 이를 알린 사안이다. 원고들은 피고의 회원들로서 피고를 상대로 과실(negligence)에 의한 불법행위, 계약 위반(breach of contract), 주법 위반(breach of state law) 등을 주장하며 집단소송을 제기하였다.

　원고는 (i) 피고가 충분한 개인정보보호조치를 취하지 아니하여 자신의 개인정보가 도용될 리스크가 높아졌으며, (ii) 자신의 개인정보가 위태롭게(compromised) 되었고, (iii) 프라이버시가 침해되었으며, (iv) 자신의 처방전을 배타적으로 사용관리할 수 없게 되었으며, (v) 자신의 개인정보를 보호하기 위해 신용카드계좌, 신용보고서, 처방전 계정 및 기타 재정적 사항에 대한 지속적인 감시비용과 시간을 들이게 되어서 경제적 손실을 입게 되었다고 주장하였다. 그러나 법원은, 불법행위법에 의한 손해배상은 단순히 불법행위와 인과관계의 입증만을 요구하는 것이 아니라 손해배상액이 합리적으로 평가되기 위한 손해의 입증도 요구된다, 원고가 주장하는 손해는 추측에 근거한 것이다. 장래에 원고에게 발생할 가상적인 손해에 대하여는 손해배상액이 합리적으로 평가될 수 없다, 뿐만

---

28) 이원우(주 13), 248면 이하 참조.

29) http://caselaw.findlaw.com/mo-supreme-court/1096258.html의 웹페이지 내용 참조.

아니라 원고는 피고의 과실로 인하여 야기된 의학적으로 진단된 질병을 앓고 있다는 주장을 하지 아니하였기 때문에 정신적 고통에 대한 보상도 받을 수 없다며 원고들의 청구를 기각하였다.

O Kahle v. Litton Loan Servicing L.P., 486 F.Supp. 2d 705 (S.D. Ohio 2007)[30) 31)]

저당권부 대출회사(프로비던트 은행)가 예전 고객 229,501명의 개인정보가 담긴 하드디스크를 도난당한 사건이다. 위 사건에서 법원은 정보에 접근하였다는 직접적인 증거나 또는 신분도용의 구체적인 증거가 없는 한, 당 법원은 TTT 신용 모니터링 서비스 이용 비용이 과실책임청구상의 손해에 해당한다고 볼 수 없다며 실제 손해가 발생하지 아니하였다는 이유로 손해배상청구를 기각하였다.

O Bell v. Acxiom Corp., 2006WL2850042 (E.D. Ark. Oct. 3. 2006)[32)]

미국의 대형 데이터브로커 업체인 Acxiom의 고객정보 데이터베이스가 해킹(개인정보 16억 건)되어 그 중 일부 고객정보가 마케팅 회사에 팔렸고 마케팅 회사가 그 정보에 기초하여 그 고객들에게 광고메일을 보낸 사안으로, 소비자들은 집단소송을 제기하였다. 프라이버시의 노출이 인정되더라도, 그 손해가 실제로 발생한 것임을 요구되는데 고객 DB 해킹으로 원하지 아니하는 마케팅 메일을 받았다거나 명의도용의 위험이 증가한 것만으로는 손해배상에 필요한 해악(harm)을 구성하는 데에 이르지 못하였다고 하면서 실제적

---

30) 이원우(주 13), 249면; 정상조·권영준(주 7), 39면 참조.
31) http://www.leagle.com/decision/20071191486FSupp2d705_11124/KAHLE% 20v.%20LITTON%20LOAN%20SERVICING,%20LP의 웹페이지 내용 참조
32) 최호진(주 11), 133면.

인 손해가 입증되어야 한다는 취지로 판단하면서, 원고의 소를 각하하였다.

이외에도 Shibley v. Time, Inc., 341 N.E. 2d 337, 339-40. (Ohio App. 1975)에서는 프라이버시권은 우편함까지 확장되지 아니하며 '개인정보(personality profiles)'의 판매는 프라이버시 침해가 아니라고 판시하였다. 또한 Lamont v. Commissioner of Motor Vehicles, 269 F. Supp. 880, 883.(S.D.N.Y. 1967)에서는, 광고전단지의 내용이 판사들이나 다른 사람들이 보기에 얼마나 유해한지와 상관없이, 우편함은 헌법상 프라이버시 보호권을 요구할 정도로 고립된 영역이 아니다. 우편함에서 쓰레기통까지의 짧지만 정기적인 여정은 적어도 헌법상으로는 수인가능한 부담일 수 있다고 판시하였다.

O Doe v. Chao, 540 U.S. 614(2004)[33]
　광부들이 그들의 폐 질환 보험처리 과정에서 SSN(미국 사회보장국이 사용하는 신분 증명 번호)이 노출된 사고와 관련하여, 그 결과 겪은 심리적 고충에 대하여 손해배상을 청구한 사건이다. 이 판결에서도 법원은 법령에서 보장하는 최저 $1000 보상액을 받으려면 원고들이 원고들에게 실제의 손해가 있었음을 보여주어야 하며, 심리적 고충을 겪었다는 단순한 발언만으로는 불충분하다고 판시하며 실제의 손해의 예로서 ① 의사의 치료 또는 처방을 받은 경우, ② 소득을 잃은 경우, ③ 개인정보 노출로 인한 신체적 및 행동적 변화가 생긴 경우 등을 들었다.[34]

---

33) http://caselaw.findlaw.com/us-supreme-court/540/614.html의 웹페이지 내용 참조.
34) 이 판결은 연방제5항소법원의 1983년 판결을 번복한 것이라고 한다. 정

미국에서 프라이버시보호법이 입법된 이후에 실제 손해의 의
미에 대한 견해의 대립이 있었다. 프라이버시보호법 위반으로 금전
적 손해가 발생한 경우에는 이것이 실제 손해에 해당한다는 것에
는 다툼이 없지만 정신적 피해(mental suffering)만 발생한 경우에 연
방정부의 손해배상 책임에 관해서는 견해의 대립이 있었다. 특히
1983년 미국 제5항소법원에서는 프라이버시 보호법에서 규정하고
있는 실제 손해에서는 유형적 손해(physical damages)만이 아니라 정
신적 피해(mental suffering)도 포함된다는 것을 명백히 판시함으로써
논쟁의 불씨를 남겼던 것이다[Johnson v. Dep't of Treasury, I.R.S., 700
F.2d 971, 972 (5th Cir. 1983)].[35]

O Federal Aviation Administration et al. v. Stanmore Cawthon Cooper
   사건(2012.3.28.); FAA v. Cooper, 132 S.Ct. 1441, 1446 (2012)[36]

   Cooper는 수년간 숨겨왔던 HIV양성판정 기록이 연방정부기관
의 합동수사과정에서 부적절하게 공개되면서 비행조종사 자격증이
취소되었다. 그는 그 후 자격증 재신청을 통하여 다시 비행조종사
자격증을 취득하였으나, Cooper는 연방정부를 상대로 프라이버시
법에 근거하여 모욕, 수치, 정신적 고통, 따돌림에 대한 불안, 기타
심각한 정신적 고통에 대한 보상을 요구하였다. 미국 프라이버시보

       하명, "미국 연방대법원의 프라이버시보호법 위반과 연방정부배상책임
       관련 판결례", IT와법연구 제8집(2014.2), 179면 이하 참조.
   35) 원고인 존슨(Johnson)은 미국 연방 국세청에 공무원으로 복무했던 변호
       사로 자신에 대한 개인정보가 내부감사팀에 의해서 자신도 모르는 사이
       에 광범위하게 수집되고 조사된 것을 알고 난 후에 스스로 연방 국세청
       에서 퇴직하였다. 퇴직 후 존슨은 프라이버시 보호법 위반을 근거로 연
       방정부에 국가배상소송을 제기한 것이었다.
   36) 한국정보화진흥원, 개인정보보호 해외 법제 동향(2012), 71면 이하; 신재
       형(주 15), 52면; 정하명(주 34), 171면 내지 175면 참조.

호법(the Privacy Act of 1974)에 따라 연방기관들은 개인정보를 동의 없이 공유할 수 없고, 프라이버시보호법의 피해보상 조항은 연방기관의 고의 또는 의도적 행위로 인하여 피해를 초래한 경우 손해배상을 해야 되나, 피해보상을 받는 자는 반드시 1,000달러 이상의 보상을 받아야 한다고 규정하고 있었다.

미국 대법원은, 개인정보주체의 사전 동의 없이 실시한 연방정부부처 사이의 개인정보 공유는 프라이버시보호법(Privacy Act of 1974)을 침해한 행위에 해당하기는 하지만, 이 사건에서는 단지 감정적 손해(emotional damages)만이 발생하였고 금전적 손해(pecuniary damages)는 발생하지 아니하였으므로 실제 손해가 없었다고 보아 원고의 청구를 기각하였다.

즉, 미국 대법원은 이 사건에서 정신적이고 감정적인 고통은 프라이버시법에 따른 '실제 피해(actual damage)'가 아니라고 판단한 것으로서, 프라이버시법상의 피해보상조항은 금전적 피해로 이루어진 '실제 피해(actual damage)'만을 의미한다고 판시하였다. 미국 판례 또한 개인정보에 대한 침해와 손해의 발생을 전제로 판단하고 있는 것으로 볼 수 있으며, 프라이버시 침해로 인한 민사소송에서 원고의 피해가 실질적이고 증명 가능할 것을 요구하고 있다.

연방대법원의 이번 판결(2012년)은 2010년 연방 제2심법원의 판결을 번복한 것이다. 즉 연방대법원에 상고되어, 거기서 사건이 송명령(Certiorari)을 내려 심사하고 2012년 2월에 판결하였던 것이다. 제2심을 담당한 연방항소제9순회법원(the Ninth Circuit)은 프라이버시보호법(the Privacy Act) 제552a조의 (b)항에서 정하는 '실제 손해'에는 금전적 손해만이 아니라 감정적 손해도 해당한다고 판시하여 원고 Cooper의 승소로 판결하였던 것이다.

이로써 프라이버시보호법 제552a조의 (b)항에서 정하는 실제

손해는 금전적 손해만을 의미하고 감정적 정신적 손해에 대한 위
자료 등은 이에 해당하지 아니한다는 연방제1심법원의 논지에 찬
성할 수 없다는 견해를 명백하게 밝혔다.

O Hammond v. Bank of N.Y. Mellon Corp., No. 08 Civ.6060 (RMB)
(RLE), 2010 WL 2643307(S.D.N.Y. June 25, 2010)[37]

　　은행이 1250만 명(!!)의 고객들의 개인정보 백업 테이프를 운
송 중에 분실한 사안인데, 법원은 원고 7명 중 3명만이 위 분실사
고 이후 알 수 없고 승인받지 아니한 신용거래로 손해를 입었고 나
머지 4명은 아무런 손해가 없었기 때문에, 이는 단지 '위험의 증가
(increased risk of harm)'에 불과하고, 이러한 손해의 주장은 추정적이
고 가정적인 것에 불과하다고 하면서 당사자 적격의 흠결로 소를
각하하였다.

O Key v. DSW, Inc., 454 F. Supp. 2d 684, 685 (S.D. Ohio 2006)[38]

　　이 사건에서는 신발 소매업자가 약 150만 명의 고객의 개인 금
융정보를 보유하던 중 적절하게 보관하지 못한 결과 승인받지 아
니한 제3자가 96,000명의 개인정보(개인 신용카드, 직불카드, 지급 계
좌번호 등을 포함)를 취득한 것에 대하여 집단소송이 제기되었던 것
이다. 연방법원은, 원고들이 주장하는 손해(금융계좌를 해지하고, 신
용보고서를 받거나, 신용 및 개인정보 모니터링 예약을 위한)만으로는 실
제로 손해가 발생하였다고 보기 부족하고, 일부 당사자들이 그들의
데이터가 잘못 이용되는 것을 막기 위하여 비용을 지불하는 단계
까지 나아갔다고 하더라도 마찬가지라고 하면서, 신원도용이나 다

---

　37) 최호진(주 11), 132면.
　38) 최호진(주 11), 133면.

른 금융범죄에 대한 위험이 증가하는 것만으로는 당사자적격을 갖
추기에 부족하다고 하였다.

2. 독일

가. 일반론

개인정보보호에 관한 독일법규정은 사전예방적인 리스크 관리
를 위하여 행정적 규제체계를 마련하여 개인정보의 침해가 발생하
지 아니하도록 하는 데 제1차적인 입법목적이 있다. 따라서 개인정
보보호를 위해 다양한 안전성확보조치를 의무화하지만, 이러한 안
전성확보조치는 넓은 의미의 리스크 관리를 위한 예방적 조치로서
이러한 조치의무 위반행위는 일차적으로 행정규제의 대상이다.

정보주체인 개인은 현실적인 손해가 발생하기 전에는 배제청
구나 예방적 부작위청구가 가능할 뿐이고, 손해배상을 청구할 수는
없다. 특히 법령상 누출은 손해배상의 원인행위인 침해행위의 태양
에서 제외되어 있기 때문에, 누출된 정보가 열람, 복제, 변조, 삭제,
분실 또는 훼손에 이르지 아니하면, 이는 감독기관의 규제대상이
되거나 위험배제청구의 대상이 될 수 있을 뿐이고, 손해배상책임은
인정되지 아니한다.[39]

즉, 독일에서는「인격권 침해 = 정신적 손해 발생 = 손해배
상 인정」의 도식이 통용되지 아니하는 것이다. 일반적으로 독일에
서는 인격권침해가 있더라도 그 침해의 정도가 중할 때 비로소 손
해배상을 인정한다. 요컨대 독일에서는 인격권침해에 있어서 손해
배상책임의 보충성(Subsidiaritt def Geldentschdigung)이 강조된다.[40]

---

39) 이원우(주 13), 261면.
40) 정상조·권영준(주 7), 36면 이하.

나. 법제

독일은 개인정보의 보호에 관한 일반법으로 연방정보보호법
(Bundesdatenschutzgesetz. 통상 BDSG라고 약칭된다)이 있고, 전기통신
사업자가 관리하는 개인정보 보호는 원격통신법(Telekommunikations-
gesetz)에 의하여 규율되고 있다.[41]

(1) 연방정보보호법 제7조(손해배상)[42]

개인정보를 관리하는 자가 이 법 또는 정보보호에 관한 다른 규정
에 반하여 개인정보를 부당하게 수집, 처리, 이용함으로써 관계자에
게 손해를 야기한 경우에는 그 손해를 배상할 책임이 있다. 다만 당
해 사안에서 요구되는 주의를 다한 경우에는 그러하지 아니하다.

위 규정에 대한 독일의 일반적인 견해는, 손해배상은 이미 발
생한 손해를 전보할 것을 목적으로 하므로 손해배상청구는 명문의
규정상 그리고 일반법원리상 손해가 발생한 경우에 한하여 성립되
고, 개인정보 처리과정에서 안전성확보조치가 미흡하여 손해발생
의 위험에 처한 경우에는 단지 그러한 위험의 방지나 위험상태의
제거를 청구할 수 있을 뿐이라는 것이다.[43]

---

41) 이원우·(주 13), 257면.

42) § 7 (Schadensersatz) : Fügt eine verantwortliche Stelle dem Betroffenen
   durch eine nach diesem Gesetz oder nach anderen Vorschriften über
   den Datenschutz unzulässige oder unrichtige Erhebung, Verarbeitung
   oder Nutzung seiner personenbezogenen Daten einen Schaden zu, ist sie
   oder ihr Träger dem Betroffenen zum Schadensersatz verpflichtet. Die
   Ersatzpflicht entfällt, soweit die verantwortliche Stelle die nach den
   Umständen des Falles gebotene Sorgfalt beachtet hat.

43) Michael Kloepfer, *Informationsrecht* (2002), S. 212. 이원우·(주 13), 259면
   에서 재인용.

특히 위 규정은 손해배상의 대상이 되는 손해를 위법한 수집, 처리(저장·변조·전달·차단·삭제), 이용으로 의한 손해로 한정하고 있다.[44] 따라서 이에 이르지 아니한 단순한 '누출'만으로는 독일법상 손해배상책임이 인정되지 아니한다.[45]

즉, 개인정보에 대한 불법적 접근이 발생하더라도 이는 감독관청에 의한 시정조치나 이행강제금의 부과 등 행정적 규제의 대상일 뿐 그 자체만으로 손해배상의 대상이라고 보지 아니하고, 개인정보의 안전성 확보를 위한 조치와 구체적인 정보침해에 대한 손해배상은 별개이며 안전성 확보를 위한 조치 위반이 모두 손해배상의 대상이 되는 것은 아니다. 위 법 제8조는 공공기관의 자동화된 정보수집, 가공 또는 이용과정에서 발생한 손해의 배상에 관하여 규정하는데, 제2항은 비재산적 손해배상은 중대한 인격권침해에 한하여 인정될 뿐이다. 즉, 독일에서는 인격권침해에 있어 손해배상책임의 보충성이 강조되며, 실제로 개인정보침해를 이유로 한 위자료 청구사례를 찾기 어렵다.

(2) 원격통신법

원격통신법 제44조는 정보주체인 통신역무이용자에게 부작위청구권 및 손해배상청구권을 규정하고 있다. 이에 따르면, 전기통신사업자가 이용자보호를 위한 의무를 위반한 경우 위반행위의 배제를 청구할 수 있고, 반복적 의무위반의 우려가 존재하는 경우에는 예방적 부작위청구를 할 수 있다. 나아가 고의과실로 통신법상의 의무를 위반하여 손해를 야기한 경우에는 손해배상을 청구할

---

44) '처리(Verarbeitung)'는 동법상의 용어를 정의하는 제3조 제4항에서 구체적으로 규정되어 있다.
45) 이원우(주 13), 260면.

수 있다. 이 규정은 민법의 특별규정으로서 손해의 유형과 배상의 범위 등 일반적인 사항은 일반법인 민법의 규정에 의한다.[46] 따라서 의무위반에 의하여 실제로 손해가 발생하였는지가 손해배상청구권 성립에서 관건이 된다.[47] 요컨대, 현실적인 손해가 발생하지 아니한 이상 전기통신사업자의 법령위반 행위만으로는 손해배상청구권이 성립하지 아니하며, 위험의 배제 내지 예방적 부작위 청구만 가능하다.[48]

3. 영국

가. 일반론

영국의 경우에도 손해배상책임을 인정하기 위해서는 미국의 손해배상책임과 마찬가지로 실질적 손해를 입증하여야 한다. 특히 정신적 고통은 독립적인 손해배상의 대상이 되지 못하며, 정보침해로 인한 재산상 실질적 손해가 입증되어 손해배상을 받는 경우에 이와 함께 청구할 수 있을 뿐이다.[49]

나. 법제 및 판례

영국은 1998년 데이터보호법(Data Protection Act. 통상 DPA로 약칭된다)은 개인정보 보호에 관한 일반법이라고 볼 수 있다. DPA 제13조는 정보관리인이 DPA를 위반함으로 인하여 입은 손해에 대해

---

46) Säcker(Hg.), *Berliner Kommentar zum Telekommunikationsgesetz*, 2006, S. 1099 f.; Wissmann(Hg.), *Telekommunikationsrecht*, 2003, S. 726. 이원우(주 13), 261면에서 재인용.

47) Koenig/Loetz/Neumann, *Telekommunikationsrecht*, 2004, S. 168. 이원우(주 13), 261면에서 재인용.

48) 이원우(주 13), 261면.

49) 최호진(주 11), 134면 ; 이원우(주 13), 255면 이하.

서 다음과 같이 규정하고 있다.[50] [51]

제13조 (특정 의무 위반에 대한 배상)

(1) 정보관리인이 이 법의 의무를 위반함으로 인하여 손해를 입은 개인은 그 정보관리인에게 배상을 요구할 권리를 가진다.

(2) 정보관리인이 이 법의 의무를 위반함으로 인하여 정신적 고통을 입은 개인은 다음의 어느 하나에 해당하는 경우에 그 정보관리인에게 그 정신적 고통에 대한 보상을 요구할 권리를 가진다.

　　(a) 그 개인이 그러한 위반으로 인하여 손해도 입었거나

　　(b) 그러한 위반이 특별한 목적을 위한 개인정보의 처리와 관련된 경우

(3) 이 조문에 의하여 제기된 소송의 피고는 그가 관련 의무를 준수하기 위하여 모든 제반 상황에서 합리적으로 요구되는 주의를 기울였음을 입증함으로써 항변할 수 있다.

---

50) 이원우(주 13), 252면 내지 256면 참조.

51) § 13. Compensation for failure to comply with certain requirements.

　　(1) An individual who suffers damage by reason of any contravention by a data controller of any of the requirements of this Act is entitled to compensation from the data controller for that damage.

　　(2) An individual who suffers distress by reason of any contravention by a data controller of any of the requirements of this Act is entitled to compensation from the data controller for that distress if

　　(a) the individual also suffers damage by reason of the contravention, or

　　(b) the contravention relates to the processing of personal data for the special purposes.

　　(3) In proceedings brought against a person by virtue of this section it is a defence to prove that he had taken such care as in all the circumstances was reasonably required to comply with the requirement concerned.

DPA 제13조에 의해서 손해를 입은 개인은 손해와 정신적 고통에 대한 보상을 관련 정보관리인에게 청구할 수 있다. 원고는 손해를 입증하여야 하지만, 과실에 대한 입증책임은 정보관리자에게 전환되어 있다. 한편, 제13조에서 정하고 있는 손해배상청구권의 요건에는 엄격한 한계가 존재한다.[52] 판례에 의하면 제13조 제1항과 제2항 제a호에서 말하는 손해는 특별한 손해 내지 금전적 손해를 의미하고,[53] 관련 문헌에 따르면 특별한 손해는 실질적인 손해를 의미하는 것으로 이해하고 있다.[54]

따라서 정보관리인이 그가 취급하고 있는 개인정보에 대한 적절한 기술적 조직적 보호조치를 하지 아니하여 정보주체가 손해를 입은 경우, 제1항에 의한 손해배상이 인정되기 위해서는 단순한 정보누출만으로는 부족하고, 이로 인하여 실질적인 손해가 발생하였음을 입증하여야 하고, 제2항에 의하여 정신적 고통에 대한 보상을 청구하기 위해서는 정신적 고통의 피해와 더불어 반드시 제1항에 의한 손해, 즉 특별한 손해 내지 금전적 손해가 있었음을 입증하거나 또한 그러한 실질적인 손해가 없는 경우에는 정보관리인의 위반행위가 특별한 목적을 위한 개인정보 처리와 관련이 있음을 입증하여야 한다. 여기서 '특별한 목적'이란 언론(journalism), 예술적 목적(artistic purpose) 내지 문학적 목적(literary purpose)을 의미하는 것으로[55] 매우 제한적인 상황에서 인정되는 것이어서 통상적인 경

---

52) 이원우(주 13), 254면.
53) Campbell v. Mirror Group Newspapaers Ltd., [2002] H.R.L.R. 28, Queen's Bench Division, para. 123(Morland J.). 이원우(주 13), 255면에서 재인용.
54) Michael Tugendhat QC & Ian Christie (ed.), *The law of Privacy and the Media*, 2002, p.461. 이원우(주 13), 255면에서 재인용.
55) '특별한 목적(the special purposes)'은 동법 제3조에서 구체적으로 규정되어 있다.

우에는 실질적 손해를 입증하지 못하는 한 정신적 손해의 배상도 받을 수 없다. 즉 정신적 손해는 독자적인 배상의 대상이 되지 못한다.[56]

O Scottish Borders Council v. The Information Commissioner (21 August 2013)[57]

　　영국 SBC(Scottish Borders Council)의 직원들의 성명, 주소, 생년월일, 사회보장번호, 급여 등에 관한 개인정보가 포함된 연금관련 서류파일이 담긴 CD가 쓰레기통에서 발견된 사안이다. 영국의 정보보호위원회(Information Commissioner's Office)는 정보처리자인 SBC의 정보보호원칙 위반행위로 '실질적인 피해(substantial damage)'가 발생할 가능성이 있고, 개인정보가 포함된 서류파일을 제3자가 발견한 것 자체가 실질적 피해에 해당한다고 판단하여 벌금 25만 파운드를 부과하였다. 이에 대해 영국의 제1심 법원은 직원들의 연금관련 정보가 저장된 CD가 쓰레기통에서 발견된 것에 대하여 SBC의 행위는 정보보호원칙 위반에 해당하지만, 위반행위가 직원들에게 심각한 피해를 야기할 가능성이 없기 때문에 ICO가 벌금 25만 파운드를 부과한 것은 적절하지 아니하다고 판단하였다. 이는 민사상 손해배상에 대한 판결은 아니지만, 개인정보 유출로 인한 실질적 피해의 개념에 대한 영국법원의 태도를 추론할 수 있는 사례로 보인다.

4. 캐나다

　　캐나다의 경우에는, 개인정보 유출과 관련한 활발한 논의가 있

---

56) 이원우(주 13), 255면.
57) 신재형(주 16), 52면 이하.

었다기 보다는, 아래의 사례가 참고할 만한 가치를 지닌 것으로 보
인다.

○ Townsend v. Sun Life Financial (Ottawa, Ontario, May 8, 2012)[58] [59]

　　피고 Sun Life의 직원이 실수로 원고 Townsend의 우편주소를
잘못 입력하여 두 번의 우편물이 틀린 주소로 발송되었는데, 한 번
은 원고가 직접 수령하였고, 또 한 번은 피고로 반송되었으며, 피고
고객센터가 실수로 원고의 질의에 대한 회신서를 원고의 보험설계
사에게 송부하였는데, 그 회신서에는 민감한 의료정보가 포함되어
있었다.

　　원고는 자신의 개인정보에 대한 안전조치를 취하지 아니하였
으며, 자신의 동의 없이 제3자인 보험설계사에게 자신의 개인정보
를 제공하였다고 주장하며 「개인정보 보호 및 전자기록에 관한 법
률」(Personal Information Protection and Electronic Documents Act. 통상
PIPEDA로 약칭된다) 위반을 근거로 피고에게 25,000달러의 손해배상
을 청구하였다. 이에 대해서 캐나다 연방법원은 피고 Sun Life가 틀
린 주소로 우편을 발송하였지만, 첫 번째 편지는 원고가 직접 수령
하였고, 두 번째 편지는 반송되었으므로 어떤 개인정보 유출도 없
었다. 한편 민감정보를 포함한 우편물을 정보주체의 동의 없이 제3
자에게 발송한 것은 위 법 위반사항이 분명하나, 손해배상액을 산
정할 때에는 ① 손해배상이 위 법에서 추구하는 일반적인 목적에
부합하는지(whether awarding damages would further the general objects
of PIPEDA and uphold the values it embodies), ② 개인정보 유출 예방

---

58) 신재형(주 15), 53면 이하 및 85면.
59) http://www.canlii.org/en/ca/fct/doc/2012/2012fc550/2012fc550.html의 웹
　　페이지 내용 참조.

을 위해 필요한지(whether damages should be awarded for deterring future breaches), ③ 유출의 심각성(the seriousness or egregiousness of the breach) 등을 종합적으로 고려하여야 하고, 특히 유출의 심각성 여부는 유출이 정보주체의 건강, 안녕, 거래 및 경제 활동에 미치는 영향, 유출한 자의 유출 전후 행위, 법 위반자가 유출로 인하여 이득을 얻었는지 여부(the impact of the breach on the health, welfare, social, business or financial position of the applicant; the conduct of the respondent before and after the breach; and whether the respondent benefited from the breach)에 따라 결정된다고 보았다.

그런데 이 사건에서 원고의 개인정보는 보험설계사에게만 유출되었고, 피고는 보험설계사가 즉시 편지를 파기하도록 조치하였으며, 피고가 고의적악의적으로 행위한 것이 아니고, 유출로 인한 어떤 이득도 취하지 아니하였으며, 같은 실수가 반복되지 아니하도록 즉각적이고 효율적인 보안조치를 취한 반면, 원고는 손해에 대한 어떤 증거도 제시하지 못했고, 피고의 위반행위로 말미암아 겪은 모욕도 구체적으로 입증하지 못하였으므로 설령 피고가 고의 또는 악의가 있었음이 증명되었다 하더라도 원고의 개인정보 유출 정도 및 피고의 법위반이 아주 경미하여 이러한 개인정보의 유출로 인하여 원고에게 피해가 없거나 피해가 있더라도 1달러 미만의 명목손해(nominal damage)에 불과하다고 보았다.

즉 캐나다 연방법원의 위 판결에서도 PIPEDA법 위반, 즉 개인정보의 일정한 침해를 인정하면서도, 손해의 발생 여부 판단에 있어서는 ① 손해배상이 법에서 추구하는 일반적인 목적에 부합하는지, ② 개인정보유출 예방을 위해 필요한지, ③ 유출의 심각성 등을 부가적으로 고려하였는데, 매우 경미한 침해에 대하여는 곧바로 손해배상책임이 인정되지 아니한다고 판시하여 침해와 손해를 구별한 전제 아래 있다고 이해된다.

5. 프랑스

프랑스에서 개인정보의 유출로 인한 정신적 손해의 배상에 관하여는 유감스럽게도 이를 상세하게 다룬 문헌 등을 찾을 여유를 가지지 못하였다. 그러나 다음과 같은 실무 처리의 일반적 경향은 여기서 다루어지는 법문제를 생각함에 있어서 일정한 시사를 줄 수 있다고 여겨진다.

법원이 사건을 심리하는 과정에서 손해(préjudice)의 발생이 인정되지 아니하는 경우에는 민사적 책임, 즉 계약 위반이나 불법행위에 기한 손해배상책임이 없다고 하여야 하는 것이 원칙이다. 그런데 그러한 경우에도 법원은 예를 들면 1유로와 같이 극히 소액의 상징적 배상(réparation symbolique)을 명하는 일이 없지 않다. 이러한 판결은 특히 연예인이나 정치인 기타 유명인의 사생활 침해의 사안에서 그 공개된 정보가 충격적인 사실이 아닌 경우에 종종 행하여진다는 것이다.[60]

Ⅳ. 개인정보 유출로 인한 손해인정의 기준

이처럼 많은 국가들에서는 단순히 개인정보가 유출된 것만 가지고 그 정보주체에게 손해가 발생한 것으로 보고 있지 아니하다. 어찌 보면 당연한 결론이다. 불법행위에 대한 손해배상을 청구하기 위해서는, 그 제도가 징벌적 손해배상제도를 내재하고 있지 아니한 한, '실제로 손해가 발생하였을 경우'에만 가능하다. 가상의 손해에

---

60) *Juris Classeur Communication*, Fasc. 3705 : Communication et Respon-
   sabilité civile — Réparation du préjudice, Ⅲ. A.(2013.10) 참조.

대해 배상을 인정하는 법 제도는 상상하기 어렵다.

손해액 역시 마찬가지이다. 손해액에 대한 판단은 종국적으로 사법부가 하는 것이지만, 어디까지나 당사자의 입증이 이루어졌을 때의 이야기이다. 그리고 이러한 입증은 위 손해의 개념인 '실제 손해액'을 대상으로 하야야 한다. 해외의 사례들은 이러한 점을 뒷받침하고 있다.

국내 법제의 경우에도 크게 다르지 않아 보인다. 로마법대전 (Corpus Iuris Civilis)이 요약한 법의 요청과 같이 "명예롭게 살라. 다른 사람을 해하지 말라. 각자에게 그의 몫을 주라"는 격언이 국내라고 해서 크게 다를 수 없다. 개인정보 주체에게는 그의 몫을 주어야 하는 것이지, 실제 손해가 발생하지 아니하였는데 그 배상을 명할 수는 없다. 그리고 그러한 실제 손해액이 얼마인지에 대한 충분한 심리 없이 대강의 금액을 정하는 것도 문제다. 이는 개인정보 주체에게 주어져야 할 몫을 현저히 넘는, 예상하지 아니하였던 이익을 제공하는 셈이 되기 때문이다.

따라서 이 사건과 같은 대규모 개인정보 유출 사고에서, 원고들에게 실제로 위자료로 배상할만한 정신적인 손해가 발생하였는지 및 손해가 발생하였다면 그 손해액은 얼마인지에 대해서는 각각 실질적인 손해가 발생하였는지, 그 실질적인 손해액이 입증되었는지를 심리하여야 할 것이다. 이러한 측면에서 볼 때 정보주체의 의사에 반하여 유출한 경우, 그로 인하여 그 정보주체에게 위자료로 배상할 만한 정신적 손해가 발생하였는지 여부에 관하여 유출된 정보가 무엇인지, 정보 유출로 발생한 결과가 무엇인지, 유출경위는 무엇인지 등 여러 사정을 종합적으로 고려하여 구체적 사건에 따라 판단해야 한다는 대법원의 입장은 타당하다고 본다.

이러한 대법원의 입장에서 이 사건을 살펴보면, ① 유출된 개

인정보가 담긴 컴퓨터, 하드디스크, CD 등이 모두 압수된 점, ②
유출된 정보가 성명, 전화번호 등과 같은 것들로서 소위 민감정보
에 해당된다고 보기 어려운 점, ③ 박시우와 공범관계에 있거나 공
범으로부터 자료를 전달받은 자들이 개인정보를 열람하였을 뿐이
고 실제로 사용된 정보도 텔레마케팅을 위한 성명, 전화번호 정도
의 정보에 불과하였던 점, ④ 본건 소송 과정에서 이 사건 개인정
보유출로 인하여 원고들에게 신원 확인, 명의 도용이나 추가적인
개인정보유출 등 후속 피해가 발생하였음을 추지할 만한 상황이
발견되지 아니하는 점, ⑤ 농협은행이 개인정보를 관리하여온 실태
가 법령이 요구하는 기준을 준수하고 있었던 점 등에 비추어 볼 때
이 사건 개인정보유출로 인하여 원고들에게 위자료로 배상할 만한
정신적 손해가 발생하였다고 보기는 어렵다고 사료된다.

특히 유출된 개인정보의 내용도 손해배상책임 발생여부 및 손
해액 산정에 있어서 큰 의미를 지닐 것으로 보인다. 개인정보보호
법 제23조와 그 시행령 제18조에서는 개인정보 중에서도 개인정보
주체들이 매우 민감하게 생각할 정보들을 열거하고 있다(이른바 민
감정보). 이는 정보주체의 사생활을 현저히 침해할 우려가 있는 개
인정보로서 개인정보처리자는 사상·신념, 노동조합·정당의 가입·
탈퇴, 정치적 견해, 건강, 성생활 등에 관한 정보, 유전자검사 등의
결과로 얻어진 유전정보, 범죄경력자료에 해당하는 정보를 의미한
다.

개인정보를 일도양단적으로 (i) 사생활을 현저히 침해할 우려
가 있는 개인정보와 (ii) 그럴 우려가 없는 개인정보로 구분할 수
있는 것은 아니지만, 전자의 사생활 침해는 재산적인 손해보다는
정신적 손해에 가까운 면이 있고, 후자의 침해는 재산적인 손해에
더 가까울 것이라는 점 정도는 참고할 수 있을 것이라 본다. 즉, 민

감정보가 유출된 경우에는 경험칙상 정보주체가 정신적인 고통을 받을 가능성이 높다고 쉽게 예상가능하나, 민감정보 이외의 정보가 유출된 경우에는 그로 인하여 정신적 고통을 받았다고 쉽게 인정되기 어려우므로 적어도 민감정보 이외의 개인정보유출로 인하여 정신적 고통을 받았다고 인정되기 위하여는 민감정보 이외의 개인정보가 유출되었을 뿐인데도 정신적 고통이 발생하게 되는 특별한 사정에 관한 주장, 입증이 필요하다고 사료된다.

　본건과 같이 민감정보 이외의 개인정보만이 유출된 사안에서는 다른 특별한 사정이 없는 한 위자료로 배상할 만한 정신적 손해가 발생하였다고 보기는 어렵다고 할 것이고, 그러한 태도가 프라이버시에 관한 법리를 선도적으로 발전시켜온 선진제국의 판례 및 학설의 태도에도 부합한다고 생각된다.

V. 손해배상액수를 정할 때에 고려하여야 할 사항들

　설사 견해를 달리하여 원고들에게 위자료로 배상할 만한 정신적 손해가 발생하였다고 판단되거나 피고의 과실과 원고들의 정신적 손해 사이에 상당인과관계가 있다고 판단되는 경우에도 손해배상액수를 산정함에 있어서는 여러 요소가 고려될 필요가 있다.

　손해배상액수를 산정함에 있어서도 정신적 손해의 발생여부를 판단할 때 고려하였던 제 요소들, 즉 ① 유출된 개인정보의 종류와 성격, ② 정보주체의 식별가능성, ③ 열람여부 및 열람가능성, ④ 확산가능성, ⑤ 추가적인 법익침해의 가능성, ⑥ 개인정보의 관리실태와 유출의 구체적인 경위, ⑦ 유출로 인한 피해의 발생 및 확산을 방지하기 위하여 취하여진 조치 등이 종합적으로 고려되어야 할 것이다.

뿐만 아니라 이 사건과 같이 제3자의 범죄행위가 개입된 경우에는 그러한 사정이 손해액 산정에도 반드시 고려될 필요가 있다. 왜냐하면 이 사건의 피해기업들과 동일한 정도의 주의의무를 기울이고 있는 수많은 기업들은, 단지 제3자의 범죄행위의 피해자가 되지 아니하였다는 이유로 손해배상책임을 면하게 되는 반면, 불운하게 제3자의 범죄행위의 대상이 되었던 기업은 우연한 사정으로 인하여 감당키 어려운 손해배상의 책임을 지게 되는 측면이 없다고 할 수 없기 때문이다.

더욱이 개인정보의 사용이 대량화하고 있는 현대사회에서 개인정보의 사용으로 인한 효익은 도외시한 채 대량의 개인정보유출이 있었다고 하여 기계적으로 손해배상액수를 산정하게 된다면 개인정보를 이용하여 고객들에게 효용과 이익을 제공하려고 하였던 기업들에게 천문학적인 손해를 배상하도록 명령하는 결과가 되어 그 기업들을 파산으로 내몰 수도 있다. 그로 인하여 정보화 사회는 더 뒷걸음치게 되고, 개인정보를 이용하는 고객들의 여러가지 서비스들이 어렵게 되는 부작용이 발생할 우려가 크다.

특히 이 사건의 경우 농협은행은 고객들의 이익을 위하여 사기적 부정거래 방지를 위한 시스템을 개량하던 중 이 사건 유출사고를 당하였다는 것이므로 그러한 점을 참작할 때 농협은행에게 과도한 책임을 물리는 결과가 되는 손해배상액수의 산정은 법정책적으로도 바람직하지 아니하다고 생각된다.

이러한 면에서 캐나다 연방법원이 앞의 III. 4.에서 본 Townsend v. Sun Life Financial 사건에서 선언한 법리는 많은 시사점을 던져주고 있다.

앞서 살펴본 바와 같이 캐나다 연방법원은, 원고의 개인정보는 보험설계사에게만 유출되었고, 피고는 보험설계사가 즉시 편지를

파기하도록 조치하였으며, 피고가 고의적악의적으로 행위한 것이
아니고, 유출로 인한 어떤 이득도 취하지 아니하였으며, 같은 실수
가 반복되지 아니하도록 즉각적이고 효율적인 보안조치를 취한 반
면, 원고는 손해에 대한 어떤 증거도 제시하지 못했고, 피고의 위반
행위로 말미암아 겪은 모욕도 구체적으로 입증하지 못하였으므로
설령 피고가 고의 또는 악의가 있었음이 증명되었다 하더라도 원
고의 개인정보 유출 정도 및 피고의 법위반이 아주 경미하여 이러
한 개인정보의 유출로 인하여 원고에게 피해가 없거나 피해가 있더
라도 1달러 미만의 명목손해(nominal damage)에 불과하다고 보았다.

    이 사건의 경우도 위 사안의 경우와 여러 가지 면에서 유사한
면이 있으므로 농협은행에게 위자료로 배상할 만한 정신적인 손해
가 발생하였다고 판단되는 경우에도 그 손해액은 명목상의 손해에
한정되는 것으로 판단하는 것이 법정책적으로 바람직하다고 생각
된다.

VI. 결론

    앞서 말한 바와 같이, 불법행위법은 고의, 과실, 위법성 등 여
러 불확정개념들의 토대 위에서 법관이 사안별 또는 분야별로 법
의 의도적 여백을 메워 나가며 법형성작용을 분담하는 법, 즉 「판
사가 만드는 법」의 속성을 가진다.[61] 따라서 사법부의 재량이 고려
되지 아니할 수 없는 현실이다. 그러나 이 사건과 같이 전국적으로
100여 건의 소송이 제기되고 가급적 통일적인 판단이 요구되는 사
안에서는, 대법원의 판단기준에 따른 엄격한 심리를 거칠 필요가
있지 않을까?

---

61) 양창수·권영준(주 3), 526면.

이 사건의 경우 성명, 전화번호 등이 주로 유출되었고, '사상신념, 노동조합정당의 가입탈퇴, 정치적 견해, 건강, 성생활 등에 관한 정보, 그 밖에 정보 주체의 사생활을 현저히 침해할 우려가 있는 개인정보(민감정보)'는 유출되지 아니하였다.

또한 고객들의 전화번호 등의 개인정보가 유출되어 텔레마케팅에 사용되는 등으로 인하여 개인정보주체들이 받는 귀찮음과 불쾌함 등을 법적으로 배상되어야 할 현실적인 손해라고 평가할 수 있을지 의문이 적지 않다.

설사 견해를 달리하여 위자료로 배상할 만한 정신적 손해가 발생하였다고 판단되는 경우에도 정신적 손해의 발생 여부를 판단함에 있어서 고려하였던 여러 요소들 이외에도 이 사건의 경우 제3자의 범죄적 행위가 개입되었던 점, 고객들의 이익을 위하여 사기적 부정거래 방지를 위한 시스템을 개량하던 중 이 사건 유출사고가 발생하였던 점, 기계적인 손해액산정방법에 의할 경우 해당 기업의 존립에 영향을 미쳐 궁극적으로 고객에 대한 서비스의 저하를 가져올 수도 있는 점 등을 고려하여 명목손해(nominal damage)에 한정하여 배상을 명하는 것이 법정책적으로 바람직하다.

따라서 원고들에게 실제로 위자료로 배상할 만한 정신적인 손해가 발생하였는지 및 손해가 발생하였다면 그 손해액은 얼마인지를 심리하는 과정에서는 위와 같은 사정들을 충분히 심리할 수 있어야 할 것이라고 생각된다.

(2015년 12월 작성)

7. 국립대학교 교수가 개인 자격으로 연구용역계약 등을 체결할 수 있는가?

A. 전제적인 사정들

I. 본인의 학력과 경력

[생 략]

II. 전제사실

6. 본인은 아래와 같은 사실관계를 전제로 의견을 제공할 것을 요청받았습니다.

① 연구용역계약의 목적 및 내용 :

M 회사가 제조·판매하는 생활화학제품과 관련하여 폐 손상 등 인체 피해가 발생하였다는 주장이 제기되고 보건복지부의 질병관리본부(이하 '질병관리본부'라고 합니다)가 위 생활화학제품이 폐 손상의 위험요인으로 추정된다고 중간 조사 발표를 하자, M 회사는 그로 인한 민·형사 사건에 대비한 방어 자료를 마련하기 위하여 이 사건 생활화학제품에 대한 유해성 실험을 시행하기로 하고,

2011년 ○월경 서울대학교 산학협력단과 2011년 ○월부터 2012년 ○월까지를 연구기간으로 하여 유해성 실험을 진행한다는 내용의 연구용역계약(이하 '이 사건 연구용역계약'이라고 합니다)을 체결하였습니다. 서울대학교의 A 교수는 독물학(toxicology)에 관하여 대한민국 최고 수준의 권위자라고 하여 위 연구의 연구책임자로 지정되었고, 그는 위 연구를 총괄하여 진행한 후 그 결과보고서를 작성하여 서울대학교 산학협력단을 통하여 M 회사에 제출하도록 되어 있었습니다.

② 자문계약의 목적 및 내용 :

M 회사는 2011년 ○월경 위 연구용역계약과는 별도로 위 A 교수 자신과 3개월의 기간으로 정하여, 'M 회사의 제품이 용법대로 사용될 경우 해롭지 아니하고, 인체 피해에 다른 원인이 있을 수 있다는 사실을 뒷받침하는 자료 리서치' 및 '정부 기관이 별도의 연구기관에 의뢰한 위 생활화학제품의 유해성 실험에 대한 평가 및 비평'을 내용으로 하는 자문계약(이하 '이 사건 자문계약'이라고 합니다)을 체결하였습니다.

Ⅲ. 본인이 제공받은 자료

7. 본인은 A 교수에 대한 제1심 형사 판결문, 「산업교육진흥 및 산학협력촉진에 관한 법률」(2011. 5. 19. 법률 제10629호로 최종 개정된 것) 및 「서울대학교 연구비 관리 규정」(2009. 8. 7. 규칙 제1741호로 최종 개정된 것)을 자료로 제공받았습니다.

Ⅳ. 본인이 검토를 요청받은 사항

8. 본인이 검토를 요청받은 사항은 아래와 같습니다.

① 서울대학교 교수가 이 사건 자문계약을 체결하는 것이 서울대학교 총장 또는 산학협력단을 통하여 위 총장 또는 산학협력단의 이름으로 행하여져야 하는지 여부

② 서울대학교 산학협력단과의 사이에 체결된 이 사건 연구용역계약과 별도로, 그 계약의 책임연구원이 개인적으로 위 연구용역계약의 당사자인 사기업과의 사이에 위와 같은 자문계약을 체결하는 것이 법적으로 허용되지 아니하는지 여부

B. 의견

Ⅴ. 서울대학교 교수 개인의 자문계약 체결에 관하여

9. 관련 규정 등을 검토한 결과, 서울대학교 교수가 수행하는 이 사건 자문계약에 있어서 그 계약의 체결이 서울대학교 총장 또는 산학협력단을 통하여 위 총장 또는 산학협력단의 이름으로 행하여져야 한다고 해석되지 아니합니다.

10. 대한민국의 법원칙에는 다른 대부분의 나라에서와 마찬가지로 '계약의 자유'라고 부르는 것이 있습니다. 이 원칙의 중요한 내용의 하나는, 법이 달리 정하는 바가 없는 한 당사자들은 자신들이 원하는 방식으로, 또 자신들이 의도하는 내용대로 유효하게 계

약을 체결할 수 있다는 것입니다. 이는 서울대학교의 교수가 관여
하는 계약에 대하여도 다를 바 없습니다. 그러므로 이 사건 자문계
약에 대하여도 과연 그 계약의 체결이 일정한 방식에 좇아야 한다
고 정하는 당사자를 구속하는 규정이 있는지를 살펴보아야 할 것
입니다.

   11. 서울대학교 교원에게 적용되는 「서울대학교 연구비 관리
규정」(2009. 8. 7. 규칙 제1741호로 개정)(이하 '서울대학교 연구비규정'이
라고만 합니다)에 의하면, 총장 또는 산학협력단을 통하여 체결하여
야 하는 계약은 일정한 경우로 한정되어 있는데, 이 사건 자문계약
은 이에 해당하지 아니합니다.

   12. 위 자문계약이 체결된 2011년 당시에 효력을 가지는 서울
대학교 연구비규정의 제6조 제1항은 아래에서 인용하는 바와 같이
"[그에 속하는] 교원이 **지원기관으로부터 연구비를 지원받기 위해서는** 지
원기관의 장과 총장 또는 산학협력단장 간에 연구협약을 체결하여
야 한다"(강조는 인용자가 가한 것입니다. 이하 같습니다)고 정하고 있
습니다. 위 규정 조항이 위 규정의 제2조 제1호에서 정의되어 있는
바의 '연구비'에 한정하여 적용되는 것임은 의문의 여지가 없습니
다. 예를 들어 위 규정 제2조 제1호에서 정하는 '연구비' 중에 '정부
지원 연구비'(가목), '정부 지원 용역비'(나목) 및 '기타 경비'(마목)는
모두 정부기관 또는 정부출연기관에서 지원되거나 '정부의 사업계
획에 의거 지원되는 경비로서, 사기업과의 사이에 체결된 이 사건
자문계약과는 아무런 관련이 없는 것입니다.

서울대학교 연구비 관리 규정 (2009. 8. 7. 규칙 제1741호로 개정)

제1조(목적) 이 규정은 서울대학교 교원(학내 관련 규정에 의거 교
  원으로 인정되는 자 및 연구원을 포함한다)의 연구 활동을 효율
  적으로 지원하기 위하여 연구비 및 간접비의 관리에 필요한 사
  항을 규정함을 목적으로 한다.
제2조(용어의 정의) 이 규정에서 사용하는 용어의 정의는 다음 각
  호와 같다.
  1. "연구비"라 함은 연구 활동을 지원하기 위하여 국가 또는 지
    방자치단체, 정부 출연기관, 산업체, 민간단체 등(이하 "지원
    기관"이라 한다)에서 본교에 지급되는 각종 경비로 다음 각
    목과 같다.
    가. '정부지원 연구비'라 함은 '국가 연구개발사업의 관리 등
      에 관한 규정'에 의거 정부기관 또는 정부출연기관에서
      지원되는 경비
    나. '정부지원 용역비'라 함은 '국가를 당사자로 하는 계약에
      관한 법률'에 의거 정부기관 또는 정부출연기관에서 지원
      되는 경비
    다. '민간지원 연구비' 및 '민간지원 용역비'라 함은 '국가를 당
      사자로 하는 계약에 관한 법률'에 의거 민간기관에서 지
      원되는 경비
    라. '민간지원 자문비'라 함은 '국가를 당사자로 하는 계약에
      관한 법률'에 의거 전문분야 자문에 대한 대가로 민간기
      관에서 지원되는 경비
    마. '기타 경비'라 함은 BK21 사업비, 국고 보조금 사업비 등
      과 같이 '정부의 사업계획'에 의거 지원되는 경비
    …

제6조(연구협약)
① 교원이 지원기관으로부터 연구비를 지원 받기 위해서는 지원기관의 장과 총장 또는 산학협력단장 간에 연구협약을 체결하여야 한다.
…

13. 이 사건 자문계약에 의하여 서울대학교의 교원에게 제공되는 금전은 '민간지원 자문비'에 관한 위 제2조 제1호 라목의 뒷부분에서 정하는 '전문분야 자문에 대한 대가로 민간기관에서 지원되는 경비'에 해당함은 명백하다고 하겠습니다. 그러나 이 사건 자문계약은 위 라목의 앞부분에서 정하는 바의 '「국가를 당사자로 하는 계약에 관한 법률」'에 의거하여 체결된 것'이 아닙니다.

14. 이 사건 자문계약이 체결되던 당시에 시행되던 「국가를 당사자로 하는 법률」(2008. 2. 29. 법률 제8852호로 최종 개정된 것)의 제2조는 위 법률의 적용범위에 대하여 "이 법은 국제입찰에 의한 정부조달계약, 국가가 대한민국 국민을 계약상대자로 하여 체결하는 계약(세입의 원인이 되는 계약을 포함한다) 등 **국가를 당사자로 하는 계약에 대하여 적용**한다"고 정하고 있습니다. 따라서 대한민국이 당사자가 되지 아니하였음이 명백한 이 사건 자문계약에는, 그 계약 당사자들이 그 계약을 위 법률에 따라 체결 또는 이행 등을 하기로 달리 약정하지 아니한 한에는, 이 사건 자문계약이 '위 법률에 의거'하였다고는 도저히 말할 수 없는 것입니다.

15. 결국 이 사건 자문계약에 의하여 지급되는 자문료 등 금전은 서울대학교 연구비 규정의 제2조 제1호에서 정하는 '연구비'의

어느 것에도 해당하지 아니합니다. 따라서 이 사건 자문계약에 대하여는 서울대학교 연구비 규정의 제6조 제1항이 적용될 여지가 없습니다.

16. 그 외에 이 사건 자문계약이 서울대학교 총장 또는 산학협력단을 통하여 위 총장 또는 산학협력단의 이름으로 행하여져야 한다거나 기타 서울대학교 교수 개인의 이름으로 자문계약을 체결하는 것을 금지하거나 제한하는 것으로 해석될 여지가 있는 규정은 발견하지 못하였습니다.

17. 덧붙이자면, 본인도 서울대학교 교수로 재직하고 있던 동안에 본인에 대하여 전문가로서의 의견을 진술하고 그에 관한 보수를 지급받는 내용의 자문계약을 다른 대학의 부서 등을 통하지 아니하고 본인 개인의 이름으로 체결한 바 있는데 그렇다고 해서 서울대학교의 학내 규정이나 직무상 의무를 위반하였다는 등의 문제가 제기된 일은 없었습니다. 이는 지금도 다를 바 없는 것으로 알고 있습니다.

Ⅵ. 연구용역계약과 자문계약의 중첩에 관하여

18. 한 사람의 대학 교수가 자신의 전문 분야에 속하는 문제와 관련하여 어떠한 물질로 인한 인체 유해 여부를 확인하기 위하여 일정한 실험을 하여 그 결과를 제시할 것을 내용으로 하는 연구용역계약의 책임연구자가 되었다고 하여 그것으로 당연히 '문제의 제품이 용법대로 사용될 경우 해롭지 아니하고, 인체 피해에 다른 원인이 있을 수 있다는 사실을 뒷받침하는 자료 리서치' 및 '정부 기

관이 별도의 연구기관에 의뢰한 위 생활화학제품의 유해성 실험에 대한 평가 및 비평'을 내용으로 하는 자문계약을 체결하는 것이 금지되거나 제한을 받는 것은 아니라고 할 것입니다.

19. 오늘날 자연과학의 첨단 분야에서는 어떠한 사실의 존재 또는 부존재를 확인하는 것이 엄청난 규모의 실험 기타 연구를 쏟아 붓는 대상이 되고 있음은 주지하는 대로입니다. 어떤 전공 분야의 선두 그룹에 속하는 학자라고 하면, 대다수의 학자가 일반적으로 수긍하는 설득력 있는 결론이 정립되어 있지 아니한 일정한 자연과학상의 문제와 관련하여 제기되고 있는 가지가지의 주장(이는 아직은 단지 '가설'이라고 불릴 수 있을 것입니다) 및 그 전제가 되는 실험 결과 기타 연구 자료에 대하여 그 강점과 약점을 잘 파악하고 있다고 할 것입니다. 그러한 경우에 그는 그 문제의 해결 자체에 이바지하는 실험을 하는 것 등을 주된 내용으로 하여 연구용역을 얻어 그 연구를 할 수 있음은 물론입니다. 그러나 그는 다른 한편으로 그 문제에 관하여 일정한 방향의 주장을 뒷받침하는 것으로 기울어지는 연구 결과를 얻으려면 그 실험 등의 연구가 어떠한 조건을 갖추어서 행하여져야 하는지, 어떠한 연구 자료로부터 일정한 결론을 추론하는 과정은 어떠한 방식으로 행하여져야 하는지, 나아가 그와 반대의 연구 결과 내지 설명에 대하여 그 근거가 되는 실험이나 추론 등에 어떠한 약점이 있는지 등에 관하여 잘 알고 있을 것입니다. 따라서 그러한 상태에 있는 학자가 그 연구 결과에 실제적인 이해관계를 가지는 사람으로부터 위와 같은 점들에 대하여 자문을 받는다면, 그를 위하여 이에 응할 것인지 여부를 스스로 선택할 수 있고, 이는 앞서 본 바와 같이 이미 받은 연구용역과는 별개 차원의 사항으로서 그에 의하여 제한을 받지 아니한다고 할 것

입니다.

20. 한편 이 사건 연구용역계약과 이 사건 자문계약은 무엇보다도 M 회사 제품에 대한 특정 기관(질병관리본부)의 실험 결과 발표 등에 대한 대응책을 마련하기 위한 목적으로 체결된 계약이라는 공통점을 가지는 것으로 이해됩니다. 그 중 하나가 문제의 사항에 관한 객관적인 실험을, 다른 하나가 특정 기관의 실험 결과를 반박하는 데 필요한 자료를 연구하는 것을 내용으로 한다고 해서 법적으로 문제가 될 것은 없다고 할 것입니다. 즉 이 사건 연구용역계약은 일정한 실험계획에 따라서 적절한 인력과 기자재를 사용하여 실험을 수행하고 그에 따른 실험결과를 제공하는 것을 내용으로 하는 반면, 이 사건 자문계약은 앞서 본 대로 ―다른 사항과 아울러― 교수 개인이 자신이 가진 전문가적 식견과 경험에 기초한 자문으로서 별도의 연구기관이 유해성 실험 결과를 '평가하고 비평하는 것'도 그 내용의 하나로 하고 있습니다. 그러므로 그 내용이 중복되지 아니함은 물론이며, 이는 과학 전문가로서의 교수가 통상적으로 하는 일들의 서로 다른 측면을 포착한 것일 뿐입니다. 이와 같이 이해하는 것이 바로 앞의 제19항에서 본 바와 같은 관점에 상응하는 것이라고 하겠습니다.

21. 물론 그는 자신이 책임연구자가 된 연구를 객관적인 학문적 기준에 좇아 엄정하게 수행하고 그 결과를 있는 그대로 정확하게 제시하여야 합니다. 따라서 후자의 자문계약 체결이 단지 애초의 연구용역에 관하여 위와 같은 학자적 요청을 고의적으로 왜곡하도록 유도할 목적으로 ―또는 그러한 목적도 포함하여― 행하여지는 금품 제공의 구실에 불과하다면 이는 당연히 법적으로 허용

될 수 없는 행태에 해당한다고 하겠습니다.

22. 특히 이 사건 연구용역계약에서 정하여진 연구비는 2억5천여만 원인데 이 사건 자문계약에 기하여 A 교수가 수령한 자문료는 도합 1,200만 원으로서 위 연구용역 연구비의 5%에도 미치지 못합니다. 이와 같이 자문료로 제공된 액이 상대적으로 극히 적다는 점, 그리고 위 자문료가 이 사건 연구용역 기간의 처음 몇 개월 사이에 수령된 점 등을 고려하여 보면, 이 사건 자문계약이 이 사건 연구용역 수행의 왜곡을 의도하였다고는 쉽사리 믿을 수 없습니다. 그러한 정도의 금액이라면 당사자 사이의 교섭을 통하여 위 연구용역 연구비 자체를 그만큼 증액하는 것도 충분히 상정될 수 있는 만큼, 위와 같은 부정한 목적으로 이 사건 연구용역계약과는 별도로 이 사건 자문계약을 체결하지는 아니하였을 것입니다. 또한 그러한 목적으로라면 자문료는 이 사건 연구용역이 그 결과를 얻는 연구용역기간의 후반기에 제공되었을 것이라고 여겨지는 것입니다.

23. 또한 앞에서도 말한 대로 이 사건 연구용역계약이 객관적인 학문적 기준에 좇아 엄정하게 수행되고 그 결과를 있는 그대로 정확하게 제시하여야 함을 요청하는 것임을 다시 한 번 강조하여 둡니다. 그렇게 보면, 이 사건 자문계약에서 정하여진 사항인 'M 회사의 제품이 용법대로 사용될 경우 해롭지 아니하고 인체 피해에 다른 원인이 있을 수 있다는 사실을 뒷받침하는 자료 리서치'라고 하는 것도 위와 같은 기준에 좇아야 하는 이 사건 연구용역의 적정한 수행과 양립할 수 있는 범위 내에서 ─자신의 연구를 포함하여─ 그 문제와 관련된 제반 연구들의 약점이나 미진한 바를 지적하

거나 보완하는 등의 연구를 의미한다고 할 것입니다. 이러한 점은
A 교수가 연구 윤리 등에 대하여도 충분한 이해가 있는 독물학에
관한 대한민국 최고 수준의 전문가라고 하여 이미 이 사건 연구용
역계약이 체결되어 있는 상황에서 이 사건 용역계약을 맺은 것이
므로, 이 계약의 당사자들 사이에서는 당연한 전제가 되는 사항이
었다고 할 것입니다.

24. 이러한 관점에서 전제사실에서 나타나는 위 각 계약의 목
적·내용 또는 성격에 비추어 볼 때, 다른 특별한 사정이 없는 한
서울대학교 산학협력단과 이 사건 연구용역계약을 체결하면서 그
책임연구원과 별도로 그와 내용을 달리하는 자문계약을 체결하는
것이 금지되거나 제한된다고 할 수 없습니다.

25. 결국 M 회사가 이 사건 연구용역계약의 책임연구원과의
사이에 자신에 대한 민·형사 소송에 대응할 목적으로 상대방 주장
을 뒷받침하는 자료들의 반박에 필요한 반대 자료에 관한 리서치
를 하는 것 등을 내용으로 하는 자문계약을 별도로 체결하더라도,
그것만으로 이 사건 연구용역 수행 자체의 객관성·중립성을 해한
다고 할 수 없고, 어떠한 이해상충이 있다고도 하기 어렵습니다.

C. 결론

26. 이상에서 설명한 본인의 의견을 요약하면 다음과 같습니
다.

① 서울대학교 교수가 이 사건 자문계약과 같은 계약을 체결

할 경우 반드시 서울대학교 총장 또는 산학협력단을 통하여 그 이름으로 하여야 한다거나 개인이 당사자가 되어 자문계약을 체결하는 것이 금지 또는 제한을 받는다고 할 수 없습니다.

② 이 사건 연구용역계약과 이 사건 자문계약은 그 내용과 형태가 중복되지 아니하며, 첨단적 과학의 연구에 관한 학자들의 일반적 태도, 보다 구체적으로는 이 사건 각 계약의 사적私的인 용역 또는 자문으로서의 목적이나 그 각 계약에서 정하여진 의무의 성질이나 범위, 나아가 당사자인 A 교수의 학계에서의 지위 및 약정된 연구비·자문료의 액 또는 시기 등을 고려할 때, 다른 특별한 사정이 없는 한 이 사건 연구용역계약의 책임연구원과 별도로 이 사건 자문계약을 체결하는 것이 이 사건 연구용역계약의 객관성·중립성을 해하는 것으로서 금지되거나 제한되는 것이라고 볼 수 없습니다.

(2016년 10월 작성)

8. 주식이 담보로 제공된 경우와 관련된 법적 문제
―채권자의 주식 매각의 유효 여부 등―

Ⅰ. 사건의 개요

1. 원고는 주식회사 A가 우리나라의 갑 은행에 대하여 부담하는 3,800억 원의 차용금 채무를 담보하기 위하여 원고가 가지는 A 회사의 주식 전부(이하 "이 사건 주식"이라고 합니다)에 채권최고액 4,940억 원의 근질권을 설정하여 주었습니다.

한편 A 회사는 홍콩에 설립된 B 회사의 지분(주식) 전부를 보유하고, B 회사는 바베이도스에 설립된 C 회사의 지분 전부를 보유하며, C 회사는 다시 중국의 D 유한책임공사(이하 "D 회사"라고 합니다)의 지분 전부를 보유하고 있습니다. 그런데 D 공사는 중국 베이징에 소재하는 X 빌딩(이하 "X 빌딩"이라고 합니다)을 소유하고 있습니다.

원래 A 회사가 갑 은행에 대하여 부담하는 3,800억 원의 차용금은 앞서 본 바와 같이 「A 회사 → B 회사 → C 회사 → D 회사」로 이어지는 모·자회사 사이의 순차적 지배구조에서 애초의 모회사인 A 회사가 최종의 자회사인 D가 X 빌딩를 인수하기 위한 자금을 마련하기 위한 것이었습니다. 그리하여 그 대출은 이른바 PF (project finance) 대출로서 장래 X 빌딩을 매각하여 얻게 되는 대금을 주된 상환재원으로 하기로 하였던 것입니다.

그리고 A 회사는 위 차용금 채무에 대한 담보로 이 사건 주식 외에도 그 자회사인 B 회사 및 C 회사의 주식 전부를 갑 은행에 제공하여 그에 근질권을 설정하여 주었습니다.

2. 그 후 갑 은행은 위와 같이 근질권이 설정된 이 사건 주식을 을 투자증권 주식회사에 신탁하였다가, 다시 위 근질권의 실행을 이유로 하여 영국령 버진아일랜드에 설립된 M 회사에게 1억 원에 매도하였습니다.

3. 원고는 갑 은행이 이 사건 주식을 M 회사에게 1억 원에 매도한 행위의 효력을 다투고 있습니다.

Ⅱ. 질의의 요지

갑 은행은 이 사건 주식에 대하여 정당한 가치를 평가함이 없이 M 회사에게 이 사건 주식을 주권 액면액의 2배인 1억 원에 매각하였는데, 이러한 주식 매각의 효력 유무 등 법적 문제점

Ⅲ. 이 사건 주식의 가치

1. 들어가며

(1) 주식의 가액은 궁극적으로 기업의 가치를 표창하는 것입니다. 이는 많은 경우에 세법에서 과세가액 및 세액의 기초로서 문제되고 있습니다.

그러나 그 외에도 주식매수청구권의[1] 행사, 민사상 채무불이
행이나 불법행위에서의 손해배상액 산정은 물론이고 배임죄·횡령
죄 등 형사사건에서의 손해액[2] 또는 이득액[3]의 산정, 이혼·상속
등과 관련한 재산 분할 사건 등에서도 중요한 법적 쟁점의 하나로
다루어지고 있습니다.

(2) 상장주식의 경우에는 다른 특별한 사정이 없는 한 주식시
장에서의 주가에 기업의 가치가 적정하게 반영되어 있다고 볼 수
있어서 그 가액을 정함에 별다른 어려움이 없을 것입니다.

그러나 비상장주식의 경우에는 위와 같은 '주가'가 형성되어
있지 아니한 경우가 대부분이어서 다른 방법으로 기업의 가치를
평가하지 않으면 안 됩니다. 그 평가의 방법은 다양하게 있을 수
있겠습니다만, 그 중에서도 대체로 시장가치방식,[4] 자산가치방식,[5]

---

1) 주지하는 대로 주식매수청구권은 상법 제360조의5, 제360조의22, 제374
조의2, 제522조의3, 제530조 제2항, 제530조의11 제2항, 「자본시장과 금
융투자업에 관한 법률」 제165조의5 등에 규정되어 있습니다.

2) 논의할 필요도 없이, 예를 들어 배임죄에 관한 형법 제355조 제2항은 행
위자가 이득을 '본인에게 손해를 가하는 것'을 범죄 구성요건의 하나로
정하고 있습니다.

3) 예를 들면 「특정경제범죄 가중처벌 등에 관한 법률」 제3조 제1항은, 횡
령죄·배임죄 또는 업무상 횡령죄·배임죄에 있어서 행위자가 얻은 이득
액이 5억 원 이상 50억 원 미만일 때에는 3년 이상의 유기징역형을, 50
억원 이상일 때에는 무기 또는 5년 이상의 유기징역형을 법정하여 형법
상의 법정형을 현저하게 높이고 있습니다.

4) 기업의 재무상황과 장래의 수익 창출 가능성을 기초로 시장 매커니즘을
통하여 형성되는 기업의 가치를 평가하는 방식입니다. 그 방식의 하나인
이른바 상대가치평가법은 유사 기업을 적절히 선정한다면 객관적인 가
격에 대한 정보를 얻을 수도 있지만, 주식시장이 협소한 경우에는 유사
기업의 선정이 어렵고 평가 가격이 왜곡될 우려가 있는 등의 단점이 있
다고 말하여지고 있습니다.

수익가치방식[6) 등이 빈번하게 문제되고 있습니다.

(3) 비상장주식의 평가에 대하여 주식매수청구권과 관련하여 판시하는 대법원 2006. 11. 23. 결정 2005마958사건(판례공보 2007년 상권, 421면)은 "회사의 합병 또는 영업양도 등에 반대하는 주주가 회사에 대하여 비상장주식의 매수를 청구하는 경우, 그 주식에 관하여 객관적 교환가치가 적정하게 반영된 정상적인 거래의 실례實例가 있으면 그 거래가격을 시가로 보아 주식의 매수가액을 정하여야 할 것"이라고[7) 한 다음, "[그러나] **그러한 거래사례가 없으면 비상장주식의 평가에 관하여 보편적으로 인정되는 시장가치방식, 순자산가치방식, 수익가치방식 등 여러 가지 평가방법을 활용**"(인용문에서의 고딕체 및 밑줄에 의한 강조가 인용자가 붙인 것입니다. 이하 같습니다)할 것을 요구하고 있습니다. 그리고 "시장가치·순자산가치·수익가치 등을

---

5) 평가 기준일의 자산 총계에서 부채 총계를 차감하여 순자산가치를 산정하고, 이를 발행주식 총수로 나누는 방식입니다. 비교적 객관성이 높고 평가방법이 간단한 장점이 있습니다. 그러나 기업 가치의 매우 중요한 객관적 지표라고 하여야 할 장래의 수익 창출 능력을 반영하지 못하는 단점이 있다고 일컬어지고 있습니다.

6) 기업의 장래 수익성을 적정 할인율로 할인하여 기업의 현재 가치를 평가하는 방식입니다. 이론적으로는 가장 합리적인 평가방식이라는 주장도 있으나, 평가과정에서 고려하여야 할 변수가 많고 그 구체적인 고려 방법이 복잡하다는 단점이 있다고 말하여지고 있습니다.

7) 위 대법원 결정은 정상적인 거래의 실례가 있는 경우에 대하여도 다시 제한을 붙여서, "비상장주식에 관하여 객관적 교환가치가 적정하게 반영된 정상적인 거래의 실례가 있더라도, 거래의 시기, 거래 경위, 거래 후 회사의 내부 사정이나 경영상태의 변화, 다른 평가방법을 기초로 산정한 주식가액과의 근접성 등에 비추어 위와 같은 거래가격만에 의하여 비상장주식의 매수가액으로 결정하기 어려운 경우에는 위와 같은 거래가액 또는 그 거래가액을 합리적인 기준에 따라 조정한 가액을 주식의 공정한 가액을 산정하기 위한 요소로 고려할 수 있다"고 판시하고 있습니다.

종합적으로 반영하여 비상장주식의 매수가액을 산정하는 경우에는, 당해 회사의 상황이나 업종의 특성, 개별 평가요소의 적정 여부 등 제반 사정을 고려하여 그 반영의 비율을 정하여야 할 것"이라고 덧붙이고 있습니다.

나아가 위 대법원 결정은 비상장주식의 평가방법을 규정한 법규정을 어떠한 경우에 어떠한 내용으로 적용할 것인가 하는 문제와 관련하여서 "비상장주식의 평가방법을 규정한 관련 법규들은 그 제정 목적에 따라 서로 상이한 기준을 적용하고 있으므로, 어느 한 가지 평가방법(예컨대, 증권거래법 시행령 제84조의7 제1항 제2호의 평가방법이나 상속세 및 증여세법 시행령 제54조의 평가방법)이 항상 적용되어야 한다고 단정할 수는 없고, 당해 회사의 상황이나 업종의 특성 등을 종합적으로 고려하여 공정한 가액을 산정하여야 한다"고 판시하고 있습니다.

요컨대 비상장주식의 가치를 평가함에 있어서는 획일적으로 동일한 방식에 따라야 한다고는 말할 수 없고, 당해 회사의 재산 상황이나 업종의 특성, 개별 평가요소의 적정 여부, 장래의 수익 가능성 등 일체의 사정을 고려하여 공정한 가액을 산정하여야 한다는 것이 대법원판례의 태도라고 할 수 있을 것입니다.

(4) 위의 대법원 결정은 비록 주식매수청구권 행사에서의 비상장주식 평가에 관한 것이기는 합니다.

그러나 위 대법원 결정은 그에 앞서서 선고된 대법원의 다른 판결들, 즉 대법원 2005. 4. 29. 판결 2005도856사건(판례공보 2005년도 상권, 902면) 및 대법원 2005. 10. 28. 판결 2003다69638사건(판례공보 2005년 하권, 1847면)을 참조 재판례로 인용하고 있습니다. 이 중 전자의 대법원 2005도856 판결은 배임죄의 요건으로서의 손해

액 산정에 관한 것이고, 후자의 대법원 2003다69638 판결은 그 당
시의 상법 제399조(제1항 : "이사가 법령 또는 정관에 위반한 행위를 하
거나 그 임무를 해태한 때에는 그 이사는 회사에 대하여 연대하여 손해를
배상할 책임이 있다"[8])에서 정하는 이사의 회사에 대한 책임에 관한
것입니다.

그리고 위 대법원 결정이 있은 다음날에 나온 대법원 2006. 11.
24. 결정 2004마1022사건(판례공보 2007년 상권, 47면)도 위 대법원의
2006. 11. 23. 결정과 같은 취지를 반복하고 있습니다.

이상에 비추어 보면, 위 대법원 결정의 태도는 비상장주식의
평가방식 일반에 관한 것이라고 하여도 좋을 것입니다.

(5) 한편 세법에서는 이른바 '시가주의'를 채택하여, 일정한 조
건 아래에서의 매매가격 등을 시가로 보고 있습니다. 그러나 매매
가격 등은 그 재산의 적정한 교환가치 외에 현금화의 용이성 여부
등 여러 가지 요소를 바탕으로 수요와 공급에 의하여 결정되므로,
반드시 주식의 적정한 가치를 반영한다고 볼 수 없습니다.

또한 세법은 시가가 인정되지 아니할 경우에는 순손익가치와
순자산가치에 의한 보충적 평가방법을 규정하고 있습니다. 그렇지
만 이는 납세의무자의 예측가능성을 보장하고 조세행정의 획일성
및 신속성 등을 도모하기 위한 법적 안정성의 필요에 의한 것으로
서, 그러한 방법에 따라 산출된 가격이 실제의 가치를 얼마나 정확
하게 반영하고 있는지에 관하여 많은 비판이 있음은 주지하는 바

---

8) 동항은 2011년 4월 14일의 법률 제10600호로 개정되었는데, 개정 후의
조문은 이사 책임의 발생요건에 관한 부분을 "이사가 **고의 또는 과실로**
법령 또는 정관에 위반한 행위를 하거나 그 임무를 **게을리한** 때"라고 하
여 당연한 요건을 추가하거나 표현을 바꾼 것에 불과하고 실제의 규율
내용은 개정 전과 다를 바 없습니다.

와 같습니다.

앞의 (3) 및 (4)에서 본 대로, 비상장주식의 평가에 관하여 기준적이라고 할 대법원 2006. 11. 23. 결정 2005마958사건은 비상장주식의 평가방법을 규정한 법규정을 어떠한 경우에 어떠한 내용으로 적용할 것인가 하는 문제와 관련하여서 "**비상장주식의 평가방법을 규정한 관련 법규들은 그 제정 목적에 따라 서로 상이한 기준을 적용하고 있으므로, 어느 한 가지 평가방법**(예컨대, 증권거래법 시행령 제84조의7 제1항 제2호의 평가방법이나 상속세 및 증여세법 시행령 제54조의 평가방법)**이 항상 적용되어야 한다고 단정할 수는 없고, 당해 회사의 상황이나 업종의 특성 등을 종합적으로 고려하여 공정한 가액을 산정하여야 한다**"고 판시하고 있음은 이미 지적한 바와 같습니다.

2. 이 사건 주식의 적정한 가치

(1) 이 사건 주식은 「A 회사 → B 회사 → C 회사 → D 회사」로 이어지는 기업지배구조의 최정점에 위치하고 있는 A 회사의 주식입니다. 그러므로 이 사건 주식은 A 회사는 물론이고 그 자회사들인 B 회사 이하의 위 각 회사에 대한 경영권을 표상하고, 궁극적으로는 최종 자회사인 D 소유의 X 빌딩에 대한 지배권을 의미합니다.

이와 관련하여서 앞의 1. (4)에서 본 대법원 2006. 11. 24. 결정 2004마1022사건(판례공보 2007년 상권, 47면)은 "회사의 발행 주식을 **회사의 경영권과 함께 양도하는 경우** 그 거래가격은 주식만을 양도하는 경우의 객관적 교환가치를 반영하는 일반적인 시가로 볼 수 없다"라고 하고, 나아가 "비상장법인의 순자산가액에는 당해 법인이 가지는 영업권의 가액도 당연히 포함된다"고 판시합니다. 이는 개별 주식의 가치와 경영권의 이전을 수반하는 다수 주식의 가치를 동일한 차원에서 논의할 수 없다는 것, 그리고 적어도 「비상장법인의 순자산가액」에는 기업이 가지는 재산적 권리가 당연히 포함됨을 명백하게 하고 있습니다.

(2) 앞서 본 바와 같이 갑 은행의 A 회사에 이 사건 대출금 3,800억 원의 대출은 장래 X 빌딩의 매각대금을 주된 상환재원으로 하여 실행된 PF대출로서, 당시 갑 은행은 위와 같이 「A 회사 → B 회사 → C 회사 → D 회사」로 이어지는 기업지배구조, 그리고 그에 따라 이 사건 주식을 통한 X 빌딩에 대한 지배권을 염두에 두고 이 사건 주식을 담보물로 제공받았던 것입니다.

다시 말하면, 장차 X 빌딩이 제3자에게 매각되게 되면 그 매각대금은 일차적으로 그 소유자인 D 회사에 귀속되고, 그 매각대금에서 D 회사의 선순위 채권자들이 모두 변제를 받은 다음, D 회사의 주주인 C 회사, C 회사의 주주인 B 회사, B 회사의 주주인 A 회사에 각각 순차적으로 배당이 이루어지게 되는데, 갑 은행은 위 배당금으로부터 이 사건 대출금을 회수하기 위한 담보로는 오로지 A 회사의 이 사건 주식, 그리고 B 회사 및 C 회사의 각 주식들에 대한 근질권을 설정받았던 것입니다.

따라서 갑 은행이 이 사건 대출금 회수와 관련하여 이 사건 주식 등 위 각 담보주식의 가치를 그대로 보존·확보하기 위하여는 위 근질권 설정 이후에도 지속적으로 「A 회사 → B 회사 → C 회사 → D 회사」로 이루어진 기업지배구조를 공고히 하고 위 각 회사의 경영권을 확보·행사함으로써 담보의 실제적인 물적 기초인 X 빌딩의 가치를 유지하는 것이 관건이라 하겠습니다.

(3) 이렇게 보면 만일 갑 은행이 이 사건 주식의 의결권을 상실한다면 A 회사는 물론 위와 같은 기업지배구조 아래 있는 각 회

사들의 경영권을 확보하지 못하게 되어 담보의 물적 기초인 X 빌
딩에 대한 지배를 유지하는 데 결정적인 한계에 이를 수밖에 없습
니다. 즉, 이 사건 주식의 의결권은, 비록 갑 은행이 A 회사의 하부
자회사들 주식에 근질권을 설정하고 나아가 그 의결권을 위임받아
가지고 있더라도, 주식에 관한 의결권 위임은 그 주주에 의하여 철
회나 해지가 가능하다는 점에서, 갑 은행이 위와 같은 기업지배구
조를 유지하고 궁극적으로 D 회사와 그 소유의 X 빌딩을 이 사건
대출금의 실질적인 담보물로 보유·지배하는 데 절대적으로 필요한
요소입니다.

　　요컨대 갑 은행이 이 사건 대출금을 회수하기 위하여는 이 사
건 주식에 기한 A 회사 및 하부 자회사들에 대한 경영권 행사를 통
하여 X 빌딩 매각, 법인 청산 등 일련의 절차를 거쳐야 하고, 그러
한 까닭에 이 사건 주식의 보유는 대출금 회수에 결정적으로 중요
한 조건이 되는 것입니다.

3. 이 사건 주식의 정당한 가액

　　(1) 이상에서 본 바와 같이 이 사건 주식은 실질적으로 A 회사
와 그 지배구조하에 있는 자회사들에 대한 경영권을 표상하고 최
종 자회사인 D 회사 소유의 X 빌딩에 대한 지배권의 의미를 갖는
것으로서, 이 사건 대출금의 회수와 관련하여서는 장래 X 빌딩의
매각대금에서 D 회사의 선순위 채권자들의 채권액을 공제한 나머
지 가액으로 환가할 수 있는 경제적 가치가 있는 것입니다.

　　그러하기에 갑 은행은 장래의 X 빌딩 매각대금을 주된 상환재
원으로 하여 A 회사에 이 사건 대출금 3,800억 원을 대출하면서 이
사건 주식 등을 유일한 담보로 설정받았다고 할 것입니다. 따라서
대출을 포함한 금융거래를 전문으로 하는 갑 은행으로서는 자신이

대출을 실행하려고 할 때에는 그로 인한 채권의 만족을 확보하기 위하여 D 회사의 선순위 채권자들의 채권액을 공제한 X 빌딩의 잔존 가치가 이 사건 대출금 3,800억 원에 대한 원리금을 회수하는 데 충분하다는 사실을 X 빌딩에 대한 감정평가 등 객관적인 자료를 통하여 확인하였음은 이를 의심할 여지가 없는 것입니다.

(2) 따라서 이 사건 대출 실행 이후 X 빌딩에 관한 선순위 채권이나 그 채권액에 큰 변동이 있다는 등의 특별한 사정이 없는 한, 이 사건 주식은 현재에도 여전히 적어도 이 사건 대출 당시의 X 빌딩의 잔존 가치, 즉 이 사건 대출금 3,800억 원에 대한 원리금 상당액 이상의 경제적 가치를 반영하고 있다고 봄이 상당합니다.

Ⅳ. 이 사건 주식 매각의 효력

1. 담보권자의 담보권 실행에 있어서의 주의의무

(1) 담보권자는 담보권의 실행에 관한 한 수임인의 지위에 있다고 할 것입니다. 물론 담보권의 실행방법에 관하여는 당사자 사이에 체결된 담보계약의 내용에 따를 것입니다마는, 그 방법이 어떠한 것이든 ―즉 그것이 이른바 귀속정산인지 처분정산인지 등을 막론하고― 이를 선량한 관리자의 주의의무로 하여야 합니다(민법 제681조).

그러므로 다른 특별한 사정이 없는 한 처분정산으로 하는 매각은 객관적으로 공정한 가격으로 하여야 하며, 이에 위반하여 부당하게 저렴하게 매각한 경우에는 채무불이행으로 그 차액에 관하여 손해배상책임을 진다고 할 것입니다. 그리하여, 오래 전의 재판례

이기는 하나, 대법원 1969. 3. 25. 판결 69다112사건(대법원판례집 제
17권 1집, 민사편 385호)은 "본건에서 원판결이 인정한 바와 같은 약
한 의미의 매도담보[양도담보를 의미합니다]가 이루어져 있는 부동산
에 관하여 그 **담보권자가 피담보채권의 만족을 위하여 담보 부동산을 매
각함에 있어서는 그것을 정당한 가격으로 매각하여야 할 주의의무가 있었
던 것**이었다고 할 것이니만큼 원판결도 감정인 유병수의 감정결과
에 의하여 계쟁 부동산의 1966년 9월 현재의 시가가 금 2,281,000원
상당이었음을 인정하는 일방 그 부동산을 위 피고가 그 해 9월 26
일자로 피고 박동순에게 80만원에 매각하였음을 자인한다고 판시
한 본건에 있어서는 **특별한 사정이 없는 한 피고에게 그 부동산의 매각
에 제하여 그것의 위와 같은 정당한 가격을 각지覺知하지 못한 점에 과실
이 있었다고 보는 것이 옳을 것**"이라고 판단하여, 원심이 원고의 손해
배상청구를 피고의 고의 또는 과실을 인정할 증거가 없다고 하여
기각한 것을 법리의 오해나 심리미진의 위법을 이유로 파기하였던
것입니다. 동일한 취지는 그 후의 대법원 1973. 6. 5. 판결 73다38사
건(대법원판례집 제21권 2집, 민사편 51면) 등에서도 그대로 이어지고
있습니다.

　(2) 앞의 (1)에서 인용한 대법원 69다112 판결은 양도담보의
사안에 관한 것이기는 하나, 위 인용에서 강조한 부분의 앞 구절에
서 보듯이, 담보권자 일반에 대하여 그 주의의무를 설시하고 있습
니다. 그러므로 이 사건에서와 같이 주식에 설정된 근질권을 실
행하는 경우에도 위의 판례법리는 마찬가지로 인정된다고 하겠습
니다.

2. 이 사건 주식 매각과정의 문제점

(1) 갑 은행이 이 사건 주식을 M 회사에 1억 원에 매각한 행위에는 아래와 같은 주요한 문제점이 있다고 생각됩니다.

첫째, 갑 은행은 이 사건 주식의 가치에 대한 정당한 평가 없이 이 이 사건 주식을 매각하였습니다.

앞서 상세히 살펴 본 바와 같이 이 사건 주식은 X 빌딩의 선순위 채권액을 공제한 잔존 가치 상당의 경제적 이익을 갖고 있습니다. 한편 원고와 갑 은행 사이의 이 사건 주식에 대한 근질권설정계약서에는 근질권의 실행에 관하여 다음과 같이 정하여져 있습니다.

제8조(근질권의 실행)

(2) 본건 근질권을 실행할 수 있는 경우에 근질권자는 일반적으로 적당하다고 인정되는 방법, 시기, 가격 등에 의하여 담보주식을 임의 처분하고 그 취득금을 충당하거나, 일반적으로 적당하다고 인정되는 방법, 시기, 가격 등에 의하여 피담보채무의 전부 또는 일부의 변제에 갈음하여 담보주식을 취득할 수 있다. 후자의 경우 근질권자는 담보주식의 취득 사실을 그 취득 후 즉시 근질권설정자들에게 통지하기로 한다. 근질권설정자들은 근질권자가 담보주식에 대한 근질권을 실행하기 위하여 본항에서 정한 방법 중 선택한 방법에 이의를 제기하지 아니하기로 한다.

위 규정은, 근질권자인 갑 은행이 이 사건 주식에 대한 근질권의 실행방법으로 ① 담보의 목적인 이 사건 주식을 임의 처분하여 그 취득금을 이 사건 대출금에 충당하는 처분정산 방식 또는 ② 이 사건 주식을 이 사건 대출금의 전부 또는 일부의 변제에 갈음하여

취득하는 취득정산 방식 중 어느 하나의 방식을 선택할 권리가 있고, 그에 관하여 근질권설정자인 원고는 이의를 제기할 수 없다는 것이지만, 갑 은행이 위 두 가지 방식 중 어느 방식으로 근질권을 실행하더라도 그 실행에 있어서는 이 사건 주식을 "일반적으로 적당하다고 인정되는 방법·시기·가격 등에 의하여" 평가하여야 함을 기본전제로 하고 있습니다.

따라서 갑 은행이 이 사건 주식에 대한 정당한 가치 평가 없이 M 회사에게 주권 액면액의 2배에 불과한 1억 원에 매각한 것은 위 규정에서 정하고 있는 근질권자로서의 의무를 위반한 것이고, 이는 궁극적으로 질권설정자인 원고의 이익을 해치는 결과를 초래합니다.

(2) 둘째, 이 사건 주식은 실질적으로 이 사건 대출금 채권(대출금 회수)과 무관하게 또는 분리시켜 처분할 수 없는 것입니다.

앞의 'Ⅲ. 이 사건 주식의 가치' 부분에서 상세히 살펴 본 바와 같이 이 사건 주식은 「A 회사 → B 회사 → C 회사 → D 회사」로 이어지는 기업지배구조를 유지하고 위 각 회사들에 대한 경영권 행사를 통하여 궁극적으로 이 사건 대출금을 회수하는 데 절대적으로 필요한 담보물로서, X 빌딩의 선순위 채권액을 공제하고 이 사건 대출금 3,800억 원에 대한 원리금 상당액 이상의 경제적 가치가 있는 것입니다.

(3) 따라서 이 사건 주식을 이 사건 대출금을 변제받는 것과 결부시키지 아니한 채 매각한다는 것은 위에서 인용한 근질권의 실행에 관한 약정의 범위를 현저히 넘는 것입니다. 만약 이 사건 주식의 매각이 종국적으로 이루어졌다면 이로써 이 사건 대출금채권은 그 만족을 확보하기 위한 주요 담보물이 상실되어 실제로는

별다른 가치가 없게 되었으므로, 그 후에 이와 같이 실제의 가치가
거의 없는 이 사건 대출금채권을 거금을 들여 따로 매수하려고 나
서는 이가 있으리라는 것 역시 상정할 수 없는 일입니다.

3. 이 사건 주식 매각에 대한 법적 검토

가. 검토의 필요성

이상과 같은 이 사건 주식 매각과정의 문제점들은 그 주식 매
각의 유효 여부와 관련하여 법적으로 논란의 소지가 있으므로, 그에
대한 신중한 검토가 필요합니다. 이를 정리하면 다음과 같습니다.

나. 처분권한의 흠결 또는 남용 여부

(1) 갑 은행은 이 사건 주식에 대한 근질권의 실행방법으로서
M 회사에게 이 사건 주식을 1억 원에 매각하였는데, 위 근질권 실
행에 관한 갑 은행의 권한에는 다음과 같은 제약이 있습니다.

(가) 유질약정 자체의 한계

(a) 앞서 본 대로 원고와 갑 은행 사이의 이 사건 주식에 대
한 근질권설정계약 제8조 제2항은 갑 은행이 그 근질권의 실행방
법으로 처분정산 방식을 취하건 귀속정산 방식을 취하건 "일반적으
로 적당하다고 인정되는 방법·시기·가격 등에 의하여" 이 사건
주식을 처분 또는 평가하도록 규정하고 있습니다.

이는 질권설정자(원고)가 질권자(갑 은행)에게 채무의 변제에 갈
음하여 질물의 소유권을 취득하게 하거나 법률에 정한 방법에 의
하지 아니하고 질물을 처분하게 한 이른바 유질약정으로 해석됩니다.

(b) 유질약정은 남용되는 경우 물적 담보를 제공하여 금융을 조달한다는 본래의 목적을 벗어나 채무자(질권설정자)의 재산을 부당하게 착취하는 결과를 초래할 수 있기 때문에 민법에서는 금지되어 있습니다(민법 제339조). 그러나 상사질권의 경우에는 상인이 경제인으로서의 합리적인 판단능력과 자위능력을 가지는 점, 거래당사자들은 일반적으로 대등한 관계에 있다는 점 등을 이유로 허용되고 있습니다(상법 제59조). 이러한 법규정의 취지 등에 비추어보면, 유질약정을 운용·해석함에 있어서는 질권설정자의 이익이 정당하게 고려되어서 그가 합리적으로 예기할 수 없는 불이익을 강요당하도록 되지 않아야 한다는 점이 내재적 한계로서 작용한다고 할 것입니다. 이와 같이 유질약정이 있는 경우에 제기되는 질권설정자 이익에 대한 정당한 고려라고 하는 요청에 부응하는 데 필요한 핵심적인 사항이 바로 질물의 정당한 평가라고 하겠습니다.

그런데 이 사건 주식에 대한 근질권설정계약에서 근질권 실행시 "일반적으로 적당하다고 인정되는 방법·시기·가격 등에 의하여" 하도록 규정하고 있는 취지 역시 이 사건 주식에 대한 정당한 평가를 의미하는 것이라고 할 것입니다. 따라서 갑 은행으로서는 이와 같은 유질약정에 따라 이 사건 주식의 가치를 정당하게 평가하고 이를 통하여 질권설정자인 원고의 정산청구권 등 이익을 보장할 의무가 있는 것입니다.

(나) 근질권설정계약의 의사해석상 한계

(a) 앞서 본 대로 갑 은행은 A 회사에 이 사건 대출금 3,800억 원을 대출하면서 이 사건 주식에 근질권을 설정받고 아울러 A 회사의 자회사들인 B 회사 및 C 회사의 각 주식들에 대하여도 근

질권을 설정받았습니다.

한편 이 사건 주식과 B 회사 및 C 회사의 각 주식들에 대한 근질권은 이 사건 대출금채권이라는 동일한 채권을 담보하기 위하여 설정된 것이므로, 개념적으로는 공동저당의 경우와 마찬가지로 위 주식 하나하나마다 1개씩의 근질권이 성립하고, 일반적인 경우 동일한 채권을 담보하기 위하여 여러 개의 질물을 제공받은 질권자는 복수의 질권을 동시에 실행하거나 일부만을 골라 실행할 수 있는 실행선택권이 있다고 이해되고 있습니다.

(b) 그러나 이 사건 주식, 그리고 B 회사 및 C 회사의 각 주식은 이 사건 대출 실행의 전제가 된 「A 회사 → B 회사 → C 회사 → D회사」로 이어지는 기업지배구조의 토대를 이루는 것으로서, 장차 이 사건 대출금을 회수하는 데 관건이 되는 위 각 회사들에 대한 경영권 확보에 절대적으로 필요한 도구이므로, 위 각 주식이 일체화되어 위와 같은 지배구조를 유지할 때에 이 사건 대출금의 회수도 극대화시킬 수 있습니다.

따라서 이 사건 주식, 그리고 B 회사 및 C 회사의 각 주식은 비록 개념적으로는 별개의 객체이지만 위 기업지배구조를 이루는 각 구성부분으로서, 그 근질권 설정 당시 원고와 갑 은행은 위 기업지배구조를 구성하는 담보주식들을 일체화하여 이 사건 대출금을 최대한 변제 및 회수하고자 하는 데 의사의 합치가 있었다고 할 것이고, 이는 원래 이 사건 대출금 회수의 목표로 삼았던 X 빌딩 매각을 달성하지 못하고 위 담보 주식에 대한 근질권의 실행을 통하여 이 사건 대출금을 회수하는 경우에도 같은 의사였다고 봄이 상당합니다.

(c) 더욱이 앞서 본 바와 같이 유질약정에 있어서는 질권설정자의 정당한 이익을 고려하여야 하고 질권설정자에게 불이익을 강요하지 않아야 한다는 내재적 한계가 있는데, 이러한 유질약정의 특성이나 최소한 신의칙에 비추어 보더라도 갑 은행은 이 사건 대출금 회수를 위하여 이 사건 주식 등 담보 주식에 대한 근질권을 실행함에 있어서 위 각 주식을 분리시켜 매각하는 것은 허용되지 않는다고 할 것입니다. 앞서 본 대로 이 사건 주식과 그 자회사들의 주식을 분리시켜 매각하는 것은 「A 회사 → B 회사 → C 회사 → D회사」로 이어지는 기업지배구조를 깨뜨려서 위 각 회사들에 대한 경영권을 확보하지 못하게 됨으로써 종국적으로 담보의 기초인 X 빌딩에 대한 지배력에 한계를 노출시키는 결과를 초래하는 것은 필연적인 일입니다. 문제는 이러한 이러한 상태에서는 이 사건 주식 등 담보 주식에 대한 정당한 평가라는 것이 행하여지기 어렵다는 점입니다. 이는 이 사건 주식 등 담보주식을 일체로 매각함으로써 위 기업지배구조를 유지·양도하는 경우와 비교하여 보아도 자명합니다.

(2) 결국 갑 은행이 이 사건 주식에 대한 근질권 실행을 이유로 M 회사에게 이 사건 주식만을 1억 원에 매각한 것은, 이 사건 주식에 대한 정당한 평가 없이, 그리고 앞서 살펴본 단지 유상으로 처분하였다는 명목을 세우는 데만 필요한 정도의 최소한도의 현저한 염가, 다시 말하면 이 사건 주식의 적정한 가치에 비하면 거의 무無라고 할 수 있는 가액으로 이루어진 것입니다. 이것이 앞서 본 바와 같이 "일반적으로 적당하다고 인정되는 방법·시기·가격 등에 의하여" 근질권을 실행하여야 한다는 이 사건 근질권설정계약상의 유질약정을 현저하게 위반하는 것임은 명백합니다. 뿐만 아니라

근질권설정계약 당시 담보주식의 일체화를 통하여 대출금을 회수
한다는 합의 내지 신의칙 등을 위반하여 위 기업지배구조를 이루
는 이 사건 주식 등 담보 주식 전체를 일괄 매각하였을 때에 비하
여 원고에게 현저히 불리한 결과를 초래하는 것이므로, 우선 갑 은
행에게 이 사건 근질권의 실행으로 이 사건 주식만을 처분할 적법
한 권한이 있다고 할 것인지부터 의문입니다. 만일 이 점이 긍정된
다면 이 사건 처분은 그 권한 없이 행하여진 것으로서 다른 특별한
사정이 없는 한 무효라고 하겠습니다.

    (3) 설사 위와 같은 사정들이 이 사건 근질권설정계약에 기한
갑 은행의 근질권 실행에 관한 내부적 제약에 불과하여 대외적으
로는 갑 은행이 위와 같은 처분을 할 권한이 있다고 하더라도, 갑
은행은 위와 같은 이 사건 주식 매각으로 그 처분권한을 현저히 남
용함으로써 처분권한 부여의 근본 목적을 전면적으로 저버렸다고
할 것입니다. 앞서 본 대로 주식근질권에 있어서 그 설정자가 근질
권자에게 근질권의 실행을 위하여 행하여진 별도의 유질약정에 기
하여 질권의 목적물을 처분하는 권한을 수여하는 것은 그 처분의
대가로 얻은 금전으로 근질권에 의하여 담보되는 피담보채무를 변
제하고자 하는 것이고 근질권자로서도 이로써 자기 채권의 만족을
얻고자 하는 것임을 물론입니다. 그런데 근질권자가 근질권의 실행
으로 행하는 질물의 매각을 그 실제적인 가치에 전혀 상응하지 않
는 그야말로 명목상의 가액으로 행하는 것은 위와 같은 처분권한
부여의 근본 목적에 반하는 것으로서 중대하고도 명백한 의무 위
반에 해당한다고 생각됩니다.
    이와 같은 처분이 행하여진 경우 그 처분의 효과에 대하여는
이와 법적 구조를 같이하는 대리권의 남용에 관한 판례의 법리를

여기에 원용하여야 할 것입니다. 대리인이 그가 가지는 대리권에
기하여 본인을 대리하여 계약 등 법률행위를 하는 경우에도 그는
자신 또는 제3자의 이익을 도모하여서는 안 되고 그 행위가 본인에
게 이익이 되도록 하여야 한다는 내부적인 제한을 받습니다. 이러
한 관점에서 대법원 1987. 7. 7. 판결 86다카1004사건(대법원판례집
제35권 2집, 민사편 223면)은 민법 제107조에서 정하여진 비진의의사
표시가 대리인에 의하여 이루어진 사안에서 "대리인의 진의가 본인
의 이익이나 의사에 반하여 자기 또는 제3자의 이익을 위한 배임적
인 것임을 그 상대방이 알거나 알 수 있었을 경우에는 민법 제107
조 제1항 단서의 유추해석상 그 대리인의 행위는 본인의 대리행위
로 성립할 수 없다"고 판시하였습니다. 이와 같이 대리권 남용의
사안에서 대하여는 비록 그것이 비진의의사표시가 아닌 경우에도
민법 제107조 제1항 단서가 유추적용된다는 것은 그 후의 대법원
1987. 11. 10. 판결 86다카371사건(법원공보 1988년도, 78면); 대법원
2001. 1. 19 판결 2000다20694사건(판례공보 2001년도 상권, 504면); 대
법원 2007. 4. 12. 판결 2004다51542사건(판례공보 2007년도 상권, 671
면) 등에서 반복하여 확인되는 바입니다.

앞서 누누이 말한 대로 이 사건 주식의 매각에서도 대리권의
남용에서 문제되는 것과 같은 배신적 행위가 적어도 그 매수인인
M 회사의 이익을 위하여 행하여지고 있다고 할 것입니다. 따라서
대리권의 남용에 관한 확고한 판례에 비추어 민법 제107조 제1항
단서의 유추적용으로 상대방에게 고의 또는 과실이 있는 경우에는
그 처분은 무효라고 할 것입니다.

다. 반사회적 법률행위의 가능성

(1) 담보권자가 변제기 경과 후에 담보권을 실행하기 위하여 담보목적물을 처분하는 행위는 담보계약에 따라 담보권자에게 주어진 권능이어서 자기의 사무처리에 속하는 것이고 타인인 채무자의 사무처리에 속하는 것은 아니라고 하는 것이 대법원 전원합의체 1985. 11. 26. 판결 85도1493사건(대법원판례집 제33권 3집, 형사편 690면)에서의 다수의견입니다. 그리고 이와 같은 견지에서 대법원 1997. 12. 23. 판결 97도2430사건(법원공보 1998년도, 448면) 등 판례는 일관하여 부동산 양도담보권자가 담보목적물을 부당하게 염가로 처분한 사안에 대하여 "담보권자가 담보권을 실행하기 위하여 담보목적물을 처분함에 있어 시가에 따른 적절한 처분을 하여야 할 의무는 담보계약상의 민사채무일 뿐 형법상의 의무가 있는 것은 아니므로 그에 위반한 경우 배임죄가 성립된다고 할 수 없다"며 배임죄의 성립을 부정합니다.

(2) 그러나 위와 같은 판례법리가 담보 목적물에 대한 부당한 처분이 있는 모든 경우에 일반화시켜 적용되어야 하는지에 대하여는 의문이 있습니다. 예를 들면 대법원 2007. 6. 14. 판결 2005도7880사건(판례공보 2007년도 하권, 1115면)은 이 사건 주식과 유사한 동산의 담보권자가 담보권의 범위를 벗어나 담보물을 처분한 사안에서 "금전을 대여하면서 채무자로부터 그 담보로 동산을 교부받은 담보권자는 그 담보권의 범위 내에서 담보권을 행사할 수 있을 것인데, 담보권자가 담보목적물을 보관하고 있음을 기화로 실제의 피담보채권 외에 자신의 제3자에 대한 기존의 채권까지 변제받을 의도로 [중략] 타인에게 담보목적물을 매각하거나 담보로 제공하여

피담보채무 이외의 채권까지도 변제충당한 경우에는 정당한 담보
권의 행사라고 볼 수 없고, 위탁의 취지에 반하여 자기 또는 제3자
의 이익을 위하여 권한 없이 그 재물을 자기의 소유인 것 같이 처
분하는 것으로서 불법영득의 의사가 인정된다"고 판시하며 횡령죄
의 구성을 인정한 바 있습니다. 그리고 대법원 2008. 5. 15. 판결
2005도7911사건(판례공보 2008년도 상권, 870면)에서 보는 대로, 회사
의 임원이 회사가 보유한 주식 등 재산을 적정한 객관적 교환가치
보다 현저하게 낮은 가격으로 매도한 경우에 이는 회사에 손해를
가하는 배임행위를 구성한다는 데 별다른 의문이 없습니다.

　　따라서 갑 은행이 순차적 기업기배구조를 통하여 X 빌딩을 소
유하는 것과 동일한 경제적 가치를 갖는 이 사건 주식을 적정하게
평가함이 없이 이 사건 대출거래의 규모에 비추어 실제로 별다른
의미가 없는 1억 원에 매각한 행위는 원고에 대한 횡령죄에 해당할
뿐 아니라, 갑 은행 담당자의 회사(갑 은행)에 대한 배임행위가 성
립할 수 있습니다.

　　그렇다면 갑 은행의 이 사건 주식 매각은 민법 제103조 소정의
반사회적 법률행위에 해당하여 무효라고 볼 수는 없는지 검토하여
볼 여지가 있다고 할 것입니다.

V. 결어

　　이 사건 주식 매각의 효력 등 문제점에 관한 검토는 그 매각
경위 등 구체적인 사실관계와 맞물려 있으므로, 순수한 이론적 연
구로서는 한계가 있을 수밖에 없습니다.

　　그러나 갑 은행의 이 사건 주식 매각과정에 다양한 법적 문제
점이 내포되어 있음은 부정할 수 없습니다.

향후 재판과정에서 보다 더 적실한 실체 발견을 통하여 이 사건 주식의 매각이 채권자인 갑 은행의 채권 회수는 물론 채무자인 원고의 이익 보호라는 가치를 준수하는 적법·유효한 행위인지에 관하여 더욱 면밀한 검토가 이루어지기를 기대합니다.

(2016년 11월 작성)

[후 기]

이 의견서는 제2권의 "12. 외국 법인과의 토지개발사업 합작계약에서 행하여진 유질계약의 내용과 그에 좇은 질물 처분의 효력" (373면 이하)과 비교하여 읽어볼 필요가 있을지 모른다.

9. 제약회사의 해외학술대회 참가 지원은 허용되는가?

의약품 공급자가 판매 촉진의 목적으로 경제적 이익 등을 제공하는 것을 금지하고 나아가 그 예외를 규정하고 있는 약사법 제47조 제2항 및 동법 시행규칙 제44조 제4항의 해석 문제와 관련하여 아래와 같이 의견을 개진합니다.

Ⅰ. 사안의 개요 및 질의의 요지

1. 사안의 개요

이 의견서를 작성함에 있어서 제공받은 사실관계 및 ○○의약산업협회(이하 "이 사건 의약업협회"라고 부릅니다)의 공정경쟁규약 등 관련 자료에 근거하여 사안의 개요를 정리해 보면 다음과 같습니다.

(1) 공정거래위원회의 심사보고서에 의하면, ○○ 주식회사(이하 "A 회사"라고 부릅니다)는 의약품을 수입 또는 제조하여 공급하는 기업으로서 다음과 같은 이유로 공정거래법 제23조 제1항 제3호에 위반되는 행위를 하였다고 심사보고되었고, 금명간 위 위원회에서

관련 제재의 절차가 진행될 예정입니다.

그 이유는, A 회사는 이 사건 의약업협회의 회원사인데, 이 사건 의약업협회의 공정경쟁규약이 "회원사는 지원하려는 학술대회만을 지정하여 협회에 기탁하는 방식으로 보건의료전문가를 지원하여야 한다"는 취지로 규정하고 있음에도 불구하고 이에 반하여 의사들에게 해외학술대회 참가비용 지원을 제의하고, 지원 대상자 선정을 위탁받은 국내 학회에 해당 의사들의 명단을 알려 주어 이들이 지원대상자로 선정되도록 관여하는 방법으로 의사들에게 해외학술대회 참가경비를 지원하였다는 것입니다.

(2) 이 사건 의약업협회의 앞서 본 공정경쟁규약(이하 "이 사건 규약"이라고 부릅니다)은 공정거래법 제23조 제5항에 따라 공정거래법상의 '부당한 고객유인행위'를 지양함으로써 회원사 간의 공정한 의약품 유통 경쟁 질서를 확보하고자 자율적으로 채택된 것으로, 동조 제6항에 따라 공정거래위원회의 심사를 받은 사업자단체의 규약입니다. 이 사건 규약은 회원사가 보건의료전문가에게 금품류를 제공하는 것을 원칙적으로 금지하되(이 사건 규약 제5조 제1항), 예외적으로 허용하는 금품류 제공의 한 가지 유형으로 보건의료전문가가 국내외 학술대회에 참가하는 비용의 지원을 규정하고 있습니다(이 사건 규약 제9조). 그리고 그 허용의 요건 및 절차 중 하나로서 "회원사는 지원하려는 학술대회만을 지정하여 협회에 기탁하는 방식으로 보건의료전문가를 지원하여야 한다"는 취지를 정하고 있습니다(이 사건 규약 제9조 제2항 제3호).

(3) 한편 약사법은 A 회사와 같은 의약품 공급자가 판매 촉진을 목적으로 약사·의료인 등에게 경제적 이익 등을 제공하는 것을

금지하면서(동법 제47조 제2항 본문), 다만 예외적으로 학술대회 지원 등의 행위로서 식품의약품안전처장과 협의하여 보건복지부령으로 정하는 범위 안의 경제적 이익 등인 경우에는 그 제공을 허용하고 있습니다(동법 제47조 제2항 단서).

그 예외에 대하여 구체적으로 규정하고 있는 약사법 시행규칙의 [별표 2]에서는 위와 같이 허용되는 경제적 이익 제공 중 하나인 "학술대회 지원"과 관련하여서 다음과 같이 허용 요건을 정하고 있습니다.

(i) 학술대회가 의학·약학 관련 학술연구 목적을 가진 비영리법인 등 일정한 자격을 갖춘 자가 주최하는 의학·약학 관련 학술연구 목적일 것.

(ii) 지원대상자는 해당 학술대회의 발표자·좌장·토론자일 것.

(iii) 비용 지원은 학술대회 주최자로부터 받을 것.

(iv) 지원 대상인 비용은 교통비·식비·숙박비·등록비 용도의 실제 비용일 것.

그런데 이 사건 규약과 약사법 시행규칙에서 정하는 각 학술대회 참가 지원의 허용 요건을 비교하여 보면, 이 사건 의약업협회 공정경쟁규약에서 정하는 바의 "회원사는 지원하려는 학술대회만을 지정하여 협회에 기탁하는 방식으로 보건의료전문가를 지원하여야 한다"는 요건은 약사법 시행규칙에서는 요구되고 있지 아니한 바입니다.[1]

---

1) 상세한 내용은 별첨 I의 「관련 법령」 참조.

2. 질의의 요지

위와 같은 사안과 관련하여 본인은 다음과 같은 사항에 관한 검토를 요청받았습니다.

즉, A 회사가 해외에서 열리는 학술대회에 참가하는 의료인들과의 사전 연락을 통하여 해외 학술대회 참가경비의 지원을 제의하고, 해외 학회로부터 지원 대상자 선정을 위탁받은 국내 학회에 해당 의료인들의 명단을 알려주어 이들이 지원대상자로 선정되도록 관여하는 행위(이하 "이 사건 행위"라고 부릅니다)가, 설사 이 사건 규약 위반으로서 「독점규제 및 공정거래에 관한 법률」(이하 "공정거래법")에서 금지하는 정상적 거래관행에 비추어 부당하거나 과대한 이익을 제공하여 고객을 유인한 행위에 해당한다고 가정하더라도,[2] 과연 죄형법정주의의 원칙상 앞서 본 약사법 제47조 제2항을 위반하는 행위에 해당하는가 하는 것입니다.

Ⅱ. 검토의견

1. 공정거래법과 약사법의 비교

가. 규정 내용

(1) 공정거래법은 "부당하게 경쟁자의 고객을 자기와 거래하도

---

[2] 대법원은 공정거래법상 부당한 고객유인행위에 해당하는지를 판단하면서 정상적인 거래관행에 비추어 보아 부당하거나 과다한 이익의 제공에 해당되는지 여부를 판단하는 과정에서 공정경쟁규약은 중요한 기준이 될 수 있다고 판시한 바 있습니다. 예를 들면 대법원 2010. 11. 25. 판결 2009두9543사건(판례공보 2011년, 36면); 대법원 2010. 12. 9. 판결 2009두3507사건(법고을) 등이 그러합니다.

록 유인하거나 강제하는 행위", 즉 이른바 '부당한 고객유인행위'를 동법에서 규율하는 '불공정거래행위'의 하나로 규정합니다(동법 제23조 제1항 제3호). 그리고 '불공정거래행위' 일반에 관하여 보다 구체적으로 정하는 「불공정거래행위의 유형 및 기준」(동법 시행령 제36조 제1항 참조)은 "거래관행에 비추어 부당하거나 과대한 이익을 제공 또는 제공할 제의를 하여 경쟁사업자의 고객을 자기와 거래하도록 유인하는 행위"를 위와 같은 '부당한 고객유인행위'의 한 유형으로 정하고 있습니다(동 시행령 [별표 1의2] 제4호 가목).

(2) 한편 약사법은 A 회사와 같은 의약품 공급자가 판매 촉진을 목적으로 약사 등에게 경제적 이익 등을 제공하는 것을 금지하고 있습니다(동법 제47조 제2항 본문).[3] 다만 "견본품 제공, 학술대회 지원, 임상시험 지원, 제품설명회, 대금결제조건에 따른 비용 할인, 시판 후 조사 등의 행위로서 식품의약품안전처장과 협의하여 보건복지부령으로 정하는 범위 안의 경제적 이익 등인 경우"에는 이를 제공하는 것을 허용합니다(동항 단서). 이 법률규정에 근거하여 약사법 시행규칙의 [별표 2]에서(동 규칙 제44조 제4항 참조) 위와 같이 허용되는 경제적 이익 등의 범위에 관하여 보다 상세하게 규율하고 있습니다.

(가) 그 중에서 여기에서 문제되고 있는 「학술대회 지원」에 대하여 보면, ① 학술대회가 의학·약학 관련 학술연구 목적을 가진 비영리법인 등 일정한 자격을 갖춘 자가 주최하는 의학·약학 관련

---

3) 이 법규정은 사회적으로 이른바 '약사 또는 의사 등에 대한 리베이트 제공'을 제한하는 내용으로 알려져 있습니다. 아래에서 특히 주 11의 인용문에 있어서 '리베이트' 운운하는 것은 이러한 의미에서입니다.

학술연구 목적일 것,[4] ② 지원대상자는 해당 학술대회의 발표자·좌장座長·토론자일 것,[5] ③ 비용 지원은 학술대회 주최자로부터 받을 것,[6] ④ 지원 대상 비용은 교통비·식비·숙박비·등록비 용도의 실제 비용일 것[7]의 네 가지 요건을 모두 충족하는 경우에는 약사법 제47조 제2항 단서에 따라 허용되는 것으로 정하여져 있습니다.

  (나) 한편 약사법 제47조 제2항을 위반하는 행위를 한 의약품 공급자는 형사제재의 대상이 되어 3년 이하의 징역 또는 3천만 원 이하의 벌금에 처하여 질 수 있습니다(동법 제94조 제1항 제5호의2).[8] 이와 같은 형사처벌에 더하여 의약품 공급자는 약사법 위반행위가 인정된 관련 품목에 대하여 판매업무 정지 3개월(제1차 위반시)의 처분(동법 제76조 제1항 제5호의2, 의약품 등의 안전에 관한 규칙 제95조 및 [별표 8] 제35호 다목)과 최대 12개월의 요양급여정지처분(경우에 따라서는 요양급여 제외 처분)을 받을 수 있습니다(국민건강보험법 제41조의2 제1항 내지 제3항, 동법·시행령 제18조의2 제2항 및 [별표 4의2] 제2호).

---

4) 이를 '학술대회의 실체에 관한 요건', 줄여서 '학술대회 실체 요건'이라고 부를 수 있을 것입니다.
5) 이를 '지원 대상 의료인의 자격에 관한 요건', 줄여서 '피지원 의료인 자격 요건'이라고 부를 수 있을 것입니다.
6) 이를 '지원 방식에 관한 요건', 줄여서 '지원 방식 요건'이라고 부를 수 있을 것임.
7) 이를 '지원 대상 비용의 범위 요건', 줄여서 '비용 범위 요건'이라고 부를 수 있을 것입니다.
8) 판매 촉진의 목적으로 제공되는 경제적 이익 등을 수령한 약사 등도 같은 처벌을 받을 수 있습니다(본문 인용의 약사법 규정 참조).

(3) 이상에서 보는 바와 같은 '판매 촉진 목적의 경제적 이익 등 제공 금지' 및 그 예외 등에 관한 법규정은 의료법 및 동법 시행규칙에도 전적으로 동일하게 마련되어 있습니다(의료법 제23조의2 제2항, 제88조의2,[9] 동법 시행규칙 제16조의2 및 [별표 2-3] 참조).[10] 그러므로 이하에서는 일단 약사법 및 동법 시행규칙의 각 규정에 한정하여 논의를 전개하는 것으로 하되, 위 의료법 및 동법 시행규칙의 각 규정에 관하여는 필요한 범위에서 지적하고자 합니다. 약사법 및 동법 시행규칙에 대하여 논의하는 바가 의료법 및 동법 시행규칙에 대하여도 그대로 타당한 것임은 물론입니다.

(4) '학술대회 지원'과 관련하여 이 사건 규약과 약사법 시행규칙이 각 정하는 허용 요건을 서로 비교하면 아래와 같습니다.

공정경쟁규약	약사법
– 학술적·교육적 목적에 부합하는 내용과 방식으로 적절한 장소에서 개최되는 학술대회로 한정 – 발표자·좌장·토론자가 학술대회 주최자로부터 지원받는 실비의 교통비·등록비·식대·숙박비에 한하여 지원	– 의학·약학 관련 학술연구 목적을 가진 비영리법인 등 일정한 자격을 갖춘 자가 주최하는 의학·약학 관련 학술연구 목적의 학술대회일 것 – 지원대상자는 해당 학술대회의 발표자·좌장座長·토론자일 것 – 지원대상자는 학술대회 주최자로

---

9) 판매 촉진의 목적으로 경제적 이익 등을 제공하는 것 등을 금지하고 그에 위반하는 자를 처벌하는 현행의 의료법 제23조의2 제2항 및 제88조의2는 2016. 12. 20.자 법률 제14438호로 같은 법 제23조의3 제2항 및 제88조 제2호로 위치를 변경하였습니다. 그런데 이 법률 제14438호는 2017. 6. 21.에 효력을 발생하는 것으로 정하여져 있으므로, 현재는 여전히 같은 법 제23조의2 제2항, 제88조 제2호가 문제됩니다.

10) 그 외에도 의료기기법에도 동일한 취지의 규정이 있습니다(동법 제18조 제2항). 뒤의 주 18도 참조.

- 학술대회만을 지정하여 협회에 기탁하는 방식으로 지원 - 여행·관광·여가활동 지원 등 향응이나 접대와 결부되어서는 아니되며, 동반자에 대한 지원은 허용되지 않음 - 회원사는 학술대회 개최 60일 전까지 협회에 기부할 학술대회를 지정하여 신청서를 제출	부터 비용 지원을 받을 것 - 지원받는 비용은 교통비·식비·숙박비·등록비 용도의 실제 비용일 것

나. 입법 목적과 적용 대상(또는 범위)의 측면

(1) 먼저 입법 목적의 측면을 살펴보도록 하겠습니다.

(가) 공정거래법은 "사업자의 시장지배적 지위의 남용과 과도한 경제력의 집중을 방지하고 부당한 공동행위 및 불공정거래행위를 규제하여 공정하고 자유로운 경쟁을 촉진함으로써 창의적인 기업 활동을 조장하고 소비자를 보호함과 아울러 국민경제의 균형 있는 발전을 도모함"을 목적으로 합니다(동법 제1조).

그리고 대법원 2014. 3. 27. 판결 2013다212066사건(판례공보 2014년, 945면)은 여기에서 여기서 문제되고 있는 '부당한 고객유인행위'가 금지되는 취지에 대하여 "부당한 이익 제공으로 인하여 가격·품질·서비스 비교를 통한 소비자의 합리적인 상품 선택을 침해하는 것을 방지하는 한편, 해당 업계 사업자 간의 가격 등에 관한 경쟁을 통하여 공정한 경쟁질서를 유지하기 위한 데에 있다"고 판시한 바 있습니다.

그리고 이어서 "따라서 사업자의 행위가 경쟁사업자의 고객을 자기와 거래하도록 유인하는 행위에 해당하는 개별 사안에서 그 고객 유인행위의 위법성을 판단함에 있어서는, 이로 인하여 사업자와 경쟁사업자 상품 간의 가격 등 비교를 통한 소비자의 합리적인 선택이 저해되는지 여부, 해당 업계 사업자 간의 공정한 경쟁질서가 저해되는지 여부와 함께 사업자가 제공하는 경제적 이익의 정도, 그 제공의 방법, 제공기간, 이익 제공이 계속적·반복적인지 여부 등을 종합적으로 고려하여야 할 것"이라고 밝히고 있습니다.

　(나) 한편 약사법은 "약사藥事에 관한 일들이 원활하게 이루어질 수 있도록 필요한 사항을 규정하여 국민보건 향상에 기여하는 것"을 목적으로 하는 법률입니다(동법 제1조).

　그리고 헌법재판소 2015. 2. 26. 결정 2013헌바374사건(헌법재판소판례집 제27권 1집, 145면)은 앞서 본 의료법 제23조의3[11])의 입법목적에 대하여 "의료법[의 위] 조항은 의약품 리베이트로 인하여 약제비가 인상되는 것을 방지함으로써 국민건강보험의 재정 건전화를 기하고, 의사로 하여금 환자를 위하여 최선의 약품을 선택하도록 유도하여 국민의 건강증진을 도모하는 한편, 보건의료시장에서 공정하고 자유로운 경쟁을 확보하기 위한 것"이라고 판시하였습니다.

　그리고 이와 같은 취지는 약사법 제47조 제3항에 관하여 판단한 헌법재판소 2016. 2. 25. 결정 2014헌바393사건(헌법재판소공보 제233호, 387면)에서도 그대로 유지되고 있습니다.[12])

---

11) 위 헌법재판소 결정은 현행의 의료법 제23조의3이 2015. 12. 29. 법률 제13658호로 개정되기 전의 동법 제23조의2에 대한 것이나, 그 취지는 현행의 규정에도 그대로 적용된다고 하겠습니다.

12) 그 판단 부분을 그대로 인용하면 다음과 같습니다.
　"위 선례[즉 헌법재판소 2013헌바374 결정]의 의료법 조항과 [이 사건] 심판대상조항[즉 약사법 제47조 제3항]은 그 주체가 '의료인'인지 '약사'인지와 '의약품 채택·처방 유도 등 판매 촉진을 목적으로 제공되는 경제적 이익 등'인지 '의약품 채택 등 판매 촉진을 목적으로 제공되는 경제적 이익 등'인지만 차이가 있을 뿐, 그 이외의 내용이나 입법적 배

(다) 이상 살펴본 바에 의하면, 공정거래법상의 '부당한 고객유인행위' 금지와 약사법상의 '판매 촉진 목적의 경제적 이익 제공' 금지는 그 취지에 있어서 유사한 점이 있습니다. 즉 양자는 모두 한편으로 소비자가 최선의 재화를 공급받을 수 있도록 보장하고, 다른 한편으로 시장에서 공정하고 자유로운 경쟁을 확보하려는 취지에서 나온 것입니다. 그런데 공정하고 자유로운 경쟁이 확보되어야 하는 이유가 바로 소비자가 적정한 재화를 적정한 가격에 공급받을 수 있도록 보장하려는 데 있음을 상기하여 보면, 그 중점은 역시 공정한 경쟁질서의 확보에 있다고 하지 않을 수 없을 것입니다.

(라) 이러한 관점에서 자세히 음미하면 위의 두 금지규정의 규율 목적에는 역시 무시할 수 없는 차이가 있다고 할 것입니다. 공정거래법상의 '부당한 고객유인행위' 금지에 있어서는 공정한 경쟁질서의 확보에 그 중점이 있는 것이어서, 약사법에 있어서와 같이 "의약품 리베이트로 인하여 약제비가 인상되는 것을 방지함으로써

경은 차이가 없다. 따라서 의약품 리베이트 관행을 근절하지 못하면 의약품의 선택이 환자에 대한 치료적합성보다 리베이트 제공 여부에 따라 좌우될 소지가 크고, 그 비용은 의약품 등의 가격에 전가되어 결과적으로 소비자와 국민건강보험 재정에 부담을 주고 사회적 비용을 증가시킬 수밖에 없다. 제약회사 역시 신약개발이나 연구개발에 투자해야 할 재원을 리베이트 비용으로 지출함으로써 의약산업의 발전을 저해하는 요소가 될 수 있다는 의약품 리베이트의 폐해 및 그로 인한 의약품 리베이트 규제의 필요성에 있어서, 의약품을 취급하는 주체인 의료인이나 약사에게 차이가 없으므로 위와 같은 선례의 태도는 약사에게도 동일하게 적용되어야 한다. // 따라서 위와 같은 선례의 결정 이유는 이 사건에서도 그대로 타당하고, 그와 달리 판단해야 할 사정 변경이 있다고 할 수 없으므로, 선례의 견해를 유지함이 상당하다."(//은 단락 나눔을 나타낸 것입니다)

국민건강보험의 재정 건전화를 기한다"는 측면, 나아가 국민 건강
의 증진을 도모한다는 측면은 문제될 여지가 없습니다. 이들 측면
은 말하자면 보다 미시적인 이익, 즉 국민 개개인의 건강 증진이라
는 이익은 물론이고 특히 국민건강보험의 재정 건전화라는 이익을
두드러지게 부각하여 줍니다.

　　이는 뒤의 (2)에서 보는 공정거래법 및 약사법이 어떠한 사람
또는 계층을 그 주요한 적용 대상으로 하는가, 그 각 수범자受範者
가 서로 다르지 않은가의 문제와도 밀접한 연관을 가지는 것이라
고 하겠습니다.

　　(2) 나아가 각 법규정의 적용 대상 또는 적용 범위의 측면을
살펴보도록 하겠습니다.

　　(가) 공정거래법은 모든 산업에 공통적으로 적용되는 말하자면
일반법입니다. 동법 제1조는 '사업자'를 규율 대상으로 함을 밝히고
있는데, 여기서 '사업자'라고 함은 "제조업, 서비스업, 기타 **사업을
행하는 자**[13]" 일반을 가리키는 것으로 정의되고 있습니다(동법 제2조
제1호 전단).

　　(나) 그러나 약사법, 나아가 의료법은 의약품 공급자와 약사 등
의약품의 개발 · 제조 · 조제 · 수입 · 판매 · 유통을 하는 관계자를 수
범자로 하면서 제약업자 · 약사 및 의료인 등 일정 업종의 특수성을
고려한 특별법입니다.

　　앞서 본 대로 약사법은 "약사에 관한 일들이 원활하게 이루어

---

13) 강조는 인용자가 가한 것입니다.

질 수 있도록 필요한 사항을 규정"하는 것을 목적으로 하는데(동법 제1조), 여기서 "약사藥事란 의약품·의약외품의 제조·조제·감정鑑定·보관·수입·판매와 그 밖의 약학 기술에 관한 사항을 말한다"고 정의되고 있습니다(동법 제2조 제1호). 또한 의료법이 의료인("보건복지부장관의 면허를 받은 의사·치과의사·한의사·조산사 및 간호사를 말한다"고 정의되고 있습니다. 의료법 제2조 제1항 참조) 또는 의료기관("의료인이 공중 또는 특정 다수인을 위하여 의료·조산의 업을 하는 곳"이라고 정의되고 있습니다. 동법 제3조 제1항 참조)을 그 규율의 대상으로 함에는 의문이 없습니다.

(3) 이상에서 살펴본 바와 같이, 여기서 문제되는 위 두 법률상의 법규정들은 그 목적이나 취지, 나아가 적용의 대상이나 범위 등이 상당히 다릅니다.

그러므로 의료인에게 부당하게 경제적 이익 등을 제공하는 행위가 동시에 공정거래법과 약사법의 규율 대상이 될 수 있다고 하더라도, 이들 법의 위반 여부는 개별적으로 따져야 할 것이고, 공정거래법상 '부당한 고객유인행위'에 해당한다고 하여 그것이 바로 약사법의 관련 규정에 위반된다고 볼 수는 없습니다.

2. 형벌법규인 약사법 제47조 제2항의 해석 원칙

가. 죄형법정주의의 원칙

(1) 죄형법정주의罪刑法定主義라고 함은 일정한 행위를 범죄로 하고 이에 대하여 형벌을 부과하기 위하여는 반드시 행위 당시에 명확히 제정·공포된 성문의 법률을 필요로 한다는 원칙을 말합니다. 이는 간결하게는 "법률 없으면 범죄 없고, 형벌 없다(Nullum

crimen sine lege, nulla poena sine lege)"라는 표어로 표현됩니다.

죄형법정주의의 원칙은 주지하는 대로 형법 제1조 제1항("범죄의 성립과 처벌은 행위시의 법률에 의한다")에서 명확하게 규정되어 있는데, 이는 헌법 제13조 제1항("모든 국민은 행위시의 법률에 의하여 범죄를 구성하지 아니하는 행위로 인하여 소추되지 아니하며 …")에서도 정면으로 정하여져 있는 헌법적 차원의 법원리이기도 합니다.[14)]

죄형법정주의 원칙의 구체적인 내용에 대하여는 일반적으로 ① 법률주의 또는 관습형법 금지의 원칙, ② 소급효 금지의 원칙, ③ 명확성의 원칙, ④ 유추해석 금지의 원칙 등이 인정되고 있습니다.[15)]

(2) 이러한 죄형법정주의에 따르면 형벌법규는 문언에 따라 엄격하게 해석·적용하여야 합니다. 물론 형벌법규의 해석에 있어서도 가능한 문언의 의미 내에서 당해 규정의 입법 취지와 목적 등을 고려한 법률체계적 연관성에 따라 그 문언의 논리적 의미를 분명히 밝히는 체계적·논리적 해석방법은 그 규정의 본질적 내용에 접근한 해석을 위한 것으로서 죄형법정주의의 원칙에 부합하는 것이지만, 일반적으로 피고인에게 불리한 방향으로 확장해석하거나 유추해석하여서는 안 되는 것이 확고한 대법원의 입장입니다. 여기서 중요한 것은 그러한 체계적·논리적 해석도 '가능한 문언의 의미 내에서' 이루어져야 한다는 점입니다.

이러한 취지를 밝히는 대법원의 판결은 다수에 이르나, 비교적

---

14) 이상에 대하여는 우선 박재윤 편집대표, 주석 형법총칙(1), 제2판(한국사법행정학회, 2011), 52면(김대휘 집필부분) 참조.

15) 무엇보다도 이재상, 형법총론, 제7판(박영사, 2011), 14면 이하 참조. 본문에서 든 것 외에 실질적 법치국가의 관점에서 ⑤ 적정성의 원칙도 죄형법정주의의 내용을 이룬다고 주장되기도 합니다.

근자의 것으로 우선 대법원 2007. 6. 14. 판결 2007도2162사건(판례
공보 2007년, 1118면); 대법원 2012. 9. 13. 판결 2010도1763사건(판례
공보 2012년 하권, 1696면) 등을 들 수 있습니다.

　(3) 또한 대법원 2014. 5. 29. 판결 2013도6324사건[16]은 —이
사건에서와 같이 의약품 공급자가 문제된 것은 아니지만— 의료기
기 도매상이 의료기관에 경제적 이익을 제공한 것이 의료기기법
제17조 제2항[17] 및 의료법 제23조의2 제2항[18]에 위반되는지 여부
를 다루고 있습니다.

　위의 판결은 다음과 같은 사실관계에 대한 것입니다. 피고인
A, B 및 C는 의료기기 판매업자들로서 의료기기 도매상으로부터
보험상한가보다 저렴하게 의료기기를 납품받아 의료기관에 공급하
고, 이와 같이 저렴한 납품대금을 지급한 의료기관은 국민건강보험
공단으로부터 보험상한가로 의료기기의 대금을 급여로서 지급받은

---

16) 이 대법원판결은 공간되지 아니한 것으로서, 제가 개인적으로 입수한 것
　　입니다. 그렇다고 하여도 이 판결의 선례로서의 가치는 조금도 훼손되지
　　아니함은 물론입니다.

17) 2010. 5. 27.자 법률 제10326호로 개정된 의료기기법은 제17조 제2항을
　　신설하여 위에서 본 약사법 제47조 제2항과 유사한 취지를 정하였는데,
　　그 문언은 조금 다릅니다. 즉 "[의료기기] 판매업자·임대업자는 의료기
　　기 채택·사용 유도 등 판매 및 임대 촉진을 목적으로 의료인이나 의료
　　기관 개설자(법인의 대표자나 이사, 그 밖에 이에 종사하는 자를 포함한
　　다)·의료기관 종사자에게 경제적 이익 등을 제공하여서는 아니 된다.
　　다만 견본품 제공 등의 행위로서 보건복지부령으로 정하는 범위 내의
　　경제적 이익 등인 경우에는 그러하지 아니하다"는 것입니다.

18) 위의 사건에서 문제된 행위가 행하여질 당시의 의료법 제23조의2도 앞
　　의 주 18에서 인용한 바 있는 당시의 의료기기법 제17조 제2항과 전적
　　으로 동일한 문언을 사용하여 의료인 등은 판매 촉진의 목적으로 제공
　　되는 경제적 이익 등을 받아서는 아니 된다는 내용으로 되어 있었습니다.

다음 피고인들과 의료기관은 보험상한가와 실제 납품가격의 차액을 나누어 가졌습니다. 또한 피고인 D는 위와 같이 의료기기를 납품받은 의료기관의 원장으로서 ―원심판결이 인정한 바에 의하면― "계약 체결에 관여하거나 의료기관의 수입·지출 등의 업무를 담당"하였습니다.

검사는 피고인 A, B 및 C의 행위는 당시 시행 중이던 의료기기법 제17조 제2항에, 피고인 D의 행위는 의료법 제23조의2 제2항에 각 위반하는 것으로 기소하였습니다. 그러나 원심법원은 피고인들의 위와 같은 행위가 "건전한 보험재정을 해하는 것으로 비난받아 마땅하다"고 하면서도 이들 전원에 대하여 무죄를 선고하였습니다. 그 이유는, 피고인들의 위와 같은 행위 당시에 시행되고 있던 위 각 법규정의 문언상 금지되고 있는 행위는 경제적 이익 등을 '의료인, 의료기관 개설자 또는 의료기관 종사자'에게 제공하는 것이지, 그것이 의료기관 자체에 제공되는 것은 위 법규정에 명확하게 금지되어 있지 않다는 것입니다. 그런데 위의 사건에서 문제된 그 경제적 이익은 의료기관 자체에 제공되었다고 할 것이고, '의료인, 의료기관 개설자 또는 의료기관 종사자'에게 제공된 것이 아니므로, 검사가 공소를 제기한 피고인들의 행위가 위 각 법규정에서 금지된 행위에 해당하지 않는다는 것입니다.

대법원은 위 판결에서 "관련 법리 및 원심이 유지한 제1심이 적법하게 채택한 증거들에 비추어 살펴보면, 원심의 위와 같은 판단은 정당하고, 거기에 의료법이나 의료기기법상의 부당한 경제적 이익 등의 취득이나 제공 금지에 관한 법리를 오해한 잘못이 없다"고 판단하고, 검사가 제기한 피고인들에 대한 상고를 모두 기각하였습니다.

이 대법원판결은 여기서 문제되고 있는 약사법 또는 의료법의 규정들이 어떻게 해석·적용되어야 하는가에 대하여 극히 의미 깊은 시야를 열어줍니다. 그것은 다름아니라 형벌법규는 죄형법정주의의 원칙상 문제된 행위 당시 시행되던 법규정의 문언에 엄격하게 구속되어 해석·적용되어야 하며, 이 점은 피고인이 혹 '비난받아 마땅한 행위'를 하였다고 하여도 그에 의하여 달라지지 않는다는 것입니다.

나. 약사법 해석에서의 죄형법정주의 원칙

(1) 이러한 죄형법정주의 원칙과 대법원의 입장에 의하면, 약사법 제47조 제2항이 금지하는 '판매촉진 목적의 경제적 이익 등 제공'에 해당하는지 여부도 그 문언에 좇아 엄격하게 판단하여야 하고 피고인에게 불리한 방향으로 확장해석하거나 유추해석하여서는 안 됨은 물론입니다.

(2) 그렇다면 약사법 제47조 제2항의 소극적 구성요건에 해당하는 동법 시행규칙에서 정하는 바의 허용되는 경제적 이익인지, 즉 약사법상 허용되는 학술대회 참가비용 지원인지 여부를 판단함에 있어서, 임의로 동법 시행규칙에서 정한 요건 외에 별도의 요건을 추가하여 약사법이 허용하는 학술대회 지원 행위의 범위를 축소하고 나아가 법에서 정하여지지도 아니한 그 별도의 요건을 갖추지 못하였다는 이유로 약사법 위반의 형사처벌 대상이라고 판단하는 것은 형벌법규의 확장해석을 금지하고 있는 죄형법정주의에 비추어 허용되지 아니한다고 할 것입니다.

3. 이 사건 행위가 약사법 제47조 제2항 위반인지 여부

(1) 앞서 살펴본 바와 같이 공정거래법과 약사법은 그 규율 목적 및 적용 범위가 상당히 상이합니다. 뿐만 아니라 그 각 법률에서 형사처벌의 대상으로 정하고 있는 행위, 즉 범죄에 해당하는 행위의 구성요건도 서로 다릅니다. 따라서 그 각 법률에서 정한 범죄행위에 해당하는지 여부의 판단서도 각 법률에 정하여진 법규정에 좇아서 개별적으로 정하여져야 할 것입니다.

그러므로 이 사건 행위가 공정거래법상 '부당한 고객유인행위'에 해당한다고 하더라도 이러한 이유만으로 바로 약사법에서 정하는 '판매촉진 목적으로 경제적 이익 등을 제공한 행위'에 해당한다고 할 수는 없는 것입니다. 이는 위 행위를 금지하고 그 위반에 형사처벌을 정하고 있는 약사법 제47조 제2항이 죄형법정주의의 적용을 받는 형벌법규라는 점에서 당연히 그러합니다.

(2) 종래 공정거래법상 '부당한 고객유인행위'에 해당하는 행위에 대하여 약사법 제47조 제2항 위반에 해당한다는 판단이 이루어진 사례가 있기는 하였습니다. 이 사례는 다음과 같은 사실관계에 대한 것입니다. A제약회사가 병의원 의사들에게 현금성 지원으로 현금, 상품권, 주유권 지급, 명품지갑 등 고가 물품 제공 및 월세 등을 대납하는 방식으로 허용되지 않는 경제적 이익을 제공한 것에 대하여, 공정거래위원회는 공정거래법 제23조 제1항 제3호(부당하게 경쟁자의 고객을 자기와 거래하도록 유인하는 행위)에 해당된다고 판단하고, 부당한 고객유인행위를 금지하는 시정명령과 과징금을 부과하였고(의결 제2014-010호, 2012서경0888), 나아가 검찰에 고발하였습니다(결정 제2014-007호, 2012서경0888). 검찰은 추가적인 수사를

진행한 후 A제약회사가 허용되지 않는 경제적 이익을 제공하여 약
사법 제47조 제2항을 위반하였다는 것으로 기소하였고, 이에 대하
여 1심 법원은 유죄 판결을 선고하였던 것입니다(서울서부지방법원
2016. 2. 18. 판결 2014고단3358사건).

　　그러나 위 사례는 공정거래법에서 금지하는 부당고객유인행위
라서 바로 약사법 위반으로 판단된 것이 아니라 해당 행위가 공정
거래법상 부당고객유인행위에 해당하는 한편 약사법 제47조 제2항
의 구성요건도 충족한 것으로 판단되었기 때문에 약사법 위반이
인정된 것입니다.

　　약사법 제47조 제2항은 원칙적으로 '판매촉진 목적으로 경제적
이익 등을 제공'하는 것을 금지하면서 예외적으로 그것이 허용되는
경우를 정하고 있고 그 중 학술대회 참가비용 지원은 약사법 시행
규칙에서 정한 일정한 요건을 갖춘 경우에 허용되고 있습니다. 그
렇다면 이 사건 행위가 약사법 제47조 제2항을 위반한 것인지 여부
는 이 사건 행위가 위 약사법 시행규칙에서 정한 요건을 충족하는
지에 따라서만 판단되어야 할 것입니다.

　　(3) 또한 의료인의 관점에서 보더라도 이 사건 행위를 약사법
제47조 제2항 위반으로 판단하는 것이 합리적인 법해석이라고 하
기는 어려울 것입니다. 이 사건 의약업협회 공정경쟁규약은 사업자
단체인 한국글로벌의약산업협회에 의하여 채택된 것이고, 그 수범
자는 이에 속한 회원사들에 한정됩니다. 한편 앞에서 본 대로 약사
법과 의료법 모두 판매 촉진의 목적으로경제적 이익 등을 수수授受
하는 것을 금지하는 취지의 규정을 두고 있고, 금지되는 경제적 이
익 등을 제공하는 의약품 공급자는 약사법 또는 의료법의 적용을
받고 이를 수령하는 의료인은 의료법의 적용을 받고 있습니다. 이

러한 현행법 체계 하에서 공정경쟁규약이 정한 요건을 준수하지
않았다는 이유로 이 사건 행위를 약사법 제47조 제2항 위반으로 판
단한다면, 이 사건 행위에서 문제된 A 회사의 학술대회 참가비용을
지원받은 의료인은 의료법을 위반한 것이 되고, 이에 따라 동법에
서 정하는 형사처벌의 대상이 됩니다.

위에서 살펴본 바와 같이 이 사건 행위가 위 약사법에서 허용
되는 경제적 이익 등에 해당한다면 동일한 요건을 정하고 있는 의
료법상으로도 적법한 것으로 허용된다고 함은 물론입니다. 그런데
해당 의사들의 입장에서는 정작 자신들에게 적용되는 의료법을 준
수하여 학술대회 참가비용 지원을 받았음에도, 자신들에게는 전혀
적용이 없는 사업자단체들의 자율 규범인 이 사건 의약업협회 공
정경쟁규약의 위반을 이유로 형사처벌을 받게 됩니다. 이는 매우
불합리한 결과라고 하지 않을 수 없습니다.

Ⅲ. 결론

결론적으로, 이 사건 의약업협회 공정경쟁규약에서 정하는 요
건을 위반했다고 해서 바로 그것이 그러한 요건을 정하고 있지 아
니한 약사법 제47조 제2항을 위반한 것이 된다고 한다면, 이는 법
률이 범죄로 규정하지 아니하였다면 처벌할 수 없다는 죄형법정주
의에 정면으로 반하는 것이라고 하겠습니다. 따라서 이 사건 행위
가 공정거래법상의 '부당한 고객유인행위'에 해당한다고 하더라도
이로써 약사법 제47조 제2항을 위반한 것으로 판단되어서는 안 된
다고 생각됩니다.

(2017년 5월 작성)

10. 지급보증의 범위와 법정대위, 동기의 착오 등

사　　　　건　　2016다○○　지급보증금
원고·피상고인　　주식회사　○○은행
피고·상 고 인　　○○투자증권 주식회사, ○○금융투자 주식회사

　　본인은 위 사건에 관하여 피고들의 대리인으로부터 법률의견
을 요청 받아 다음과 같이 의견을 제출합니다.

다　　　음

Ⅰ. 사건의 개요와 법률의견 제출의 대상

1. 사건의 개요

　　본인이 피고들의 대리인으로부터 제공받은 자료에 의하여 파
악한 이 사건의 사실관계는 다음과 같습니다.

가. 원고 주식회사 ○○(이하 "원고 회사"라고 부릅니다)의 자산유동화 대출

　　(1) 원고[1]는 휴대폰 단말기를 공급하는 업체들이 주식회사 ○○

---

1) 이 사건에서 원고는 이하에서 보는 대로 매매대금채권의 수탁자, SPC의

(이하 'A 회사'라고 부르기로 합니다)에 대하여 가지는 매매대금채권을 기초로 하는 '자산유동화대출(asset-backed loan)'을 실행하기로 하고, 이를 위하여 여러 개의 특수목적법인(special purpose company. 이하 'SPC'라고 부르기로 합니다)을 설립하였습니다. 그리고 단말기 공급업체가 A 회사에 대하여 가지는 매매대금채권을 원고에게 신탁하고,[2] 원고는 그와 같이 신탁된 매매대금채권으로부터 발생하는 수익(그 채무의 이행금, 즉 단말기 대금이 주된 내용이 됩니다)을 받을 수 있는 제1종 수익권을 SPC에게 부여하기로 하는[3] 계약을 각 체결하는 한편, SPC와 원고 및 피고들은 SPC가 그 수익권을 담보로 제공하여 원고로부터 위와 같이 신탁된 매매대금채권 금액의 90% 정도를 대출받으며 피고가 SPC의 대출금채무를 보증하는 계약을[4] 각 체결하였습니다.

    (2) 위 각 계약들에 의하여 이루어지게 되는 대출의 실행과 그 상환의 개략적인 모습은 다음과 같습니다.
    ① 원고(수탁자)는 위탁자(개별 휴대폰 단말기 공급업체)가 A 회

업무수탁자 및 자산관리자, 그리고 대주의 지위를 모두 겸하고 있습니다. 이하에서는 일반적으로 "원고"라고만 표시하되, 특별히 그 법적 지위를 개별적으로 분리하여 설명할 필요가 있는 경우에는 괄호 안에 그 지위를 부기하도록 하겠습니다.

2) 휴대폰 단말기 공급업체가 위탁자가 되어 자신이 보유하는 A 회사에 대한 매매대금채권을 원고에게 위탁하는 것을 내용으로 하는 금전채권신탁계약 및 그에 관한 특약.

3) SPC에게 매매대금채권의 제1종 수익권을 부여하고, SPC가 대주인 원고로부터 받은 대출금으로써 그 수익권의 인수대금을 수탁자인 원고에게 지급하기로 하는 내용의 업무위탁계약.

4) 원고가 매매대금채권에 대한 수익권을 담보로 SPC에 대하여 대출을 실행하고 해당 대출에 대하여 피고가 보증을 제공한다는 내용으로, 원고와 피고, 그리고 SPC가 당사자가 되어 체결한 대출계약.

사에 휴대폰 단말기 등을 공급함으로써 가지게 되는 매매대금채권
을 수탁받아 취득합니다.

② 원고는 위와 같이 수탁받은 매매대금채권으로부터 발생하
는 수익(채무이행금, 즉 단말기 대금 등)을 최우선적으로 지급받을 수
있는 제1종 수익권을 SPC에 발행합니다.

③ 원고(대주)는 SPC의 수익권을 담보로 취득하는 조건으로
SPC에게 대출절차를 실행하되, 대출금은 수탁된 매매대금채권 금
액의 약 90%에 해당하는 액으로 미리 정하여져 있습니다.

④ SPC는 위와 같이 대출받은 금액을 원고(수탁자)에게 위 제1
종 수익권의 인수대금으로 지급합니다.

⑤ 원고(수탁자)는 위 인수대금을 위탁자에게 매매대금채권 위
탁의 대가로 지급합니다.

⑥ 이후 매매대금채권의 변제기가 도래하면 A 회사가 원고(수
탁자)에게 단말기 매매대금을 지급합니다.

⑦ 원고(수탁자)는 위와 같이 지급받은 매매대금채권 금액을
제1종 수익권에 기초한 수익으로서 SPC에게 지급합니다.

⑧ SPC는 이 수익금으로써 원고(대주)에 대한 대출금을 상환합
니다.

(3) 원고는 2011년부터 위와 같은 방식으로 A 회사에 대한 매
매대금채권을 상환재원으로 한 대출을 취급하여 왔습니다. 그리하
여 2011년 8월부터 2013년 4월까지 40여 차례에 걸쳐 약 2천억 원[5]
이 대출되었고 그 대출금은 순차로 상환되어 오고 있었습니다. 이
사건 피고들과 원고 사이의 지급보증계약은 위 ③의 과정에서 발
생하는 SPC의 원고(대주)에 대한 대출금채무에 대하여 이루어졌습

---

5) 정확한 대출금액은 199,358,000,000원입니다.

니다(이하 이들 지급보증의 대상이 되는 자산유동화대출 거래를 '이 사건 자산유동화대출 거래'라고 부르기로 합니다). 그 구체적인 경위는 다음 과 같습니다.

나. 피고 ○○투자증권 주식회사(이하 '피고 1'이라고 부르기로 합니다)의 지급보증

(1) 원고는 위와 같은 방식으로 운영하여 오고 있던 자산유동 화대출과 관련하여 매출채권을 추가로 신탁하고 추가 대출을 실행 하려 하였습니다. 그러나 원고 내부에서 A 회사의 태양광발전사업 의 추진 등으로 인하여 우발채무가 증가된다는 우려가 제기되어 A 회사의 신용을 보강해야 한다는 논의가 있었고, 이에 원고는 2013 년 8월 ○일경 피고 1에게 그 추가 대출에 관하여 지급보증을 하여 줄 것을 요청하였습니다.

(2) 원고는 2013년 9월 ○일 종래 원고가 매매대금채권을 위탁 받아 취득하기 위하여 체결한 위탁자 ○○ 회사(이하 'B 회사'라고 부르기로 합니다)와의 금전채권신탁계약 및 특약상의 신탁매매대금 채권의 금액을 2,300억 원으로 증액하였습니다. 그리고 원고는 종 전에 B 회사와 원고 사이에 정한 대출한도를 2,000억 원에서 2,300 억 원으로 증액한 다음, SPC('중앙XX'라고 불렸습니다. 이하 '중앙XX'라 고 부르기로 합니다) 및 피고 1과 사이에 "원고가 중앙XX에게 300억 원을 추가 대출하고, 피고 1은 위 300억 원의 추가 대출금 채무를 지급보증"하는 내용의 대출약정을 체결하였습니다(제1대출약정).

그리고 원고는 제1대출약정에 따라 중앙XX에게 2013년 9월부 터 같은 해 12월까지 7차례로 나누어 도합 300억 원을 대출하였습 니다.

다. 피고 ○○금융투자 주식회사(이하 '피고 2'라고 부르기로 합니다)**의 지급보증**

(1) 원고는 2013년 10월 경 종전과 완전히 동일한 거래구조 아래 위탁자와 SPC만을 새롭게 정한[6] 자산유동화대출 거래를 조직하고, 피고 2에게 위의 거래에 대한 지급보증을 요청하여, 피고 1의 경우와 마찬가지로 원고·피고, 그리고 SPC(B 회사)를 계약당사자로 하여 대출 및 지급보증을 내용으로 하는 대출약정을 체결하였습니다(제2대출약정). 피고 2가 지급보증한 자산유동화대출 거래에 있어서 위탁자는 ○○(이하 'C 회사'라고 부르기로 합니다)이며, 그 SPC는 'YY'라는 이름으로 불립니다.

(2) 원고는 제2대출약정에 따라 SPC(B 회사)에게 2014년 1월 ○일 및 같은 달 ○일의 두 차례로 나누어 도합 124억여 원을 대출하였습니다.

라. 대출사기 범행의 발각 및 이 사건 소송에 이르게 된 경위

(1) 금융감독원은 2014년 2월 저축은행들에 대하여 감사를 실시하는 과정에서 대출사기의 범행이 행하여진 것을 밝혀냈습니다. 즉, 이 사건 자산유동화대출 거래상의 위탁자들이 실제로는 A 회사와 사이에 단말기공급계약이나 대리점계약 등을 체결한 사실이 없음에도 위탁자(B 회사 및 C 회사)의 각 대표자인 전주엽이 A 회사의 직원인 갑 등과 공모하여 A 회사 명의의 단말기공급계약서 및 대리점계약서, 매출채권확인서, 매출채권신탁승낙서 등을 위조하는 방법으로 마치 B 회사 또는 C 회사가 A 회사와의 사이에 단말기공

---

6) 그 내용은 이 단락 말미 참조.

급계약 및 대리점계약 등을 체결하고 그에 기하여 A 회사에 대하여 매매대금채권을 가지고 있는 것처럼 허위의 외관을 작출하여 이 사건 자산유동화대출과 같은 방법으로 금융기관들로부터 위와 같이 허위인 매매대금채권을 담보로 대출받음으로써 대출금 상당액을 편취하였던 것입니다.

(2) 원고는 그 후인 2014년 2월 ○일 이 사건 자산유동화대출 거래의 각 차주 SPC인 중앙XX와 YY에게 "이 사건 자산유동화대출 거래에 관한 약정[즉, 제1대출약정 및 제2대출약정]의 제13조 제2항 제1호에 따라 기한의 이익이 상실되었으므로 즉시 대출원리금 잔액을 상환할 것"(꺾음괄호 안은 인용자가 부가한 것입니다. 이하 같습니다)을 요구하는 한편, 같은 날 피고들에게 제1대출약정 및 제2대출약정에 따른 지급보증금을 지급할 것을 각 요구하였습니다.

(3) 이에 대하여 피고 1은 2014년 2월 ○일 원고에게 "제1대출약정은 착오에 의한 것으로서 이를 취소하므로 원고의 청구에 응할 수 없다"는 뜻을 알리고 같은 해 3. 10. 제1대출약정에 의하여 지급받았던 지급보증수수료 110,007,237원을 반환하였습니다. 피고 2 역시 같은 달 ○일 원고에게 같은 취지로 통지하고 같은 해 3월에 제2대출약정에 의하여 지급받았던 지급보증수수료 13,427,210원을 반환하였습니다.

(4) 원고는 피고들이 위와 같은 각 지급보증계약에 기하여 그 지급보증책임을 이행하여야 한다고 주장하면서 2014년 5월 서울중앙지방법원에 이 사건 소를 제기하였습니다.

2. 당사자들의 주장

(1) 피고들은 다음과 같이 주장합니다.

즉, 이 사건 SPC들은 모두 오로지 위와 같은 거래구조를 위하여 만든 명목상의 회사로서, 위탁자로부터 원고에게 신탁된 A 회사에 대한 매매대금채권으로부터 발생하는 수익(그 채무의 이행금, 즉 단말기 대금이 주된 내용이 됩니다)을 받을 수 있는 제1종 수익권을 부여받은 것 외에 달리 재산이 없습니다. 따라서 A 회사가 위와 같은 매매대금채무를 아예 부담하지 아니하거나 매매대금채무를 원고(수탁자)에게 변제하지 아니한다면, SPC로서는 원고에 대한 대출금채무를 변제할 수 있는 여지가 전혀 없습니다. 그런데 이 사건에서 A 회사는 원고(수탁자)에게 매매대금채무를 변제하지 아니하였고, 결국 이 사건 SPC들은 원고에 대한 대출금채무를 이행하지 못하였습니다. 무엇보다도 중요한 것은, A 회사가 원고(수탁자)에게 매매대금채무를 변제하지 아니한 이유는 A 회사가 이 사건 자산유동화대출 거래 전이나 특히 그 후에 매매대금채무를 변제할 재산적 능력이 악화되었기 때문이 아니라, 원고(수탁자)가 이 사건 자산유동화대출 거래로 수탁받아 취득하였고 원고가 가지는 이 사건 각 대출금채권의 만족을 최종적으로 보장하는 휴대폰 단말기 공급업체(신탁자)들의 휴대폰 단말기 매매대금채권이 앞에서 본 대로 사기적 행위로 인하여 작출된 허위·무실의 권리로서 애초부터 존재하지 아니하였기 때문입니다. 즉 원고는 처음부터 이 사건 각 대출의 전제가 되는 유효한 매매대금채권을 가지고 있지 아니하였고, 피고들의 이 사건 지급보증약정으로 인한 법적 책임이 이러한 경우에까지 미친다고 할 수 없으므로, 원고의 이 사건 청구는 받아들여져서는 안 된다는 것입니다.

다시 말하면, 피고들은 이 사건 지급보증약정은 A 회사가 매매
대금채권을 변제할 재산적 능력이 부족하여 변제를 하지 못함으로
써 이 사건 SPC가 대출금을 상환하지 못한 경우에 지급보증책임을
부담한다는 내용일 뿐이고, 원고(수탁자)가 애초 매매대금채권 자체
를 취득하지 못함으로써 A 회사가 그 지급을 거부하는 경우에도
지급보증책임을 부담한다는 내용은 아니라고 주장하고 있습니다.
원고가 A 회사의 정당한 매매대금채권이 존재하는지 직접 확인한
후 이를 취득하는 것이 이 사건 각 대출의 선행조건이므로, 이 사
건 지급보증약정에 따른 책임 역시 그와 같은 선행조건이 충족된
대출에 한하여 발생한다는 것입니다.

   (2) 이에 대하여 원고는, 이 사건 지급보증계약은 A 회사가 매
매대금채권을 변제할 재산적 능력이 부족하여 변제를 하지 못함으
로써 이 사건 SPC들이 대출금을 상환하지 못한 경우뿐만 아니라,
원고(수탁자)가 취득한 매매대금채권이 허위의 것으로서 애초 부존
재하여 원고를 그 정당한 채권자로 볼 수 없기 때문에 A 회사가 매
매대금채권에 따른 변제를 거부함으로써 이 사건 SPC들이 대출금
을 상환하지 못한 경우에도 피고들이 지급보증책임을 부담한다는
것이 이 사건 지급보증계약의 내용이라고 주장하고 있습니다. 이
사건 지급보증계약의 문언에 "원고가 A 회사의 정당한 매매대금채
권을 취득하였을 경우에 한하여 피고가 지급보증책임을 진다"는 명
시적인 제한이 없다는 것이 그 주된 이유입니다.
   한편 피고들은, 설령 원고가 주장하는 취지대로 이 사건 지급
보증약정의 내용이 해석된다고 하더라도, 그 약정은 착오를 이유로
취소할 수 있거나 민법 제485조에 의하여 피고들의 보증책임이 감
면되어야 한다고 주장하고 있습니다.

3. 제1심 법원의 판단

2015년 9월에 제1심 법원은 원고의 청구를 전부 기각하면서, 다음과 같이 그 이유를 설시하였습니다(2014가합○○ 판결).[7]

가. 처분문서는 그 진정성립이 인정되면 특별한 사정이 없는 한 그 처분문서에 기재되어 있는 문언의 내용에 따라 당사자의 의사표시가 있었던 것으로 객관적으로 해석하여야 하고, 그 문언의 객관적인 의미가 명확하게 드러나지 아니하거나 당사자의 일치하는 의사가 없어 당사자의 의사해석이 문제되는 경우에는 문언의 내용, 그와 같은 약정이 이루어진 동기와 경위, 약정에 의하여 달성하려는 목적, 당사자의 진정한 의사 등을 종합적으로 고찰하여 논리와 경험칙에 따라 합리적으로 해석하여야 하는바(대법원 2001. 2. 27. 선고 99다23574 판결 등 참조), 갑 제3, 7호증, 을나 제34호증의 1, 2의 각 기재 및 증인 권혁준, 홍기풍의 각 증언에 변론 전체의 취지를 종합하여 인정되는 다음과 같은 사정들을 고려하면, 제1 및 제2 대출약정에 의하여 지급보증을 한 당사자의 의사는, 대출을 담당하는 금융기관인 원고가 정상적인 업무처리 규정과 절차를 준수하고 필요한 서류들을 징구하며 그 서류 내용의 진정성을 확인하는 등 선량한 관리자로서 통상의 주의의무를 다하여 실행한 대출에 대하여 지급보증책임을 부담한다는 취지로 해석함이 상당하므로, 위조된 서류에 의하여 대출이 실행된 경우 원고가 그 서류가 위조된 것임을 알았거나 선량한 관리자로서의 주의의무를 다하였더라면 그 서류가 위조된 것임을 알 수 있었던 때에는 피고들은 제1 및 제2 대출약정에 따른 지급보증책임을 부담하지 않는다고 할

---

7) 고딕체에 의한 강조는 본인이 부가하였습니다.

것이다. 그리고 제1 및 제2 대출약정이 위와 같이 해석되는 이상, 피고들이 지급보증인으로서 스스로 채무자의 자력 및 신용상태 등에 대하여 조사·확인하여 지급보증함에 있어 그와 같은 조사·확인을 게을리하거나 제대로 하지 아니한 과실이 있다고 하더라도 그와 달리 볼 수 없다고 할 것이다.

나. 금융기관의 대출에 대한 지급보증계약은 원칙적으로 대출채무자의 자력이 부족하거나 악화되는 등의 신용위험의 발생을 대비하여 그 지급을 담보받기 위한 것으로, 대출을 담당하는 금융기관의 업무상 과실로 인하여 대출원리금을 상환받지 못하는 위험의 발생을 대비한 것이 아니다. 또한 **대출 실행은 이를 담당하는 금융기관의 전적이고 배타적인 지배영역 내에서 이루어지는 것이므로, 그와 같은 업무를 처리하는 과정에서의 과실로 인하여 발생한 위험은 원칙적으로 금융기관이 부담하는 것이 옳다.** 따라서 지급보증인이 스스로 채무자의 자력과 신용상태 등에 대한 조사를 거쳐 보증 여부를 결정하고 소정의 보증료를 수령함으로써 보증금액 내에서 위험을 인수한다고 하더라도, 지급보증인이 금융기관과의 사이에 금융기관의 업무상 과실로 인한 위험까지 인수하기로 하는 별도의 합의가 있었다는 등의 특별한 사정이 없는 한, 지급보증인이 인수한 위험에 금융기관의 업무상 과실로 인한 위험까지 포함된다고 볼 수는 없다.

다. 제1 및 제2 대출약정에 따르면 원고는 대출 실행 전에 매출채권확인서 등을 제출받고(제3조), 원금 상환에 있어 채무자로부터 매출채권 상환내역서를 교부받아 대출금 상환 내역에 대한 적정성을 확인하며(제6조 제2항), 대출 실행은 기한 이익 상실 사유의 부존

재, 차주의 법인인감증명서, 매출채권확인서 등의 서류 제출, 신탁
대상 채무자의 신용평가등급이 일정 등급 이상을 유지할 것 등의
조건이 충족되는 것을 선행 조건으로 하고(제12조 제1항), 원고에게
제출하는 채무자의 서류는 원본 또는 그 진정성에 관하여 채무자
의 업무수탁자가 확인한 사본으로 제출할 수 있다(제12조 제2항)고
정하여 원고에게 대출에 관련된 업무를 처리함에 있어 대출의 적
정성을 보장하기 위한 절차를 거치고 서류들을 갖추며 그와 같은
서류들의 진정성을 확인할 것을 요구하거나 원고가 그러한 의무를
부담함을 전제로 하고 있다.

4. 원심법원의 판단

2016년 8월 원심법원은 원고의 청구를 전부 인용하면서, 다음
과 같이 그 이유를 설시하였습니다(2015나○○ 판결).[8]

가. 착오에 의한 취소 주장

원심법원은, 피고들의 이 사건 지급보증관련 업무 담당자들이
매출채권이 존재하는 것으로 잘못 알고 이 사건 대출약정을 체결
한 사실을 인정할 수 있으나, 매출채권이 실재하고 그것이 이 사건
대출약정의 전제라는 점이 원고에게 표시되어 이 사건 대출약정의
내용으로 되었다고 볼 수 없고, 피고들이 설령 내심으로 '담보물인
매출채권이 실재하고 담보가치도 충분하므로 피고들이 지급보증채
무를 이행하더라도 특수목적법인이나 A 회사에 대한 구상권 행사
에는 문제가 없을 것'이라고 기대하였다고 하더라도, 그러한 동기

---

8) 본건 의견서 검토에 직접적으로 관련된 '착오 취소', '계약의 해석' 및 '담
보권 상실' 부분으로 한정하여 쟁점을 정리하여 의견을 제시하기로 합
니다.

가 원고로부터 유발되었다고 볼 수 없을 뿐더러 표시되어 법률행
위의 내용으로 편입된 바 없는 이상 피고들이 그러한 착오를 이유
로 이 사건 대출약정상의 지급보증을 취소할 수는 없다고 보았습
니다.

나. 지급보증계약의 해석에 대한 주장[9]

원심법원은, 앞서 본 바와 같이 원고와 A 회사 사이의 사업협
약서는 '원고는 대출실행을 하기 위한 선행조건 중의 일환으로 해
당 매출채권을 A 회사로부터 확인을 받아야 한다'고 규정하고(제3
조), 그 매출채권 확인 절차를 구체적으로 규정하고 있으며(제4조),
원고가 매출채권의 정당성에 관한 확인 절차를 거친 경우 A 회사
는 이의 없이 지급의무를 부담한다는 내용을 규정하고 있으나(제6
조), 이는 이 사건 자산유동화대출에 따른 매출채권의 구체적인 확
인 방법 및 그와 관련된 A 회사의 매출채권 지급의무에 관하여 규
정한 것일 뿐이며, 이로써 원고와 피고들 사이에서 원고가 매출채
권의 실재성을 확인할 의무를 부담하고 그러한 주의의무를 다한 경
우에만 피고들이 지급보증책임을 진다고 볼 수 없다고 보았습니다.

다. 담보 상실에 의한 면책 주장

원심법원은, 채권자의 고의나 과실로 담보가 상실되거나 감소
된 때에는 법정대위자는 그 상실 또는 감소로 인하여 상환을 받을
수 없는 한도에서 그 책임을 면한다고 정한 민법 제485조는 법정대
위의 전제가 되는 보증 등의 시점 이전에 이미 소멸한 채권자의 담

---

9) 원심의 판시사항 중, 부종성, 조건의 성취, 원고의 매출채권 실재성 확인
   의무에 대한 주장과 종합적으로 관련됩니다.

보에 대해서는 적용되지 않는다고 보아야 하고, 위와 같은 담보 소멸에 채권자의 고의나 과실이 있다거나 법정대위의 전제가 되는 보증 등의 시점 당시 소멸된 담보의 존재를 신뢰하였다는 등의 사정이 있다고 하여 달리 볼 것은 아닌바(대법원 2014. 10. 15. 선고 2013다91788 판결 참조), 이사건 매출채권은 허위의 채권으로 피고들의 지급보증약정 체결 시점에 존재하지 않는 채권이어서 위 규정이 적용될 여지가 없다고 보았습니다.

5. 법률의견의 대상

본인은 다음 세 가지 쟁점에 대하여 법률의견을 요청 받았습니다.

(1) 당사자의 의사해석에 비추어 이 사건 지급보증계약이 매출채권이 존재하지 아니하는 경우에도 보증인이 보증책임을 지기로 하는 것을 내용으로 하는지의 여부

(2) 원고의 주장과 같은 내용의 지급보증계약을 인정한다고 한다면, 이를 보증인이 착오를 이유로 취소할 수 있는지의 여부

(3) 보증계약 체결 시에 채권자가 취득할 것이 예정되었던 담보를 추후 채권자가 취득하지 못하였음이 밝혀진 경우, 민법 제485조에 따라 보증책임을 감면할 수 있는지의 여부

Ⅱ. 법률의견

1. 당사자의 의사해석에 비추어 이 사건 지급보증계약이 매출채권이 존재하지 아니하는 경우에도 보증인이 보증책임을 지기로 하는 것을 내용으로 하는지의 여부

가. 보증에 관련한 계약의 해석에 관한 기본적 시각

(1) 주지하는 대로 우리 법에서 보증채무는 채권자와 보증인 사이에서 체결되는 보증계약에 기하여 발생합니다. 여기서 '보증계약'이란 보증인이 "주채무자가 이행하지 아니하는 채무를 이행"하기로 하는 것을 내용으로 하는 계약입니다. 즉 보증채무에 관한 우리 민법상 규정의 맨 앞에 위치하는 제428조의 제1항은 "보증인은 주채무자가 이행하지 아니하는 채무를 이행할 의무가 있다"고 규정하고 있는데, 이 법조항이 바로 보증계약이 갖추어야 할 필수불가결의 내용을 정한 것이라고 하겠습니다.

그런데 보증계약도 계약이라고 하는 이상, 그 계약의 성립 및 그로부터 발생하는 법률효과, 즉 이 경우에는 보증인이 보증채무를 부담하는 주채무의 범위 내지 그 조건 등에 대하여는 물론 당해 계약의 해석으로 정하여집니다.

그리고 우리 민사실무는 보증계약을 해석함에 있어서 일관하여 **보증책임의 성립이나 내용 등을 제한적으로 인정**하는 태도를 취하여 왔습니다. 이하에서 이에 관하여 간단히 살펴보고자 합니다.

(2) 이를 보여주는 하나의 좋은 예로서 현저한 것은, 타인이 발

행한 약속어음 등에 배서한 사람이 그 배서로 어음법상의 채무를
지는 것 외에 별도로 발행인이 채권자에 대하여 부담하는 그 어음
등 발행의 원인이 된 민사상 채무에 관하여 보증채무를 부담하는
가 하는 문제에 대한 우리 판례의 태도입니다. 이는 당사자들의 의
사표시를 '해석'한다는 차원에서는 실로 쉽사리 단정하여 말하기
어려운 매우 미묘한 점을 안고 있다고 할 것입니다. 그 어려움은
뒤에서 보는 대로 이 문제에 대하여 판단한 많은 하급심 판결들이
대법원에서 파기환송되었다는 사실만으로부터도 충분히 알 수 있
습니다.

   (가) 그런데 판례는 그 경우의 의사표시 해석에 관하여 일관하
여, 그 경우에 배서인은 원칙적으로는 보증책임을 지지 아니하며,
단지 예외적으로 "어음 등 발행의 원인이 된 민사상 채무까지 보증
하겠다는 뜻으로 배서한 경우에 한하여" 보증책임을 진다는 태도를
취하여 왔습니다.

   본인이 조사하여 본 바로는, 그러한 취지를 밝힌 재판례는 이
미 50년 이상을 거슬러 올라가서 대법원 1964. 10. 10. 선고 64다
865 판결; 대법원 1973. 9.25. 선고 73다405 판결에까지 소급됩니다.
그러나 본인은 그 판결문을 직접 접할 방법이 없었고, 대법원의 판
결문을 확인할 수 있는 것으로 시간적으로 가장 앞선 것은 대법원
1984. 2. 14. 선고 81다카979 판결(대법원판례집 제32권 1집, 민사편 34
면)입니다. 이 대법원판결은 "생각컨대 다른 사람이 발행한 약속어
음에 배서인이 된 사람은 배서행위로 인한 어음법상의 채무만을
부담하는 것이 원칙이고, 다만 채권자에 대하여 자기가 약속어음발
행의 원인이 된 민사상의 채무까지 보증하겠다는 뜻으로 배서를
한 경우에 한하여 발행인의 채권자에 대한 민사상 채무에 관하여

보증책임을 부담한다 할 것"이라고 명시적으로 설시하면서, 같은 취지의 선행 대법원판결로 앞서 본 1964년 및 1973년의 각 판결을 인용하고 있습니다. 그런데 본인의 주의를 끄는 것은, 이 대법원판결이, 보증책임을 긍정한 원심법원(대구고등법원)의 판결을 파기하면서 위와 같은 판시를 하였다는 점입니다.[10)

(나) 그리고 위 1984년 대법원판결에 이어서 같은 법문제에 관하여 판단한 것으로서 「법고을」로 탐색할 수 있는 대법원 1987. 12. 8. 선고 87다카1105 판결(법원공보 1988년, 268면)도, 위의 1984년 판결과 같은 법리를 그대로 옮겨 설시하고 있습니다. 그리고 역시 원심법원(서울민사지방법원)의 판결을 파기하여 사건을 원심에 환송하고 있습니다.

그 후로 같은 취지로 판시하는 대법원판결로서 「법고을」에서 그 본문을 찾을 수 있는 것으로 대법원 1992. 12. 22. 선고 92다17457 판결(법원공보 1993년, 557면)(원심: 서울고등법원); 대법원 1994. 8. 26. 선고 94다5397 판결(법원공보 1994년, 2524면)(원심: 대구고등법원); 대법원 1997. 12. 9. 선고 97다37005 판결(판례공보 1998년 상권, 227면); 대법원 1998. 6. 26. 선고 98다2051 판결(판례공보 1998년 하권, 1981면)(원심: 서울고등법원) 등으로 이어집니다. 이들 대법원판결에서도 주류는 민사상의 보증책임을 긍정한 원심판결을 파기하고 있다는 것입니다(예외는 원심법원을 따로 들지 않은 대법원 1997. 12. 9. 판결뿐입니다).[11)

---

10) 그리고 이 대법원판결이 공찬公纂의 『대법원판례집』에 수록되었다는 사실도 의미가 없다고는 할 수 없다고 생각됩니다.

11) 물론 원심법원이 보증책임을 부인하였는데 대법원이 이를 긍정하는 취지로 파기환송한 예도 아예 없지는 않습니다. 대법원 2004. 9. 24. 선고 2004다29538 판결(미간행. 「법고을」 검색)이 그러합니다. 그러나 이러한

그리고 이러한 대법원의 태도 및 보증책임을 긍정한 원심판결을 파기한 재판례는 근자의 대법원 2015. 5. 14. 선고 2013다49152 판결(미간행.「법고을」검색)(원심: 서울동부지방법원)에까지 줄곧 이어지고 있습니다.

(3) 앞서 본 어음 등에 배서한 사람의 민사상 보증책임 유무의 법문제와 관련이 있으면서, 나아가 보다 일반적으로 보증채무의 성립이나 내용 등에 관한 계약의 해석 문제와 관련하여 매우 흥미 있는 재판례가 대법원 1998. 12. 8. 선고 98다39923 판결(판례공보 1999년 상권, 105면)입니다.

(가) 이 사건에서는 원고가 제3자로부터 받은 약속어음의 교환을 주선하여 줄 것을 피고에게 부탁하자 피고가 그 어음에 배서한 후 이것과 다른 사람의 약속어음을 교환하여 받은 다음 이를 원고에게 교부한 사안에서 피고의 보증책임 유무가 문제되었습니다. 원심(서울민사지방법원)은 이를 부정하였는데, 대법원은 다음과 같이 판시하고 상고를 기각하였습니다.

"상고이유를 본다.
　　보증계약의 성립을 인정하려면 당연히 그 전제로서 보증인의 보증의사가 있어야 하고, 이러한 보증의사의 존부는, 당사자가 거래에 관여하게 된 동기와 경위, 그 관여 형식 및 내용, 당사자가 그 거래행위에 의하여 달성하려는 목적, 거래의 관행 등을 종합적으로 고찰하여 판단하여야 할 **당사자의 의사해석 및 사실인정의 문제이지만, 보증**

───────────
처리는 관련 재판례의 전체적인 흐름으로 보면 명백히 예외에 속한다고 확실히 말할 수 있습니다.

은 이를 부담할 특별한 사정이 있을 경우 이루어지는 것이므로, 보증의사의
존재나 보증범위는 이를 엄격하게 제한하여 인정하여야 할 것이다." (강조는
인용자가 가하였습니다. 이하 같습니다)

(나) 이러한 취지는 그 후의 대법원판결들에서도 그대로 여러
차례 반복되어 나타나고 있습니다.

(a) 대법원 2000. 5. 30. 선고 2000다2566 판결(판례공보 2000년
하권, 1533면)은 우선 보증계약 체결을 위한 교섭이 있었을 뿐 보증
계약의 성립 사실은 인정되지 아니한다고 판단하였습니다. 나아가
그 교섭과정에서 피고가 주채무자에게 보증계약 체결용으로 교부
한 피고의 도장과 피고에 관한「지방세세목별과세증명서」 등을 들
어 원고가 민법 제125조 소정 표견대리의 성립을 주장하였는데, 대
법원은 이를 인정하지 아니한 원심판결을 긍정하면서, "사정이 이
러하다면 피고와 보증계약을 체결하려는 원고로서는 피고로부터
보증의사를 확인할 수 있는 인감증명서를 제출받거나, 피고에게 전
화 등의 방법으로 임재성[주채무자]의 대리권 유무를 확인하여 보
았더라면 그가 피고를 대리하여 보증계약을 체결할 대리권이 없다
는 점을 쉽게 알 수 있었을 것인데도 이를 게을리한 과실이 있다고
할 것"이라고 판단하였던 것입니다.

이러한 판단은 모두 앞서 인용한 대법원 1998. 12. 8. 판결의
판시를 그대로 옮겨 적은 다음에 행하여졌습니다.

(b) 대법원 2006. 12. 21. 선고 2004다34134 판결(판례공보 2007
년 상권, 186면)도 역시 보증인의 책임범위를 제한적으로 해석하고
있습니다. 위 판결은 앞의 (가)에서 본 대법원 1998. 12. 8. 판결의

판시를 그대로 인용하고, 바로 이어서 그 법리를 한정근보증에 적
용하면 "한정근보증의 경우 피보증채무의 범위란에 특정한 종류의
거래계약을 한정적으로 열거하고 그 거래계약과 관련하여 발생하
는 채무를 피보증채무로 하는 것이므로, 피보증채무의 범위란에 일
정한 약정에 기한 채무가 기재되어 있는 때에는 그 범위에 속하는
채무만을 피보증채무로 인정하여야 한다"고 판시합니다.

　따라서 이 사건에서 보증인이 한정근보증을 할 당시 보증서의
피보증채무 범위란에 '지급보증거래약정서'라고 기재되어 있었는데
나중에 채권자가 그 범위란에 '수출거래약정서'를 추가하여 기재한
경우에 대하여 대법원은 원심과 마찬가지로, 비록 지급보증거래약
정과 수출거래약정이 서로 밀접하게 관련되어 있다고 하더라도,
"근보증서가 포괄근보증서가 아닌 한정근보증서로서 채무자가 근
보증서를 작성할 당시 피보증채무 범위란에 '수출거래약정서'를 기
재하지 않았고, 채권자에게 피보증채무 범위를 보충할 권한이 있었
다고 인정할 수 없다"는 것 등을 이유로 '지급보증거래'에 기한 채
무만이 위 한정근보증의 피보증채무이고, '수출거래약정'에 기한 채
무는 피보증채무의 범위에 속한다고 볼 수 없다고 판단하였습니다.

　(c) 대법원 2009. 10. 29. 선고 2009다52571 판결(미간행.「법고을」
검색)은 보증인의 책임이 보증 당시 존재하는 주채무에만 미치는가,
아니면 그 후에 새로 발생한 주채무에도 미치는가가 다투어진 사
건에 대한 것입니다. 원고와 주채무자 사이에는 3년 10개월 사이에
120회에 걸쳐 도합 4억 7천여 만 원의 금전대차거래가 행하여졌는
데 그 도중에 피고, 즉 보증인이 작성하여 원고에게 교부한 '확인
서' 및 '이행각서'에는 "피고가 주채무자의 보증인으로 그와 관련한
금전적 책임을 보증한다"고 기재되어 있었습니다. 원심은 그 서면

을 그 작성·교부 이후 발생한 채무에도 보증책임이 미친다는 것으로 해석하였습니다. 그러나 대법원은 앞의 (가)에서 본 대법원 1998. 12. 8. 판결의 판시를 그대로 인용한 다음, "앞서 본 법리와 같이 보증범위는 이를 엄격하게 제한하여 인정하여야 할 것인바, **위 확인서 및 이행각서가 위 원심 공동피고 2의 원고에 대한 장래의 채무까지도 연대보증하려는 것이었다면 그 취지가 분명하게 나타나 있어야 할 것**인데, 위 확인서 및 이행각서의 문구는 피고가 위 원심 공동피고 2의 채무를 보증하거나 연대보증한다는 것일 뿐 장래의 채무까지도 그 대상으로 한다는 뜻은 기재되어 있지 않"은 사실 등을 들어 원심판결을 파기하였던 것입니다.

        (d) 그 외에 대법원 2011. 4. 28. 선고 2010다98771 판결(미간행.「법고을」검색); 대법원 2013. 8. 23. 선고 2011다93636 판결(미간행.「법고을」검색) 등도 모두 앞의 (가)에서 본 대법원 1998. 12. 8. 판결의 판시를 그대로 인용하면서 보증책임의 성립 자체를 부인한 재판례들입니다.

        (다) 나아가 대법원은 주지하는 대로 '계속적 보증'에 대하여는 신의칙에 근거하여 일정한 경우에 보증인의 해지권 및 책임액의 제한을 인정하고 있습니다. 전자의 해지권에 대하여는 대법원 1978. 3. 28. 선고 77다2298 판결(대법원판례집 제26권 1집, 민사편 237면)이, 후자의 책임액 제한에 대하여는 대법원 1984. 10. 10. 선고 84다카453 판결(대법원판례집 제32권 4집, 민사편 54면)이 각각 그 효시를 이룬다고 해도 좋을 것입니다.[12)]

---

12) 이들 판례법리에 대하여는 우선 양창수, "계속적 보증에서 보증인의 해지권과 책임제한", 동, 민법연구, 제6권(2001), 419면 이하 참조.

물론 이들 판례법리는 이른바 '계속적 보증'에 한정하여 인정되는 것이고, 또 신의칙을 그 근거로 하여서 '구체적 사건의 제반 사정'을 고려하여 행하여집니다. 따라서 앞에서 살펴본 계약 해석의 문제와는 법이론적 차원을 달리한다고 할 수도 있을 것입니다. 그러나 예를 들면 후자의 책임액 제한에 관하여 대법원은 다음과 같이 설시합니다.

"채권자와 주채무자 사이의 계속적 거래관계로 현재 및 장래에 발생하는 불확정적 채무에 관하여 보증책임을 부담하기로 하는 이른바 계속적 보증계약에 있어서 보증인은 변제기에 있는 주채무 전액에 관하여 보증책임을 부담함이 원칙이라 할 것이다. 다만 보증인의 부담으로 돌아갈 주채무의 액수가, 보증인이 보증 당시에 예상하였거나 예상할 수 있었던 경우에는 그 예상범위로 보증책임을 제한할 수 있다 할 것이나 그 예상범위를 훨씬 상회하고 그 같은 주채무 과다 발생의 원인이 채권자가 주채무자의 자산상태가 현저히 악화된 사실을 익히 알면서도(중대한 과실로 알지 못한 경우도 같다) 이를 알지 못하는 보증인에게 아무런 통보나 의사타진도 없이 고의로 거래규모를 확대함에 연유하는 등 신의칙에 반하는 사정이 인정되는 경우에 한하여 보증인의 책임을 합리적인 범위 내로 제한할 수 있다 할 것이다."

이는 2002년 1월 14일의 법률 제6592호로 신원보증법을 전면 개정하여 —존속기간을 제한하거나 사용자에게 통지의무를 부과하는 것(제3조 및 제4조) 외에도— 우선 사정 변경으로 인한 신원보증인의 해지권을 일반적으로 인정하고(제5조), 나아가 신원보증인의 책임을 피용자의 고의 또는 중과실로 인한 행위로 손해가 발생한 경우에 한정하고(제6조 제1항), 또한 그 책임이 인정되는 경우에도

"법원은 신원보증인의 책임배상액을 산정하는 경우 피용자의 감독에 관한 사용자의 과실 유무, 신원보증을 하게 된 사유 및 이를 할 때 주의를 한 정도, 피용자의 업무 또는 신원의 변화, 그 밖의 사정을 고려하여야 한다"고 규정하여(제6조 제3항) —신의칙이 아니라— 실정의 개별 법규정에 의한 임의적 감경을 인정하는 것의 입법정신을 선취先取하는 것이었다고 할 것입니다.

그리고 이는 앞에서 본 대로 계약 해석에 관하여서 대법원이 설시하는 이유, 즉 "보증은 이를 부담할 특별한 사정이 있을 경우 이루어지는 것이므로, 보증의사의 존재나 보증범위는 이를 엄격하게 제한하여 인정되어야 한다"는 관점과 일맥상통하는 바가 있다고 할 것입니다.

(4) 한편 계약당사자 간에 계약 내용을 처분문서로 작성한 경우에는 그 문언대로의 의사표시의 존재와 내용을 인정하여야 하는 것이 원칙이나, 당사자 사이에 계약의 해석을 둘러싸고 다툼이 있어 처분문서에 나타난 당사자의 의사해석이 문제 되는 경우에는 문언의 내용 뿐만 아니라 약정이 이루어진 동기와 경위, 당사자의 진정한 의사 등을 종합적으로 고찰하여 논리와 경험칙에 따라 합리적으로 해석하여야 합니다.[13] 특히 당사자 일방이 주장하는 계약의 내용이 상대방에게 중대한 책임을 부과하게 되는 경우에는 그 문언의 내용을 더욱 엄격하게 해석하여야 합니다.[14]

---

13) 최근의 대법원 2017. 2. 15. 선고 2014다19776 판결(판례공보 2017년 상권, 527면)만을 들어둡니다. 그러나 그러한 취지를 선언하는 재판례가 매우 많이 있음은 주지하는 대로입니다.

14) 여기서도 역시 대법원 1995. 5. 23. 선고 95다6465 판결(법원공보 1995년, 2239면)만을 들겠습니다. 같은 취지의 재판례는 그 외에도 적지 않습니다.

판례는 특히 보증책임의 범위에 관해서는 처분문서의 해석에 관한 법리의 예외를 폭넓게 인정하여, 처분문서의 문언에 불구하고 계약당사자의 의사를 반영하여 보증책임의 범위를 제한적으로 해석하여야 한다는 입장을 취하고 있습니다.

(가) 대법원 1993. 3. 9. 선고 92다55640 판결(법원공보 1993년, 1157면)은, "거래약정서의 문언상 기간을 정함이 없이 계속적 거래에 인하여 주채무자가 부담하는 모든 거래액에 대하여 보증하는 것으로 되어 있다면 동 약정서가 처분문서인 점에 비추어 특별한 사정이 없는 한 보증인은 그 계약문언대로 보증책임을 지는 것으로 해석하여야 함이 원칙이기는 하나, 다만 그 보증을 하게 된 경위와 목적, 피담보채무의 내용, 거래의 관행 등 제반 사정에 비추어 당사자의 의사가 계약문언과는 달리 일정한 범위의 거래의 보증에 국한시키는 것이었다고 해석함이 합리적인 것으로 인정되는 경우에는 그 보증책임의 범위를 당사자의 의사에 따라 제한하여 새기는 것이 상당하다"라고 전제한 후, 거래약정서의 문언과 달리 "한도거래가 통상적으로 그 한도액의 범위 안에서만 이루어지는 것으로 예상하여 그 범위 안에서만 보증책임을 부담할 의사로 보증한 것으로 해석하여야 한다"고 하여 보증책임의 범위를 제한하였습니다.

(나) 나아가 대법원 1993. 9. 28. 선고 92다8651 판결(법원공보 1993년, 2937면)도 '보증계약서의 문언상 보증기간이나 보증한도액을 정함이 없이 주채무자가 부담하는 모든 채무를 보증인이 보증하는 것으로 되어 있다 하더라도 그 보증을 하게 된 동기와 목적, 피보증채무의 내용, 거래의 관행 등 제반 사정에 비추어 당사자의 의사

가 계약문언과는 달리 일정한 범위의 거래의 보증에 국한시키는 것이었다고 인정할 수 있는 경우에는 그 보증책임의 범위를 제한하여 새겨야 한다'고 전제한 다음, 보증서에 보증인이 채무자의 모든 채무를 부담한다는 취지의 부동문자가 인쇄되어 있으나 보증기간과 보증한도 등 중요한 기재사항이 백지로 되어 있는 점 등에 비추어, 계약문언과 달리 이를 포괄근보증이라고 보기 어렵다고 판단하였습니다.

(다) 또한 대법원 1994. 6. 24. 선고 94다10337 판결(법원공보 1994년, 2071면) 역시 "계속적 보증계약은 보증책임의 한도액이나 보증기간에 관하여 아무런 정함이 없는 경우에는 보증인은 원칙적으로 변제기에 있는 주채무 전액에 관하여 보증책임을 부담하는 것이나, 그 보증을 하게 된 동기와 목적, 피담보채무의 내용, 거래의 관행 등 제반 사정에 비추어 당사자의 의사가 계약문언과는 달리 일정한 범위의 거래의 보증에 국한시키는 것이었다고 인정할 수 있는 경우에는 그 보증책임의 범위를 당사자의 의사에 따라 제한하여 새겨야 하는 것이다"라고 전제한 후, 계약서에 '주채무자가 채권자에 대하여 부담하는 전 채무에 대하여 연대보증책임을 부담한다'고 기재되어 있으나 연대보증의 경위 및 계약당사자의 의사에 비추어 '주채무 중 일부인 대리점계약에 기한 채무만을 연대보증한 것으로 보아야 한다'고 판단하였습니다.

(5) 채권자에 대한 법적 지위의 측면에서 주채무자와 보증인이 구별되는 중요한 징표 중 하나는 채권자가 보증인과의 관계에 있어서 '주채무의 원만한 실현에 대하여 담보적 기능을 하는 장치'가 가동될 수 있도록 적절한 조치를 취할 의무를 부담한다는 점이라

고 하겠습니다.

(가) 이 점에 관하여는 대법원 2005. 8. 19. 선고 2002다59764 판결(판례공보 2005년, 1477면)이 다음과 같이 상세한 법리를 설시하고 있습니다.

"지체상금과 같은 공사도급계약상의 손해배상채무는 그 발생이 불확실하고 범위 역시 불확정적이어서 경우에 따라서는 감당하기 어려울 정도의 거액에 달할 수도 있는 것이므로, 그러한 채무를 연대보증하는 사람으로서는 당해 도급계약을 검토하여 채무의 발생가능성과 그 범위를 미리 예측한 바탕 위에서 연대보증을 하는 것이 통상적이고, 이 경우 그 **도급계약에 손해배상채무의 발생이나 확대를 방지하는 장치가 마련되어 있다면 그러한 장치는 일종의 담보적 기능을 하는 극히 중요한 사항으로서 연대보증계약을 체결함에 있어 당사자들은 그 장치가 도급계약상의 취지대로 가동될 것을 당연한 전제로 하여 예후를 가늠하게 될 것이** 다. 그런데 일반적으로 그러한 장치는 도급계약의 직접 당사자인 도급인에게만 이를 가동할 권한이 있을 뿐 연대보증인에게는 아무런 권한이 없는 경우가 대부분이므로, 위와 같은 거래상의 신뢰관계에 비추어 **도급인으로서는 연대보증인과의 관계에서 손해배상채무의 발생이나 확대를 방지하는 도급계약상의 각종 장치가 그 취지대로 가동되도록 적절히 권한을 행사함으로써 예상 밖으로 손해배상의 범위가 확대되는 것을 방지할 신의칙상의 의무가 있다**고 할 것이고(대법원 1992. 5. 12. 선고 92 다4345 판결 참조), 만일 **도급인이 고의 또는 과실로 그러한 장치의 가동을 불가능하게 하여 손해배상채무가 확대되었다면 그 한도 안에서 연대보증인은 책임을 면한다**고 해석함이 상당한바, 이러한 법리는 채권자의 고의 또는 과실로 담보가 상실 또는 감소된 경우 보증인 등의 책임을 감면하도록 한 민법 제485조로부터 유추될 수 있는 것이기도 하다."

(나) 그리하여 대법원은 이 사건에서 "채권자가 고의 또는 과실로 주채무자에게 기성금을 과다 지급하여 유보금을 남겨놓지 않음으로써 지체상금채무와 상계를 하지 못해 손해가 잔존 또는 확대되었다면, 그 한도 안에서 연대보증인은 책임을 면한다고 보는 것이 위 법리에 부합한다"고 판단하였습니다.

즉, 계약 자체에서 채권자의 주채무자에 대한 손해배상채무의 발생이나 확대를 방지하는 장치가 마련되어 있는 경우에는, 그러한 장치는 주채무에 관하여 일종의 담보적 기능을 하는 장치로서, 이는 보증인의 입장에서 볼 때에는 당연히 보증을 하게 된 동기가 됨은 물론이고, 나아가 동시에 보증책임을 이행한 후 법정대위권을 행사할 수 있는 객체가 될 수 있는 것이므로, 채권자는 보증인에 대한 관계에서 그러한 장치가 소멸되지 아니하도록 적정하게 관리하여야 할 신의칙상 의무를 부담하며, 만약 채권자가 고의, 과실로 그러한 의무를 위반하는 경우 보증책임이 제한되어야 한다는 것입니다.

(6) 이상에서 본 바와 같이 보증채무의 성립과 그 내용 등과 관련하여 우리 대법원은 일관되게 그에 관한 계약을 제한적으로 해석하는 입장을 취하고 있습니다. 그것은 보증채무의 성립에 있어서는 물론이고 그 채무의 내용, 즉 보증책임을 지게 되는 물적 범위에 있어서도 마찬가지입니다.

이와 같이 보증인을 보호하려는 지향은 근자의 입법에서도 잘 드러나고 있습니다.

(가) 우리 민법전의 시행 후에 그 중 채권편의 규정이 개정된 것은 몇 번 되지 아니합니다. 개정되었다고 하더라도 그것은 많은 경우에 민법에서 정하여진 다른 법제도 또는 다른 법률이 개정된

것에 부수하여 이루어진 것입니다.

　(나) 그러나 보증에 관한 민법 규정(이는 주로 제3편 제1장 제3절 「수인數人의 채권자 및 채무자」의 제4관에 마련되어 있습니다)은 그렇지 않으며, 그에 대하여는 드물게도 실효 있는 개정이 행하여졌습니다. 즉 2015년 2월 3일의 법률 제13125호로써 제428조의2, 제428조의3 및 제436조의2가 신설되었습니다.[15]

　이들 새로운 규정은 모두 보증인의 보호를 취지로 하는 것입니다. 즉 제428조의2는 보증에 서면방식을 도입하는 것이고(제1항: "보증은 그 의사가 보증인의 기명날인 또는 서명이 있는 서면으로 표시되어야 효력이 발생한다. 다만, 보증의 의사가 전자적 형태로 표시된 경우에는 효력이 없다"), 제428조의3은 근보증이 허용된다고 하면서도 그 채무의 최고액은 서면으로 특정되어야 한다고 정하는 것이며, 제436조의2는 보증계약의 체결 및 갱신에 있어서 채권자의 정보제공의무, 그 체결 후 사정변경이 있는 경우 채권자의 통지의무를 정하는 것입니다.[16]

　이와 같이 새로운 민법의 법규정은 의문의 여지 없이 보증인의 보호를 위하여 마련된 것입니다.[17]

---

15) 그 외에 같은 법률로 제674조의2부터 제674조의9까지 '여행계약'을 전형 계약의 하나로 새롭게 법정하는 개정이 있었습니다.

16) 본문에서 본 2015년 2월 3일의 법률 제13125호로 민법 제436조(취소할 수 있는 채무임을 알고 보증계약을 체결한 보증인의 채무 부담 규정)도 삭제되었는데, 이 역시 보증인 보호를 위한 것이라고 하겠습니다.

17) 이 점은 2014년 3월 25일에 정부가 마련하여 국회에 제출한 「민법 일부 개정법률안」의 제안이유서에서 명확합니다. 즉 "보증에 관한 현행 규정 만으로는 보증인의 보호에 불충분하[…]므로 일반 보증인을 보호하기 위하여"(1면)(꺾음괄호 안의 점선은 인용자가 생략한 부분을 가리킵니다. 이하 본문을 포함하여 같습니다).

나. 이 사건 보증계약의 경우

(1) 이상에서 본 바와 같은 보증과 관련한 계약의 해석에 관한 판례의 태도를 아래에서 이 사건 보증계약에 적용하여 보도록 하겠습니다.

본인은 이 사건 지급보증계약의 내용(또는 범위)에 대하여 계약 체결 당시의 당사자의 진정한 의사를 확인하기 위하여 이 사건 대출거래를 위해 작성된 원고와 A 회사간 체결된 사업협약서, 원고(수탁자)와 위탁자 간의 금전채권신탁계약, 그리고 SPC와 원고(대주) 간의 대출계약의 내용 등을 검토하였습니다.[18]

(2) 이 사건에서는 다음과 같은 점이 주목됩니다.

(가) 금전채권신탁특약에 의하면, 위탁자는 실제로 A 회사에 물품을 공급함으로써 취득한 진정한 채권만을 원고에게 신탁하여야 하고(동 특약 제3조), 만일 유효하지 아니한 매매대금채권(동 특약에서는 이를 '매출채권'이라고 표현하고 있습니다. 이하 '매매대금채권' 또는 '매출채권'이라고 부르기로 합니다)을 신탁한 것으로 추후 밝혀지는 경우에 원고는 위탁자에게 담보책임을 물을 수 있고, 신탁계약은 해

또한 위와 같은 보증규정의 개정 전에 행하여진 개정작업의 구체적인 내용 및 취지를 설명하는 것으로서 우선 양창수, "민법개정안의 보증조항에 대하여 — 개정취지와 해석", 서울대학교 법학 제45권 3호(2004.9), 37면 이하(그 후 동, 민법연구, 제8권(2005), 287면 이하에 재수록) 참조.

18) 사업협약서와 금전채권신탁계약서가 피고들을 당사자로 하는 계약서가 아니라 할지라도, 이들 계약서는 대출약정서와 함께 하나의 '이 사건 자산유동화대출 거래'를 이루는 것으로서, 피고들은 원고로부터 이들 계약서를 제공받아 그 내용을 바탕으로 이 사건 자산유동화대출 거래의 구조를 파악하고 지급보증계약을 체결하였습니다. 그렇다면 이들 계약서의 내용은 대출약정서와 함께 당사자들의 의사를 해석함에 있어서 주요한 근거가 된다고 하지 않을 수 없을 것입니다.

제될 수 있습니다(동 특약 제9조).

(나) 사업협약서에 의하면, 원고는 대주의 지위에서 대출실행을 하기 위한 선행조건 중의 일환으로 매매대금채권을 A 회사로부터 확인을 받기로 하였습니다(동 협약서 제3조). 구체적으로는, 하나은행이 매매대금채권 및 관련 세금계산서 등의 정당성 여부를 A 회사에게 확인 요청하면, A 회사는 관련 서류와 매매대금채권의 진위 여부를 미리 정한 형식의 「매출채권확인서」에 의하여 원고(즉 대주)에게 통보하기로 하였습니다(동 협약서 제4조).

(다) 대출약정서에 의하면, A 회사가 발행한 「매출채권확인서」를 제출하는 것이 원고의 SPC에 대한 대출 실행의 선행조건이었습니다(동 약정서 제12조)

(라) 원고가 이 사건 대출의 내부 검토를 위하여 작성한 「여신승인검토서」에서 이 사건 지급보증을 설명하는 항목에는 A 회사의 '신용도 보완'이라는 문구가 기재되어 있었고, 원고는 이러한 내용이 담겨 있는 「여신승인검토서」를 이 사건 지급보증계약에 앞서 피고들에게 제공하였습니다.

(3) 이상 살펴본 바에 의하면, 유효하지 아니한 매매대금채권이 신탁되는 경우에는 신탁계약의 해제사유가 발생하여 SPC에 대한 대출 등이 순차로 행하여질 수 없는 것으로서, 원고는 A 회사를 통하여 매매대금채권의 진위를 확인받은 다음에 SPC에 대한 대출을 실행하도록 하고 있습니다. 그렇다면 SPC에 대한 대출은 이 사건 매매대금채권이 존재하는 경우에 한하여 이를 실행한다는 것이

원고와 피고들의 합치된 의사라고 보아야 할 것입니다.

따라서 적법하고 유효한 매매대금채권이 신탁되어 A 회사의 변제의무가 발생하였음에도 불구하고 A 회사가 이를 변제하지 아니함으로써 결국 SPC가 대출금을 상환하지 못하는 경우에 한하여 피고들이 지급보증책임을 부담한다고 해석하는 것이 이 사건 지급보증계약을 체결한 당사자의 의사에 부합한다고 할 것입니다.

만일 이렇게 해석하지 아니한다면, 보증의 의사표시를 한 피고들로서는 그들이 예상한 범위를 현저하게 넘은 보증책임을 지게 되어서 불공평한 법적 부담에 이르게 된다고 하지 않을 수 없을 것입니다.

2. 원고의 주장과 같은 내용의 지급보증계약을 인정한다고 한다면, 이를 보증인이 착오를 이유로 취소할 수 있는지의 여부

가. 법률행위 내용의 착오

(1) 앞의 1.에서 살펴본 바와 같이, 당사자의 의사에 비추어 이 사건 지급보증계약은 매매대금채권이 존재하지 아니하는 경우에는 성립하지 아니한다고 할 것입니다. 그러나 만일 원고의 주장과 같이 이 사건 지급보증계약이 매매대금채권이 애초 존재하지 아니하는 경우에도 성립한다고 가정하는 경우에, 피고들이 과연 그와 같은 내용의 지급보증계약을 착오를 이유로 취소할 수 있을지가 문제될 수 있습니다.

(2) 이 사건에서 지급보증의 대상이 되는 대출금채무를 부담하는 채무자는 이 사건의 거래구조에 적합하게 활용할 목적으로 만

든 명목상의 회사(이른바 특수목적법인 special purpose company, 즉 SPC)이므로 매매대금채권으로 인한 수익, 즉 매매대금을 지급받지 못하면 대출금채무를 전혀 상환할 수 없습니다. 다시 말하면, 매매 대금채권이 확보되지 아니한다면 항상 지급보증책임이 반드시 발생할 수밖에 없는 것입니다.

지급보증인으로서는 이러한 경우에 있어서까지 법적 책임을 지게 되는 내용의 지급보증계약을 결코 체결하려고 하지는 않았을 것입니다. 그러므로 매매대금채권이 실제로 존재하고 이를 확보한 상태에서 대출이 실행되는지의 여부는 지급보증책임의 발생을 좌우하는 사정으로서 지급보증계약 내용의 중요부분에 해당한다고 볼 수 있을 것입니다.

(3) 이 사건에서 원고의 주장과 같이 이 사건 지급보증계약이 매매대금채권이 존재하지 아니하는 경우에도 성립한 것으로 해석한다면, 피고들은 이 사건 지급보증계약이 매매대금채권이 실제로 존재하고 확보된 상태에서 이루어진 대출로부터 발생하는 채무에 한정되는 것으로 잘못 믿었던 것으로 보아야 할 것입니다. 따라서 피고들이 만일 이 사건 지급보증계약은 매매대금채권이 존재하지 아니하는 경우에도 성립하는 것임을 알았다면 그와 같은 지급보증 계약을 체결하지 아니하였을 것임이 분명하므로, 이는 법률행위의 중요 부분에 착오가 있는 경우라고 할 수 있습니다.

나. 동기의 착오

(1) 한편 피고들은 "원고가 유효한 매매대금채권을 확보하여 실행하는 대출에 대하여 지급보증을 한다"는 의사로 지급보증을 하

였는데, 이는 혹 피고들이 이 사건 지급보증계약을 체결하기에 이른 동기에 불과하다고 볼 수 있을는지도 모릅니다.

(2) 주지하는 대로 —따라서 일일이 관련 재판례를 들 필요는 없을지도 모릅니다마는, 일단 대법원 1995. 11. 21. 선고 95다5516 판결(판례공보 1996년 상권, 47면); 대법원 1997. 9. 30. 선고 97다26210 판결(판례공보 1997년 하권, 3286면)만을 들어 둡니다— 판례에 의하면, 동기의 착오를 이유로 법률행위를 취소하려면, 무엇보다도 그 동기를 당해 의사표시의 내용으로 삼을 것을 상대방에게 표시하고 의사표시의 해석상 법률행위의 내용으로 되어 있다고 인정되면 충분하고, 당사자들 사이에 별도로 그 동기를 의사표시의 내용으로 삼기로 하는 합의까지 이루어질 필요는 없으며, 일반인이 표의자의 입장에서 그러한 의사표시를 하지 아니하였으리라고 여겨질 정도로 그 착오가 중요한 부분에 관한 것일 것을 요합니다.

(3) 그런데 앞에서 살펴본 바와 같이, 이 사건 지급보증계약을 체결하는 과정에서 함께 검토된 관련 계약서들에는 아무런 하자 없는 정상적인 매매대금채권만이 신탁원본으로서의 적격을 가진다는 점, 매매대금채권의 실재성에 대하여 확인하는 「매출채권확인서」를 받는 것이 이 사건 대출 실행의 선행조건이며, 이를 바탕으로 하여 매출채권의 90% 정도로 대출을 실행한다는 점이 명시적으로 나타나 있었습니다. 이 점만으로도 적어도 원고가 유효한 매매대금채권을 확보하여 대출을 실행할 것이고, 피고들이 그러한 대출에 대하여 지급보증을 하겠다는 의사표시의 동기는 충분히 표시된 것으로 볼 수 있습니다.

그리고 원고로서도 A 회사의 지급에 따른 매매대금채권의 만족을 통하여 대출금의 상환을 받는 것을 이 사건 대출의 당연한 전제로 삼았던 것이니만큼 위와 같은 점은 의사표시의 해석상 이 사건 대출 및 보증계약의 내용이 되었다고 하지 아니할 수 없습니다.

그리고 물론 매매대금채권은 대출금의 상환을 위한 유일한 재원이므로, 이것이 확보되지 아니한 상태에서 대출이 실행될 경우 대출금의 상환이 불가능함이 명백하다는 점에 비추어 이와 같은 동기의 착오는 중요한 부분에 관한 것이라고 할 것입니다.

다. 유발된 동기의 착오

(1) 한편 원고는 아무런 하자도 없는 정상적인 매매대금채권만이 신탁원본으로서의 적격을 가진다는 점, 매출채권의 실재성에 대하여 확인하는 「매출채권확인서」를 받는 것이 이 사건 대출 실행의 선행조건이라는 점 등이 기재된 관련 계약서를 피고들에게 이 사건 지급보증계약의 체결을 위한 자료로 교부하였고, 대출의 실행에 앞서 원고가 수령한 「매출채권확인서」 등의 서류까지 제공하겠다고 하여, 피고들로 하여금 원고가 유효한 매매대금채권을 확보한 것이라고 오인하도록 유발하였습니다.

(2) 그런데 확고한 판례는 대법원 1970. 2. 24. 선고 69누83 판결(대법원판례집 제18권 1집, 행정편 36면); 대법원 1978. 7. 11. 선고 78다719 판결(대법원판례집 제26권 2집, 민사편 209면); 대법원 1987. 7. 21. 선고 85다카2339 판결(대법원판례집 제35권 2집, 민사편 284면); 대법원 1997. 8. 26. 선고 97다6063 판결(대법원판례집 제45권 3집, 민사편 112면) 등에서 보는 대로, 착오의 원인이 되는 동기가 상대방에 의하여 제공되었거나 동기의 착오가 상대방에 의하여 유발된 경우

에는 그 동기가 의사표시의 내용으로 표시된 것으로서 중요부분의
착오임을 이유로 계약 기타 법률행위를 취소할 수 있다고 합니다.[19]

　(3) 앞서 본 사정들, 특히 원고가 여러 번에 걸쳐 동일한 대출
을 실시하였고, 피고들에게 지급보증을 요청하면서 정상적으로 상
환되고 있다고 확인하여 주었으며, 원고가 피고들에게 제공한 심사
신청서에도 동일한 내용이 기재되어 있었던 관계로 피고들은 그
내용을 그대로 믿고 지급보증을 한 점 등에 비추어 볼 때, 원고는
유효한 매매대금채권을 전제로 한 대출이라는 점에 대하여 피고들
의 착오를 유발하였다고 볼 수 있습니다.

라. 쌍방의 공통된 착오

　(1) 계약당사자 쌍방이 계약의 기초가 되는 사항에 관하여 같
은 내용으로 착오를 한 경우, 판례는 착오한 내용이 법률행위의 중
요부분에 관한 것일 때에 착오에 의한 취소를 인정하고 있습니다.
대법원 1994. 6. 10. 선고 93다24810 판결(판례공보 1994년, 1920면)은
매도인과 매수인 모두 매수인이 부담하기로 한 양도세액에 착오를
일으킨 사안에서 "매도인의 대리인이 매도인이 납부하여야 할 양도
소득세 등의 세액이 매수인이 부담하기로 한 금액뿐이므로 매도인
의 부담은 없을 것이라는 착오를 일으키지 않았더라면 매수인과
매매계약을 체결하지 않았거나 아니면 적어도 동일한 내용으로 계
약을 체결하지 않았을 것임이 명백하고, 나아가 매도인이 그와 같

---

19) 상대방에 의하여 유발된 동기 착오의 문제에 대하여는 우선 양창수, "주
　　채무자의 신용에 관한 보증인의 착오 — 대법원 1987년 7월 21일 판결
　　85다카2339 사건", 민사판례연구 11집(1989), 35면 이하(후에 동, 민법연
　　구, 제2권(1991), 1면 이하에 재수록).

이 착오를 일으키게 된 계기를 제공한 원인이 매수인 측에 있을 뿐만 아니라 매수인도 매도인이 납부하여야 할 세액에 관하여 매도인과 동일한 착오에 빠져 있었다면, 매도인의 위와 같은 착오는 매매계약의 내용에 중요부분에 관한 것에 해당한다"고 판시하였습니다.

위 재판례에서 당사자들이 착오를 일으킨 양도세액은 매매계약의 동기에 해당하지만, 그러한 착오가 상대방에 의하여 유발되었거나 쌍방이 공통된 착오에 빠져 있었고 그 착오가 법률행위의 중요부분에 관한 것이라면, 굳이 상대방의 신뢰를 보호할 필요가 없을 뿐더러 착오한 내용대로 법률행위의 효력을 유지하는 것이 당사자들의 진정한 의사에도 부합하지 않는다는 위 재판례의 취지라고 할 것입니다.

(2) 이러한 판례의 태도는 이 사안에도 적용될 수 있습니다. 원고는 A 회사에 대한 매매대금채권을 유동화자산으로 하여 이미 2011년부터 2천억 원의 대출을 실행하다가 A 회사의 우발채무 증가에 대한 우려 때문에 피고들에게 지급보증을 요청하였습니다. 그리고 원고는 이 사건 자산유동화대출 거래에서도 매매대금채권의 수익권 외에 아무런 자산이 없는 SPC를 상대로 4백억 원 이상을 대출하였는데, 이후 매매대금채권이 사기범행으로 만들어진 허위채권이라는 점이 밝혀졌던 것입니다.

그렇다면 매매대금채권에 관한 피고들의 착오는 원고로부터 유발된 착오일 뿐 아니라 원고와 피고들 모두 공통된 착오에 빠져 있었던 것이며, 만약 피고들이 매매대금채권이 허위라는 점을 알았다면 지급보증계약을 체결하지는 아니하였을 것이므로, 이러한 착오는 지급보증계약의 내용에 중요부분에 관한 것에 해당합니다.

마. 소결

그렇다면 어느 모로 보더라도 피고들은 이 사건 지급보증계약을 착오를 이유로 하여 취소할 수 있다고 할 것입니다.

3. 보증계약 체결 시에 채권자가 취득할 것으로 예정되었던 담보를 추후 채권자가 취득하지 못하였음이 밝혀진 경우, 민법 제485조에 따라 보증책임을 감면할 수 있는지의 여부

(1) 이 사건의 원심법원은, 법정대위의 전제가 되는 보증 등의 시점 이전에 이미 소멸한 채권자의 담보에 대하여는 민법 제485조가 적용되지 아니한다는 대법원 2014. 10. 15. 선고 2013다91788 판결(판례공보 2014년 하권, 2182면)을 근거로 내세워서, 이 사건 매매대금채권은 그 관련 서류가 위조된 허위의 채권이므로 처음부터 담보가 없는 것과 마찬가지로 보아 민법 제485조를 적용할 수 없다고 판단하였습니다.

그러나 원심법원이 들고 있는 위 대법원판결은 이 사건과 그 사실관계를 서로 달리하는 바가 있으므로 그 대법원판결의 결론을 이 사건에 그대로 원용할 수 있는지 검토를 요한다고 할 것입니다.

(2) 위 대법원 2014. 10. 15. 판결은, 채권자가 채무자가 제3자에 대하여 가지는 매매대금반환청구권을 대출의 담보로 양도받고 대출을 실행하였는데, 그 후 그와 같이 양도된 채권이 가지는 담보로서의 가치가 확정적으로 소멸하였고, 그로부터 1년여가 경과한 시점에서 해당 대출금채무에 관하여 근보증계약이 체결된 사안에 대한 것입니다. 그 사건에서는, 대출금채권의 담보로 양도된 매매대금반환채권에 관하여 대항요건을 갖추기 위하여 행한 양도승낙

서에 양도채권이 특정되지 아니하여 그 대항요건으로서의 효력이 없는 상태에서 국세채권 등을 위한 압류결정이 행하여짐으로써 결국 그 국세채권자 등에 대한 관계에서 채권양도는 효력이 없게 되어 담보는 소멸되었던 것입니다.

민법 제485조는 법정대위할 자의 구상권 및 그 구상권의 확보를 위한 법정대위에의 기대를 보호하기 위하여 채권자에게 담보보존의무를 부담시키고자 함에 그 취지가 있습니다. 따라서 법정대위의 전제가 되는 법정대위권자의 보증 등의 시점 이전에 이미 담보가 소멸하였다면, 보호되어야 할 법정대위자의 구상권 또는 기대자체가 존재하지 아니하므로 위 규정이 적용될 여지가 없는 것은 당연합니다.

(3) 그런데 이 사안은 피고들의 지급보증계약 당시에 이미 담보가 소멸한 사안이 아닙니다. 대출약정의 내용을 살펴보면, 이 사건의 대출은 매매대금채권의 존부와 관련 없이 바로 실행되는 것이 아니라, 대출 약정 이후 일정 기간 동안 일정 금액의 범위에서 매매대금채권이 발생하는 경우에 대출이 실행되는 구조입니다. 따라서 이 사안은 원고와 피고들 간에 담보(매매대금채권에 대한 수익권 또는 매매대금채권 그 자체)를 확보한 다음에 대출을 실행한다는 분명한 합의가 있었음에도, 원고가 매매대금채권을 확보할 의무를 소홀히 하여 유효한 담보를 취득하지 못한 상태에서 대출을 해 버린 사안입니다. 그러므로 피고들은 민법 제485조에 의하여 구상권 및 대위에 대한 기대가 보호될 필요가 있는 법정대위권자에 해당되는지를 검토하여 보아야 할 필요가 있다고 할 것입니다. 설사 민법 제485조를 바로 적용하는 것은 아니더라도, 그 규정의 취지를 이 사건의 사실관계와 같은 사안에서 살려야 할 필요가 있으므로

이를 유추적용할 여지는 없는지가 문제되는 것입니다.

(4) 특히 대법원 2009. 10. 29. 선고 2009다60527 판결(판례공보 2009년 하권, 2003면)은 "주채무자가 채권자에게 가등기담보권을 설정하기로 약정한 뒤 이를 이행하지 아니하고 있음에도 채권자가 그 약정에 기하여 가등기가처분명령의 신청, 가등기설정등기 이행 청구 등과 같은 담보권자로서의 지위를 보전·실행·집행하기 위한 조치를 취하지 아니하다가 당해 부동산을 제3자가 압류 또는 가압류함으로써 가등기담보권자로서의 권리를 제대로 확보하지 못한 경우도 담보가 상실되거나 감소된 경우에 해당한다"고 판단하여 민법 제485조의 적용을 긍정하였습니다.

그 판결의 사실관계는 채권자가 가등기담보권이라는 담보를 취득할 기회가 있었음에도 담보 취득을 위한 조치를 게을리하는 바람에 담보를 취득하지 못한 경우로서 이 사건의 경우와 그 구조가 실질적으로 동일합니다.

결국 대법원은 단순히 기계적으로 보증인 등 법정대위권자가 그 계약을 체결하는 시점에 실제로 담보권이 성립하고 있었거나 소멸하였는지의 여부에 따라 민법 제485조의 적용 여부를 판단하는 것이 아니고, 보증인이 담보의 존재를 신뢰함으로써 가지게 되는 법정대위에의 기대를 형평의 관점에서 보호할 필요가 있는 것인지의 여부를 판단하는 것이라고 할 여지가 충분하다고 여겨집니다. 그럼에도 원심법원은 그러한 관점에서의 판단을 하지 아니하였다고 하겠습니다.

Ⅲ. 결론

이상에서 본 여러 이유로 상고심법원으로서는 이 사건의 원심
판결을 파기하여야 할 것으로 사료됩니다.

(2017년 8월 작성)

11. 지방의회의 의결이 없는 토지수분양자 지위 인수에서 분양자 측의 과실상계사유

사   건   서울고등법원 2018나○○ 분양대금반환 등
원고(항소인 겸 피항소인)   ○○ 주식회사
피고(피항소인 겸 항소인)   ○○군[1]

본인은 위의 사건(이하 '이 사건'이라고만 합니다)에 관하여 피고의 대리인으로부터 법률의견을 요청받아 다음과 같이 의견을 제출합니다.

다   음

I. 들어가기 전에

1. 이하에서의 의견 개진은 기본적으로, 즉 아래에서 달리 표시하지 않는 한, 이 사건 제1심판결(서울중앙지방법원 2017. ○○. ○○. 선고 2015가합○○ 판결)(이하 단지 '제1심' 또는 '제1심판결'이라고만 합니다)이 인정하는 사실관계 및 그 밖에 피고의 대리인이 본인에

---

1) 지방자치단체이다.

게 제공한 사실관계에 기초하여 행하여지는 것입니다.

   2. 저는 제1심판결의 「이유」의 4. 다. 2) 부분, 즉 제2예비적 청구에 대한 판단 중 피고의 과실상계 및 책임 제한의 주장을 배척하는 부분이 법적으로 수긍될 수 있는지에 대하여 의견을 개진할 것을 의뢰받았습니다.

   위 제2예비적 청구는 불법행위책임을 묻는 것으로서, 저도 이하에서 우선 불법행위를 염두에 두고 의견을 개진하며, 채무불이행에 대하여는 필요한 경우에 한하여 언급하려고 합니다.

   3. 제1심판결의 그 부분 판단은 다음과 같습니다.

   (1) 문제의 위 제2예비적 청구에 대하여 일정한 사실을 인정한 후 다음과 같이 판단하여 피고에 대하여 민법 제35조 제1항 소정의 불법행위책임을 인정하였습니다.

   "위 인정사실을 종합하면, 이 사건 합의[2]는 피고가 분양대금이 ○○억 원인 토지의 분양자 지위를 이전받는 것이어서 피고의 재정에 부담을 줄 수 있는 사항이어서 지방의회의 의결을 거쳐 신중한 검토를 한 후 체결되어야 함에도, 피고의 대표자인 군수 ○○은 주의의무 및 감독의무를 소홀히 하여 **지방의회의 의결 없이 이 사건 합의가 체결되도록** 추진하거나 만연히 이 사건 합의를 체결하는 자리에 참석하여 위 합의서를 작성하였고, 원고는 **이 사건 합의가 유효함을 전**

---

   2) "이 사건 합의", "이 사건 사업", "이 사건 사업약정", "이 사건 사업단" 또는 "이 사건 연대보증" 등과 같이 제1심판결에서 줄여서 쓰는 용어들은 모두 이 의견서에서도 제1심판결에서와 마찬가지의 의미로 따서 쓰기로 합니다.

제로 이 사건 대출약정을 체결하고 연대보증채무를 변제함으로써 대위변제금 770억 원 상당의 손해를 입었으므로, 피고는 민법 제35 조 제1항에 따라 원고에게 이와 관련한 손해를 배상할 의무가 있 다."(고딕체 또는/및 밑줄에 의한 강조 및 인용문 내의 각주는 본인이 각 가한 것입니다. 이탤릭체에 의한 강조를 포함하여 이하 같습니다)

(2) 나아가 제1심판결은 피고의 「과실상계 및 책임 제한 주장」 에 대하여 다음과 같이 판단하여 이를 받아들이지 아니하였습니다.

"피고는, 원고가 지방의회의 의결이 필요하다는 사정을 인식하고 서도 만연이 피고의 공문만을 신뢰하여 지방의회의 의결 없이 이 사건 합의를 결한 점, 피고는 이 사건 합의로 인하여 아무런 이득도 받지 아니하고 손해만 보는 점 등을 감안하여 과실상계 및 책임 제 한이 이루어져야 한다고 주장한다.

그러나 원고는 피고에게 지방의회의 의결을 요청하였으나, 피고 로부터 지방의회의 의결이 필요하지 않다는 통지를 받음에 따라 피 고의 공적 견해를 신뢰하여 이 사건 합의를 체결한 사실은 앞서 본 바와 같고, 그 과정에서 원고에게 과실이 있다고 보기 어렵다. 뿐만 아니라 지방의회의 의결이 필요 없다는 공적 견해를 표명한 피고가 지방의회의 의결이 없다는 피고의 공적 견해를 신뢰한 원고에게 과 실이 있다고 주장하는 것은 신의성실의 원칙에도 위배된다.

또한 이 사건 토지에 대한 매립공사가 상당한 정도 진척된 상황 에서 중단된 것으로 보이므로, 피고가 아무런 이득도 없이 손해만 을 입었다고 할 수도 없으므로, 피고의 책임이 제한되어야 한다는 피고의 주장은 이유 없다."

(3) 이렇게 보면, 원고가 이 사건에서 피고에 대하여 배상을 청

구하는 손해는, 이 사건 합의가 유효하게 행하여지려면 피고 측에
서 관련 규정에서 요구하는 대로 지방의회의 의결을 거쳤어야 함
에도 이를 거치지 아니함으로써 이 사건 합의가 강행법규 위반을
이유로 무효가 된 것을 제1차적인 원인으로 하여서 발생한 것으로
이해됩니다.

그렇다면 앞서 본 법문제를 생각함에 있어서는 무엇보다도 이
사건 합의를 행함에 있어서 설사 원고 측이 위와 같은 강행법규 위
반의 사실을 알지 못하였다고 하더라도 이를 알았어야 했고 그 인
식에 바탕하여 이 사건 합의의 협상 기타 행위를 하였어야 하지 않
는가 하는 점이 문제된다고 하겠습니다.

Ⅱ. 우리 법에서 과실상계 등 손해배상책임 제한의 법리

1. 민법 제396조, 제763조 소정의 「과실상계」

(1) 민법 제763조는 불법행위로 인한 손해배상책임에 관하여
민법 제394조를 준용하고 있습니다. 민법 제394조는 "채무불이행에
관하여 채권자에게 과실이 있는 때에는 법원은 손해배상의 책임
및 그 금액을 정함에 이를 참작하여야 한다"고 규정합니다. 이를
불법행위로 인한 손해배상의 영역으로 옮겨 준용하면, 위 제394조
는 "**불법행위에 관하여 피해자에게 과실이 있는 때**에는 법원은 손해배
상의 책임 및 그 금액을 정함에 이를 참작하여야 한다"라고 정하는
것이라고 할 수 있겠습니다.

위와 같은 과실상계의 법리는 당사자, 특히 손해배상청구사건
의 피고가 된 가해자가 이를 주장하여야 비로소 소송상 고려되는
것이 아니며, 법원이 소송자료로부터 과실상계의 사유가 있음을 알

수 있는 경우에는 이를 직권으로 고려하여야 한다는 것이 확고한
판례의 태도³⁾임은 주지하는 대로입니다.⁴⁾

(2) 과실상계사유로서의 '과실'의 의미에 대하여는, 그것이 불
법행위책임의 성립요건으로서의 '과실'(민법 제750조)에 관하여 요구
되는 바와 같이 타인에 대한 주의의무를 전제로 그 위반을 가리키
는 것은 아니라고 일치하여 말하여지고 있습니다. 오히려 그것은
일반적으로 불법행위 채권자, 즉 피해자가 자기 자신의 이익을 지
키는 데 필요한 주의를 다하지 못한 것으로 이해되고 있습니다.

(가) 우리의 재판례를 그 추상적인 설시의 차원에서 살펴보면,
예를 들어 대법원 1993. 5. 27. 판결 92다20163사건(법원공보 1993년,
1859면); 대법원 2001. 3. 23. 판결 99다33397사건(판례공보 2001년,

---

3) 대법원 1966. 12. 27. 판결 66다2168사건(대법원판례집 제14권 3집, 379
면)(불법행위로 인한 손해배상사건에서 "피해자의 과실이 인정되면 그
주장이 없더라도 법원은 이를 직권으로 심리 · 판단하여야 한다". 이 판
결은 그 외에 "미성년자의 피해에 있어서 감독의무자에게 과실이 있을
때라도 이를 피해자에게 과실이 있을 때로 보고 이를 참조함이 타당하
다"는 뜻도 설시합니다) 이래 근자의 대법원 2016. 4. 12. 판결 2013다
31137사건(판례공보 2016년 상권, 637면)("불법행위로 인한 손해의 발생
또는 확대에 관하여 피해자에게도 과실이 있는 때에는 가해자의 손해배
상의 범위를 정할 때 당연히 이를 참작하여야 하고, 배상의무자가 피해
자의 과실에 관하여 주장을 하지 아니한 경우에도 소송자료에 따라 과
실이 인정되는 경우에는 이를 법원이 직권으로 심리 · 판단하여야 한다")
에 이르기까지 일관되게 그러한 취지를 밝히고 있습니다.
4) 이는 우리나라만이 그러한 것이 아닙니다. Christian von Bar, *The
Common European Law of Torts*, Vol. 2(Oxford Univ. Press, 2000), p.
544 Fn. 254에 의하면, 독일 · 이탈리아 · 스페인 · 포르투갈에서도 마찬가
지입니다. 그러나, 같은 곳에 의하면, 영국 · 오스트리아 · 네덜란드에서는
당사자의 소송상 주장이 요구된다고 합니다.

933면) 등에서와 같이 "불법행위에 있어서의 가해자의 과실이 의무 위반의 강력한 과실임에 반하여 과실상계에 있어서 과실이란 사회 통념상, 신의성실의 원칙상, 공동생활상 요구되는 **약한 부주의**까지 를 가리키는 것"이라고 하여 오히려 '주의의무 위반의 정도'라는 관 점에서 접근하는 태도를 취하는 것이 뚜렷한 한 흐름을 이루고 있 습니다.

그러나 한편 대법원 1986. 2. 11. 판결 85다카1422사건(법원공보 1986년, 448면); 대법원 1999. 9. 21. 판결 99다31667사건(판례공보 1999년, 2205면) 등에서와 같이 "불법행위로 인한 손해배상에 있어서 의 피해자의 과실이라는 것은 비록 엄격한 법률상 의의로 새길 것 은 아니라고 하더라도 그것이 손해배상액 산정에 참작된다는 점에 서 신의칙상 요구되는 결과발생회피의무로서 일반적으로 예견가능 한 결과발생을 회피하여 **피해자 자신의 불이익을 방지할 주의를 게을리 함**을 말한다"고 설시하여, '피해자 자신의 불이익을 방지할 주의의 결여'라는 관점에서 접근하는 재판례들도 있습니다.

그런데 비교법적으로 보면 「과실상계」의 문제는 통상 이른바 '기여과실(contributory negligence)'[5]의 법문제로 다루어지는데, 외국 에서는 후자의 관점이 명백하게 우위를 점하고 있는 것으로 여겨

---

5) 여기서 말하는 '기여과실'은 단지 영미법상의 개념에 한정하는 것은 아 님은 물론입니다. 한편 영미법(Common Law)에서도 종전에 유력하였던 이른바 '비교과실(comparative negligence)'의 법리(불법행위 또는 손해의 발생에 관하여 피해자 측에게 과실이 있으면 가해자의 손해배상책임은 부정되는 것이 원칙이나 예외적으로 양 당사자의 과실을 비교하여 가해 자 측의 귀책사유가 상당히 무거운 경우에 한하여서 그 책임이 긍정된 다는 법리)는 이제 극복되어서, 이제 우리가 아는 것과 크게 다를 바 없 는 '과실상계'의 법리가 두루 인정되고 있습니다. 다만 뒤의 2.에서 보는 피해자 측 소인素因이나 자연력의 기여도에 기한 배상액 감액은 영미법 에서는 부인되고 있습니다.

집니다. 하나의 쉬운 예를 들면, "기여과실이란 피해자가 자기 자신의 이익에 관하여 주의를 결하는 것이다. 다른 말로 하면, 기여과실은 자신에 대한 의무의 위반의 가장 현저한 예이다"라는 설명이 행하여지고 있는 것입니다.[6)]

(나) 그런데 이상에서 설명한 것은 우리 재판례가 민법 제396조, 제756조에서의 '과실'을 단지 추상적으로 풀어 말하는 차원에서의 언급입니다. 구체적인 사건을 해결하는 단계에서도 위와 같은 추상적 설시가 그대로 적용되어 쉽사리 관철될 수 있는 것은 아니라고 여겨집니다.

하나의 예를 들면, 운전자의 과실로 자동차사고가 일어나서 그 자동차에 무상으로 동승하고 있던 사람이 부상 기타 손해를 입은 사안에서 위 동승자가 운전자에게 안전한 운전을 촉구하지 아니한 과실이 있다고 하여 동승자에 대한 손해배상책임을 감경할 것인가가 문제된 사건이 여럿 있습니다. 여기서는 상론하지 아니하겠습니

---

6) von Bar(전주), p. 546: "it [= contributory negligence] concerns the lack of care displayed by the injured in respect of his own personal interests. In other words, contributory negligence is the most promonent example of *a violation of an obligation towards oneself.*"(꺾음괄호 안은 인용자가 가한 것입니다. 이하 본문·각주를 통하여 모두 같습니다) 거기서는 바로 그 부분의 각주에서 "그리하여 대부분의 법학자는 기여과실을 자기 자신의 이익을 불합리하게 다루어서 손해배상액이 감경되게 하는 것이라고 해석한다"고 덧붙이면서, "여기서는 '법에 반하는 행위(unlawful conduct)'라는 용어는 사용될 수 없습니다. 왜냐하면 어떤 사람이 자신을 해하는 행위를 하는 것을 금지하는 규정은 존재하지 아니하기 때문이다"라는 이탈리아 학자의 불법행위 저서에서의 설명(Adriano de Cupis, *Il danno. Teoria generale della responsabilitá civile*, vol. i, 3rd. ed.(1979), p. 251)을 인용하고 있습니다(이상 von Bar(전주), p. 546 Fn. 263).

다만,[7] 이른바 호의동승자의 배상액 감경에 관하여 대법원 1992. 5. 12. 선고 91다40993 판결(대법원판례집 40권 2집, 7면)은 결론적으로 "차량에 무상으로 동승하였다고 하더라도 그와 같은 사실만으로 운전자에게 안전운행을 촉구하여야 할 주의의무가 있다고는 할 수는 없"지만, "차량의 운행자가 아무런 대가를 받지 않고 오직 동승자의 편의와 이익을 위하여 동승을 허용하고 동승자로서도 그 자신의 편의와 이익을 위하여 그 제공을 받은 경우 그 **운행의 목적, 동승자와 운행자와의 인적 관계, 동승의 경위 등 제반 사정에 비추어 가해자에게 일반의 교통사고와 같은 책임을 지우는 것이 신의칙이나 형평의 원칙상 매우 불합리하다고 인정되는 경우**에는 그 배상액을 감경할 수 있다"라고 손해배상액 감경의 기준을 제시하고 있습니다. 여기서부터도 우리는 과실상계의 요건으로서의 '과실'에 관련하여서 주의의무 위반의 정도라거나 피해자 자신의 이익의 보호라거나 하는 단순한 일반적 관점으로부터는 구체적 사건을 해결하는 데 긴요한 실질적·실용적 기준을 획득하기 어렵다는 것을 알 수 있다고 생각됩니다.

　(다) 결국 과실상계 기타 손해액 제한의 사유는 뒤에서도 누누이 말하는 것처럼 '제반 사정을 고려'하여 '손해의 공평한 분담'이라는 가치를 어떻게 하면 실현할 수 있는가에 달려 있다고 하겠습니다.

---

7) 굳이 지적하자면, 배상책임액 감경을 긍정한 대법원 1980. 2. 26. 판결 79다2271사건(대법원판례집 제28권 1집, 135면); 대법원 1994. 9. 9. 판결 94다32474사건(법원공보 1994년, 2627면) 등과 이를 부정한 대법원 1986. 2. 11. 판결 85다카1422사건(법원공보 1986년, 448면); 대법원 1999. 9. 21. 판결 99다31667사건(판례공보 1999년, 2205면) 등을 그 각 사건의 사실관계의 특이성에 유념하면서 비판적으로 숙독하여 보는 것은 유익할 것으로 생각됩니다.

2. 자연력 또는 피해자의 체질을 이유로 하는 손해배상액 감경

(1) 일찍부터 우리 판례는 자연력 또는 피해자의 특이한 체질 또는 기왕증 또는 질병의 위험도 등이 손해의 발생 또는 확대에 기여한 경우에는 가해자가 배상하여야 할 손해액을 그 기여의 정도에 좇아 감액하여야 한다는 태도를 취합니다.

(2) 예를 들면 대법원 2014. 7. 10. 판결 2014다16968사건(판례공보 2014년, 1564면); 대법원 2016. 6. 23. 판결 2015다55397사건(판례공보 2016년, 1002면) 등은 "의사의 의료행위에 주의의무 위반이 있어 불법행위로 인한 손해배상책임이 인정되더라도 손해가 의료행위의 과오와 피해자 측의 요인이 경합하여 손해가 발생하거나 확대된 경우에는 **피해자 측의 요인이 체질적인 소인 또는 질병의 위험도와 같이 피해자 측의 귀책사유와 무관한 것이라고 할지라도** 질환의 태양·정도 등에 비추어 가해자에게 손해의 전부를 배상하게 하는 것이 공평의 이념에 반하는 경우에는, 법원은 손해배상액을 정하면서 과실상계의 법리를 유추적용하여 손해의 발생 또는 확대에 기여한 피해자 측의 요인을 참작할 수 있다. 다만 책임제한에 관한 사실인정이나 비율을 정하는 것이 형평의 원칙에 비추어 현저하게 불합리하여서는 아니 된다"는 태도를 밝힙니다.[8]

---

8) 다만 위 대법원 2016. 6. 13. 판결은 "그러나 질병의 특성, 치료방법의 한계 등으로 의료행위에 수반되는 위험을 감내해야 한다고 볼 만한 사정도 없이, 의료행위와 관련하여 일반적으로 요구되는 판단능력이나 의료기술 수준 등에 비추어 의사나 간호사 등에게 요구되는 통상적인 주의의무를 소홀히 하여 피해가 발생한 경우에는 단지 치료 과정에서 손해가 발생하였다는 등의 막연한 이유만으로 손해배상책임을 제한할 것은

(3) 한편 예를 들면 대법원 2011. 5. 13. 판결 2009다100920사건(판례공보 2011년, 1142면)은 "교통사고로 인한 피해자의 후유증이 사고와 피해자의 기왕증이 경합하여 나타난 것이라면 사고가 후유증이라는 결과 발생에 기여하였다고 인정되는 정도에 따라 상응한 배상액을 부담하게 하는 것이 손해의 공평한 부담이라는 견지에서 타당하고, **법원이 기왕증의 후유증 전체에 대한 기여도를 정할 때에는 반드시 의학적으로 정확히 판정하여야 하는 것이 아니고 변론에 나타난 기왕증의 원인과 정도, 기왕증과 후유증의 상관관계, 피해자 연령과 직업, 건강상태 등 제반 사정을 고려하여 합리적으로 판단할 수 있다**"라고 판시하고 있습니다.

이러한 판시는 기왕증 등의 사유에 기한 배상액 제한이 무엇보다도 「손해의 공평한 부담」이라는 가치의 실현에 필요한 경우에 말하자면 법원의 합리적 재량에 좇아 행하여질 수 있고 또 행하여져야 함을 말하여 준다고 하겠습니다.

(4) 이상은 손해의 발생 또는 확대에 자연력이 가공加功한 사안에 대한 재판례에서도 그대로 이어지고 있습니다.

이에 관하여 가장 포괄적인 판시를 담고 있다고 여겨지는 대법원 2009. 6. 11. 판결 2006다13001사건(법고을)은, "피해자가 입은 손해가 통상의 손해와는 달리 특수한 자연적 조건 아래 발생한 것이라 하더라도 가해자가 그와 같은 자연적 조건이나 그에 따른 위험의 정도를 미리 예상할 수 있었고 또 과도한 노력이나 비용을 들이지 아니하고도 적절한 조치를 취하여 자연적 조건에 따른 위험의 발생을 사전에 예방할 수 있었다면 그러한 사고방지조치를 소홀히 하여 발생한 사고로 인한 손해배상의 범위를 정함에 있어서 자연
아니다"라고 제한을 붙입니다.

력의 기여분을 인정하여 가해자의 배상범위를 제한할 수 없다고 할 것이지만, 그렇지 아니한 경우에는 가해자의 배상범위는 손해의 공평한 부담이라는 견지에서 손해발생에 대하여 자연력이 기여하였다고 인정되는 부분을 공제한 나머지 부분으로 제한하여야 하며 (대법원 2003. 6. 27. 선고 2001다734 판결, 대법원 2004. 6. 25. 선고 2003다69652 판결 등 참조), 이때 자연력의 기여 부분 및 그 정도에 관한 사실인정이나 비율을 정하는 것은 형평의 원칙에 비추어 현저히 불합리하다고 인정되지 아니하는 한 사실심의 전권사항에 속한다 (대법원 2005. 4. 29. 선고 2004다66476 판결 참조)"고 판시하고 있습니다. 이는 앞의 (2) 및 (3)에서 말씀드린 바와 별로 다를 바 없는 입장이라고 하겠습니다.

(5) 이상에서 살펴본 피해자의 기왕증이나 자연력 가공 등의 사유들은 가장 넓은 의미로 파악된 바의 피해자 측 '과실'과도 전혀 무관한 경우임에 주목할 필요가 있습니다.

3. 「손해의 공평한 부담」이라는 이념에 기초한 배상액 감경

(1) 손해배상법에 관한 최근의 제반 동향 중 주목되는 것은 민법에서 명문으로 규정된 과실상계의 법리와는 별도로 '손해의 공평한 부담'이라는 이념 자체에 기하여 배상액이 감경될 수 있는 일련의 개별 법영역이 판례상 인정되었다는 점입니다.

(2) 예를 들면 대법원 2007. 10. 25. 판결 2006다16758사건(대법원판례집 제55권 2집, 85면)[9]은 "[당시의] 증권거래법 제15조가 적용되는 손해배상청구소송에 있어서도 손해의 공평 부담이라는 손해

---

9) 이 사건은 세간에 「대우전자 분식회계 사건」으로 알려져 있습니다.

배상법의 기본 이념이 적용된다는 점에 있어서는 아무런 차이가 없으므로, 피해자에게 손해의 발생 및 확대에 기여한 과실이 있다는 점을 이유로 과실상계를 하거나 공평의 원칙에 기한 책임의 제한을 하는 것은 여전히 가능하다"고 판시합니다.

이 판결은 여기서 '공평의 원칙'을 특히 그 자체로 개입시키는 근거로 "주식 가격의 변동요인은 매우 다양하고 여러 요인이 동시에 복합적으로 영향을 미치는 것이기에 어느 특정 요인이 언제 어느 정도의 영향력을 발휘한 것인지를 가늠하기가 극히 어렵다는 점을 감안할 때, 허위공시 등의 위법행위 이외에도 매수시점 이후 손실이 발생할 때까지의 기간 동안의 당해 기업이나 주식시장의 전반적인 상황의 변화 등도 손해 발생에 영향을 미쳤을 것으로 인정되나, 성질상 그와 같은 다른 사정에 의하여 생긴 손해액을 일일이 증명하는 것이 극히 곤란한 경우가 있을 수 있고, 이와 같은 경우 손해 분담의 공평이라는 손해배상제도의 이념에 비추어 그러한 사정을 들어 손해배상액을 제한할 수 있다"고 설시하였습니다.

(3) 이와 같이 '**이념적** 배상액 감경'이라고 부를 수 있는 판례법리는 그 후에 나아가 대법원 2015. 1. 29. 판결 2014다207283사건(법고을)에 의하여 「자본시장과 금융투자업에 관한 법률」 제162조에 따라 주식의 취득자 또는 처분자가 주권상장법인 등에 사업보고서의 거짓 기재 등으로 인한 손해의 배상을 청구하는 사안유형에도 확대되었습니다.[10] 다시 말하면 기업회계 부정을 이유로 그 관련자를 상대로 주식 취득자 등이 손해배상을 청구하는 경우에는 그 경우의 '손해' 발생 여부 및 그 범위의 인정에 관련되는 일정한 특성

---

10) 그 외에도 대법원 2016. 12. 15. 선고 2015다243163 판결(판례공보 2017년 상권, 88면) 등이 같은 취지를 판시한다.

상 '손해 분담의 공평'이라는 이념 그 자체만에 의하여 배상액을 감경할 수 있다는 것입니다.

(4) 그러나 이와 같이 '손해' 인정상의 특성이 인정되는 기업회계 부정의 법영역에 속하지 아니하는 사안유형에서도 이미 위와 같은 '이념적 배상액 감경'이 긍정되었었습니다.

(가) 대법원 2007. 10. 11. 판결 2007다34746사건(판례공보 2007년, 1750면)은, 상법 제399조에서 정하는 이사의 회사에 대한 손해배상책임에 관하여 "이사가 법령 또는 정관에 위반한 행위를 하거나 그 임무를 해태함으로써 회사에 대하여 손해를 배상할 책임이 있는 경우에 그 손해배상의 범위를 정함에 있어서는, 당해 사업의 내용과 성격, 당해 이사의 임무위반의 경위 및 임무위반행위의 태양, 회사의 손해 발생 및 확대에 관여된 객관적인 사정이나 그 정도, 평소 이사의 회사에 대한 공헌도, 임무위반행위로 인한 당해 이사의 이득 유무, 회사의 조직체계의 흠결 유무나 위험관리체제의 구축 여부 등 제반 사정을 참작하여 손해분담의 공평이라는 손해배상제도의 이념에 비추어 그 손해배상액을 제한할 수 있"다고 판시하였습니다.[11)]

여기서도 피해자 측의 '과실'이라는 과실상계 법리상의 기준은 전혀 고려되지 않고 있음이 주목됩니다.

나아가 그 후 상법 제400조 제2항(동 본문: "회사는 정관이 정하는 바에 따라 제399조에 따른 이사의 책임을 이사가 그 행위를 한 날 이전 최

---

11) 같은 취지는 그 후의 대법원 전원합의체 2008. 9. 18. 판결 2006다49789 판결(대법원판례집 56권 2집, 20면; 대법원 2014. 4. 10. 판결 2012다82220 판결(법고을)에서도 반복되고 있다.

근 1년 간의 보수액의 6배를 초과하는 금액에 대하여 면제할 수 있다")[12] 이 신설되어 이사의 회사에 대한 책임 감면은 법정되기에 이르렀습니다.

(나) 상법 제401조에서 정하는 '이사의 제3자에 대한 책임'과 관련하여서 판례는 이른바 주주의 '간접손해'는 동조에 기하여 이사가 배상하여야 하는 손해에 포함되지 아니한다고 합니다. 이는 이미 대법원 1993. 1. 26. 판결 91다36093사건(법원공보 1993년, 845면)이 "주식회사의 주주가 대표이사의 악의 또는 중대한 과실로 인한 임무해태행위로 직접 손해를 입은 경우에는 이사와 회사에 대하여 상법 제401조, 제389조 제3항, 제210조에 의하여 손해배상을 청구할 수 있으나, 대표이사가 회사재산을 횡령하여 회사재산이 감소함으로써 회사가 손해를 입고 결과적으로 주주의 경제적 이익이 침해되는 손해와 같은 간접적인 손해는 상법 제401조 제1항에서 말하는 손해의 개념에 포함되지 아니하므로 이에 대하여는 위 법조항에 의한 손해배상을 청구할 수 없다"고 판시하였고, 이러한 태도는 그 후의 재판례들에서도 그대로 이어지고 있음은 주지하는 대로입니다.

이러한 판례의 태도는 실질적으로는 상법 제401조에서 정하는 '손해'를 직접손해에 한정하는 해석을 취함으로써 주식회사 이사의 손해배상책임을 제한한다는 점에서는 앞의 (3)에서 살펴본 바와 크게 다를 바 없습니다. 우리의 손해배상법에서 배상되어야 할 '손해'는 가해행위와의 인과관계 또는 '통상의 손해' 또는 '채무자, 즉 배상책임자가 알거나 알 수 있었던 특별한 사정으로 인한 손해'(민법

---

12) 이 규정은 상법 제408조의9에 의하여 이른바 「집행임원」(동법 제408조의2 참조)에 대하여도 준용됩니다.

제393조)에 의하여 제한되는 것이고, 직접손해/간접손해의 구분은 상법 제401조의 적용에 있어서만 예외적으로 채택되고 있습니다. 이 역시 배상액 제한의 목적을 달성하는 우회적 방법이라고 하겠습니다.

(다) 이러한 판례의 '이념적 배상액 감경'은 나아가 경찰관의 직무집행상 과실로 인한 국가 책임에 대하여도 인정됩니다.

즉, 대법원 2016. 4. 15. 판결 2013다20427사건(판례공보 2016년, 641면)은 "국가가 그 소속 경찰관의 직무집행상의 과실로 말미암아 피해자에게 손해를 배상할 책임이 있는 경우에 그 손해배상의 범위를 정함에 있어서는, 당해 직무집행에서 요구되는 경찰관의 주의의무의 내용과 성격, 당해 경찰관의 주의의무 위반의 경위 및 주의의무 위반행위의 태양, 피해자의 손해 발생 및 확대에 관여된 객관적인 사정이나 그 정도 등 제반 사정을 참작하여 손해분담의 공평이라는 손해배상제도의 이념에 비추어 그 손해배상액을 제한할 수 있다"고 판시하고 있는 것입니다. 그리고 이러한 태도는 대법원 2017. 11. 9. 판결 2017다228083사건(판례공보 2017년, 2319면)에서도 그대로 이어집니다.

이로써 손해 분담의 공평이라는 이념 자체에 의한 배상액 감경은 기업 활동과 관련한 손해배상책임의 범위를 넘어서 인정되기에 이르렀던 것입니다.

4. 강행법규 위반으로 인한 계약 무효와 「법률의 착오」

(1) 이 사건에서 피고의 손해배상액 감경 주장에 대하여 제1심 판결은 우선 "원고가 피고에게 이 사건 합의의 전제로 **지방의회의 의결을 요청**하였으나, 피고로부터 지방의회의 의결이 필요하지 않다

는 통지를 받음에 따라 **피고의 공적 견해를 신뢰**하여 이 사건 합의를 체결하였다"고 판단하고 따라서 원고에게 과실상계의 요건인 '과실'이 있다고 볼 수 없다고 판단하였습니다. 이는 원고는 일단 이 사건 합의에 지방의회의 의결이 필요할 것으로 생각하여 피고에게 그 절차를 준수할 것을 '요청'하였지만 피고가 그 의결이 불필요하다는 통지를 함에 따라 이를 '공적 견해'로서 존중하여 이를 믿고 위와 같은 생각을 바꾸어 지방의회의 의결이 없는 상태에서 그대로 이 사건 합의를 체결하기에 이르렀으므로, 원고에게 배상액 감액사유인 '과실'이 있다고 할 수 없다는 것입니다.

(2) 우선 위와 같은 경우는 어떠한 행위가 적법하게 이루어지기 위한 요건이 법에 정하여져 있는 사안에서 행위자가 그 법정요건의 필요 여부에 관하여 잘못 앎으로써 그 요건이 갖추어지지 아니한 채로 문제의 행위에 이르게 되었다는 것으로서, 전형적으로 이른바 '법률의 착오' 또는 '법의 무지'에 해당합니다.

그런데 '법률의 착오(error iuris)' 또는 '법의 무지(ignorantia iuris)'는 일찍부터 법학에서 논의되어 온 문제입니다.

일반적으로 '법률의 착오'[13] 또는 '법의 무지'에 대하여는, "법률의 착오는 [당사자를] 해친다(Error juris nocet)" 또는 "법의 무지는 변명이 되지 아니한다(Ignorantia iuris non excusat)"[14]라고 하는 옛부터의 법언法諺[15]에서도 분명히 드러나듯이, 일반적으로 법을 알지

---

13) 주지하는 대로 혹은 '금지착오'라고도 부릅니다.

14) 또는 "법률의 무지는 누구도 면책하지 아니한다(Ignorantia legis neminem excusat)"라고도 합니다.

15) 정확하게 말하면 이들 법언은 로마의 가장 영향력 있는 법학자의 한 사람으로서 3세기 초에 활약한 파울루스가 "법의 무지는 누구든지 해친다(Iuris ignorantia cuique nocet)"(Dig. 22. 6. 9. pr.)라고 한 데서 연유합니

못하여서 법을 위반하게 되었다는 것으로 그로 인한 책임을 면하지 못한다, 법을 알지 못하였음을 면책사유로 삼을 수 없다는 것이 동서고금을 막론하고 두루 인정되는 법원칙입니다.

(3) 우리 법에서는 무엇보다도 형법 제16조가 범죄의 성립과 관련하여 그 뜻을 정하고 있습니다. 즉 "자기의 행위가 법령에 의하여 죄가 되지 아니하는 것으로 오인한 행위는 그 오인에 정당한 이유가 있는 때에 한하여 벌하지 아니한다"라는 것입니다.[16] 그리고 위 형법 규정에 대하여 대법원 2006. 3. 24. 판결 2005도3717사건(판례공보 2006년, 766면)은 "형법 제16조에서 자기가 행한 행위가 법령에 의하여 죄가 되지 아니한 것으로 오인한 행위는 그 오인에 정당한 이유가 있는 때에 한하여 벌하지 아니한다고 규정하고 있는 것은 일반적으로 범죄가 되는 경우이지만 자기의 특수한 경우에는 법령에 의하여 허용된 행위로서 죄가 되지 아니한다고 그릇 인식하고 그와 같이 그릇 인식함에 정당한 이유가 있는 경우에는 벌하지 아니한다는 취지이고, 이러한 정당한 이유가 있는지 여부는 행위자에게 자기 행위의 위법의 가능성에 대해 심사숙고하거나 조회할 수 있는 계기가 있어 **자신의 지적 능력을 다하여 이를 회피하기 위한 진지한 노력을 다하였더라면 스스로의 행위에 대하여 위법성을 인식할 수 있는 가능성이 있었음**에도 이를 다하지 못한 결과 자기 행위의 위법성을 인식하지 못한 것인지 여부에 따라 판단하여야 할 것이

다. 이에 대하여는 Detlef Liebs, Rhythmische Rechtssätze, in: *JZ* 1981, S. 163 참조.

16) '금지착오(Verbotsirrtum)'에 관한 독일형법 제17조 제1문이 "행위자가 행위를 함에 있어서 불법을 행한다는 인식이 없었던 경우에 그가 그러한 착오를 피할 수 없었던(nicht vermeiden konnte) 때에는 그는 그 행위에 대하여 책임이 없다"라고 규정하는 것도 같은 취지입니다.

고, 이러한 **위법성의 인식에 필요한 노력의 정도는 구체적인 행위정황과 행위자 개인의 인식능력 그리고 행위자가 속한 사회집단에 따라 달리 평가 되어야 한다**"고 판시하였습니다.[17)]

(4) 이러한 관점에서 과연 제1심의 판단과 같이 원고가 이 사건 합의에 지방의회의 의결이 필요하지 않다는 전제에서 행위한 것이 '변명이 되는지' 또는 그것으로 '면책을 주장할 수 있는지'는 다음 항에서 구체적으로 검토하도록 하겠습니다.

5. 소결

(1) 이상에서 살펴본 바를 일반화하면, 우선 우리 법은 대체로 **피해자의 지배영역에 속하는 사정에 기하여** 또는 —보다 엄밀하게 말하면— **가해자가 지배할 수 없거나 기타 영향을 미칠 수 없는 사정에 기하여** 피해자가 배상을 청구하는 손해가 발생하거나 확대된 경우에는 그 사유에 대하여 피해자에게 '과실'이 있는지 여부를 불문하고 배상액의 감경을 인정하고 있다고 할 수 있겠습니다.

(2) 한편 일반적으로 법을 알지 못하여서 법을 위반하게 되었다는 것으로 그로 인한 책임을 면하지 못한다, 법을 알지 못하였음을 면책사유로 삼을 수 없다는 것이 동서고금을 막론하고 두루 인정되는 법원칙이고, 이는 우리 법에서도 다를 바 없습니다.

---

17) 이러한 판시는 그 후 대법원 2017. 3. 15. 판결 2014도12773 판결(판례공보 2017년 상권, 806면)에서도 그대로 반복되고 있습니다.

Ⅲ. 이 사건에서의 손해배상액의 제한 여부

이하에서는 이 사건에서 피고 군의 배상액을 감경·제한하는 것이 타당한지 여부를 판단하는 데 필요한 제반 사정을 살펴보도록 하겠습니다.

1. 당사자들의 실질적 위상과 이 사건 합의에 이르기까지의 과정

(1) 원고는 엄청난 자금과 방대한 조직을 가진 거대기업입니다. 공정거래위원회의 2012년 4월 12일자 발표에 따르면 원고는 자산이 16.7조원으로 그 자산순위가 우리나라 전체 기업 중 25위로서 이른바 '상호출자제한 기업집단'에 해당하며, 또 2018년 5월 31일자의 「○○ 기업평가」에 의하면 2018년도 매출이 약 10조원에 이를 전망입니다. 또한 원고는 2017년 약 7천여억 원의 막대한 영업이익을 내고, 2018년 상반기에도 약 5천여억 원의 영업이익이 발생하였습니다.

그에 비하여 피고 ○○군은 지방의 군 단위 행정단위로서, 그 군의 인구는 2018년 10월 현재 4만 8천여 명에 불과하고, 피고 군에 소속된 공무원의 수도 모두 합하여서 670여 명밖에 되지 않습니다. 피고 군은 2018년의 예산이 4천여억 원으로서, 앞서 본 원고의 같은 해 매출 추정액에 비하면 5%에도 미치지 못합니다.

이와 같이 피고 군이 지방자치단체로서 행정주체라고 하여도 원고에 대하여 사회적·경제적으로 우월한 지위에 있다고는 결코 말할 수 없습니다.

(2) 이 사건 사업에 있어서 원·피고 사이의 '거래' 기타 협상에

서도 오히려 피고가 원고의 사업 참여를 구하는 입장에 있었으므로 피고가 '우월한' 지위에 있다고 할 수 없습니다.

무엇보다도, 이 사건 사업은 애초에 원고를 포함한 실수요자들의 요청 및 투자·출자 확약에 따라 공유수면매립기본계획 및 대규모 부지조성계획(100만평에 조금 못 미칩니다)이 수립되었던 것입니다.

또한 2008년에 원고가 최초 분양계약보다 사용면적을 원래 예정되었던 ○○만 평에서 단지 ○○만 평으로 약 60%를 줄여서 분양받자, A 회사나 B 회사와 같은 다른 실수요자들은 분양계약의 체결을 거부한 바 있습니다. 이것이야말로 이 사건 사업의 진행에 있어서 원고가 가지는 '실제적 위상'을 웅변으로 말하여 주는 사실입니다.

그러한 위상을 바탕으로 원고는, 사업 당사자들이 모두 이 사건 사업 관련 일련의 계약들을 체결할 준비를 모두 마친 상황에서 「사업단」의 자력이 의심된다면서, 이 사건 사업과 관련하여 행정적인 지원만을 하기로 되어 있는 피고에게 아예 분양자의 지위를 이전하도록 강력하게 요구하였던 것입니다. 피고 군으로서는 만일 이러한 원고의 요구가 수용되지 아니할 경우에는 사업에 필요한 자금을 조달할 방도가 막막하여 위 사업의 추진이 아예 불가능하게 될 우려가 있었기에, 지역의 발전을 열망하는 피고 군으로서는 원고의 위와 같은 무리한 요구를 수용하지 아니할 수 없었던 것입니다.

2. 지방의회 의결의 필요 여부에 관한 당사자들의 검토

(1) 사인이 계약의 체결 기타 일정한 행위를 함에 있어서 법령이 정한 전치적前置的 절차 기타 「제한」(넓은 의미에서의)을 준수하지 아니한 경우에 그 법령 위반으로 말미암아 당해 계약 기타 행위의

효력이 부인되고 그로 말미암아 행위 당사자에게 손해가 발생하여 그 배상을 상대방에게 청구하는 사안에서 그 배상액은 배상청구자의 '과실'을 이유로 감액되어야 한다는 것이 우리 판례의 확고한 태도라고 하겠습니다.

(가) 이 점을 명확하게 보여 주는 것은 무엇보다도 대법원 1968. 6. 28. 판결 68다561사건(대법원판결집 제16권 2집, 민사편 193면)입니다.

이 판결은, 피고 학교법인의 이사이면서 위 법인이 운영하는 대학의 학장이던 갑이 위 대학의 운영자금으로 원고로부터 금전을 차용한 사안에 대한 것입니다. 원고는 주위적으로 대여금의 반환을 청구하였는데 이는 갑이 피고 법인을 대표할 권한이 없다는 등의 이유로 배척되었습니다. 문제는 피고 법인에 대하여 사용자책임(민법 제756조)을 물은 원고의 예비적 청구입니다. 원심은 피고 법인의 과실상계 주장을 배척하였는데, 대법원은 다음과 같이 판단하여 원심판결을 파기하고 사건을 원심에 환송하였습니다.

"일건 기록에 의하면, 피고는, 학교법인이 다른 사람으로부터 금전을 차용할 경우에는 이사회의 결의가 있어야 하고, 문교부장관의 허가를 얻어야 함에도 불구하고, 위와 같은 절차 없이 원고가 소외인에게 본건 금전을 대여하였음은 원고에게 과실이 있다고 아니할 수 없다는 취지의 항변을 하고 있음을 엿볼 수 있다. [당시의] 사립학교법 제16조, 제28조에 의하면, 학교법인이 금전을 차입하려고 한 때에는 이사회의 결의가 있어야 할 뿐 아니라, 감독관청인 문교부장관의 허가를 받아야 한다고 규정 하였음에도 불구하고, 위와 같은 절차 없이 원고가 소외인 갑에게 금전을 대여함으로써 발생하였

다는 동액 상당의 손해에는 원고에게도 과실이 있다고 아니할 수
없고, **위와 같은 절차에 관한 규정이 사립학교법에 명시되어 있는 이상, 위와**
같은 과실이 없다는 점에 대하여 원고가 입증을 하지 아니하는 한, 도리어 원
고의 과실은 추정되어야 함에도 불구하고, 원심이 위와 같은 피고의 항
변에 대하여 판단을 하지 아니 하였음은 판단 유탈의 위법이 있다
고 아니할 수 없으므로 그 외의 상고이유에 대한 판단을 생략하고,
원판결을 파기하기로 한다."

이 판결의 취지는 위에서 인용한 문장 중 강조를 가한 부분에
서 의문의 여지 없이 명확하게 드러나므로, 여기서 굳이 부연 설명
할 필요는 없다고 하겠습니다.

(나) 이러한 취지의 재판례는 그 외에도 다수 있습니다. 여기에
서는 최근의 대법원 2017. 3. 15. 판결 2014도12773사건(판례공보
2017년, 806면)만을 살펴보도록 하겠습니다. 이는 형사판결이나, 앞
의 II. 4.에서 본 대로 이 사건의 사실관계 아래서 논의되지 않을 수
없는 '법률의 착오'에 관한 재판례로서 오히려 여기서 문제되는 '과
실상계를 이유로 하는 배상액 제한'의 문제에 대하여도 심중한 의
미가 있다고 하겠습니다.

이 사건에서 '갑 외국어학교'의 경영자인 피고인은 교비회계에
속하는 수입을 여러 차례에 걸쳐 '을 외국어학교'에 대여하였다는
이유로 사립학교법 위반으로 기소되었습니다. 피고인은, 위와 같은
행위가 법령에 의하여 죄가 되지 아니하는 것으로 오인하였고 또
그 오인에 대하여 '정당한 이유'가 있다고 하여 형법 제16조에 터잡
은 무죄 주장을 하였습니다. 원심은 이 주장을 받아들여 피고인에
게 무죄를 선고하였습니다. 그러나 대법원은 원심판결을 파기하였

습니다.

(a) 우선 위 판결은 추상적인 법리를 다음과 같이 설시합니다. 이는 앞의 Ⅱ. 4. (3)에서 본 대법원 2006. 3. 24. 판결 2005도3717 판결(판례공보 2006년 상권, 766면)의 설시를 그대로 따온 것입니다.

"[형법 제16조 소정의] '정당한 이유'는 행위자에게 자기 행위의 위법 가능성에 대하여 심사숙고하거나 조회할 수 있는 계기가 있어 자신의 지적 능력을 다하여 이를 회피하기 위한 진지한 노력을 다하였더라면 스스로의 행위에 대하여 위법성을 인식할 수 있는 가능성이 있었는데도 이를 다하지 못한 결과 자기 행위의 위법성을 인식하지 못한 것인지 여부에 따라 판단하여야 한다. **이러한 위법성의 인식에 필요한 노력의 정도는 구체적인 행위 정황과 행위자 개인의 인식능력 그리고 행위자가 속한 사회집단에 따라 달리 평가되어야 한다.**"

(b) 나아가 이 사건과 관련하여서 구체적으로 다음과 같이 판단합니다.

"이러한 사실관계와 관계 법령의 내용을 앞에서 본 법리에 비추어 보면, 갑 학교와 을 학교는 각각 설립인가를 받은 별개의 학교이므로, 갑 학교의 교비회계에 속하는 수입을 을 학교에 대여하는 것은 구 사립학교법 제29조 제6항에 따라 금지된다. 피고인은 위와 같은 대여행위가 적법한지에 관하여 관할청인 경기도교육청의 담당공무원에게 정확한 정보를 제공하고 회신을 받거나 법률전문가에게 자문을 구하는 등의 조치를 취하지 않았다. 피고인이 외국인으로서 국어에 능숙하지 못하였다거나 갑 학교 설립·운영협약의 당사자에 불과한 경기도, 수원시 소속 공무원들이 참석한 갑 학교 학교운영위원회에서 을 학교에 대한 자금 대여 안건을 보고하였다는 것만으

로는 피고인이 자신의 지적 능력을 다하여 행위의 위법 가능성을
회피하기 위한 진지한 노력을 다하였다고 볼 수 없다. 또한 위와 같
이 갑 학교에 대한 자금 대여가 끝난 후에 회계법인이 그 위법함을 지적하지
않았다거나 서울특별시교육청의 담당 공무원이 제3자에게 '구 사립학교법
제29조는 외국인학교에 적용되지 않는다' 는 취지로 민원 회신을 하였다는
등의 사정만으로 이를 달리 볼 수도 없다. 그러므로 피고인이 갑 학교의
교비회계에 속하는 수입을 을 학교에 대여한 행위가 법률상 허용되
는 것으로서 죄가 되지 않는다고 그릇 인식하고 있었다고 하더라도
그와 같이 그릇된 인식에 정당한 이유가 있다고 볼 수 없다.

그런데도 원심은 이와 달리 이 부분 공소사실을 무죄로 판단하였
으므로, 이러한 원심의 판단에는 법률의 착오에 관한 법리를 오해
함으로써 판결에 영향을 미친 잘못이 있다. 이 점을 지적하는 상고
이유 주장에는 정당한 이유가 있다."

(다) 이상 두 대법원판결은 모두 원심판결을 파기하였다는 점
에서도 주목할 만한데, 이들은 모두 법령 위반 행위에 대한 대법원
의 엄격한 태도를 말하여 주는 것입니다.

(2) 이 사건에서 문제되는 지방의회 의결의 필요 여부는 숙련
된 법률가라면 그렇게 어렵지 않게 검토·확인할 수 있는 사항입
니다.

(가) 원고는 상당한 수의 사내社內변호사(in-house counsel)를 고
용하고 있는 등으로 세밀한 법적 검토의 능력을 자체 내에 갖추고
있습니다. 앞의 1. (1)에서 본 대로 원고는 2012년 4월 현재 자산
기준으로 국내 제25위의 대기업으로서, 여러 명의 변호사로 구성된
「법무팀」이 존재하는 것입니다.

(나) 일반적으로 대기업은 이 사건 합의와 같이 중요한 계약을 체결하기 전에 최소한 두 곳 이상의 대형 로펌 기타 법률전문가로부터 자문 받아 신중히 판단하는 것이 일반적인 관례라고 알고 있습니다.

(다) 실제로 원고도 이 사건 사업과 관련하여서도 우리나라에서 제일 큰 로펌인 「김앤장 법률사무소」로부터 법률자문을 받았다고 합니다. 즉 그에 대하여 이 사건 합의에 지방의회 의결이 필요할 수 있다는 점에 관하여 자문을 구하여, "이 사건 합의의 체결 전 지방의회 의결이 필요한 사항인지 확인하라, 만일에 대비하여 공문 등을 받아두라"는 취지로 구두자문을 받았다는 것입니다.

그렇다면 원고는 이 사건 합의가 지방의회 결의의 흠결로 무효가 될 수도 있다는 가능성은 이를 인식하고 있었다고 하지 아니할 수 없습니다. 그리하여 설령 원고가 이 사건 합의가 무효라는 사정을 알지는 못하였다고 하더라도 이에 대하여 중대한 과실이 있다고 하여야 할 것입니다.

3. 피고가 지방의회 결의의 요부에 관한 「공적 견해」를 원고에 대하여 표명하였는가? 또 그것만으로 원고의 '과실'은 없게 되는가?

(1) 이 사건 제1심판결은 "원고가 피고의 공적 견해를 신뢰하였다"는 사정을 배상액 제한 여부의 판단에 관련한 중요한 점으로 들고 있습니다.

(2) 우선 이 사건 합의는 피고 군이 행정주체의 공법적 지위에서 체결한 것이 아니고 사경제주체私經濟主體의 지위에서 행한 것입

니다. 그와 같이 사인私人과 전적으로 같은 지위에서 상대방 사이에
체결하는 사법적 합의에 관하여 그 절차적 요건에 관한 견해를 표
명하는 것이 언어의 통상적 의미에서 '공적 견해'라고 할 수 있을지
의문이라는 점을 말씀드려 둡니다.

(3) 그리고 나아가 거기서 말하는 '피고의 공적 견해'라고 하는
것이 과연 무엇인지부터 살펴볼 필요가 있다고 여겨집니다. 그것이
피고 군 소속의 지방주사 하진수가 보낸 「공문」을 가리키는 것이
라면 이에는 다음과 같은 문제점이 있다고 하겠습니다.

무엇보다도 위 「공문」 자체로 보아서도 지방주사 ○○가 그에
담긴 법적 견해를 피고 군의 '공적 견해'로서 표명할 권한이 있는지
의문입니다. 그 문서는 작성자가 "남해안개발과장 전결대행 ○○"
로 적혀 있고, 그 이상 직급 또는 권한 있는 관계자(과장급 이상)의
검토를 거쳤다는 기재는 없습니다. 이러한 문서를 '피고의 공적 견
해'가 담긴 것으로 하기는 어려울 것입니다.

그리하여 위 ○○는 위와 같은 「공문」의 작성 · 발송의 권한이
없음에도 이를 전결대행으로 작성 등 하였다는 것으로 현재 허위
공문서작성죄로 기소되어 공판이 진행 중이라고 합니다.

(4) 한편 ○○는 원고 측에 법무법인 ○○으로부터 받은 지방
의회 의결의 요부에 관한 의견서를 교부하였다고 합니다. 그런데
그 의견서에는 '재산관리관과의 협의'를 거칠 것을 요청하고 있는
데, 위 「공문」에는 그러한 협의를 거쳤음이 드러나지 아니하고, 단
지 "우리 군 재산관리부서와 협의 결과 우리 군 의회 의결이 필요
하지 않음"이라고 기재된 데 불과하다고 합니다. 그리고 실제로도
피고 군의 재산관리관과 협의하지 아니하였다는 것입니다.

(5) 만에 하나 위와 같은 「공문」이 피고 군의 공적 견해를 담은 것이라고 가정적으로 전제하더라도, 그것만으로 원고가 지방의회 결의 요부에 관하여 충분한 검토를 하여야 할 「자신의 이익을 위한 의무」를 다하였다고 할 수 없을 것입니다.

(가) 이 사건 제1심판결에 의하면, 원고는 처음에는 스스로 지방의회의 의결이 필요하다고 생각하였다는 것입니다. 즉, 그 「이유」의 4. 나. 1) 다) 항목에 "원고는 이 사건 합의를 체결하기에 앞서 피고에게 지방의회의 동의를 받을 것을 요청하였다"고 사실인정되어 있습니다(제1심판결 19면, 위에서 제1행 및 제2행). 이는 앞의 (2) 등에서 본 대로 숙련된 법률가라면 그렇게 어렵지 아니하게 검토·확인할 수 있는 사항일 뿐만 아니라, 자신의 내부 「법무팀」, 나아가 우리나라 굴지의 대형 로펌에의 자문을 통하여 확인한 바로서 당연한 조치라고 할 것입니다.

(나) 이와 같이 명백하면서도 합의의 유무효를 좌우하여 중대한 사항을 이 사건 합의의 상대방, 원고가 이익이 대치되는 거래의 반대당사자인 피고 군의 「공문」이라는 것을 이제 더욱 파고들어 철저히 검토하지도 아니하고 그렇게 쉽사리 그대로 신뢰하였다는 것에 대하여 어느 누가 '자신의 이익을 위한 주의'를 다한 것으로서 배상액 제한의 사유가 되는 '과실'이 없다고 할 수 있겠습니까? 원고는 막대한 투자를 하게 되는 이 사건 사업에서 피고 군에게 분양자 지위 인수, 즉 피고 군의 당사자적 참여를 구하면서, 앞서 본 대로 대법원 2006. 3. 24. 판결 2005도3717사건(판례공보 2006년, 766면); 대법원 2017. 3. 15. 판결 2014도12773사건(판례공보 2017년, 806면) 등에서 요구하고 있는 바의, **"자신의 지적 능력을 다하여 이를 회피하**

기 위한 진지한 노력을 다하지" 못하였다고 하지 아니할 수 없습니다.

특히 원고가 2012년 5월 ○○일 원고 회사의 이사회에 보고한 내용에 의하면, 이 사건 합의와 관련하여 "원고 회사 계약 체결로 인한 효과: 분양자지위를 SPC 민간사업자에서 지자체로 변경함으로써, 토지를 인도받지 못하는 등 문제가 생길 경우 지자체 상대로 손해배상청구할 수 있어 리스크 감소"라고 기재되어 있어서, 원고는 이 사건 합의로 인하여 원고가 얻는 이익 및 피고가 부담하게 될 위험에 대하여 정확하게 인지하고 있었다고 할 것입니다. 그렇다면 더욱이나 그러한 자신의 이익을 보장받기 위한 법적 절차로서 지방의회 의결의 요부에 관하여 한층 더 주의를 기울여야 했을 것입니다.

4. "지방의회의 의결이 필요 없다는 공적 견해를 표명한 피고가 지방의회의 의결이 없다는 피고의 공적 견해를 신뢰한 원고에게 과실이 있다고 주장하는 것은 신의성실의 원칙에도 위배"되는가?

(1) 제1심판결은 위 표제와 같이 설시하여 피고 군이 원고의 '과실'을 주장하는 것이 신의성실의 원칙에 위배되어 허용되지 아니한다고 판단하고 있습니다.

과연 피고 군이 '공적 견해'를 표명하였다고 할 수 있는가 하는 점에 대하여 커다란 의문이 있다는 점에 대하여는 이미 앞의 3.에서 밝힌 바 있으므로 더 이상 부연하지 아니하도록 하겠습니다.

(2) 주지하는 바와 같이, 우리 판례는 **고의적으로** 위법한 행위를 한 가해자가 그 고의의 목표가 된 상대방이 그 위법성을 미처 파악하지 못하였음을 주장하는 것이 일반적으로 허용되지 않는다는 태

도라는 것은 주지하는 대로입니다.

만에 하나 피고 군이 위와 같은 공적 견해를 표명하였다고 인정된다고 가정하더라도, 원고를 오도할 의도를 가지고 고의적으로 그렇게 하였다면 몰라도, 작은 행정단위인 피고 군의 경험도 별로 없는 담당 직원(이 점은 원고 측도 충분히 알고 있지 않았나요?)이 잘못 알고 원고에게 알린 것을 가지고 상대방의 신뢰를 내세워 신의칙에 반한다고는 도저히 할 수 없습니다.

(3) 신의성실의 원칙을 적용하는 것이 적절한지를 판단함에 있어서는 당해 사안에 나타난 모든 사정요소를 고려하여야 할 것입니다. 그런데 이 사건에서는 뒤의 5.에서 보는 대로 피고 군은 이 사건 사업의 실패로 막대한 손실을 입었습니다. 이는 지방자치단체 주민의 복리를 증진한다는 정치체로서의 군의 존재이유를 중대하게 위협하는 사태로 이어질 위험을 안고 있는 것입니다.

무엇보다 상식적으로 우리나라 굴지의 대기업인 원고가 "군 단위 지자체에서 1천억 원이 넘는 계약의 분양자지위 이전의 합의를 하는 데 지방의회의 의결이 필요 없다"고 믿었다는 사실 자체가 납득하기 어려운 터에, 이러한 제반 사정에 근거하여 '신의성실의 원칙'에 입각한 당사자 보호의 이념과도 일맥상통하는 배상액 제한의 주장을 바로 그 보호를 구하고자 하는 바로 그 '신의성실의 원칙'을 들어 배척하는 것은 쉽사리 용납되어서는 안 될 것입니다.

5. 이 사건 사업에서 피고 측의 막대한 '손실'

(1) 원고 측의 청구가 배상액 감경 없이 그대로 인용되는 경우에 피고 측은 기존의 '손실' 외에도 실제적으로 막대한 '손실'을 입어 지방자치단체로서의 재정적 기초에 심한 타격을 입을 것입니다.

(가) 피고 군이 이 사건 사업단으로부터 분양받은 10만평과 관련하여서 보면, 피고 군은 이 사건 사업약정에 따라 위 분양계약과 관련하여 사업단을 위하여 지급보증한 490여억 원 상당을 나중에 모두 변제하였습니다. 그러나 위 사업단의 파산으로 위 비용을 보전 받을 수 없게 되었습니다.

(나) 원고가 이 사건 사업단으로부터 분양받은 ○○만평(이 사건 분양)과 관련하여 보면, 제1심판결이 그대로 유지된다면, 피고 군은 원고가 사업단에게 계약금으로 지급한 110억 원 및 원고가 대위변제한 약 7백여억 원 합계 8백여억 원을 부담하여야 합니다. 앞의 (가)에서 본 대로 이 사건 사업단의 파산으로 회수할 수 없게 된 490여억 원 상당의 손해와 원고에게 지급하게 된 8백여억 원 상당의 손해를 합산하면 1천3백여억 원이 넘는 손해를 피고 군이 부담하게 됩니다.

한편 원고는 피고 군으로부터 손해를 모두 보전받아서 별다른 손해가 없게 됩니다.

(다) 이와 같이 피고 군은 이 사건 사업과 관련하여 앞서 본 1천3백여억 원에다가 그에 대한 이자 또는 지연손해금까지 고려하면 그 손실의 규모가 막대합니다. 피고 군의 1년 예산은 앞서 본 대로 2018년에 4천여억 원인데, 위의 손실액은 그 30%를 넘는 것으로서, 우리나라 최초로 '지방자치단체 파산'의 위기에 직면해 있는 것입니다. 이에 반하여 원고가 매년 상당한 영업이익을 얻는 국내 굴지의 거대기업임은 앞의 1. (1)에서 본 바와 같습니다.

(2) 반면에 이 사건 사업으로 인해 피고 군이 얻는 이익은 별로 없습니다. 이 사건 사업을 통하여 그 매립지의 소유권을 취득하

는 것은 애초 이 사건 사업단이고(그나마 위 사업단은 도산하였습니다), 피고 군이 아닙니다. 피고 군이 위 사업단과 함께 이 사건 사업의 '공동사업시행자'이기는 하나, 공동사업시행자라 하여 똑같은 권리와 의무를 부담하는 것이 아니고, 피고 군은 원고와 마찬가지로 사업단으로부터 조성될 부지 10만평을 550억 원에 분양받은 수분양자의 지위에 있는 것에 불과합니다.

Ⅳ. 결론

이상에서 본 여러 이유로 항소심법원으로서는 이 사건 제1심 판결을 파기하고 피고의 손해배상책임액을 제한하는 판결을 하여야 할 것으로 사료됩니다.

(2018년 11월 작성)

12. 이자채무의 보증인이 채권자와 주채무자 사이의 변제충당합의에 구속되는가?

사　　　　건　　　　　2017다○○　이자채무부존재확인
원고, 상 고 인　　　　○○ 주식회사
피고, 피상고인　　　　○○증권 주식회사 외 1명

　　본인은 위 사건에 관하여 원고의 대리인으로부터 법률의견을 요청받아 다음과 같이 의견을 제출합니다.

다　　　음

I. 사건의 개요와 법률의견 제출의 대상

1. 사건의 개요

　　본인이 원고 대리인으로부터 제공받은 자료에 의하여 파악한 이 사건의 사실관계는 다음과 같습니다.

가. 대출 및 사업약정의 체결

주식회사 ○○(이하 'A 회사'라고 합니다)는 2010년 ○월경 ○○
시 ○○면 ○○리 일대에 ○○ 골프장 조성사업을 시행하였고, 원
고 회사는 위 사업에 시공사로 참여하였습니다.

A 회사는 위 골프장을 조성하는 사업을 위하여 2010년 ○월에
주식회사 ○○ 등 9개의 금융회사로부터 880억 원을 대출받았고,
원고는 위 대출원금 880억 원 전액에 대한 이자채무의 지급을 보증
하였습니다. 대주들은 담보로 사업부지에 대한 제1순위 및 제2순위
의 우선수익권을 각 제공받고 A 회사의 주식에 근질권을 설정받는
한편, 자금관리기관을 통하여 골프장 사업의 자금 관리 등을 할 수
있는 권한을 부여받았습니다.

나. 대출 및 사업약정을 변경하는 계약의 체결

(1) A 회사는 그 후 2012년 ○월에 연체 대출금의 상환과 추가
사업자금 조달을 위하여 피고 ○○증권 주식회사(이하 '피고 1 회사'
라고 합니다) 및 피고 ○○회사(이하 '피고 2 회사'라고 합니다)로부터
390억 원을 대출받았습니다(이하 '제2차 대출 및 사업약정'이라고 합니
다). 제2차 대출 및 사업약정은 '대출약정 A'와 '대출약정 B'로 나뉘
는데, 이 중 대출약정 A는 대출원금 290억 원에 이자율은 연 6%,
만기는 인출일로부터 2년이 되는 날로, 대출약정 B는 대출원금 100
억 원에 이자율은 연 6%, 만기는 인출일로부터 3월이 되는 날로 정
하였습니다. 그리고 위 각 대출금의 만기는 차주·대주·시공사의
3자 합의로 1년 더 연장할 수 있는 것으로 약정되었습니다.

당시 원고는 위 대출원금 합계 390억 원에 대한 이자채무의 지
급도 보증하였습니다. 그리고 제2차 대출 및 사업약정서에 이자지

급보증에 따른 이자 상환뿐만 아니라 원고가 차주 A 회사의 대주
들에 대한 차용금 채무를 정당하게 상환할 수 있는 차용금 상환권,
그리고 원고가 차주의 대주들에 대한 차용금을 상환하는 경우 대
주들을 대위하여 대주들이 가지는 채권 및 담보권 일체를 행사할
수 있는 대위권에 관한 규정을 추가하였습니다. 또한 원고는 종래
대주들이 가지고 있던 사업부지에 대한 제1순위 우선수익권을 제
공받는 한편, A 회사의 주식에 근질권을 설정받으면서 또한 그 의
결권을 위임받고, 골프장 운영으로 인한 A 회사의 매출채권에 대한
금전채권신탁계약 체결, 나아가 골프장 사업의 자금 관리 및 회원
권 분양이나 골프장 운영 등과 같은 사업 관리에 관한 권한을 부여
받았습니다.

(2) 원고와 피고들은 2014년 ○월에 이르러 대출원금을 10억
원 증액하여 도합 400억 원으로 하고 이를 쪼개어 대출약정 A 및
대출약정 B에 의한 대출원금을 각 200억 원으로 하되(이하 이 중 대
출약정 A에 의한 대출원금을 '대출금 A', 대출약정 B에 의한 대출원금을
'대출금 B'라고 각 부르기로 합니다), 원고의 보증 대상을 대출금 B에
대한 이자채무로 제한하는 등 제2차 대출 및 사업약정의 내용을 일
부 변경하는 내용의 대출 및 사업약정을 체결하였습니다(이와 같이
변경된 계약을 이하 '이 사건 약정'이라고 합니다).

다. 이 사건 약정의 주요 내용

이 사건 약정의 주요 내용은 다음과 같습니다.

○ 피고들이 A 회사에 400억 원을 대출하되, 대출약정 A와 대
  출약정 B로 나누어 대출한다.

○ 원고의 이자채무 보증의 범위를 종전의 390억 원에서 대출
  금 B의 200억 원에 대한 이자 부분(연체이자 포함)으로 축소
  한다.

○ 다음과 같이 이 사건 약정 제8조 제1항에 단서로 다음과 같
  은 상환순서에 관한 조항을 추가한다(이하 위 제8조 제1항 단
  서를 '이 사건 상환순서조항'이라고 한다)

    제8조 상환과 기한 전 상환
        제1항 상환
        차주는 인출일로부터 2년이 되는 날까지 대출금 전
        액을 상환하여야 한다. 다만 대출금 B는 대출금 A
        가 전액 상환된 이후에만 상환될 수 있다.

○ 원고가 가지고 있던 사업부지에 대한 제1순위 우선수익권은
  대출금 A의 대주에게, 그 제2순위 우선수익권은 원고에게,
  제3순위 우선수익권은 대출금 B의 대주에게 부여한다.

라. 원고의 대출금 B 채무 대위 변제 및 이 사건 소 제기

(1) A 회사는 2015년 ○월 서울중앙지방법원 2015회합○○호
로 회생절차의 개시를 신청함으로써 위 대출금에 대하여 기한의
이익을 상실하였습니다.

(2) 원고는 그 직후인 2015년 ○월에 피고들에게 A 회사의 대
출금 B 채무에 대한 변제임을 표시하고 피고 1 회사에 150억 원,
피고 2 회사에 50억 원을 각 송금하였습니다.

(3) 원고는, 이와 같이 대출금 B 채무는 모두 변제되었으므로 더 이상 그에 관한 이자채무도 발생할 여지가 없고, 따라서 그 이자채무에 대한 원고의 보증채무가 존재하지 않는다고 주장하면서, 2015년 12월에 이 사건 소를 제기하였습니다.

2. 당사자들의 주장

가. 원고는 차용금 B에 대한 이자채무만 연대보증하였으므로, 차용금 B 채무를 변제할 의무를 부담하는 것은 아닙니다. 그러나 그 이자채무의 발생을 저지하기 위하여 이해관계 있는 제3자의 변제로서 차용금 B를 변제하였으므로 차용금 B 채무는 변제로 소멸하였습니다. 그리고 이러한 원본채무의 소멸로 인하여 원고의 차용금 B 채무에 대한 이자지급보증채무는 더 이상 존재하지 아니한다고 주장합니다.

원고는 이 사건 상환순서조항의 합의 당사자가 아니므로 위 규정은 원고의 변제시에는 적용되지 아니하고, 제3자 변제에서 지정변제충당권은 변제자인 원고에게 있으므로, 이 사건 상환순서조항과 달리 원고는 차용금 B 채무를 변제하는 것으로 지정할 수 있다는 것이 주된 이유입니다.

나. 한편 피고들은, 이 사건 약정을 체결하면서 원고도 차용금 A가 전액 상환된 후에만 차용금 B를 상환할 수 있도록 차용금 상환순서에 관하여 합의하였는데, 원고는 이에 반하여 차용금 B 채무에 대한 변제에 충당하도록 지정하였으므로 이러한 지정은 효력이 없고, 따라서 여전히 차용금 B에 관한 이자지급보증채무도 소멸되지 아니하였다고 주장합니다.

3. 법률의견의 대상

본인은 다음과 같은 쟁점에 대하여 법률의견을 요청 받았습니다.

(1) 이 사건 상환순서조항이 연대보증인인 원고에게 미치는지 여부

(2) 이 사건 상환순서조항으로 인하여 변제자인 원고는 지정변제충당권을 행사할 수 없는지 여부

Ⅱ. 법률의견

1. 들어가기 전에

(1) 이 사건에서 핵심적인 법문제는, 동일한 채권자에 대하여 A, B 두 개의 차용금채무를 부담하는 주채무자가 채권자와의 사이에 그 변제의 충당에 관하여 한 합의의 효력이 그 중 B 채무에 관한 이자채무의 보증인에게 당연히 미치는가 하는 점이라고 생각됩니다.

즉, 위와 같은 채권자와 주채무자 사이의 변제충당합의가 보증인이 자신의 이자채무를 발생시키는 원천이 되는 B 채무를 변제하려고 하는 경우에도 법적 고려사항이 되는가 하는 점입니다. 다시 말하면 보증인이 자신의 보증채무를 이행하는 것이 아니라 제3자로서 타인의 채무를 이행하는 경우에도 그 보증의 대상이 되는 주채무에 관한 채권자와 주채무자 사이의 변제충당합의가 적용되는가의 문제입니다.

이하에서는 이 점을 논의함으로써 앞에서 본 법률의견의 대상

으로 든 문제를 모두 살펴볼 수 있으리라고 봅니다. 그리하여 우선 변제자의 변제지정권 일반에 대하여 논의하고(아래 2.), 이를 바탕으로 하여 위의 법문제를 구체적으로 살펴보기로 합니다(아래 3.).

(2) 이상의 법문제는, 통상 보증채무의 부종성·수반성이라고 불리는 성질은 구체적으로 어떠한 내용을 가지는가, 즉 보증채무가 주채무의 만족을 위한 수단으로서의 성질을 가진다는 것이 위와 같이 변제충당의 지정을 할 권한을 부인하게 하는가 하는 것과 밀접한 관련을 가집니다. 그러므로 이하에서는 이 점에 대하여도 언급하도록 하겠습니다.

(3) 그에 앞서서 과연 이 사건 상환순서조항에 대하여도 원고에게 그 약정당사자로서 그 조항의 효력이 미친다고 해석할 것인지에도 현저한 의문이 있습니다.[1] 그러나 이 점에 대하여는 이 법률의견의 대상이 아니므로 논의하지 아니하기로 합니다.

---

1) 이에 대하여는 여러 가지 논거를 들 수 있을 것입니다. 그러나 본인에게 중요하다고 생각되는 중 주요한 것만을 들어 본다면, 무엇보다도 이 사건 상환순서조항의 문언이 "**차주는** 인출일로부터 2년이 되는 날까지 대출금 전액을 상환하여야 한다. 다만 대출금 B는 대출금 A가 전액 상환된 이후에만 상환될 수 있다"(고딕체 및 밑줄에 의한 강조는 인용자가 가한 것입니다. 이하 본문을 포함하여 모두 같습니다)고 하여, 그 상환순서의 약정이 차주, 즉 원본채무의 채무자를 당사자로 표시하고 있다는 점을 우선 들 수 있습니다. 나아가 만일 그 약정 당시 당사자들이 이자채무의 보증인 원고에게도 이 사건 상환순서조항의 효력이 미치는 것으로 이해하고 있었다고 한다면, 원고가 그 후에 그 약정에 반하여 대출금 B를 이행할 리가 없을 것입니다.

2. 변제자의 변제지정권에 대하여

우리 민법은 자신의 급부로써 어떠한 채무를 소멸시킬 것인가 하는 법문제에 대하여 변제자의 의사를 우선하는 태도를 취하고 있습니다.

(1) 채무자가 자신의 채무를 변제할 수 있음은 물론입니다. 그러나 민법은 제3자도 원칙적으로는 이를 할 수 있는 것으로 정하고 있습니다. 즉 민법 제469조 제1항의 본문은 "채무의 변제는 제3자도 할 수 있다"는 것을 원칙으로 선언하고 있는 것입니다.

(가) 다만 그 항 단서가 정하는 대로 우선 '채무의 성질'이 제3자의 변제를 허용하지 아니하는 경우에는 이를 할 수 없습니다. 왜냐하면 그 경우에는 제3자의 변제는 '채무의 내용에 좇은 이행'(민법 제390조 참조)에 해당하지 않아서 채무를 소멸시킬 수 있는 말하자면 적격이 없기 때문입니다. 예를 들어, 유명한 화가와 사이에 자신의 초상화를 그리는 계약을 체결하였는데, 그 화가가 아닌 다른 사람이 초상화를 그린다고 하는 것이 그 계약의 적법한 이행이 될 수 없음은 자명한 이치에 속할 것입니다.

나아가 채권관계는 그 당사자들이 그 내용을 자유롭게 정할 수 있는 것입니다. 따라서 제3자가 제대로 된 이행을 할 수 있는 경우라고 하더라도, 당해 채권관계의 당사자들이 채무자 아닌 사람은 그 채무를 이행할 수 없는 것으로 합의하였다면, 그 합의의 내용대로 제3자의 변제는 허용될 수 없습니다. 이 역시 위 제469조 제1항 단서가 정하는 바입니다. 이는 그 채권이 계약으로부터 발생한 경우에는 물론이고, 법정채권이라고 하더라도 그 발생 후에 당사자들이 그와 같이 합의하였다면 다를 바 없을 것입니다.

(나) 그리고 우리 민법은 위 제469조의 제2항에서 '이해관계 없는 제3자'는 채무자의 의사에 반하여서는 할 수 없는 것으로 정하고 있습니다. 이와 같이 '이해관계 없는 제3자'의 변제를 채무자의 의사에 따르게 하는 규정은 주요한 다른 나라에서는 좀처럼 찾아보기 힘든 것으로서, 이러한 입법은 일본민법2)(제474조 제2항), 그리고 이를 받아 우리 민법에서만 발견됩니다. 예를 들면 독일민법 제267조는 '채무자가 스스로 급부하여야 할 것', 즉 급부의 성질상 제3자의 변제가 허용되지 않는 것이 아닌 한 제3자가 변제를 할 수 있으며, 이때 "채무자의 승낙은 요구되지 아니한다"고 명확하게 정합니다. 다만 일반적으로 채무자의 이의異議가 있으면 채권자는 제3자가 제공한 급부에 대하여 그 수령을 거절**할 수 있다**고 정하는데(동조 제2항), 이는 채무자의 이의가 있더라도 채권자는 제3자가 제공한 급부를 거절하지 아니하고 변제로 수령할 수 있다는 것, 즉 그 경우에는 유효한 변제가 됨을 당연한 전제로 하는 것입니다.3)4)

그리하여 우리 학설에서는 위 제469조 제2항에 대하여 그 태도

---

2) 뒤에서도 보는 대로 일본민법은 2017년 6월에 특히 채권법에서 대폭 개정되었는데, 그 개정법률은 2019년 9월 현재 시행되지 아니하고 있습니다. 이하에서 '일본민법'이라고 하면 특히 다른 지적이 없는 한 현재 효력 있는 일본민법, 즉 위 개정법률 시행 전의 일본민법을 가리킵니다.

3) 중화민국민법(제311조)조차도 기본적으로 독일민법과 같은 태도를 취합니다. 다만 동조 제2항은 "제3자의 변제에 대하여 채무자의 이의가 있는 때에는 채권자는 그 변제를 거절할 수 있다. **다만 제3자가 채무이행에 관하여 이해관계를 가진 때에는 채권자는 거절할 수 없다**"고 정하여, 채무자의 이의가 있어도 이해관계 있는 제3자의 변제에 대하여는 채권자의 수령거절권을 부인합니다.

4) 그 외의 입법례에 대하여는 우선 김대정, 채권총론 (2006), 326면 주 1 참조.

에 입법론적으로 의문이 제기되고 있으며, 같은 태도를 취하는 일본에서도 학설은 일치하여 "입법으로서 타당하지 아니하다는 고려에서 '이해관계'를 가능한 한 넓게 인정할 것"[5]이라고 합니다.[6] 우리 재판례 중에도 예를 들면 대법원 1988. 10. 24. 판결 87다카1644 사건(법원공보 1988년, 1464면)은 "채무자의 의사는 제3자가 변제할 당시의 객관적인 제반 사정에 비추어 명확하게 인식될 수 있는 것이어야 하며, 함부로 채무자의 반대의사를 추정함으로써 제3자의 변제효과를 무효화시키는 일은 피하여야" 한다고 판시하고 있는데,[7] 위와 같은 지향을 표현한 것이라고 이해될 여지가 충분히 있습니다.

(2) 이와 같이 일정한 예외에 해당하지 아니하는 한 제3자도 채무를 변제할 수 있습니다. 그리고 어떤 사람이 제3자로서 변제하는 경우에 그는 일반적으로 자신의 변제로써 소멸시키고자 하는 채무를 지정할 권리가 있음은 물론입니다.

---

5) 예를 들면 我妻榮, 新訂 債權總論(1964), 244면. 나아가 於保不二雄, 債權總論(1959), 322면은 "제3자가 변제한 경우에는 이해관계의 존재를 사실상 추정하고, 제3자의 변제가 사회적으로 보아 부정·부당한 목적을 추급하기 위한 방편이라는 반증이 없는 한, 채무자의 의사에 반하는 변제도 유효하다고 해석할 수 없지도 않다"라는 태도를 밝히고 있습니다.

6) 이러한 입법론상의 비판을 고려하여, 앞의 주 2에서 본 대로 2017년 6월에 공포된(시행일은 2020년 4월로 정하여졌습니다) 일본민법 개정법률은 '변제에 관하여 정당한 이익을 가지지 아니하는 제3자'라도 채권자가 그 변제가 채무자의 의사에 반함을 알지 못한 경우에는 유효한 변제를 할 수 있다고 정합니다(제474조 제2항 단서).

7) 부동산의 경락인이 그 목적물에 저당권을 가지는 사람에게 변제한 사안에서, 원심이 그 피담보채권에 관하여 채무자가 기한의 이익을 누릴 기대가 있었다는 이유를 들어 그 변제가 채무자의 의사에 반한다고 판단한 것을 대법원이 본문에서 본 바와 같은 이유를 들어 파기한 것입니다.

이는 무엇보다도 변제충당에 관한 민법의 규정으로부터도 명백합니다.

(가) 변제충당의 제도는 "채무자가 동일한 채권자에 대하여 같은 종류를 목적으로 한 수개의 채무를 부담한 경우에 변제의 제공이 그 채무 전부를 소멸하게 하지 못하는 때에"(민법 제476조 제1항) 그 제공된 급부를 그 다수의 채무 중 어느 채무의 변제에 돌릴 것인가를 정하는 것입니다. 그러므로 이 사건의 사안에서와 같이 이자채무의 보증인이 자신이 보증한 바 없는, 따라서 자신이 어떠한 지위에서도 채무를 부담하지 아니하는 원본채무를 제3자로서 변제한 것이고 또한 그가 제공한 급부(즉 변제금액)가 그 원본채무와 이자채무를 모두 소멸하게 하기에 충분한 경우에는, 애초부터 변제충당의 문제가 제기될 여지가 없습니다.

그러나 변제충당에 관한 민법의 규정들은 변제자에 대하여 인정되는 어떠한 '법적 보호'를 엿볼 수 있게 하는 중요한 계기가 된다고 할 것입니다.

(나) 민법 제476조 제1항은 위와 같이 변제충당의 문제가 제기되는 경우에는 다름 아닌 변제자가 그 제공된 급부로써 소멸되는 채무를 지정할 수 있음을 명백하게 규정하고 있습니다. 즉, "변제자는 그 당시 어느 채무를 지정하여 그 변제에 충당할 수 있다"고 정합니다. 동조 제2항은 변제자가 그러한 지정을 하지 아니한 경우에는 '변제받는 자'가 어느 채무를 지정하여 변제에 충당할 수 있다고 정합니다(동항 본문). 그러나 그 경우에도 "변제자가 그 충당에 대하여 즉시 이의를 한 때에는 그러하지 아니하다"고 덧붙입니다(동항 단서).

이와 같이 변제충당이 문제되는 사안에 있어서도 자신이 하는 변제가 어느 채무를 소멸시킬 것인가를 결정하는 법적 권한, 즉 이른바 충당지정권은 변제자에게 있는 것입니다.

(다) 변제충당이 문제되는 사안에서 그 제공된 변제로써 어느 채무가 소멸되느냐를 둘러싸고 여러 사람의 이해관계가 대립될 수 있음은 물론입니다.

간단한 예를 들어 보면, 우선 채권자 자신부터 이미 이행기가 도래한 것인지, 이자 있는 채권인지 등에 따라서 자기 권리의 전개가 매우 다양하게 이루어질 수 있습니다. 나아가 문제되는 여러 개의 채권 중 일부에 대하여 담보를 제공한 자로서는 그 담보의 피담보채무가 소멸되는 것에 결정적인 이해관계를 가집니다.

그럼에도 민법이 위와 같은 사람들이 아니라 스스로 급부를 실행하는 변제자 자신에게 위와 같은 충당지정권을 부여하였다는 것은 변제충당이 문제되는 국면이 아니더라도 변제의 국면에서는 변제자의 의사가 최우선적으로 존중되어야 함을 말하여 준다고 하겠습니다.

(라) 우리 민법 제476조의 연혁을 살펴보는 것은 위와 같은 이해를 더욱 적실適實하게 합니다.

제476조는 의용민법(즉 일본민법) 제488조를 그대로 이어받은 것입니다.[8] 그런데 일본민법의 제정과정에서는 충당지정권자에 대하여 상당한 논의가 행하여졌습니다.

일본구민법日本舊民法, 즉 이른바 보아소나드민법은 프랑스민법

---

8) 우선 민법안심의록, 상권(1957), 279면 하단 : "현행법[즉 의용민법] 제488조와 동일 취지이다."

의 태도에 좇아 기본적으로 변제자가 아니라 채무자가 일차적인
충당지정권을 가지는 것으로 정하고(제470조 제1항),9) 채무자가 유
효한 충당을 하지 아니한 경우에 비로소 채권자가 충당지정을 할
수 있는 것으로 하였습니다(제471조 제1항).

　일본민법의 제정 당시에 시행되던 프랑스민법(이하 '개정 전 프
랑스민법'이라고 합니다)의 제1253조는 채무자를 일차적인 충당지정
권자로 규정하고 있었습니다. 한편 개정 전 프랑스민법 제1236조는
제3자의 변제를 일반적으로 허용하고 있었습니다. 제3자의 변제에
있어서 채무자 또는 변제자 중에 누가 충당지정권을 가지는가에
대하여 논의가 있으나, 근자의 판례10)는 그 경우에도 채무자가 이
를 가지는 것으로 이해되고 있습니다.11)

　그러나 일본민법은 앞서 본 바와 같이 일차적인 충당지정권자
로 채무자가 아니라 변제자를 정면으로 내세웁니다. 그 이유는 "변
제행위를 하는 사람 자신의 의사를 제1위에 놓지 않을 수 없다"12)
고 하는, 단순하면서도 강력한 것입니다. 근자에도 변제자의 충당

---

9) 다만 그 제2항에서 "채무자는, 기한이 채권자의 이익을 위하여 설정된
　경우에는, 채권자의 동의 없이 이행기에 있지 아니한 채무의 변제에 충
　당할 수 없고, 비용과 이자보다 먼저 원본의 변제에 충당할 수 없으며,
　또 수개의 채무에 부분적으로 변제충당할 수 없다"고 정하여, 채무자의
　지정충당권을 제한하였습니다.

10) Civ. 1e, 2 déc. 1980, *JurisData* n° 1980−015219; Civ. 3e, 7 déc. 1982,
　Bull. civ. 1982, Ⅲ, n° 243 참조.

11) 이러한 법상태는 2016년의 프랑스민법 개정 후에도 다를 바 없습니다.
　즉 개정 프랑스민법 제1342조의10은 채무자의 일차적인 지정충당권 등
　에 대하여, 제1342조의1은 제3자의 변제에 대하여 종전과 같이 규정합니
　다.

12) 民法修正案理由書 自第一編 至第三編(서울대학교 도서관 소장본), 402
　면 이하의 참조. 이 문헌의 역사적 지위 및 가치 등에 대하여는 우선 廣
　中俊雄 編著, 民法修正案(前三編)の理由書(1987), 1면 내지 50면 참조.

지정권에 대하여는 "변제행위는 변제자 자신의 행위이고 변제의 결과에 대하여 가장 이해利害를 느끼는 자는 채권자가 아니라 변제자이므로, 그 의사를 존중하여야 하는 것은 당연하고, 또 채무의 내용에 좇은 급부가 행하여진 한 어느 채무에 충당하더라도 채권자에 있어서 이를 거부할 만한 이유도 없기 때문이다"라고 설명되고 있습니다.[13]

(마) 이렇게 보면, 우리나라나 일본의 통설이 제3자가 변제하는 경우에는 채무자가 아니라 변제하는 제3자가 지정충당권을 가진다고 해석하는 것[14]은 당연하다고 하겠습니다.

이는 독일의 경우에도 마찬가지입니다. 변제충당에 관한 독일 민법 제366조는 그 제1항에서 "채무자가 채권자에 대하여 수개의 채권관계에 기하여 동종의 급부를 할 의무를 지는 경우에 채무자가 이행한 것이 모든 채무를 소멸시키기에 충분하지 아니한 때에는 그가 이행에 있어서 지정한 채무가 소멸한다"고 정합니다. 이 규정만 보면 '채무자'만이 지정충당권을 가지는 것으로 해석되어야 할지도 모릅니다. 그러나 확고한 판례와 통설은 제3자가 이행하는 경우에는 그 제3자가 지정충당권(Tilgungsbestimmungsrecht)을 가진다는 태도를 취하는 것입니다.[15]

---

13) 注釋民法(12) : 債權(3)(1970), 211면(山下末人 집필부분)(다수의 문헌을 인용하고 있습니다)(이 자료는 이하 단지 '注釋民法(12)'만으로 인용합니다). 한편 우리나라의 문헌도 마찬가지입니다. 우선 민법주해 [XI](1995), 172면(이인재 집필 부분)(이는 이하 단지 '민법주해 [XI]'만으로 인용합니다) : "변제자가 가장 큰 이해관계를 갖는다고 보아 우선 변제자에게 지정권을 준 것이다."

14) 우선 민법주해 [XI](1995), 172면(이인재 집필부분)(다수의 문헌을 인용하고 있습니다). 일본에 대하여는 우선 注釋民法(12)(주 13), 212면 참조.

15) 우선 MünchKomm/Fetzer, § 366 BGB, Bd. 2, 6. Aufl.(2012), Rn. 5(S.

그리고 이 사건과 관련하여 의미가 깊은 점은, **제3자가 변제하는 경우에는 채권자와 채무자가 사전에 충당합의를 하더라도 제3자는 그와 다른 지정을 할 수 있다고 일치하여 해석되고 있다**는 것입니다.[16]

(3) 이상에서 본 바와 같이, 어떤 사람이 다른 사람이 부담하는 채무에 대하여 '제3자로서' 변제를 하는 경우에 그가 그 변제로써 어떠한 채무를 소멸시킬 것인가를 지정할 수 있는 권한을 가진다는 점에 대하여는 의문의 여지가 없다고 하겠습니다.

3. 그러면 이자채무의 보증인이 제3자로서 원본채무를 변제하는 경우에 원본채무에 관한 채권자와 채무자 사이의 충당합의에 구속되는지를 살펴보도록 하겠습니다.

(1) 우선 이자채무의 보증인이 그 이자채무의 발생근거가 되는 원본채무에 대하여 이를 제3자로서 변제할 '이해관계'(앞서 본 민법 제469조 제2항의 의미에서)를 가진다는 점에 대하여는 이론의 여지가 없음을 전제하여 두고자 합니다. 이자채무는 뒤에서도 보는 대로 원본채무의 소멸로 발생하지 아니하게 되므로, 이자채무의 보증인으로서는 원본채무를 변제하여 이를 소멸시킴으로써 이자채무의 부담을 법적으로 면할 수 있기 때문입니다.

2572f.)(주요한 주석서들을 모두 같은 취지의 것으로 인용하고 있습니다) 참조. 한편 동지의 최고법원 재판례로서 *BGHZ* 51, 157, 161 = *NJW* 1969, 840, 그리고 고등법원 재판례로서 OLG Düsseldorf *VersR* 2001, 619가 있습니다.

16) 무엇보다도 민법주해 [XI](주 14), 172면(다수의 우리 문헌이 인용되어 있습니다) 참조. 注釋民法(12)(주 13), 212면에서 보는 대로, 이는 일본의 경우에도 같습니다.

(2) 이자채무만이 보증의 대상이 된 경우에 그 보증인이 제3자로서 원본채무를 변제하는 경우에는 원본채무에 관한 채권자와 채무자 사이의 충당합의에 구속되지 아니한다고 할 것입니다.

이는 앞에서 본 대로 제3자가 변제하는 경우에는 채무자와 채권자가 사전에 충당합의를 하더라도 제3자가 그와 다른 지정을 할 수 있다는 이견異見이 없는 입장을 이 경우에 적용하지 아니할 이유가 없기 때문입니다. 즉 통상 보증채무의 주채무에 대한「부종성」이라고 일컬어지는 성질도, 이자채무의 원본채무에 대한「부종성」이라고 일컬어지는 성질도 제3자로서 변제하는 이자채무 보증인의 지정충당권에 영향을 미칠 것은 전혀 아닌 것입니다.

(가) 보증채무에 관한 민법 규정의 앞머리에 위치하는 제428조의 제1항은 "보증인은 주채무자가 이행하지 아니하는 채무를 이행할 의무가 있다"고 규정하고 있습니다. 여기서 '주채무자가 이행하지 아니하는 채무'라고 하는 것이 곧 주채무로서,17) 위 모두규정冒頭規定은 보증제도가 주채무의 원만한 실현을 담보하는 것을 목적으로 함을 말하여 줍니다.

한편 민법은 보증채무가 "주채무의 이자, 위약금, 손해배상 기타 주채무에 종속한 채무를 포함"한다고 정하여 채권자의 이익을 도모하고 있으나(민법 제429조 제1항), 역시 이 규정은 "당사자의 의사가 불명인 경우에 있어 그 의사해석을 위한 보충규정으로 마련된 것이라는 데 대체적으로 견해가 일치되어 있다"고 이해되고 있습니다.18)

---

17) '주채무'라는 용어는 제429조 이하에서 반복하여 쓰여지고 있습니다.
18) 우선 민법주해 [X](1995), 229면(박병대 집필부분) 참조.

(나) 한편 이자채권에 대하여는 일반적으로 다음과 같이 설명
되고 있습니다.[19]

우선 원본채권과 이자채권은 별개의 채권입니다. 따라서 그 소
송물도 별개입니다.

그런데 이자채권은, (i) 이자를 발생시키는 기본적 지위(이자를
낳는 지위)인 기본적 이자채권과, (ii) 이 기본적 지위에 기하여 구체
적으로 발생하는 이자의 지급을 목적으로 하는 지분적 이자채권으
로 나누어집니다. 그리고 후자의 지분적 이자채권은 다시 (ii-1) 이
미 발생한 지분적 이자채권과 (ii-2) 장래 발생하는 지분적 이자채
권으로 나누어집니다.

이 중에서 기본적 이자채권은 다른 특별한 약정이 없는 한 원
본채권에 종속하여, 그 성립과 소멸은 원본채권과 그 운명을 같이
합니다(성립과 소멸에 있어서의 부종성). 나아가 원본채권의 양도에
의하여 다른 특별한 약정이 없는 한 기본적 이자채권도 원본채권
과 같이 이에 수반하여 양수인에게 이전합니다(수반성).

한편 지분적 이자채권 중 이미 발생한 이자채권은 원본채권에
대하여 독립한 것이어서, 원본채권이 변제나 상계에 의하여 소멸하
더라도 소멸하지 아니하여서, 부종성이 없습니다. 다만 원본채권이
시효에 의하여 소멸한 경우나 상계에 의하여 소멸한 경우는 소멸
시효의 소급효(민법 제144조) 및 상계의 소급효(민법 제506조 제2항)
에 의하여 소급하게 되는 기간 중의 지분적 이자채권은 발생하지
아니하는 것이 될 뿐입니다.

또 이미 발생한 이자채권은 다른 특별한 약정이 없는 한 원본
채권과 별개·독립으로 양도됩니다. 원본채권이 양도되었다고 해도

19) 이하에 대하여는 굳이 별도의 문헌을 들지 아니하여도 무방하리라 믿습
니다.

이미 발생한 지분적 이자채권이 이에 따라가지는 않는 것입니다(즉 수반성이 없습니다).[20]

그러나 지분적 이자채권은 물론이고 기본적 이자채권도 특별한 약정이 있는 경우에는 원본채권과 별도로 양도될 수 있습니다. 이자채권이 원래 원본채권과 별도의 독립한 채권이라는 기본적인 성질[21]에는 변함이 없는 것입니다.

(다) 위 (나)에서 설명한 바에 대하여는 다음과 같은 설명도 가능할 것입니다.

(a) 이자라고 함은 유동자본으로서의 원본으로부터 생기는 수익收益을 가리키는 것으로서, 통상 "[i] 금전 기타의 대체물인 원본의 사용대가로서 [ii] 원본액과 사용기간에 응하여 일정한 이율에 의하여 [iii] 지급되는 금전 기타의 대체물"이라고 정의됩니다.[22] 그리하여 이자는 전형적인 법정과실法定果實(민법 제101조 제2항 : "물건의 사용대가로 받는 금전 기타의 물건은 법정과실로 한다")에 해당합니

---

20) 日大判 1920.2.14(民錄 26집, 128면).

21) 우리 민법도 그러한 입장에 서서 규율하고 있다고 할 수 있습니다. 하나의 쉬운 예를 들면, 3년의 단기소멸시효를 정하는 채권의 종류를 정하고 있는 민법 제163조는 그 제1호에서 "이자 … 기타 1년 이내의 기간으로 정한 금전 또는 물건의 지급을 목적으로 한 채권"이라고 규정합니다. 이는 이자채권이 원본채권과는 독립하여 그와는 별개로 소멸시효에 걸리는 채권임을 당연한 전제로 하는 것입니다. 또한 바로 뒤의 주 23에서 보는 대로, 이미 발생한 이자채무의 이행지체에 대하여 원본채무의 이행지체가 있었던 경우의 지연손해금채무와는 별도로 지연손해금채무가 발생한다는 것도 이러한 관점에서 파악될 수 있겠습니다.

22) 무엇보다도 민법주해 [Ⅷ](1995), 192면 이하(이공현 집필부분) 참조. 학설상으로 [ii] 부분, 그 중에서 특히 이율이 이자의 개념요소인가에 대하여 다툼이 있음은 주지하는 대로입니다. 이에 대하여는 우선 송덕수, 채권법총론, 제2판(2015), 84면 이하 참조.

다.

따라서 이자는 그 원물, 즉 원물을 상정하지 아니하고는 이자라는 것도 애초 존재할 수 없는 성질의 것입니다. 민법에서 전형계약으로서 이자의 발생을 정면으로 정하는 것에는 소비대차(제598조 이하)가 있는데, 그에 있어서 제600조가 "이자 있는 소비대차는 차주가 목적물의 인도를 받은 때로부터 이자를 계산하여야 하며"라고 정하는 것은 바로 소비대차에서 이자가 그 목적물인 원본이 차주에게 인도됨으로써 차주가 그 사용가능성을 확보하여야만 그 지급의무가 발생한다는 것, 즉 채무자에게 원본의 사용가능성이 보장되어야 그 과실로서의 이자가 발생함을 정한 것이라고 이해됩니다.

이상을 다른 관점에서 파악한다면, 원본채권과 이자채권과의 법적 연관은 이와 같은 원물과 그로부터 '산출'되는 과실(이 경우에는 사용이익) 사이의 —굳이 말하자면— 물적인 성질에 있어서의 유연성類緣性 또는 원본은 원천이고, 이자는 그로부터 발원하여 흘러 나오는(즉 유출하는) 산출물이라는 성질의 소산인 것입니다. 그렇게 보면 그러한 의미에서의 '물적 관계'가 존재하는 한에서만 원본채권과 이자채권의 법적 관련도 정당화될 수 있다고 하겠습니다. 다시 말하면 —원본채권에 대한— 이자채권의 법적 성질을 표현하는 개념으로서의 그 「부종성」 또는 「수반성」이라고 하여도 그 정확한 내용은 당연히 이러한 성질에 의하여 규정되지 않을 수 없는 것입니다.

(b) 앞에서 본 대로 소비대차에 있어서 원본채권이 유효하게 성립하여야 비로소 이자채권이 성립할 수 있다는 것, 또 일단 유효하게 성립한 원본채권이라도 그것이 변제 등에 의하여 소멸하면 이로써 기본적 이자채권 역시 소멸하고 그 이후의 기간에 관한 지

분적 이자채권은 발생할 여지가 없다는 것, 즉 이자채권의 「부종성」
이라고 일컬어지는 설명은 앞서 본 원천/유출물의 관계로부터 바로
이해될 수 있습니다. 이것은 이자채권의 「부수성」에 대하여도 마찬
가지일 것입니다.

　　그리고 이는 일단 유효하게 원본채권이 성립한 경우에 이미 발
생한 지분적 이자채권은 그 후 원본채권이 소멸하였다는 것만으로
당연히 소멸하지 아니한다는 것에 대하여도 마찬가지입니다. 마치
일단 샘에서 퍼올려져서 다른 곳으로 옮겨진 물은 이제 독자적인
존재를 가지게 되어서, 설령 원래의 샘이 마르게 되었다고 하여도
사라지지 아니하고 여전히 남는 것과 같은 이치인 것입니다.

　　(c) 결국 이자채권은 위와 같은 물적 연관성이 없게 된 단계
에서 는 원칙적으로 원본채권과는 독립적으로 그 법적 운명이 정
하여진다고 할 것입니다.

　　(라) 다른 한편 무엇을 주채무로 하는가는 보증계약의 해석에
따라 정하여지는 것으로서, 이 사건에서도 보듯이 원본채무와 이자
채무가 있는 경우에 이자채무만을 보증의 대상으로 하는 것도 물
론 허용됩니다. 이와 같이 이자채무만이 보증의 대상이 된 경우에
는 그 이자채무가 '주채무'가 되는 것으로서, 이자채무만의 보증인
은 주채무인 이자채무 자체가 만족적으로 이행하는 것을 보증하는
것이지, 원본채권의 만족을 보장하려는 것이 아님은 물론입니다.

　　위에서 본 민법 제429조 제1항에서 정하는 '주채무에 종속한
채무'도 보증의 대상이 된 이자채무에 종속한 채무로서, 예를 들면
이자의 지급을 지체함으로써 발생하는 지연손해금채무,[23] 또는 이

---

23) 대법원 1996. 9. 20. 판결 96다25302사건(법원공보 1996년, 3145면)은 이

자채무의 불이행에 대하여 미리 예정된 손해배상액의 지급채무 등
이 이에 해당할 것입니다.

　이와 같이 이자채무만이 보증의 대상이 된 경우에 통상 보증채
무의「종속성」또는「부수성」이라고 일컬어지는 것은 당해 이자보
증채무가 그 주채무인 이자채무에「종속」또는「부수」한다는 것이
지, 원본채무에 종속 등 한다는 것을 내용으로 하는 것이 아닙니다.

　그리고 이자채무만이 보증의 대상이 된 이상, 적어도 그 보증
인과의 관계에서는 그가 자신의 보증채무 자체를 독자적으로 변제
하거나 제3자에게 인수하도록 하는 등으로 그 법적 운명을 결정할
수 있는 것으로서, ─앞의 (다)에서 본 의미에서의─ 원본채무와의
'물적 관련성'이 희박하게 되었다고 보아야 할 것입니다.

　(마) 물론 원본채권이 변제 등으로 소멸한 경우에 그 소멸 이
후의 이자채권도 이에 종속하여 소멸하게 됨으로써 이자채무의 보
증인이 그 한도에서 보증채무를 면한다든가, 원본채권이 제3자에게
양도된 경우에는 앞의 (나)에서 본 대로 다른 특별한 약정이 없는
한 이자채권도 이에 부수하여 양수인에게 이전함으로써 이자채권
의 주체가 변경되어 그 결과로 이제 이자채무의 보증인이 이자채
권을 취득한 원본채권의 양수인에게 보증채무를 지게 되는 등으로
이자채무의 보증인이 원본채무의 귀추에 의하여 간접적으로 영향
을 받는 일은 충분히 있을 수 있겠습니다.

　그러나 원본채무의 소멸로 그 이후의 이자채무가 당연히 소멸

미 발생한 이자채무의 이행지체에 대하여 원본채무의 이행지체가 있었
던 경우의 지연손해금채무와는 별도로 지연손해금채무가 발생한다는 것
을 정면에서 인정하고 있습니다. 즉 "이미 발생한 이자에 관하여 채무자
가 이행을 지체한 경우에는 그 이자에 대한 지연손해금을 청구할 수 있
다"고 판시합니다.

하게 되어 이자채무의 보증인이 그 한도에서 보증채무를 면하게
되는 것은 오히려 보증인에게 유리한 사정으로서 이자채무 보증인
의 법적 지위에 불이익한 변경을 가하는 것이 아닙니다. 또 원본채
권이 제3자에게 양도됨으로써 이자채권도 특별한 사정이 없는 한
그 양수인에게 귀속하게 되어 이자채무의 보증인이 그 채무를 새
로운 원본채권자에게 이행하여야 하는 일은, 우리 민법 그리고 근
대 민법 일반에서 그러한 대로, 채권양도제도를 마련하여 채권양도
의 자유를 원칙적으로 긍정하는 이상, 이제 양수인이 채권의 귀속
주체가 되므로 채무자로서는 원래의 채권자(즉 채권양도인) 아닌 양
수인에게 변제 등을 하여야 하므로, 당연히 인정되지 않을 수 없는
일입니다. 그리고 그 경우 채무자로서는 채권양도에 의하여 법적인
불이익을 입을 이유가 없으므로, 민법은 그러한 취지에서 종전에
양도인에 대하여 가지던 각종의 대항사유를 그대로 양수인에게도
주장할 수 있다고 정하고 있어서(특히 민법 제451조 제2항 참조) 채무
자에게 특별히 불리한 사태라고 할 수 없는 것입니다.

　(바) 그러나 원본채무에 관한 채무자와 채권자 사이의 충당합
의와 같이 주채무인 이자채무 자체의 소멸이나 채권자의 변경 등
과 무관한 사항이 이자채무의 보증인에게 영향을 미칠 수는 없습
니다.
　특히 위와 같은 충당합의의 효력이 이자채무의 보증인에게도
미친다고 하는 것은 우선 앞서 본 바와 같은 보증채무의 부종성이
나 부수성과는 전혀 관계가 없습니다. 이 경우 보증인은 원본채무
가 아니라 이자채무를 보증한 것이므로, 애초에 원본채무에의 「부
종성」 등은 이에 적용할 여지가 없기 때문입니다.
　뿐만 아니라 원본채무의 충당에 관한 그 채무자와 채권자 사이

의 충당합의가 이자채무의 보증인에게 효력을 가진다고 하면, 이는 위에서 살핀 대로 민법이 채무자가 아니라 변제자에게 지정충당권을 부여한 취지, 나아가 그러한 취지에 입각하여서 제3자가 변제하는 경우에는 채무자와 채권자 사이의 충당합의의 효력이 변제자에게 미치지 아니한다고 하는, 이론異論이 없이 받아들여지고 있는 통설의 입장에 전적으로 배치된다고 하지 않을 수 없습니다.

(사) 이 사건에서는 이자채무의 보증인이 그 보증채무, 즉 이자보증채무로부터 해방되기 위하여 그 이자채무 발생의 원천이 되는 원본채무를 이행하여 이를 소멸시키고자 한 것입니다. 이러한 경우에 이자채무의 보증인은 원본채무에 대하여는 어디까지나 이해관계 있는 제3자의 지위에서 이를 이행한 것으로서, 그 원본채무를 소멸시킴으로써 자신의 이자보증채무로부터 해방되고자 의욕한 것입니다. 이러한 「이해관계 있는 제3자」의 의도는 제3자의 변제를 일반적으로 허용함으로써 가능한 한 채권자의 만족을 도모하려는 우리 민법의 제도설계상의 구상을 제대로 실현하는 것이라고 하지 않을 수 없습니다. 채권자로서는 이와 같이 하여 채무자가 아닌 사람으로부터 자기 채권의 충분한 만족을 얻기에 이른 것입니다.

(3) 논의를 다른 각도에서 풀어보기 위하여, 이 사건과는 사안을 달리하여, 이자채무만이 제3자에게 면책적으로 인수되어 원본채무와 이자채무가 각기 다른 사람에게 귀속하게 된 경우를 상정하여 봅니다. 위에서는 이자채무가 아니라 이자채권의 귀속 변경을 앞세워서 살펴보기도 하였는데, 이번에는 이자채무의 귀속 변경의 경우를 생각하여 보고자 하는 것입니다.

(가) 이 경우에 관하여 바로 지적할 수 있는 것은 민법 제459조입니다. 이 규정은 "전채무자前債務者의 채무에 대한 보증이나 제3자가 제공한 담보는 채무인수로 인하여 소멸한다. 그러나 보증인이나 제3자가 채무인수에 동의한 경우에는 그러하지 아니하다"라고 정합니다.

이는 보증인이 채무인수에 동의한 것이 아닌 한, 즉 이제 새로운 인수인에게 귀속되어 그가 일차적으로 이행책임을 지게 된 채무에 대하여도 보증책임을 지겠다는 의사를 가지는 것으로 일반적으로 인정되지 아니하는 한, 그 인수인의 채무를 위하여는 보증책임을 지지 아니하고 보증채무 자체가 소멸한다는 것을 정하는 것입니다. 이 규정은 채무인수에 있어서는 오히려 원래의 채무에 대한 보증이 채무의 귀속 여하에 부수하지 아니함을 잘 말하여 줍니다.

(나) 위 규정은, 타인의 채무를 보증한 보증인은 일반적으로 채무인수약정의 당사자가 아닌 터에, 채무자가 바뀜으로써 자신이 보증채무를 실제로 이행하여야 할 위험이 채무인수로 말미암아 경우에 따라서는 현저히 증가하게 될 수 있으므로, 그에게 그러한 위험의 증가를 부담시킬 것이 아니라는 것으로 설명되고 있습니다.[24]

---

24) 예를 들면, 민법주해 [X](1995), 641면 이하(민형기 집필부분)는 "주채무자에 대한 채권이 양도되면 보증인에 대한 채권도 원칙적으로 따라서 이전된다. 이를 보증채무의 수반성이라 한다. 채무인수에 있어서도 채무는 동일성을 유지한 채 인수인에게 이전되므로, 이에 부종하는 담보도 원칙적으로 따라서 이전된다고 하여야 한다. 그렇게 하는 것이 채권자의 보호에도 충실하다. 그러나 **보증인이나 담보제공자의 입장에서는 채무자의 변경이 자신의 지위에 중대한 영향을 미치므로** 그 이해관계를 고려할 필요가 있다"고 설명하면서, 우리 민법과 같은 입장을 취하는 외국의 입법례로 독일민법 제418조 제1항 본문을 듭니다. 또 우리 민법과는 반대로 스위스채무법은 채무자의 일신에 전속한 것이 아닌 한 담보는 채무인수에

(다) 위 규정은 우리 민법이 보증인에 있어서 그 보증책임을 실제로 이행하여야 할 위험이 자신의 의사에 기하지 아니하고 증가할 위험이 있는 경우에는 그는 그러한 위험으로 보호되어야 한다는 태도를 취하고 있음을 여실히 보여 줍니다.

그리고 이러한 기본적 입장은 보증인 자신이 당사자가 아닌 충당합의에 대하여도 마찬가지로 관철되어야 할 것입니다. 즉 여러 개의 채무를 부담하는 주채무자가 채권자와의 사이에 충당합의를 한 경우에, 이를 그 중 하나의 채무를 보증한 사람에 대하여도 효력이 있다고 한다면, 보증인은 그의 의사에 기하지 아니하고 보증책임을 실제로 이행하여야 할 위험이 증가할 수 있다는 점에서는 위에서 본 채무인수의 경우와 하등 다를 바 없는 것입니다.

4. 결론

이상에서 논의한 바대로, 이자채무의 보증인에 대하여는 원본채무에 관하여 주채무자와 채권자 사이에 행하여진 충당합의가 그 효력이 미치지 아니한다고 할 것입니다.

(2019년 9월 작성)

의하여 영향을 받지 아니한다고 정한다고 합니다(동법 제178조 제1항).

13. 주식매매계약에서 약정된 매수청구권의 행사와 계약 해제 등

사　건　　　　서울중앙지방법원 2017가합○○호
원　고　　　　주식회사 A
피　고　　　　갑

A. 전제된 사실관계 및 논의 대상인 법적 쟁점

Ⅰ. 사실관계

　1. 원고와 피고는 2013년 5월 피고가 가지는 주식회사 B(이하 '이 사건 회사'라고 부릅니다)의 주식 1,180,050주 중 기명주 보통주식 358,200주를 600억 원에 원고에게 매도하는 「주식매매계약」(이하 '이 사건 계약'이라고 부릅니다)을 체결하였습니다.

　2. 이 사건 계약에는 위의 소송사건(이하 '이 사건'이라고 부릅니다)에서 문제되고 있는 조항으로서 다음과 같은 것이 포함되어 있습니다[1](인용문 안에서 꺾음괄호 및 그 안의 기재는 본인이 부가한 부분

---

　1) 이하 이 사건 계약 등을 인용하는 경우에 붙어 있는 각주는 원문에 없는

을, 또한 점선은 본인이 인용하지 아니하고 생략한 부분을 가리킵니다. 이하 모두 같습니다).

제4조 (매도인의 매도청구권 및 우선매수권, 동반매도권)

(1) 매수인은 본 계약 체결일로부터 3년이 경과한 이후부터 대상주식[2]을 매매대금 및 이에 대하여 본 계약 체결일로부터 재매매대금 지급일까지 연 5%(복리)를 적용한 금원을 거래대금으로 하여 매도인에게 매도할 권리(이하 "매도청구권")를 보유한다. …[3]

(2) 매수인이 매도청구권 행사를 매도인에게 서면으로 통지하는 경우, 매도인은 당해 통지를 받은 날로부터 6개월 이내에 본조 제(1)항에 따라 산출한 금원을 지급하고, 대상주식을 재매입하여야 한다.

(3) 매수인이 매도청구권을 행사하였음에도 불구하고 매도인이 본조 제(2)항에 정한 기한 도과 후 14일 이내에 대상주식을 재매입하지 않는 경우, 매도인은 잔여주식을 매수인에게 위약벌로서 귀속시켜야 한다. 이 경우 매수인은 매도인에 대하여 일체의 추가 청구를 하지 아니한다.[4][5]

것을 본인이 독자적으로 붙인 것입니다.

2) 이 사건 계약에서 채택된 용어의 의미를 정의하고 있는 그 제1조에서 '대상주식'은 "계약에 따른 매도 및 매수의 대상이 되는 주식으로서 매도인이 소유하는 대상회사의 기명식 보통주 ○주(총 발행주식의 19.9%)를 의미한다"고 정의되어 있습니다. 즉 '대상주식'이란 이 사건 계약에서 매매의 대상이 되는 이 사건 회사의 주식을 가리킵니다.

3) 위 제1항의 그 이하에서 당사자들은, 첫째, 본문에서 본 '매도청구권'이 행사되는 경우 대상주식에 관한 주식배당금이 있을 경우 그 처리에 관하여, 둘째, 매도청구권은 대상주식 전부에 대하여 행사되어야 한다고 각기 정하고 있습니다. 이 약정부분은 이 사건과 무관하므로 여기에 인용하지 아니합니다.

4) 위 제4조의 제4항은 매도인이 보유 주식의 전부 또는 일부를 제3자에게 양도하고자 하는 경우에 매수인이 가지는 우선매수권에 관하여, 제5항

제10조 (본 계약의 해제 및 실효)

(1) 다음 각 경우에 매도인 또는 매수인은 상대방에 대한 서면 통지로써 본 계약을 해제할 수 있다. 다만, 해제사유의 발생에 책임이 있는 당사자는 그 사유를 가지고 본 계약을 해제할 수 없다.[6]

    나. 상대방이 확약[7] 기타 본 계약상의 의무사항을 위반하고, 매도인 또는 매수인이 서면으로 그 시정을 요구한 날로부터 2주 내에 상대방이 이를 시정하지 아니하는 경우(다만, 그 하자가 시정 불가능인 경우에는 최고 없이 즉시 본 계약을 해제할 수 없다).[8]

(2) 여하한 경우에도 종결 후에는 본 계약을 본 계약을 해제할 수 없다. 단, 이행종결일 이후 본 계약 제4조, 제4조의2, 제4조의3, 제6조 위반으로 인하여 제10조 제(1)항 나호의 사유가 발생하는 경우에는 본 계약을 해제할 수 있다(다만, 본 계약에 따른 매매거래의 원상회복은 하지 아니한다).[9]

은 매수인이 위 우선매수권을 행사하지 아니하고, 매도인으로부터 주식을 양수하는 제3자에게 대상주식을 "매도인의 양도와 동일한 조건으로" 양도할 권리, 즉 동반매도권에 관하여 각기 정하고 있습니다. 이들 약정 부분은 이 사건과 무관하므로 여기에 인용하지 아니합니다.

5) 한편 이 사건 계약 제4조의2는 이번에는 매도인이 대상주식을 재매입할 권리, 즉 재매입청구권에 관하여 상세하게 정하고 있습니다. 또한 이어지는 제4조의3은 이 사건 회사의 주식공개(이른바 IPO)에 관하여 역시 상세하게 정하고 있습니다.

6) 위 제1항의 가호에서는 이 사건 계약 중「진술 및 보장」(이는 이 사건 계약 제5조에서 상세히 정하여져 있습니다)이 위반된 경우에 계약을 해제할 수 있음을 정하고 있습니다. 이 약정 부분은 이 사건과 무관하므로 여기에 인용하지 아니합니다.

7) 여기서의「확약」에 관하여는 이 사건 계약 제6조에 상세히 정하여져 있습니다. 이에 대하여는 뒤의 B. Ⅱ. 2. (3) (나)에서 다시 살펴보도록 하겠습니다.

8) 위 제1항의 다호는 정부기관이 이 사건 계약의 이행을 금지하는 조치를 취한 경우에 관하여 정하고 있습니다.

9) 위 제10조의 제3항은 이 사건과 무관하므로 여기에 인용하지 아니합니다.

제11조 (계약해제의 효과)

(1) 본 계약이 해제되는 경우 본 계약은 효력을 상실한다. 다만, 제8조(비밀유지), 제9조(손해배상), 제11조(계약해제의 효과), 제12조(통지), 제13조(기타)의 조항은 본 계약의 해제 기타의 사유로 인하여 본 계약이 종료되는 경우에도 그 효력을 유지한다.

(2) 본 계약이 해제되더라도 본 계약의 해제 이전에 본 계약의 위반으로 인하여 당사자가 부담하는 책임에는 영향을 미치지 아니한다.[10]

(4) 본 계약이 제10조 제(1)항 나호에 따라 해제되는 경우 그 해제 통지와 동시에, (i) 매수인이 본 계약을 해제하는 경우 매수인은 대상주식을 본 계약 제4조 제(1)항에 규정하고 있는 거래대금(매수인의 매도청구권 행사에 따른 거래대금을 말한다)에 10%를 가산한 금액에 매수할 것을 청구할 수 있고, (ii) 매도인이 계약을 해제하는 경우 매도인은 대상주식을 본 계약에 따른 매매대금의 80%에 매도인에게 매도할 것을 매수인에게 청구할 수 있다. 매수인 또는 매도인이 위 (i) 또는 (ii) 기재 권리의 행사를 상대방 당사자에게 서면으로 통지하는 경우, 상대방 당사자는 당해 통지를 받은 날로부터 14 영업일 이내에 대상주식을 매수 또는 매도하는 거래를 이행하여야 한다. 매도인이 본조 제(4)항에 정한 기한 도과 후 6개월 이내에 대상주식을 매매대금의 120%에 재매수하지 않는 경우(단 매도인에게 귀책사유가 없는 경우에는 예외로 한다), 매도인은 잔여주식을 매수인에게 위약벌로서 귀속시켜야 한다.[11]

---

10) 위 제11조의 제3항은 이 사건 계약 등과 관련한 서류·자료의 반환 또는 폐기에 관한 것으로서, 이는 이 사건과 무관하므로 여기에 인용하지 아니합니다.

11) 그 아래의 이 사건 계약 제12조(통지)는 각 당사자가 행하는 통지의 상대방 및 방법 등에 관하여 정합니다. 또한 이 사건 계약의 마지막 조항을 이루는 제13조(기타)는 "본 계약은 본건 거래에 대한 당사자들 사이의 최종적이고 완전한 합의를 구성하며, 체결일 이전의 모든 구두 및 서

3. 원고는 이 사건 계약이 체결되고부터 3년이 지난 2016년 6월에 이 사건 계약 제4조 제1항에 따라 피고에 대하여 같은 해 12월 19일까지 714여억 원(이 사건 계약상의 매매대금 600억 원에 이 사건 계약의 체결일부터 위 12월 19일까지 연 5%의 복리 이자를 가산한 금액)에 매수할 것을 청구하였습니다. 그러나 피고는 이에 응하지 아니하였습니다. 원고는 위 12월 19일에 피고에 대하여 2017년 1월 3일까지 그 의무의 이행을 최고하였으나, 피고는 역시 이에 전혀 따르지 않았습니다.

그러자 원고는 2017년 1월 25일 피고의 채무불이행을 이유로 이 사건 계약 제10조 제1항 나호에 따라 이 사건 계약을 해제하였습니다. 그리고 이 사건 계약 제11조 제4항에 기하여 788여억 원으로 이 사건 주식을 매수할 것을 구하였습니다. 그리고 이 사건 소는 이러한 금전 지급의 청구를 내용으로 합니다.

Ⅱ. 이 의견서에서 다루어질 법적 쟁점

본인에게 의견이 구하여진 법적 쟁점은 다음과 같습니다.

1. 이 사건 계약 제4조 제3항과 제10조 제1항 나호, 제2항, 특히 그 단서와의 관계. 즉, 전자의 약정에 의한 매수청구권이 행사된 경우에는 제10조 제1항 나호에 기하여 이 사건 계약을 해제할 수 없는가?

면 합의는 본 계약의 체결로 효력을 상실한다. 본건 거래와 관련하여 본 계약에 정해진 사항을 제외하고는 당사자들의 어떠한 합의도 존재하지 아니한다"(제1항)는 이른바 '완전합의조항(entire-agreement clause)'을 포함하여 비교적 사소한 내용 또는 계약에 따른 비용·세금의 부담 등과 같은 부수적인 합의 내용을 정하고 있습니다.

2. 이 사건 계약 제10조 제1항 나호에 기한 이 사건 계약의 해제와 이 사건 계약 제11조 제4항 및 제4조 제3항 후단과의 관계. 즉, 전자의 약정에 기하여 이 사건 계약이 유효하게 해제된 경우에, 매수인은 이 사건 계약 제11조 제4항에 따라 매도청구권을 행사할 수 있는가? 이 사건 계약 제4조 제3항 제2문은 그에 장애사유가 된다고 할 수 없지 않는가?

B. 검토의견

Ⅰ. 우리 법상 계약 해석의 일반 원칙

1. 문언의 객관적 의미에 좇은 해석

우리 법에서 계약 해석은 계약서 문언의 객관적 의미가 명확하다면 그 문언대로의 의사표시의 존재와 내용을 인정하는 것을 출발점으로 합니다. 대법원은 "처분문서는 그 성립의 진정함이 인정되는 이상 법원은 그 기재 내용을 부인할 만한 분명하고도 수긍할 수 있는 반증이 없는 한 그 처분문서에 기재되어 있는 문언대로의 의사표시의 존재 및 내용을 인정하여야 한다"는 점을 반복하여 확인한 바 있는데, 여기서 말하는 '처분문서'의 대표적인 것이 계약서입니다. 나아가 대법원은, 계약 문언의 객관적 의미가 명확하지 아니한 경우에 있어서는 "문언의 내용, 그와 같은 약정이 이루어진 동기와 경위, 약정에 의하여 달성하려는 목적, 당사자의 진정한 의사 등을 종합적으로 고찰하여 논리와 경험칙에 따라 합리적으로 해석하여야 한다"고 판시하면서, "계약의 해석에 있어서는 당사자의 내심의 의사보다는 외부로 표시된 행위에 의하여 추단된 의사

를 가지고 해석함이 상당하다"라고 판단하고 있습니다.[12] 즉, 대법
원은 먼저 계약서의 내용이 문언상 객관적으로 명백한지 여부를
판단하여 그에 해당하는 경우에는 그 문언의 객관적 의미에 좇아
해석되어야 하고, 그렇지 아니한 경우에는 계약의 체결 경위, 당사
자들의 계약 체결 이후 행위 등 제반 사정을 종합하여 검토하여야
한다고 일관되게 판시하고 있습니다.

2. 당사자에게 중대한 영향 있는 사항의 객관적 의미를 일
탈하는 것은 피하여야 한다

대법원은 특히 "계약당사자 사이에 어떠한 계약내용을 처분문
서인 서면으로 작성한 경우에 문언의 객관적인 의미가 명확하다면
특별한 사정이 없는 한 문언대로의 의사표시의 존재와 내용을 인
정하여야 하며, 문언의 객관적 의미와 달리 해석함으로써 당사자
사이의 법률관계에 중대한 영향을 초래하게 되는 경우에는 그 문
언의 내용을 더욱 엄격하게 해석하여야 한다"고 판시한 바 있습니
다.[13] 이와 같이 우리 판례는 계약서의 해석이 당사자 사이의 법률
관계에 중대한 영향을 미치는 경우에는 더더욱 문언의 객관적 의

---

12) 이는 우리나라의 법률가라면 누구나 알고 있는 바라고 하겠습니다. 여기
서는 비교적 최근의 대법원판결들 중에서 주요한 일부만을 들어 두기로
합니다. 대법원 2002. 6. 28. 판결 2002다23482사건(판례공보 2002년 하
권, 1816면); 대법원 2010. 11. 11. 판결 2010다26769사건(판례공보 2010
년 하권, 2241면); 대법원 2011. 5. 13. 판결 2010다58728사건(판례공보
2011년 상권, 1156면); 대법원 2011. 6. 24. 판결 2008다44368사건(판례공
보 2011년 하권, 1451면); 대법원 2015. 10. 15. 판결 2012다64253사건(판
례공보 2015년 하권, 1641면); 대법원 2017. 2. 15. 판결 2014다19776사건
(판례공보 2017년 상권, 527면) 등 참조.
13) 앞의 주 12에서 본 대법원 2010. 11. 11. 판결 및 대법원 2015. 10. 15. 판
결 등 참조.

미에서 벗어나는 해석을 제한하고 있습니다.

3. 계약 내용의 합리적 해석

그렇지 아니하고 당사자 사이에 해석상 다툼이 있는 경우에는 당사자의 내심적 의사의 여하에 관계없이 그 문언의 내용과 그 계약이 이루어지게 된 동기 및 경위, 당사자가 그 계약에 의하여 달성하려고 하는 목적과 진정한 의사, 거래의 관행 등을 종합적으로 고찰하여 사회정의와 형평의 이념에 맞도록 논리와 경험의 법칙, 그리고 사회일반의 상식과 거래의 통념에 따라 당사자 사이의 계약의 내용을 합리적으로 해석하여야 합니다.[14]

4. 계약의 합리적 해석에 있어서 고려할 사항

위의 제1항 이하에서 설명한 바와 관련하여 대법원의 재판례들을 보다 구체적으로 살펴보면, 대법원은 계약의 해석에 있어서 다음의 사항들을 고려하고 있음을 알 수 있습니다. 즉, (i) 계약의 체결 과정에서 일방이 타방에게 계약의 목적물에 대하여 설명한 내용과 같이 계약 체결 전에 존재한 각종의 사정,[15] (ii) 계약 당시

---

14) 이러한 취지는 이미 대법원 1962. 4. 18. 판결 4294민상1236사건(대법원 판례집 제10권 2집, 민사편 160면)에서 선언되었습니다. 즉 "계약당사자 간에 어떠한 계약내용을 서면으로 작성하였을 경우에는 당사자의 내심적 의사의 여하를 불구하고 그 서면의 기재내용에 의하여 당사자의 참된 의사를 탐구하도록 합리적으로 해석하여야 한다"는 것입니다. 위 대법원판결은 바로 이어서 "당사자가 주장하는 계약내용이 당사자에게 중대한 책임을 부과하게 되는 경우에는 그 서면의 내용과 문구를 더욱 엄격하게 해석하여야 한다"고 판시합니다. 그 외에 같은 취지를 명시적으로 밝히는 비교적 근자의 재판례로는 대법원 1993. 10. 26. 판결 93다3103사건(법원공보 1993년, 3167면); 대법원 1996. 10. 25. 판결 96다16049사건(판례공보 1996년, 3442면); 대법원 2002. 6. 28. 판결 2002다23482사건(판례공보 2002년 하권, 1816면) 등이 있습니다.

에 당해 조항에서 정하여진 사항과 관련하여 당사자 사이에 존재
하던 사정,[16] (iii) 계약 체결 후 당사자들이 그 의미에 대하여 다툼
이 있는 조항에 대하여 처리한 내용 등을 고려하고 있습니다.[17]

5. 계약 해석의 개별적 기준

이러한 해석의 일반적 기준에 따라 대법원은 다음과 같은 계약
의 해석 경향을 보이고 있다고 할 수 있습니다.

(1) 무엇보다도 **권리의 제한 및 포기 등 이례적 결과를 회피하도록**
해석하는 경향이 있습니다. 즉 당사자 일방이 계약 체결시에 통상
예상하지 못하는 이례적이거나 기이한 결과가 발생하도록 계약을
해석하는 것은 피하여야 하는 것입니다.

(가) 예를 들면 대법원 1996. 11. 26. 판결 96다21027사건(판례공
보 1997년, 45면)은, 동업계약에서 그 조항의 하나로 동업관계를 해
소하는 경우에는 그 당사자 중 일방이 동업관계의 존속 중에 취득
한 의장권을 포기하기로 하였는지가 문제된 사안에서, "통상 아무
런 반대급부 없이 권리를 포기하겠다는 약정은 매우 이례적인 것
이어서 그와 같이 약정하게 된 특별한 사정이나 또는 권리를 포기
할만한 합리적인 이유가 없는 한 … 그와 같이 해석하여서는 아니

---

15) 대법원 1998. 7. 14. 판결 96다39707사건(판례공보 1998년 하권, 2115면)
   등 참조.
16) 대법원 1997. 11. 28. 판결 97다36231사건(판례공보 1998년 상권, 90면);
   대법원 1998. 5. 29. 판결 97다27015사건(판례공보 1998년 하권, 1745면)
   등 참조.
17) 대법원 1996. 9. 20. 판결 95다20454사건(판례공보 1996년 하권, 3107면)
   등 참조.

된다"고 판시하면서, 그러므로 그 포기조항은 동업관계가 의장권자의 잘못으로 해소되는 경우에 한하여 이를 포기한다는 의미라고 해석하였습니다.

(나) 또한 예를 들면, 대법원 2014. 6. 26. 판결 2014다14115사건(판례공보 2014년 하권, 1463면)은 "특히 당사자 일방이 주장하는 계약의 내용이 상대방에게 중대한 책임을 부과하게 되는 경우에는 그 문언의 내용을 더욱 엄격하게 해석하여야 한다. … 민법 제211조는 '소유자는 법률의 범위 내에서 그 소유물을 사용, 수익, 처분할 권리가 있다.'라고 규정하고 있다. 소유자의 위와 같은 소유권행사에는 다양한 공법상 또는 사법상 제한이 따를 수 있고, 소유자스스로의 의사에 기한 임차권 등 용익권의 설정에 의하여 소유권행사가 제한될 수도 있다. 그러나 임대차기간 등 용익권 설정계약의 기간이 경과한 후에는 소유자가 용익권 설정으로 인한 제한으로부터 벗어나 자유롭게 소유권을 행사할 수 있는 권리가 보장되어야 하므로, 임대차기간 중의 해제·해지 의사표시에 어떠한 절차가 요구되거나 제한이 따른다고 하여 임대차기간 만료에 의한 임대차계약의 종료 시에도 당연히 그와 같은 제한이 적용된다고 확대해석하여서는 안 되고, 기간만료로 인한 임대차계약의 종료에 어떠한 제한이 따른다고 하기 위하여는 그러한 내용의 법률 규정이나 당사자 사이의 별도의 명시적 또는 묵시적 약정이 있어야 한다"라고 판시하였습니다.

(다) 또한 대법원 1993. 10. 26. 판결 93다3103사건(법원공보 1993년, 3167면)은 연대보증인이 주채무자의 채권자에 대한 **모든 채무**에 대하여 연대이행할 책임을 진다고 계약서에 기재되어 있던 사

안에서 "연대보증인이 보증하는 채무의 범위에 관하여 '본 약정에 의한 을[= 주채무자]이 갑[= 채권자]에 대하여 부담하는 채무액'이라고만 하지 아니하고 그 뒤에 '한도로 하는 금액'이라는 문구를 덧붙이고 있는 점, 위 계약서 제8조는 부동문자로 갑이 을에게 공급할 수 있는 출판물의 가액의 한도액(이 한도액 내에서 출판물이 공급된다면 을은 갑에 대하여 이 한도액 범위 내에서 채무를 부담하게 될 것이다)을 정할 수 있게 기재되어 있는 점에 비추어 보면, 위 계약서 제8조의 한도액란이 공란으로 그대로 남아 있지만 위 문언의 의미는 갑이 을에 대하여 위 계약서 제8조에서 정할 수 있는 출판물공급한도액을 초과하여 출판물을 공급함으로써 을이 갑에 대하여 그 한도액을 초과하여 채무를 부담하더라도 연대보증인은 을이 갑과의 이 사건 계약에 의하여 장래 출판물공급거래로 인하여 갑에 대하여 부담하게 되는 모든 채무금액을 연대이행할 책임을 진다는 취지라고 해석될 여지도 충분히 있다는 등 여러 가지 사정에 비추어 연대보증인은 주채무자가 부담하고 있는 기존의 채무는 제외하고 장래 부담하게 되는 모든 채무금액만을 연대이행할 책임을 진다는 취지라고 해석될 여지도 있다"라고 판시하고 있습니다.

(2) 나아가 대법원의 계약 해석의 경향에 관하여 지적할 수 있는 것은 **계약 조항 전체가 서로 조화될 수 있도록 해석**하여야 한다는 점입니다. 즉, 계약의 해석은 계약서에 포함된 여러 조항 중의 어느 하나에 치중함이 없이 **계약의 각 조항에 적절한 효력이 부여되도록** 계약 전체를 배경으로 하여 이루어져야 합니다. 그리하여 계약조항이 유효하게 되는 해석 또는 일정한 법적 의미를 가지게 되는 해석과 효력이 없게 되는 해석 또는 그러한 의미가 없게 되는 해석이 모두 상정되는 경우에는 전자의 해석을 선택하여야 한다는 「유효해석의

원칙」에 좇아야 하는 것입니다.[18]

특히 계약의 각 조항은 다른 조항과 모순되지 아니하게 해석되어야 하는 것입니다. 예를 들면 대법원 1986. 1. 28. 판결 85다카1626사건(대법원판례집 제34권 1집, 민사편 24면)은, 신용카드회원과 신용카드회사 사이에 체결된 신용카드계약서에 제3자가 보증인으로서 책임을 지기로 약정한 사건에서 그 보증책임의 범위에 대하여 당해 계약서의 문언상으로는 "주채무자[즉 신용카드회원 본인]와 연대하여 책임을 진다"라고 하여 주채무자와 그 책임범위를 같이하는 것으로 되어 있는 것처럼 쓰여 있으나, 그 계약서의 다른 조항에서 정하여진 신용카드회원이 한 달 간 신용카드를 사용할 수 있는 한도약정액의 범위 내에서만 보증책임을 지기로 합의한 것이라고 해석하여, 주채무자가 그 월간 사용한도액을 넘어 신용카드를 사용한 경우에 그 한도액을 넘는 범위에 대하여는 보증인의 책임을 부정하였습니다.

(3) 이상에서 본 바와 같은 우리 법원 실무의 태도는 결과적으로 법원이 앞에서 본 대로 계약 해석에서 요구되는 '합리적 의미'의 탐색에 있어서 일정한 범위에서 재량(물론 그 재량은 객관적 기준에 의하여 행사되어야 합니다)을 가짐을 인정하는 것으로 귀착됩니다. 예를 들어 대법원 2006. 4. 13. 판결 2005다34643사건(판례공보 2006년 상권, 788면) 또는 대법원 2006. 12. 21. 판결 2004다45400사건(법고을[19]) 등은 "[법원은] 법률행위를 해석함에 있어서 경험법칙과 논

---

18) 이 계약 해석의 원칙에 대하여는 우선 남효순, "법률행위 해석의 쟁점", 서울대학교 법학 제41권 1호(2000. 3), 163면 이하 참조.

19) 「법고을」은 주지하는 대로 대법원에 속하는 「법원도서관」에서 판례·문헌 등을 모아서 전자파일 형태로 일반에 배포하는 자료로서 공적인 편찬물입니다. 이에는 '대법원판례집'이나 '판례공보' 또는 '법원공보'에 공

리법칙에 어긋나지 않는 범위 내에서 자유로운 심증으로 판단할 수 있다"고 판시하고 있는 것입니다.

6. 우리 계약 해석 원칙의 비교법적 평가

이상과 같은 우리 법상의 계약 해석의 원칙은 비교법적으로도 일반적으로 수긍되는 바입니다.

하나의 예로, 이제 우리법의 일부를 이루는 「국제물품매매계약에 관한 국제연합 협약」(2005년 2월 28일 조약 제1711호)[20]은 주지하는 대로 무역거래에 관한 법의 국제적 통일을 도모하여 만들어진 것으로서 2019년 12월 현재 93개국이 가입하였을 만큼 그 규범의 일반성을 인정받고 있는 국제협약입니다. 그 제8조 제1항은, 당사자의 진술 그 밖의 행위(statements made by and other conduct of a party)는 "상대방이 그 당사자의 의도를 알았거나 모를 수 없었던 경우에는 그 당사자의 의도(intent)에 따라 해석되어야 한다"고 하고, 나아가 같은 조 제2항은 "제1항이 적용되지 아니하는 경우에는 상대방과 동일한 부류의 합리적인 사람(reasonable person of the same kind)이 동일한 상황에서 이해하였을 바에 따라 해석되어야 한다"라고 규정하고 있습니다. 그리고 같은 조 제3항은 "당사자의 의도 또는 합리적인 사람이 이해하였을 바를 판단함에 있어서는 협상 경위, 당사자 간에 확립된 관례, 관행 및 당사자의 후속 행위를 포

간되지 아니한 대법원의 재판례 등도 수록되어 있는데, 대법원판결이 위의 '대법원판례집'이나 '판례공보' 등에 수록되지 아니하고 단지 「법고을」에서만 검색될 수 있다고 하여서 그 선례로서의 의미가 덜한 것은 아님은 주지하는 대로입니다.

20) 통상 CISG(원래는 United Nations Convention on Contracts for the International Sale of Goods인데, 위와 같이 약칭됩니다) 또는 「비엔나 협약」으로 불립니다. 2019년 12월 현재 93개국이 비준·가입하고 있습니다.

328   13. 주식매매계약에서 약정된 매수청구권의 행사와 계약 해제 등

함하여 관련된 모든 사항을 적절히 고려하여야 한다"라고 규정합니다. 이와 같은 국제협약상의 계약 해석의 원칙21)은 우리 법상의 계약 해석의 원칙과 별로 다르지 아니하다고 할 수 있습니다.

II. 이 사건 계약 제4조 제3항과 제10조 제1항 나호, 제2항, 특히 동항 단서와의 관계22)

1. 제4조 제3항 및 제10조 제1항 나호, 제2항의 각 문언 기타

(1) 제4조 제3항은, 매수인이 동조 제1항에 기하여 가지는 매도청구권 행사의 통지를 하였는데 매도인이 그 통지를 받은 날로부터 6개월(제2항), 그리고 그로부터 다시 14일(제3항) 이내에 동조 제1항에서 정한 바에 따라 정하여진 금액으로 매수인으로부터 대상주식을 다시 매입하지 아니할 경우에는 "잔여주식을 매수인에게 위약벌로서 귀속시켜야 한다. 이 경우 매수인은 매도인에 대하여 일체의 추가 청구를 하지 아니한다"고 정하고 있습니다.

(2) 한편 제10조는 '본 계약의 해제 및 실효'라는 표제를 붙이고 있습니다. 그 제1항은 나호에서 "상대방이 확약 기타 본 계약상의 의무사항을 위반하고, 매도인 또는 매수인이 서면으로 그 시정

21) 이에 대하여는 우선 윤진수, "계약 해석의 방법에 관한 국제적 동향과 한국법", 성낙인·김재형 편, 한국법과 세계화(2006), 95면 이하(그 후 동, 민법논고, 제1권(2007), 231면 이하) 참조.
22) 이하 이 사건 계약을 구성하는 개별 조항은 "제○조 제○항" 등과 같은 방식으로 인용하고 그 앞에 '이 사건 계약'이라는 말은 특별한 사유가 없는 한 이를 넣지 않기로 합니다.

을 요구한 날로부터 2주 내에 상대방이 이를 시정하지 아니하는 경우(다만, 그 하자가 시정 불가능인 경우에는 최고 없이 즉시 본 계약을 해제할 수 없다)"에는 매도인 또는 매수인은 상대방에 대한 서면 통지로써 본 계약을 해제할 수 있다고 정합니다.

나아가 그 제2항은 "여하한 경우에도 종결 후에는 본 계약을 본 계약을 해제할 수 없다. 단, 이행종결일 이후 본 계약 제4조, 제4조의2, 제4조의3, 제6조 위반으로 인하여 제10조 제(1)항 나호의 사유가 발생하는 경우에는 본 계약을 해제할 수 있다(다만, 본 계약에 따른 매매거래의 원상회복은 하지 아니한다)"고 정하고 있습니다.

2. 제4조 제3항과 제10조 제1항 나호, 제2항, 특히 동항 단서와의 관계에 관한 해석 — 계약의 해제가 배제되는가?

(1) 만일 여기서 제4조 제3항의 '일체의 추가 청구를 하지 아니한다'는 부분에 의하여 제10조 및 제11조에 정하여진 매수인의 계약 해제가 배제된다고 해석하게 되면, 바로 다음과 같은 심중한 문제에 부딪히게 됩니다.

(2) 먼저 제4조에 대하여 살펴봅니다.

(가) 앞서 본 대로 제4조는 그 표제를 「매수인의 매도청구권 및 우선매수권, 동반매도권」이라고 하여 매수인이 이 사건 계약에 기하여 특별히 매도인에 대하여 가지는 몇 가지 권리를 정하고 있습니다.[23] 구체적으로 보면 우선 매수인의 대상주식 매도청구권입

---

23) 이에 대응하여 매도인의 매수인에 대한 권리는 무엇보다도 위의 제4조에 바로 이어지는 제4조의2(그 표제를 「매도인의 재매입청구권」이라고 붙이고 있습니다)에서 정하여져 있습니다. 즉 제4조와 제4조의2는 각 당

니다(제1항). 이는, 민법에서 여기저기 규정되어 있는 매수청구권(민
법 제283조, 제285조, 제316조, 제643조 내지 제647조 등)이 그러하듯이,
그 권리자가 그 권리의 행사 여부를 자유로 정할 수 있는 이른바
형성권의 성질을 가지는 것이 분명합니다. 다시 말하면 이 사건 계
약에서 매수인은 그 계약 체결일로부터 3년이 경과한 때로부터 이
권리를 가지게 되는데, 매수인이 그 권리를 행사할는지 여부는 그
가 자유롭게 정할 수 있는 바입니다.[24]

그런데 만일 매수인이 이를 행사하기로 하고 그것을 매도인에
게 알린 경우(제4조 제2항 앞부분: "매도청구권 행사를 매도인에게 서면
으로 통지하는 경우")에는 이 사건 주식에 관하여 매도인이 이를 일
정한 대금으로(그 액의 산출방법은 제4조 제1항에서 정하여져 있습니다)
매수인으로부터 매수하는 내용의 매매계약이 체결되는 법률효과가
발생합니다. 이러한 새로운 매매계약에서 이 사건 계약의 매도인은
이제 매수인의 지위에 서게 되므로, 그는 그 대금을 지급할 의무를
부담하면서 동시에 대상주식의 양도를 청구할 수 있는 지위에 서
게 되는 것입니다.[25] 제4조 제2항 뒷부분의 "매도인은 … 6개월 이
내에 본조 제(1)항에 따라 산출한 **금원을 지급하고**, 대상주식을 재매
입하여야 한다"는 문언은 이를 가리킨다는 점에는 의문의 여지가 없
습니다.

사자에게 일정한 권리를 부여하여 그 각자의 이익을 도모할 법적인 방
도를 **평행되게** 마련하고 있는 것입니다.
24) 이와 관련하여서는 이 사건 계약이 경험 있는 법률가들의 전반적인 관
여 내지 조언 아래 작성되었다는 점도 고려될 필요가 있다고 여겨집니다.
25) 새삼 매매에 관한 원칙규정인 민법 제568조 제1항을 들 것도 없습니다.
이와 같이 매수청구권의 행사로 새로이 성립하는 매매계약과 관련하여
서는 환매에 관한 제590조 제1항의 문언("매도인[은] … 그 영수한 대금
및 매수인이 부담한 매매비용을 반환하고 그 목적물을 환매할 수 있
다")이 참고가 되는 점이 있음은 물론입니다.

그런데 이제 위 새로운 매매계약에서는 매수인의 지위에 있게 된 매도인이 위와 같은 의무, 특히 대금지급의무를 이행하지 아니하는 경우에 그 매수인은 어떠한 법적 구제수단(remedies)을 가질까요?

(나) 이에 대하여 정하는 계약조항 중의 하나가 제4조 제3항임은 명백합니다. 즉 위와 같이 매도청구권이 행사되었는데도 매도인이 "제2항에 정한 기한 도과 후 대상주식을 재매입하지 않는 경우"에는, "매도인은 잔여주식을 매수인에게 위약벌로서 귀속시켜야 한다. 이 경우 매수인은 매도인에 대하여 일체의 추가 청구를 하지 아니한다"는 것입니다.

(a) '위약벌'은 채무자에게 채무불이행이 있는 경우에 채권자가 그에 대한 제재로서 채무자에 대하여 청구할 수 있는 급부로서, 채권자가 가지는 채무불이행에 대한 일반적 구제수단인 **손해배상**[26] **과는 무관하게** 채권자는 위약벌로 정하여진 급부 외에도 손해배상을 구할 수 있다고 이해되고 있습니다.[27]

---

26) 이는 무엇보다도 채무불이행에 관한 일반조항(이 점에 대하여는 우선 곽윤직 편집대표, 민법주해 [IX](1995), 221면 이하(양창수 집필부분) 참조)인 민법 제390조가 「채무불이행과 손해배상」이라는 표제 아래 채무불이행의 일반적인 법률효과로서 손해배상을 정하는 것에서 드러납니다.

27) 이상에 대하여는 우선 곽윤직 편집대표, 민법주해 [IX](1995), 669면 이하 및 674면 이하(양창수 집필부분) 참조. 또한 대법원 1979. 9. 11. 선고 79다1270 사건(법원공보 1979년, 12219면)은 "입찰보증금이 계약 체결을 담보하는 동시에 계약체결 불이행에 대한 위약벌 또는 제재금의 성질을 가진 경우에는 채무불이행으로 인한 보증금의 귀속에 관하여 손해의 발생이 필요한 것이 아니며, 그와 같은 규정이 공서양속에 반하여 무효라고 할 수도 없다"라고 판시하는데, 이는 채무불이행으로 채권자에게 손해가 발생하였으면 이를 위약벌과는 별도로 청구할 수 있음을 당연한 전제로 하는 것이라고 이해됩니다. 나아가 근자의 대법원 2016. 7. 14.

(b) 그러므로 위약벌에 관한 제4조 제3항 전단에 이어서 "이 경우 매수인은 매도인에 대하여 일체의 추가 청구를 하지 아니한 다"고 정하는 그 후단에 어떠한 법적 의미가 주어진다면, 여기서 위약벌의 이행이 있으면 매수인이 하지 아니하기로 하는 '일체의 추가 청구'에 손해배상청구는 혹 포함될 수 있을는지도 모르겠습니 다.[28] 그러나 뒤에서 보는 것처럼, 계약의 해제(이는 계약 위반을 이 유로 ―손해배상에 이어― 채권자가 가지는 제2의 일반적 구제수단임은 주지하는 대로입니다. 민법 제544조 이하 참조)는 우선 그 권리자가 가 지는 해제권을 행사하여 행하여지는 것이므로,[29] 그 한도에서 역시

판결 2013다82944사건(판례공보 2016년 하권, 1123면)이 "당사자 사이에 채무불이행이 있으면 위약금을 지급하기로 하는 약정이 있는 경우에 위 약금이 손해배상액의 예정인지 위약벌인지는 계약서 등 처분문서의 내 용과 계약의 체결 경위 등을 종합하여 구체적 사건에서 개별적으로 판 단할 의사해석의 문제이고, 위약금은 민법 제398조 제4항에 의하여 손해 배상액의 예정으로 추정되지만, 당사자 사이의 위약금 약정이 채무불이 행으로 인한 손해의 배상이나 전보를 위한 것이라고 보기 어려운 특별 한 사정, 특히 하나의 계약에 채무불이행으로 인한 손해의 배상에 관하 여 손해배상예정에 관한 조항이 따로 있다거나 실손해의 배상을 전제로 하는 조항이 있고 그와 별도로 위약금 조항을 두고 있어서 위약금 조항 을 손해배상액의 예정으로 해석하게 되면 이중배상이 이루어지는 등의 사정이 있을 때에는 위약금은 위약벌로 보아야 한다"고 판시하는 것도 마찬가지라고 볼 것입니다.

28) 이와 관련하여서는 "계약의 … 해제는 손해배상의 청구에 영향을 미치 지 아니한다"고 정하는 민법 제551조가 의미를 가질 수 있을지도 모릅니 다. 위의 민법 제551조는 강행성이 없고 임의규정이라고 할 것이기는 합 니다만, 임의규정이라고 하더라도 계약의 해석에 있어서 하나의 지침으 로서의 기능을 한다는 것은 일반적으로 인정되는 바입니다.

29) 계약의 해제에 관한 민법의 冒頭條項인 민법 제543조의 제1항은 "계약 또는 법률의 규정에 의하여 당사자의 일방이나 쌍방이 … 해제의 권리 가 있는 때에는 그 … 해제는 상대방에 대한 의사표시로 한다"라고 정하 여 그 권리의 행사가 '청구'와는 아무런 관련이 없습니다. 그리고 이와 같이 계약이 해제되면, 각 당사자는 그 상대방에 대하여 「원상회복의 의

'청구'와는 아무런 관련이 없는 것입니다.

(3) 무엇보다도 이 사건 계약 제10조(이하 단지 '제10조'라고만 부릅니다)의 제2항은 본문에서 "여하한 경우에도 종결 후에는 본 계약을 해제할 수 없다"고 정하면서도 그 단서에서 "단, 이행종결일 이후 본 계약 제4조 … 위반으로 인하여 제10조 제(1)항 나호의 사유가 발생하는 경우에는 본 계약을 해제할 수 있다"고 하여 그 예외를 **정면에서 명확하게** 정하고 있습니다. 그러한 별개의 계약조항이 엄연히 존재함에도 제4조 제3항 말미의 정함을 들어 위의 제10조 제2항 단서에 기한 계약의 해제가 배제된다고 볼 만한 근거는 전혀 찾아볼 수 없습니다.

(가) 혹 제4조 제3항, 특히 그 후단의 "일체의 추가 청구를 하지 아니한다"는 약정이 매수인이 매도청구권을 행사하여 새로운 매매계약이 성립하였음에도 매도인이 그 새로운 계약상의 의무를 이행하지 아니하는 경우에 관하여 완결적으로 규율하고 있으므로, 거기에 위의 제10조 제2항 단서는 그 경우에 적용될 여지가 없다고 주장할는지도 모릅니다.

(a) 그러나 우선 제4조 제3항, 특히 그 후단이 그 주장과 같이 계약의 해제를 배제하는 내용으로서 위와 같은 경우의 법률효

무」를 지게 되므로(민법 제548조 제1항), 그것이 해제가 된 경우 계약당사자의 원상회복의 '청구'와 역시 관련이 있다고 할는지 모릅니다. 그러나 뒤에서 보는 대로 제10조 제2항은 말미에서 계약이 해제되더라도 "매매거래의 원상회복은 하지 아니한다"고 정하고 있으므로, 역시 이 사건에서는 계약이 해제되더라도 그 원상회복의무에 관하여는 '청구'가 문제될 여지가 없습니다.

과에 대하여 '완결적으로 규율'하고 있다고 해석하여야 할 아무런 근거가 없음은 앞의 (2) (나)에서 상세히 살핀 바 있습니다.

(b) 나아가 그러한 해석은 제10조 제2항 단서의 명백한 문언에 정면으로 반하는 것입니다. 앞의 I. 5. (2)에서 살펴본 대로, 계약조항은 가능한 한 의미가 있는 것으로 유효하게 해석되어야 하는 것인데, 위와 같은 해석은 제10조 제2항 단서를 무의미한 것으로 해석하는 것이어서 거기서 살펴본 「유효해석의 원칙」에 명백히 맞지 아니합니다.

(c) 이와 관련하여서는, 제4조 제3항이 말하자면 특별법에, 제10조 제2항이 일반법에 해당하므로, "특별법이 일반법에 우선한다"는 법 해석의 원칙을 이에 끌어들여 매수인이 제4조 소정의 이른바 재매입의무를 이행하지 아니하더라도, 이로 인한 법률효과는 오로지 제4조 제3항에 의하여 처리되어야 한다고 주장할는지도 모릅니다. 그러나 이러한 주장은 그 전제, 즉 제4조 제3항이 일반적인 사항을 정하는 제10조 제2항의 적용을 배제하는 특별한 약정이라고 본다는 전제가 성립할 여지가 전혀 없습니다. 다시 한 번 강조하지만, 오히려 제10조 제2항, 제1항 나호, 나아가 제11조는 매도인의 제4조 위반을 이유로 하여 이 사건 계약을 해제할 수 있다는 것, 그리고 그와 같이 계약이 해제된 경우 매도인의 법적 책임에 대하여 정면에서 명확하게 또 구체적으로 정하고 있습니다. 따라서 매도인의 제4조 위반을 이유로 하는 매수인의 계약 해제 및 그 효과에 관하여는 위의 계약조항들이 오히려 앞서서 적용되어야 할 것입니다. 즉 굳이 일반/특별을 논하자면, 제4조 제3항이 아니라 제10조 및 제11조가 오히려 '특별'에 해당하는 것입니다.

그리고 이러한 해석이야말로 앞의 Ⅰ. 1.에서 본 대로 우리 법상의 계약 해석의 기준에서 그의 출발점이 되는 "법원은 처분문서의 기재 내용을 부인할 만한 분명하고도 수긍할 수 있는 반증이 없는 한 그 처분문서에 기재되어 있는 문언대로의 의사표시의 존재 및 내용을 인정하여야 한다"는 원칙에 부합한다고 하지 않을 수 없습니다.

(나) 나아가 혹 다음과 같은 주장이 있을지도 모릅니다. 즉, 제10조 제2항 단서에서 정하는 "이행종결일 이후 본 계약 제4조 … 위반으로 인하여 제10조 제1항 나호의 사유가 발생하는 경우"라는 것이 발생할 여지가 없다, 왜냐하면 제10조 제1항 나호의 사유라고 함은 "상대방이 확약 기타 본 계약상의 의무사항을 위반"하는 것에서 출발하는 것임이 문언상 명백한데, 제4조 위반이 여기서의 '확약'에 해당하지 않음은 물론이다, 나아가 '기타 본 계약상의 의무사항'은 제6조에서 정하는 바의 '확약'의 내용에 준하는 의무사항이라야 하는데 제4조 위반은 그에 해당하지 않는다는 것입니다.

그러나 이러한 주장도 전혀 근거가 없어서 받아들일 수 없다고 할 것입니다.[30]

(a) 우선 '기타 본 계약상의 의무사항'이 '확약'의 내용에 준하는 의무사항이라야 한다고 볼 근거가 없습니다. 이 사건 계약에 기하여 제6조에서 정하는 '확약'의 내용에 대하여 각 당사자가 의무를 부담함은 물론입니다. 그러나 그 이외에도 이 사건 계약은 각

---

30) 여기서의 '이행종결일'이란, 제3조 제2항의 괄호 안에 정하여진 대로, 매수인이 매도인에게 매매대금 600억원을 지급하여야 하는 2013. 5. 3.을 가리킴에는 의문이 없다는 것을 전제하여 둡니다.

당사자에게 여러 가지의 의무를 부과하는 조항을 담고 있습니다. 그 중요한 것의 하나가, 바로 제4조 및 제4조의2에서 정하여진 대로 매수인이 매도청구권을 행사한 경우에 매도인이 매수인에 대하여 부담하는 재매입의무(구체적으로 정확하게 말하면 일정한 주식대금을 지급할 의무), 매도인이 재매입청구권을 행사한 경우에 매수인이 매도인에 대하여 부담하는 재매도의무(구체적으로 정확하게 말하면 대상주식을 양도할 의무)입니다. 그리고 그와 같은 의무가 준수되지 아니한 경우에 제10조 제1항 나호의 다른 요건을 갖추어지면 상대방 당사자는 계약을 해제할 수 있다고 정하는 것이 바로 제10조 제2항 단서라고 보는 것이 그 계약조항의 문언에 합당하는 자연스러운 해석입니다. 그렇지 않다면 제10조 제2항 단서가 "제4조, 제4조의2 … 위반으로 인하여 제10조 제(1)항 나호의 사유가 발생하는 경우"라고 명시적으로 정할 이유가 어디 있겠습니까?

(b) 그리고 설사 여기서의 '기타 본 계약상의 의무사항'이라는 것이 제6조에서 정하는 확약의 내용에 준하는 의무사항에 한정된다고 하더라도, 제4조에서 정하여진 매도인의 '재매입의무'가 확약의 내용에 준하는 의무사항에 해당한다고 할 것입니다.

'확약사항'이라는 표제를 달고 있는 제6조의 내용을 살펴보면, 우선 매도인이 하지 아니하기로 '확약'하는 사항으로서 "대상회사[이 사건 회사를 가리킵니다. 이 사건 계약의 전문 제1항 참조]의 감자, 주식소각, 자기주식 매입, 유상증자, 전환사채 또는 신주인수권부사채의 발행 …기타 자본금 또는 발생주식수를 변경시키는 일체의 행위"(위 제6조 제1항 가호)와 같이 이 사건 회사의 자본 구성과 관련되는 것은 물론이지만, 그 외에도 "제3자를 위한 보증 또는 대여", "대상회사의 회계연도별로 장부가 기준 금 3억원(개별 매각건을 합산)을 초과하는 자산 매각", "회계연도별로 금 3억원(개별 매각 건을 합산)을 초과하는 일체의 투자"(위 제6조 제1항 나호, 다호 및 라호)(이들 경우에 '통상적인 영업활동을 위한 경우' 또는 '통상적인 영업활동에 따른 상품 매각의 경우'는 확약사항에서 제외됩니다) 등과 같이 기업을 운영하는 과정에서 빈번하게 행하여지는 활동도 포함되어 있습니다.

그러므로 600억원이라는 큰 금액(위 확약사항상에서 기준이 되는 3억원의 무려 200배에 해당합니다)을 매매대금으로 하여 이루어진 이 사건 계약에서 매수인이 매도청구권을 행사하면, 매도인은 위의 600억원에 복리로 연 5%를 가한 금액을 매수인에게 지급할 의무를 부담하게 됩니다. 이러한 의무는 위에서 보는 바와 같은 제6조상의 '확약사항'에 준하는 정도에 그치는 것이 아니라 오히려 그보다 훨씬 중대한 사항이라고 보아야 할 것입니다.

3. 소결

이상을 결론적으로 요약하면, 제4조에 기하여 매수인이 매수청구권을 행사하였는데 매도인이 그에 따르는 재매입의무를 이행하지 아니하는 경우에는 이를 이유로 제10조 제1항 나호에 기하여 이 사건 계약을 해제할 수 있다고 할 것입니다.

Ⅲ. 제10조 제1항 나호에 기한 이 사건 계약의 해제와 제11조 제4항 및 제4조 제3항 후단과의 관계

1. 제11조 제4항의 문언 등

(1) 제10조 제1항 나호 및 제4조 제3항 후단의 계약상 문언에

대하여는 앞에서 여러 차례 인용한 바 있으므로, 여기서는 다시 인용하지 아니하기로 합니다.

(2) 제11조는, 앞서 본 대로 '본 계약의 해제와 실효'라는 표제의 제10조에 이어지는 조항으로서 '계약 해제의 효과'라는 표제가 붙어 있습니다. 그리고 그 제4항의 제1문 중 이 사건에서 문제되고 있는 경우, 즉 매수인이 이 사건 계약을 해제한 경우에 관하여 그 (i) 부분만을 보면, "본 계약이 제10조 제(1)항 나호에 따라 해제되는 경우 그 해제 통지와 동시에, (i) … 매수인은 대상주식을 본 계약 제4조 제(1)항에 규정하고 있는 거래대금(매수인의 매도청구권 행사에 따른 거래대금을 말한다)에 10%를 가산한 금액에 매수할 것을 청구할 수 있다"고 정하고 있습니다. 그리고 그 제2문은 "매수인이 위 (i) … 기재 권리의 행사를 상대방 당사자에게 서면으로 통지하는 경우, 상대방 당사자는 당해 통지를 받은 날로부터 14영업일 이내에 대상주식을 매수 … 하는 거래를 이행하여야 한다"고 정합니다.
이 부분은 이 사건에 직접 영향을 미치는 약정으로서, 이에 대하여는 뒤의 2.에서 보다 상세히 논의하도록 하겠습니다.

(3) 이어서 위 제4항의 제3문은, 매도인이 대상주식을 재매수하지 않을 경우에는 "매도인은 잔여주식을 매수인에게 **위약벌로서 귀속시켜야 한다**"고 정합니다. 혹자는 이 제3문의 약정을 들어서, 매수인이 적법하게 이 사건 계약을 해제한 경우의 매도인의 재매입의무 위반에 대한 법률효과는 매도인이 잔여주식을 매수인에게 귀속시킴으로써 완결적으로 처리되는 것이고, 그 이외에 매도인의 재매입의무 위반 등으로 인한 법적 책임은 일절 소멸한다고 해석되어야 한다고 주장할는지도 모르겠습니다.

(가) 그러나 이는 명백하게 위 제11조의 문언에 반하는 것입니다. 위에서 본 제4항에는 앞의 Ⅱ. 1. (2)에서 살펴본 바 있는 제4조 제3항 제2문("이 경우 매수인은 매도인에 대하여 일체의 추가 청구를 하지 아니한다")과 같은 약정[31]을 전혀 두고 있지 아니합니다. 그리하여 그것은, 제10조 제2항 단서에 기하여 매수인이 이 사건 계약을 적법하게 해제함으로써 위 제11조 제4항 제1문 (i)에 기하여 매도인이 부담하게 되는 대상주식 재매입의무[32]를 이행하지 아니하면, 그 채무불이행에 대한 **위약벌로서** 잔여주식을 매수인에게 귀속시키기로 한다는 것임이 분명합니다.

그리고 위약벌이 일반적으로 채무불이행을 당한 채권자의 다른 법적 청구권에 영향이 없음은 앞의 Ⅱ. 2. (2) (나) (a)에서 이미 말한 대로이고, 그렇지 않다고 하려면 당사자 사이에 그러한 뜻의 특별한 약정이 있어야 할 것입니다. 그러나 제11조에는 그러한 취지의 약정은 전혀 찾아볼 수 없습니다.

(나) 나아가 뒤의 2.에서 보는 대로, 제11조야말로 매수인이 제10조 제2항 단서에 기하여 이 사건 계약을 적법하게 해제한 경우의 당사자 사이의 법률관계를 포괄적 · 완결적으로 정하는 조항입니다. 따라서 그와 같이 이 사건 계약의 해제와는 무관한 제4조 제3항 제2문을 들어 그 계약 해제의 경우에도 마찬가지로 보아야 한다고 해석하여야 할 아무런 근거가 없는 것입니다. 앞의 (가)에서 말한 대로 제11조에는 제4조 제3항 제2문과 같은 약정을 어디에도 두고 있지 않다는 것이 제11조가 매수인이 이 사건 계약을 적법하게 해제

---

31) 제4조 제3항 제2문의 해석 가능성에 대하여는 앞의 Ⅱ. 2. (2) (나)에서 간략하게 살펴본 바 있습니다.

32) 이 점에 대하여는 뒤의 2.에서 상세히 밝히도록 하겠습니다.

한 경우의 법률관계에 대한 포괄적 조항임을 반증하여 주는 것이기도 합니다.

2. 계약 해제의 효과에 관한 이 사건 계약상의 약정

(1) 우선 확인하여 둘 것은 해제의 법률효과에 대하여도 당사자들은 원칙적으로 자유롭게 약정할 수 있다는 점입니다. 물론 계약의 '해제'는 당해 계약의 징표적 효력(예를 들면 매매의 경우라면 매도인의 목적물양도의무와 매수인의 대금지급의무. 민법 제568조 제1항 참조)을 소멸시키고자 하는 의사표시이므로, 한편으로 계약을 언필칭 '해제'하면서 다른 한편으로 위와 같은 징표적 효력의 소멸을 전부 또는 일부 막는 약정을 하는 것은 그 범위에서 모순적 행위라고 할 것입니다. 그러나 그렇게 하지 아니하는 한 당사자들은 계약 해제의 효과에 대하여도 자유롭게 정할 수 있습니다.

(2) 이 사건에 있어서 당사자들은 제11조 제1항 본문에서 "본 계약이 해제되는 경우 본 계약은 효력을 상실한다"고 명문으로 정하고 있습니다. 이는 이 사건 계약의 징표적 효력들이 발생하지 아니한다는 의미로서 앞의 (1)에서 설명한 바와 같은 계약 해제의 효과에 관한 '모순적 약정'은 행하여지지 아니함을 밝히는 것입니다.

나아가 위 제11조 제1항의 단서는 "다만, 제8조(비밀유지), 제9조(손해배상), 제11조(계약해제의 효과), 제12조(통지), 제13조(기타)"는 계약의 해제에도 불구하고 여전히 그 효력을 유지한다고 정합니다. 여기서 열거되어 있는 조항들은 —제11조를 열거할 필요는 없다고 할 것입니다만— 모두 이 사건 계약의 징표적 효력이라고 할 수 없는 사항에 관한 것으로서, 그와 같이 계약 해제의 효과를 별도로 약정하는 것을 법적으로 허물할 이유는 없고 이는 기본적으로 그 약정대로의 효력을 가진다고 할 것입니다.

여기서 "본 계약의 일방 당사자가 본 계약에서 규정하고 있는 진술 및 보장, 확약 기타의 의무를 위반한 경우"에 있어서 그 당사자의 손해배상에 대하여 정하는 제9조와 관련하여서는, 그것이 제4조 제3항, 특히 그 후단(앞에서 본 대로, 매수인의 매도청구권 행사로 매도인이 부담하게 되는 재매입의무를 그가 제대로 이행하지 아니한 경우에 위약벌로서 잔여주식을 매수인에게 귀속시켜야 하고, "그 경우 매수인은 매도인에 대하여 일체의 추가 청구를 하지 아니한다"고 정합니다)과 어떻게 조화될 수 있는가에 대하여는 논의가 있을 수 있겠습니다.[33] 특히 제11조 제2항이 "본 계약이 해제되더라도 본 계약의 위반으로 인하여 당사자가 부담하는 책임에는 영향을 미치지 아니한다"고 정하고 있고, 거기서의 '본 계약의 위반으로 인하여 당사자가 부담하는 책임'으로서는 손해배상책임이 당연히 문제될 것이므로[34] 더욱 그러합니다. 그러나 이 사건에서는 애초 손해배상이 문제되고 있는 것이 아니므로, 이에 대하여는 더 이상 깊이 들어가지 않도록 하겠습니다.

(3) 한편 제10조 제2항 말미의 괄호 안은 이 사건 계약이 해제되더라도 "본 계약에 따른 매매거래의 원상회복은 하지 아니한다"고 약정하였습니다. 이는 이 사건 계약의 해제에 있어서의 원상회

---

33) 이 점에 대하여는 앞의 Ⅱ. 2. (2), 특히 그 (나) (b)에서 언급한 바 있습니다.

34) 이와 관련하여서는 "계약의 … 해제는 손해배상의 청구에 영향을 미치지 아니한다"고 정하는 민법 제551조가 의미를 가질 수도 있겠습니다. 위의 민법 제551조는 강행성이 없고 임의규정이라고 이해되고 있습니다만, 임의규정이라고 하더라도 계약의 해석에 있어서 하나의 지침으로서의 기능을 한다는 것은 일반적으로 인정되는 바입니다.

복의무를 규정하는 민법 제548조 제1항의 적용을 막고자 하는 합의로서 당연히 유효하다고 할 것입니다. 그리하여 이 사건 계약이 해제되더라도 매도인 및 매도인은 이 사건 계약의 이행으로 취득한 주식이나 매매대금을 **원상회복으로서 상대방에게 반환할 의무**는 발생하지 않습니다.

그리하여 당사자들은 계약 해제가 이미 행하여진 급부에 미치는 법률효과를 —매도인의 제4조 위반으로 매수인이 계약을 해제한 이 사건에서는— 매수인이 매도인에 대하여 대상주식의 매수를 청구할 수 있는 권리를 부여함으로써 처리하고자 한 것이고, 그것이 바로 앞의 1. (2)에서 인용한 제11조 제4항 제1문의 (i) 부분입니다. 즉 **당사자들은 위와 같은 원상회복, 즉 과거의 상태로의 복귀에 의하여 해결하는 것이 아니라, 계약 해제 후에 해제자(즉 의무위반자의 상대방)에게 새로운 권리를 부여함으로써, 즉 장래의 법률관계의 창설에 의하여 해결하고자** 한 것입니다. 이는 계약의 해제로 계약이 효력을 발생하지 않게 되어서 이제 계약의 이행으로 당사자들이 각자 취득한 계약상 급부의 법적 처리가 문제로 제기되는 국면에서 당사자들이 자율적으로 그 처리의 방법 내지 내용에 관하여 합의한 것으로서, 그 효력을 부인할 이유는 전혀 없습니다.

(4) 한편 매수인이 제4조 제1항 및 제2항에서 정하여진 매도청구권을 행사하였음에도 매도인이 재매입의무를 이행하지 아니한 경우에는 매도인은 잔여주식을 위약벌로 매수인에게 귀속시켜야 하고, "이 경우 매수인은 매도인에 대하여 일체의 추가 청구를 하지 아니한다"고 정하는 제4조 제3항은, 앞의 Ⅱ. 2. (2), 특히 그 (나) (b)에서 이미 논의한 바와 같이, 매수인이 계약을 적법하게 해제하고 그 효과로서 —손해배상을 청구하는 것이 아니라— 대상주

식의 매도청구권을 취득하여 이를 행사한다는 이 사건에서 문제되고 있는 국면과는 전혀 무관함이 명백합니다. 따라서 매수인이 제11조 제4항에 기하여 권리를 행사하는 것에 대하여 제4조 제3항은 장애가 되지 아니한다고 할 것입니다.

3. 소결

이상을 결론적으로 요약하면, 제10조의 제2항 단서 및 제1항 나호에 기하여 이 사건 계약이 적법하게 해제된 경우에, 매수인은 제11조 제4항에 따라 매도청구권을 행사할 수 있으며, 제4조 제3항 후문은 그에 아무런 장애사유가 되지 아니한다고 하겠습니다.

Ⅳ. 결론

1. 이 사건 계약 제4조에 기하여 매수인이 매수청구권을 행사하였는데 매도인이 그에 따르는 재매입의무를 이행하지 아니하는 경우에는 이를 이유로 이 사건 계약 제10조 제1항 나호에 기하여 이 사건 계약을 해제할 수 있습니다.

2. 이 사건 계약 제10조의 제2항 단서 및 제1항 나호에 기하여 이 사건 계약이 적법하게 해제된 경우에, 매수인은 이 사건 계약 제11조 제4항에 따라 매도청구권을 행사할 수 있습니다. 그리고 이 건 계약 제4조 제3항 후문은 그에 장애사유가 되지 아니합니다.

(2020년 2월 작성)

[후 기]

1. 서울중앙지방법원 제17민사부는 대체로 이 의견서와 같은 입장에 서서 원고의 청구를 거의 전부 인용(지연손해금 중 소장 송달 후의 기간에 대하여 연 15%의 비율에 의한 청구를 구하는 부분에 관하여, 2019. 6. 1.부터의 기간에 대하여는 그 사이의 '소송촉진 등에 관한 특별법' 개정에 좇아 연 12%의 비율에 의한 지급을 명한 것이다)하는 판결을 선고하였다.

2. 항소심에서 서울고등법원은 제1심판결과는 달리 원고의 청구를 기각하였다. 원고가 이에 상고하였는데, 대법원 2022. 3. 17. 판결 2021다231598사건(판례공보 2022년 상권, 701면)은 원심의 판결을 파기하고 사건을 원심법원에 환송하였다. 판례공보는 그 판결요지를 다음과 같이 요약하고 있다.

"매수인 갑 주식회사와 매도인 을 사이에 체결된 주식매매계약에서, 매수인이 매도인을 상대로 주식매수를 청구하였는데도 매도인이 이에 불응한 경우 위약벌의 제재를 가할 수 있고, 계약 자체를 해제할 수도 있으며, 위약벌의 제재를 가하는 경우 더는 추가 청구를 할 수 없다고 규정한 사안에서, 위약벌 제재를 가한 이후 추가 청구를 할 수 없도록 한 것이 매수인이 계약을 해제할 수 있는 권리까지 배제하는 근거로 볼 수는 없다고 판단한 다음, 주식매매계약상으로는 위약벌 제재를 가하는 방식의 권리행사나 계약해제 방식의 권리행사 방법 중 어느 한쪽에 우위를 두고 있다고 보기 어려우므로 매수인이 그 중 하나의 방법을 선택하여 분쟁을 종결할 수 있도록 하는 것이 계약의 합리적인 해석 방법인데도, 乙이 매수청

구에 불응하는 경우 갑은 우선적으로 위약벌 제재를 가하는 방식의
권리행사를 하여야 한다고 본 원심판단에는 법리오해의 잘못이 있
다고 한 사례."

14. 기업양수도계약에서 강박과 불공정법률 행위의 관계, 법정추인 등

사　　건　　　　　　2019나○○(본소)　손해배상(기)
　　　　　　　　　　2019나○○(반소)　소유권이전등기
원고·반소피고(피항소인 겸 항소인)　　　　○○ 주식회사
피고·반소원고(항소인 겸 피항소인)　　　　○○

　본인은 위 사건에 관하여 원고의 대리인으로부터 법률의견을 요청받아 다음과 같이 의견을 제출합니다.

다　　음

Ⅰ. 의견서 작성의 배경

1. 사건의 개요

　본인이 원고의 대리인으로부터 제공받은 자료에 의하여 파악한 이 사건 사실관계는 다음과 같습니다.

가. 당사자 사이의 관계

(1) 피고는 1985년경부터 「○○」이라는 상호 아래 자동차에 들어가는 공기조절장치(통상 '공조장치'라고 약칭되므로, 이하에서는 후자의 용어를 씁니다)의 생산에 필요한 쿨링팬, 케이스 등의 자동차 부품(이하 '이 사건 부품'이라고 합니다)을 생산하던 사람입니다(아래에서는 피고의 위 생산업체를 '피고 업체'라고 부릅니다). 그는 이 사건 부품을 생산하는 M공장, 이 사건 부품 생산에 필요한 금형 및 플라스틱 소재를 생산하는 N공장, 그리고 별도로 김치냉장고 등 가전제품의 부품을 생산하는 L공장을 운영하여 왔습니다.

(2) 원고는 자동차용 공조장치를 제조·판매하는 회사로서, ○○ 주식회사(이하 'A 회사'라고 합니다) 및 ○○ 주식회사(이하 'B 회사'라고 합니다)(이하 이들 두 회사를 합하여 부를 경우에는 단지 '자동차회사들'라고 합니다)의 협력업체입니다.

(3) 피고 업체는 원고와 오래 협업관계에 있어서, 1985년경부터 원고가 제공하는 원고 소유의 금형을 이용하여 앞 (1)의 말미에서 본 M공장에서 이 사건 부품을 생산하고, 이를 오로지 원고에게만 공급하여 왔습니다. 원고는 이와 같이 피고로부터 공급받은 이 사건 부품을 비롯하여 다른 협력업체로부터 공급받은 부품들로써 자동차용 공조장치를 최종적으로 생산하고, 이를 자동차회사들에 그 완성차 생산라인을 위하여 공급하여 왔습니다. 따라서 자동차회사들의 입장에서 보면, 원고는 제1차 협력업체이고, 피고는 제2차 협력업체라고 할 수 있겠습니다.

(4) 한편 원고가 피고로부터 공급받기로 되어 있고 실제로 공급받아 온 이 사건 부품은 앞 (3)에서 본 자동차용 공조장치의 최종적 생산을 위하여서는 달리 대체할 방도가 없는 것으로서, 피고의 원고에 대한 이 사건 부품의 공급이 없으면 원고는 그 한도에서 현저한 장애를 받아 공조장치의 생산이 불가능합니다. 그리고 마찬가지로 자동차회사들도 원고로부터 그 자동차용 공조장치를 공급받지 못하면 그 한도에서 자동차를 생산할 수 없게 됩니다. 즉 원고 및 자동차회사들의 각 거래 및 생산 활동은, 뒤의 나. (1) (가) 이하에서 보다 자세히 보는 바와 같이, 원고로부터 자동차용 공조장치를 충실하게 공급받는 것을 결정적으로 중요한 전제적 조건으로 하여 이루어져 왔던 것입니다.

나. 피고의 공급 중단, 그리고 이 사건 사업양수도계약의 체결

(1) 피고의 부품 생산 중단 계획

(가) 자동차회사들은 재고를 획기적으로 줄이기 위하여 부품을 공급받는 것과 완성차를 조립하는 것을 가능한 대로 '동시에' 함으로써 부품의 재고 물량을 1일분 내지 2일분만을 보유하는 생산시스템을 취하고 있습니다(물론 엄밀한 의미에서는 양자가 동시에 이루어진다고는 할 수 없겠으나, 공급받는 부품을 즉시 완성차 조립에 돌려서 시계열적時系列的으로 양자를 즉시 이어지게 한다는 의미에서 비유적으로는 '동시'라고 할 수도 있겠습니다). 따라서 만약 앞서 본 대로 달리 공급을 받을 길이 실제로 존재하지 아니하여서 '대체 불가능'한 물품을 공급하는 협력업체들이 자동차 부품을 공급하지 아니하는 일이 발생하면 그로부터 2일 내지 3일 내에 완성차 생산라인도 정지됩니다. 그리고 그와 같이 완성차의 생산라인이 정지되면, 자동차회사

들의 다른 10만여 협력업체도 연쇄적으로 자동차의 제조와 관련된 물품의 공급을 중단하지 아니할 수 없게 됩니다.

(나) 위와 같은 자동차회사들의 생산시스템으로 인하여, 피고 업체가 원고에 납품하는 쿨링팬과 같이 대체 조달이 불가능한 부품이 납품되지 아니하면, 2일 내지 3일 안에 자동차회사들의 완성차 생산라인이 중단되고 다른 수많은 협력업체들도 부득이 생산을 중단하지 않을 수 없는 긴박한 상황이 발생합니다. 이 점에 생각이 미친 피고는 자신이 아무리 무리한 요구를 하더라도 '부품 공급의 중단'을 내세우면 원고가 이를 수용할 수밖에 없다는 점을 악용하여, 원고로 하여금 피고 업체를 1,300억 원에 매수하게 하여 거액의 금품을 갈취하기로 마음먹었습니다.

(2) 부품 생산 중단 및 피고 업체 인수 요구

(가) 피고는 2016년 ○월 ○일경 앞서 본 M공장의 출입문을 봉쇄하였고, 다음날 위 공장에서의 이 사건 부품의 생산 및 공급을 중단하였습니다. 그리고 바로 그 날 원고의 상무 ○○에게 "피고 업체의 모든 사업(M, N 및 L의 각 공장 전부)을 인수하라"라고 제안하였습니다.

(나) 그리고 그로부터 겨우 이틀 정도가 지난 같은 달 ○일에는 원고의 대표집행임원[1]이던 ○○에게 "1,300억 원에 피고 업체를

---

1) 주지하는 대로 집행임원의 제도는 2011년 4월의 상법 개정으로 우리 법에 도입되었습니다(동법 제408조의2 이하 참조). 간략하게 말하면, 집행임원은 주식회사의 업무를 집행하는 지위에 있는 것인데(동법 제408조의4 제1호 참조), 이러한 집행임원제도의 특징은 이를 채택한 회사에서는 대표이사를 두지 못한다는 것(동법 제408조의2 제1항 후단)입니다. 그 경우 회사를 대외적으로 대표할 권한은 집행임원이 가지는데, 집행임

인수하지 아니하면 위 공장에서의 생산을 재개하지 아니하겠다"라
고 말하였습니다.

(3) 자동차회사들의 자동차 생산 중단 및 이 사건 사업양수도계약의 체결

(가) 피고 업체의 부품 생산 및 공급의 중단으로 같은 달 ○○
일 자동차회사들의 완성차 생산라인도 연쇄적으로 생산이 중단되
기 시작하였습니다. 이에 원고는 부득이 피고의 요구대로 피고 업
체를 인수하기로 결정하지 않을 수 없었습니다.

(나) 원고는 그 다음날에 피고와 사이에 대진유니텍의 사업권
일체(인적·물적 시설 포함)를 양도받기로 하는 내용의 '사업양수도계
약'(이하 '이 사건 사업양수도계약'이라고 합니다)을 체결하였고, 피고에
게 그 대금으로 같은 날에 500억 원, 그로부터 이틀 후에 700억 원
도합 1,200억 원을 지급하였습니다.

다. 피고에 대한 형사판결의 확정

(1) 원고는 같은 해 ○월 ○일 피고를 공갈죄로 고소하였습니
다. 검찰은 피고를 "자동차 엔진과 미션 쿨링팬, 히터 및 에어컨 공
기조절 케이스 등 부품의 생산 및 공급을 중단하는 등의 방법으로
원고를 공갈하여 이에 겁을 먹은 원고로부터 기업가치가 불과 300
억 원인 피고 업체의 양수도대금 명목으로 합계 1,200억 원을 교부
받아 이를 갈취하였다"는 내용의 「특정 경제범죄 가중처벌 등에 관
한 법률」 위반(공갈) 등 범죄사실로 기소하였습니다.

원이 2인 이상이면 이사회의 결의로 선임되는 대표집행임원이 가지게
됩니다(동법 제408조의5 참조).

(2) 그 결과 피고는 ○○법원 ○○지원 2016고합○○ 사건에서 2017년 ○월 ○일에 유죄로 판단되어 징역 9년 형을 선고받았습니다. 그 후 2018년 ○월 항소심인 ○○고등법원 2018노○○사건에서 역시 유죄로 징역 6년의 형을 선고받았으며, 위 항소심판결은 2019년 3월 대법원 2018도○○사건에서 상고기각 판결을 선고받아 그대로 확정되었습니다(이하 피고에 대한 위 형사사건을 '관련 형사사건'이라고 합니다).

라. 원고의 민사손해배상 소송 제기

관련 형사사건의 제1심판결이 선고된 후 원고는 2018년 ○월에 ○○지방법원 ○○지원 2018가합○○사건으로 이 사건 소송을 제기하였습니다.

위 ○○지원은 2019년 8월 29일 원고의 청구를 일부 인용하는 판결을 선고하였습니다.

II. 법률의견의 대상

본인은 다음 사항들에 대하여 법률의견을 요청받았습니다.

(1) 민법 제104조에서 정하는 불공정한 법률행위에 있어서 그 요건으로서의 '궁박'에 관하여 법인도 그 궁박의 주체가 될 수 있는지 여부, '궁박'의 구체적인 의미와 궁박 여부의 판단에 있어서 고려되어야 할 요소 및 민법 제110조는 민법 제104조의 적용을 배제하는지 여부

(2) 민법 제145조의 법정추인 사유로서의 '권리의 일부 양도'의

의미

(3) 이 사건에서 행하여진 상계의 통지를 취소의 의사표시로 볼 수 있는지 여부

(4) 민법 제145조 법정추인 배제사유로서의 이의 유보의 형식과 내용

(5) 영업양수도계약의 무효 또는 취소에 따른 부당이득 반환의 방법. 즉 원물 반환이 불가능하거나 현저히 곤란하여 영업의 '가액'을 반환하여야 하는지

Ⅲ. 의견

1. 질의사항 제1항에 대하여 — 민법 제104조에서 정하는 불공정한 법률행위에 있어서 그 요건으로서의 '궁박'에 관하여 법인도 그 궁박의 주체가 될 수 있는지 여부, '궁박'의 구체적인 의미와 궁박 여부의 판단에 있어서 고려되어야 할 요소 및 민법 제110조는 민법 제104조의 적용을 배제하는지 여부

가. 법인도 궁박을 이유로 제104조의 무효를 주장할 수 있는지 여부

(1) 민법 제104조의 불공정한 법률행위의 피해 당사자는 자연인뿐만 아니라 법인도 포함될 수 있습니다. 뒤의 나. (2)에서 자세히 살펴보는 대로, 민법 제104조에서의 '궁박'이라 함은 '급박한 곤궁'을 의미하는 것으로서 경제적 원인에 기인할 수도 있고 정신적 또는 심리적 원인에 기인할 수도 있는 것으로서, 법인에 대하여도

그러한 궁박 상태가 인정될 수 있음에는 의문의 여지가 없습니다.

(2) 대법원도 같은 태도를 취하고 있습니다. 비교적 근자의 재판례를 하나만 들면, 대법원 2017. 5. 30. 판결 2017다201422사건(법고을)이 그러합니다. 이 판결은 주식회사인 원고의 '궁박 상태'를 인정하고, 그것을 이유로 민법 제104조에서 정하는 바의 이른바 불공정행위에 해당한다고 판단한 바 있습니다.

(가) 위 판결의 사실관계는 다음과 같습니다. A 주식회사 등이 아파트를 신축하여 분양하는 사업을 추진하였습니다. A 등은 그 사업부지 내의 일부 토지에 관한 B 소유의 지분을 B의 대리인으로부터 매수하여 매매대금을 모두 지급하였습니다. 그러나 위 토지에 대한 공유물 분할의 과정에서 발생한 등기부상 지분 표시의 오류 때문에 지분이전등기를 하지 못하고 있었습니다. 그러던 중에, B로부터 위 매매대금 관련 횡령사건의 소송위임을 받은 변호사 C의 어머니 D가 위 지분을 B로부터 3억3천만 원에 매수하여 매매대금 중 2억 원을 지급한 다음 자기 앞으로 소유권이전청구권 보전을 위한 가등기를 마쳤습니다. 그 후 E 주식회사가 A 회사 등으로부터 위 지분에 관한 시행사의 권리 등 사업을 양수하여 지분이전등기를 마쳤습니다. 그런데 C가 D의 '전속적 대표자'임을 자처하면서, E 회사가 위 사업을 추진하기 위해서는 위 가등기를 반드시 말소하여야 한다는 사정을 이용하여 가등기를 말소하는 대신 22억여 원을 지급받기로 하는 내용의 합의 및 이에 관한 부제소합의를 E 회사와 체결하였던 것입니다.

(나) 그 사건에서는 피고 측에서 위 부제소합의를 내세워 이

사건 소의 각하를 주장하였고, 결국 위의 합의가 민법 제104조에 의하여 무효라고 할 것이 아닌지가 주로 다투어졌습니다. 원심은 그 무효를 부정하였는데, 대법원은 위 판결에서 "결국 이 사건 가등기는 이른바 '알박기'를 위하여 이루어진 것으로서, 피고 1[C를 가리킵니다]은 이 사건 사업이 진행되는 것을 알고 투기 목적으로 이 사건 가등기를 하는 데 관여하였고 원고 회사[E를 가리킵니다]가 이 사건 사업을 추진하기 위해서는 이 사건 가등기를 반드시 말소해야만 한다는 사정을 이용하여 거액의 대가를 지급받았다. 이처럼 이 사건 가등기의 설정과 원고 회사와의 협상 과정을 전반적으로 기획하고 폭리를 실현하는 데 주도적인 역할을 한 피고 1이 원고 회사의 궁박한 상태를 이용하고자 한 것으로 볼 여지가 크다"고 하고, 나아가 "피고 2[D를 가리킵니다]가 이 사건 지분을 3억 3,000만 원에 매수하고 그중 2억 원만을 지급한 채 이 사건 가등기를 마쳤으며 피고 1, 피고 2는 22억 150만 원을 지급받고 이 사건 가등기를 말소해 주었으므로, 피고 2가 이 사건 지분을 매수한 시점과 이 사건 합의 시점 사이에 약 5년 6개월의 시차가 있는 점을 고려하더라도 이 사건 가등기 말소와 그 반대급부인 위 22억 150만 원 사이에는 객관적으로 현저한 불균형이 존재한다"(꺾음괄호 안은 본인이 부가하였습니다)라고 설시하였습니다. 그리고 이어서 최종적으로 "이러한 사정들을 모아 보면, 피고 1은 **원고 회사의 궁박한 상태**를 인식하면서 이를 이용하여 이 사건 합의를 이끌어 냈다고 할 것이므로, 이 사건 합의는 민법 제104조에 따라 무효이고 거기에 포함된 부제소합의도 무효라고 볼 여지가 충분하다"(고딕체에 의한 강조는 본인이 가한 것입니다. 이하 인용문에서 다른 지적이 없는 한 모두 같습니다)고 판단하여, 원심판결을 파기하였던 것입니다.

나. 민법 제104조 소정의 불공정행위에 있어서 '궁박'의 구체적인 의미 및 궁박 여부의 판단에 있어서 고려되어야 할 요소

(1) 민법 제104조 소정의 불공정행위는 (i) 계약 기타 법률행위 (이하에서는 법률행위의 '한 종류이지만 이를 대표하는(pars pro toto)' 계약만을 들어 논의하도록 하겠습니다)의 당사자 일방이 궁박, 경솔 또는 무경험의 상태에 있고, (ii) 상대방 당사자가 그와 같은 사정을 알면서 이를 이용하려는 의도를 가지며, (iii) 객관적으로 급부와 반대급부 사이에 현저한 불균형이 존재하는 경우에 성립합니다. 같은 취지의 재판례는 다수 존재하나, 여기서는 대법원 2002. 10. 22. 판결 2002다38927사건(판례공보 2002년, 2793면)만을 들어두기로 합니다.

(2) 여기서 '궁박'이란 급박한 곤궁, 즉 벗어나기가 매우 어려운 상태가 닥쳐 있는 것을 가리킵니다. 그것은 경제적인 궁박일 수도 있고, 정신적·심리적인 궁박일 수도 있습니다. 계약 성립 당시의 곤궁상태에 한하지 아니하고, 당사자가 장차 그러한 곤궁 상태에 빠질 것을 두려워할 이유가 있는 때에도 인정됩니다. 또한 경제적 궁박은 전혀 재산이 없는 상태만을 의미하는 것이 아니고, 그러한 계약을 하여야 할 급박한 경제적 필요가 있는 모든 경우를 의미합니다.

(3) 당사자가 궁박 상태에 있었는지 여부는 당사자의 신분과 상호관계, 피해 당사자가 처한 상황의 절박성의 정도, 계약의 체결을 둘러싼 협상과정 및 거래를 통한 피해 당사자의 이익, 피해 당사자가 그 거래를 통해 추구하고자 한 목적을 달성하기 위한 다른 적절한 대안의 존재 여부 등 여러 상황을 종합하여 구체적으로 판

단하여야 합니다. 이러한 취지의 재판례 역시 다수 존재하지만, 여기서는 우선 앞의 (1) (나)에서 본 대법원 2017. 5. 30. 판결을 들 수 있겠습니다.

그리고 비록 이른바 부동산 개발사업에서의 '알박기' 사안에서 형법 제369조 소정의 부당이득죄에 관한 재판례이기는 하지만, 대법원 2009. 1. 15. 판결 2008도8577사건(판례공보 2009년, 189면)도 이 맥락에서 참조할 만합니다. 형법 제369조 제1항은 "사람의 궁박한 상태를 이용하여 현저하게 부당한 이익을 취득"하는 것을 부당이득죄의 구성요건으로 규정하고 있어서, 이 사건의 사실관계에서 보면 더욱 그에 적실한 법문제를 다루고 있다고 할 수 있겠습니다. 이 판결은 다음과 같이 설시하고 있습니다.

"형법상 부당이득죄에서 궁박이라 함은 '급박한 곤궁'을 의미하고, '현저하게 부당한 이익의 취득'이라 함은 단순히 시가와 이익과의 배율로만 판단해서는 안 되고 구체적·개별적 사안에 있어서 일반인의 사회통념에 따라 결정하여야 한다. 피해자가 궁박한 상태에 있었는지 여부 및 급부와 반대급부 사이에 현저히 부당한 불균형이 존재하는지 여부는 거래당사자의 신분과 상호 간의 관계, 피해자가 처한 상황의 절박성의 정도, 계약의 체결을 둘러싼 협상과정 및 거래를 통한 피해자의 이익, 피해자가 그 거래를 통해 추구하고자 한 목적을 달성하기 위한 다른 적절한 대안의 존재 여부, 피고인에게 피해자와 거래하여야 할 신의칙상 의무가 있는지 여부 등 여러 상황을 종합하여 구체적으로 판단하여야 한다."

(4) 한편 다음과 같은 점도 지적되어야 할 것입니다. 앞 (1)에서 민법 제104조에서 정하는 불공정행위에 관하여 든 3개의 요건 중 특히 (i), 즉 일방 당사자가 궁박 등의 상태에 있다는 요건과

(iii), 즉 급부와 반대급부와의 현저한 불균형이라는 요건은 서로 제약하는 관계에 있다는 것이 통설의 태도라는 것입니다. 그 설명은 주로 위의 (iii) 요건과 관련하여 행하여지고 있기는 합니다. 그 대표적인 문헌은 다음과 같이 말합니다.[2]

  "어느 정도의 차이가 있어야 현저한 불균형으로 인정될 수 있느냐에 관하여 일반적으로 말할 수 있는 기준은 없다. 그것은 단순한 산술적 개념이 아니므로 법률행위의 내용·시기·장소 기타 주위 사정을 종합적으로 고려하여 판단할 수밖에 없으며, 그 판단에 있어 전술한 요건안 당사자의 궁박·경솔·무경험의 정도가 아울러 고려됨은 물론이다. 또한 **역으로 궁박·경솔·무경험을 판단함에 있어 급부와 반대급부의 현저한 불균형이 아울러 고려되므로, 결국 양자는 상호보완관계에 있다고 할 것이다.**"(그 각주 부분은 모두 생략하였습니다)

다. 강박으로 인한 의사표시의 취소에 관한 민법 제110조는 민법 제104조의 적용을 배제하는가?

  (1) 민법 제110조 제1항은 —사기로 인한 의사표시와 아울러— "강박으로 인한 의사표시는 취소할 수 있다"고 정합니다. 이 규정에서 말하는 '강박'이 인정되어 이를 이유로 계약을 취소할 수 있는 경우에는, 이제 피강박자는 민법 제104조 소정의 '궁박'으로 인하여 현저하게 공정을 잃은 계약이 체결된 것이므로 그 계약은 무효라는 주장을 할 수 없다고 하여야 할까요? 바꾸어 말하면, 민법 제110조 제1항은 민법 제104조의 적용을 배제하게 하는 일종의 특별규정에 해당하는가요?

---

2) 이에 대하여는 우선 곽윤직 편집대표, 민법주해 [Ⅱ] : 총칙(2)(1992), 249 면(민일영 집필부분) 참조.

나아가 만일 피강박자가 이미 계약을 취소하는 의사표시를 하였으면 어떨까요?

(2) 결론적으로 말하면, 그 경우에도 민법 제104조 소정의 불공정행위를 이유로 하는 무효 주장을 할 수 있다고 보는 것이 타당합니다. 그것은 피강박자가 이미 계약을 취소하는 의사표시를 한 경우에도 다를 바 없다고 할 것입니다.

(가) 이에 대하여 논의한 국내의 학설은 별로 없으나, 그 드문 경우에는 이를 긍정하여 본인과 같은 의견을 취하는 것으로 이해됩니다.[3]

이에 관한 재판례로서는, 조금 오래 된 것이기는 하지만, 대법원 1974. 7. 23. 판결 74다157사건(법원공보 1974년, 8009면)을 들 수 있습니다. 이 사건에서는, 피고 명의의 가등기 및 그에 기한 본등기가 그 원인에 있어 피고가 도박으로 잃은 돈을 회복하려고 소외인 등을 유인한 다음 수사경찰관과 결탁하여 소외인 등을 도박현행범으로 감금하고 협박과 폭행으로 그들로 하여금 어쩔 수 없이 피고가 잃은 돈의 변상 명목으로 잃은 돈의 9배에 달하는 부동산을 제공받았다는 사실관계가 문제되었습니다. 대법원은 "이는 선량한 풍속과 정의의 관념에 반하여 이루어진 당연 무효의 등기라 할 것"이라고 판시하고, 그 등기의 말소를 명한 원심판결을 확정하였습니다. 물론 여기서 대법원은 피고의 행위가 민법 제103조에 반하여

---

3) 엄동섭, "하자 있는 의사표시에 관한 판례 분석", 사법연구(청헌법률문화재단) 제6집(2002), 295면 이하, 특히 337면은 다음과 같이 말합니다. "사기·강박에 의한 의사표시에 의해 성립한 법률행위의 내용 그 자체가 민법 제103조나 제104조에 반하는 경우에는 그 법률행위가 무효가 됨은 물론이다."

무효라고 판단하고 있기는 합니다. 그러나 위 판결의 사실관계는
이 사건과 극히 유사한 점이 있고 그에 대하여는 민법 제110조 소
정의 강박으로 인한 계약도 인정될 수 있을 것입니다. 그런 점에서
보면 위 대법원판결이 그에 대하여 민법 제103조의 적용을 긍정하
였다는 것은 당연히 민법 제104조의 적용도 긍정될 수 있고, 이에
는 민법 제110조는 장애가 되지 아니함을 의미한다고 할 것입니다.

　(나) 계약의 당사자가 그 계약을 취소할 수 있는 권리는 일정
한 제약을 받고 있습니다. 그러므로 그러한 제약이 없는 무효 주장
을 허용할 실제적인 필요가 있다고 할 것입니다. 말하자면 계약에
내재하는 보다 강도의 '하자'를 보정하고 당사자에게 그에 합당한
법적 구제수단으로서 무효 주장은 용납되어야 합니다.

　(a) 무엇보다도 취소권에는 이를 행사하여야 하는 기간의 제
한이 있습니다. 민법 제146조는 "취소권은 추인할 수 있는 날로부
터 3년 내에, 법률행위를 한 날로부터 10년 내에 행사하여야 한다"
고 정하고 있습니다. 이 행사기간 제한의 법적 성질은 제척기간으
로 이해되고 있으므로, 취소권은 그와 같은 시간의 객관적인 도과
만으로 당연히 소멸하게 됩니다. 그러나 불공정행위로 인한 무효의
주장에는 위와 같은 시간적 제한이 없습니다.
　이상은 현저한 법률효과상의 차이라고 할 것이고, 강박을 이유
로 취소권이 발생하였다고 하여 당사자가 궁박을 들어 계약의 무
효를 주장하는 것을 막는 것은 강박을 당한 사람을 현저히 부당하
게 취급하는 것이 됩니다.

　(b) 나아가 취소할 수 있는 계약에 대하여는 취소권자(법정대

리인도 포함되나 여기서 이 경우는 논외로 합니다)의 추인 등으로 취소
권이 소멸하게 됩니다. 그것은 취소권자가 현실적인 의사로 추인하
는 경우에는 물론이나(민법 제143조), 문제는 오히려 일정한 사유의
객관적 발생에 추인의 의사표시를 의제하는 이른바 법정추인의 제
도(민법 제145조)입니다. 취소권자가 현실적으로 추인을 하였다면,
이는 이제 무효의 주장도 하지 아니하겠다는 의사를 적어도 간접
적으로 포함한다고 할 것이므로, 무효의 주장을 허용하지 아니한다
고 하더라도 실제의 결과에 있어서는 큰 차이가 없을 것입니다. 그
러나 법정추인의 경우에는 실제로는 추인의 의사가 없이 그 사유
로 정하여진 행위 등을 하는 일도 상정될 수 있습니다. 착각 또는
법적 오해에 기하여 그 사유의 행위를 하는 경우도 있을 것이기 때
문입니다.

　　(c) 우리 법에서는 일반적으로 계약의 무효와 아울러 그 취
소 기타 하자의 주장을 겸하여 인정하고 있습니다.

　　교과서·주해서 기타 문헌에서는 흔히 '무효와 취소의 이중효'
라는 표제 아래 이를 긍정하는 견해가 통설적 지위를 차지하고 있
습니다.[4]

　　우리의 재판실무도 마찬가지입니다. 이와 관련되는 재판례를
들어보겠습니다. 우선 대법원 1997. 11. 14. 판결 97다36118사건(판
례공보 1997년, 3848면)은, 토지거래허가의 제도 아래서 그 허가를 받

───────

4) 무엇보다도 곽윤직 편집대표, 민법주해 [Ⅲ] : 총칙(3)(1992), 268면(김용
담 집필부분); 엄동섭(주 3), 319면 이하 및 주 6(동지의 문헌으로 곽윤
직, 김증한/김학동, 이영준 등을 들고 있습니다) 참조. 일본에서도 유력
한 학설은 긍정설을 취합니다. 이른바 '무효와 취소의 경합'에 관한 일본
의 학설 및 재판례에 대하여는 우선 新版 注釋民法(4)(2015), 451면 이
하(奧田昌道·平田健治 집필부분) 참조.

지 아니하여 유동적 무효의 상태에 있는 부동산거래계약에 대해서
도 사기 또는 강박에 의한 계약의 취소를 주장할 수 있다고 합니
다. 나아가 대법원은 1961. 11. 9. 판결 4293민상263사건(대법원판결
집 제9권, 민사편 65면) 이래 일관하여 통정허위표시의 법률행위(민법
제108조)도 사해행위 취소의 대상이 될 수 있다는 태도를 취합니다.

라. 이 사건에 대한 민법 제104조의 적용 − '궁박'에 관하여

이 사건에서는 아래와 같은 사정들을 궁박 상태를 판단함에 있
어 고려할 수 있습니다.

(1) 이 사건 사업양수도계약 체결 당시 원고는 피고의 공급 중
단으로 인하여 급박한 상황에 처하여 있었습니다.

(가) 자동차회사들 및 그 협력업체들은 재고를 획기적으로 줄
이기 위해 부품 생산과 완성차 조립을 동시에 함으로써 부품 재고
물량을 1일 내지 2일치만 보유하는 직서열 생산방식을 취하고 있
습니다. 따라서 만약 대체 불가능한 부품을 공급하는 피고 업체과
같은 제1차 내지 제2차 협력업체들이 자동차 부품 공급을 중단하
면 불과 2~3일 내에 자동차회사들의 완성차 생산라인이 정지되고,
완성차 생산라인이 정지되면 자동차회사들의 다른 10만여 협력업
체들의 생산도 연쇄적으로 중단될 수밖에 없습니다.

(나) 피고는 이러한 자동차 산업구조의 특성을 이용하여 사전
에 계획하여 일부러 부품공급을 중단하였고, 이에 원고의 자동차회
사들에 대한 부품공급까지 중단되어 피고가 공급을 중단한지 불과

2일만에 자동차회사들의 생산라인까지 연쇄적으로 정지되었습니다. 피고의 공급 중단으로 인하여 원고는 자동차회사들에 천문학적인 손해를 배상할 위험을 안게 되었고, 피고가 공급 재개를 하지 아니할 경우 원고가 자동차 업계에서 퇴출될 수도 있는 급박한 상황에 처하게 되었습니다.

(다) 관련 형사판결에서도 "피고가 원고와 체결한 기본 공급계약에서 정한 바에 따라 거래를 정지할 경우 3개월 이상의 유예기간을 정하여 통지하여야 함에도 이를 어기고 일방적으로 공급을 중단함에 따라 재고품의 여유가 없는 원고 회사의 생산라인을 중단하게 하고, 그 여파로 연쇄적으로 자동차회사들의 생산마저도 멈추게 하여, 그로 말미암아 원고 회사가 자동차회사들 등 거래업체에 대한 다액의 손해배상책임, 수주 물량 감소 등의 재산적 손해는 물론이고 기업 신용을 잃게 될 위험에 빠질 수 있고, 이를 면하려는 원고 회사의 다급한 사정을 이용하여 피고의 인수 제안을 거부할 수 없으리라는 사정을 잘 알면서 1,300억 원에 피고 업체를 인수하게끔 요구하였다고 할 것인바, 피고의 이러한 행위는 원고 회사의 의사결정의 자유를 제한할 정도로 겁을 먹게 하는 해악을 고지하는 것으로 공갈죄의 협박에 해당한다"고 판시하고 있습니다.[5]

(2) 원고는 정상적인 사업양도·양수의 절차를 거치지 못하였습니다.

(가) 계약의 체결 과정에 비추어 볼 때에도, 원고가 궁박상태에 있었다고 볼 수 있습니다. 만일 원고가 자유로운 의사로 피고 업체

---

5) 관련 형사사건의 제1심 판결문, 19면 이하.

을 인수한 것이라면, 원고가 인수의향서를 작성하여 피고에게 제시하고 기업실사를 통하여 피고 업체의 사업 내용 내지 재무구조를 파악한 다음, 이를 통하여 파악된 현황에 따라 가격협상을 하고 인수의 범위를 정하여 사업양수도 계약서를 작성하는 등으로 통상적인 기업인수과정을 거쳤어야 합니다.

그러나 이 사건 사업양수도계약은 1,300억 원에 사업을 인수하라는 피고의 요구가 처음 있었던 2016년 ○월 ○일 오후부터 마지막 대금이 지급된 같은 달 ○일 새벽 2시경까지 만 5일이 채 걸리지 아니하였습니다. 뿐만 아니라 인수가격 역시 어떠한 협상의 여지도 없이, 피고가 최초로 요구한 1,300억 원으로 정하여졌습니다.

(나) 관련 형사판결에서도, 피고가 원고 회사에게 피고 업체를 인수할 것을 요구한 것은 정당한 권리행사일 뿐이라고 주장한 것에 대하여, "원고는 피고 업체를 인수할 계획이 전혀 없었던 것으로 보이는데, 피고가 부품 공급의 중단을 선언하면서 공급 재개를 조건으로 피고 업체를 인수할 것을 요구하여 어쩔 수 없이 피고 업체를 인수하게 된 것으로 보이고, 위 피고는 원고가 피고 업체를 인수하기로 결정하고 계약을 체결하는 자리에서도 어떠한 협상도 받아들이지 않겠다는 태도를 취하면서 인수대금 1,300억 원에 부가가치세까지 더한 금액인 1,430억 원을 무조건 일시에 지급할 것을 요구하였으며, 결국 원고가 단 이틀만에 그 중 1,200억 원을 지급하기에 이르렀는바, 위 피고의 이러한 행위가 정당한 권리행사로서 사회통념상 허용되는 정도나 범위 내에 있는 것이라고 볼 수는 없다"고 판시하였습니다.[6]

---

6) 관련 형사사건 항소심 판결문, 5면 이하.

(3) 피고는 원고에게 1,300억 원을 요구하였고, 원고에게 다른 대안이 없었습니다.

(가) 피고는 2016년 ○월 ○일(월요일입니다)에 부품 공급을 중단한 후 그 다음날의 오후에 원고의 대표집행임원 ○○에게 "내가 협상이나 협의를 하려고 온 게 아니다. 제 생각을 통보를 드린다고 그럴까. 원고의 고문 ○○은 협력사 대표인 나를 깔아뭉갰다. 원고가 갑질을 해서 작년에 협력업체로부터 1,300억 CR을 한 걸로 알고 있다. 김용봉 부사장이 불과 1달 만에 갑질해 가지고 돈 뜯어낸 1,300억이다. 내 평생을 다 걸고 한 회사를 원고에 팔려고 한다. 사가라. 다른 협상은 없다"라고 말하며, 피고 업체를 1,300억 원에 인수하지 아니하면 공급 재개는 없다고 협박하였습니다. 또한 피고는 같은 달 ○○일 원고의 이사회 의장 ○○에게도 "피고 업체를 1,300억 원에 인수하지 않으면 공급재개는 없다"라고 말하고 다른 협상의 여지가 없다는 점을 못박았습니다.[7]

(나) 이러한 과정을 거쳐 피고 업체를 인수할 계획조차 없었던 원고는 피고가 부품 공급을 중단한지 단 이틀만인 2016년 ○월 ○일 피고 업체의 인수를 결정하고, 바로 다음날의 아침에 500억 원을 지급한 데 이어 그로부터 이틀 지난 후 그 새벽에 700억 원을 추가로 지급하였습니다. 당시 원고로서는 사업의 계속을 위하여 피고가 요구하는 대로 이 사건 사업양수도계약을 체결하는 외에는 다른 대안이 없었다고 하여야 할 것입니다.

(다) 관련 형사판결에서도, "피고는 원고가 피고 업체의 M공장

---

7) 관련 형사사건의 제1심 판결문, 14면 내지 16면.

에서 원고 소유의 금형을 반출하여 피고 업체이 아닌 다른 공장에
서 부품을 신속히 대체생산할 수 있었다고 주장하나, 피고의 자동
차부품 공급 중단으로 원고 회사가 자동차회사들에 부품공급을 못
하게 되는 경우, 원고 회사가 부담할 손해배상액이 1일 최고 109억
원 상당에 이를 것으로 예상되었으나, 앞서 본 바와 같이 원고 회
사가 M 공장으로부터 무난히 금형을 회수할 수 있었을 것으로 보
이지 않는 점, 설령 금형을 회수하였다고 하더라도 피고가 주장하
는 '대체생산'을 하려면, 다른 생산공장을 마련하거나 생산업체에
의뢰하고, 금형을 제공설치하며, 부품을 생산한 후 검수 확인까지
받아야 하는바, 원고 회사가 거액의 손해배상금 지급책임의 위험을
감수하고, 언제부터 시작할 수 있을지 가늠할 수도 없는 대체생산
으로 공급중단을 해결하는 방법을 선택하기를 기대하기는 어려운
점을 고려할 때, 피고의 주장을 받아들일 수 없다"고 판단한 바 있
습니다.[8]

(4) 피고가 공갈죄로 유죄의 확정판결을 받은 사정도 당연히
고려되어야 할 것입니다.

피고는 원고를 협박하여 이 사건 계약을 체결하게 하였음이 법
원에 의하여 인정되어 결국 공갈죄로 실형 6년의 유죄판결이 확정
되었습니다. 강박과 궁박의 개념이 서로 일치하거나 강박은 궁박에
포함된다고 단언하기는 어렵지만, 일반적으로 강박의 피해자는 궁
박 상태에 있을 개연성이 높다고 볼 수 있습니다.

(5) 이 사건 사업양수도계약에는 급부와 반대 급부 사이에 현
저한 불균형이 존재합니다.

---

8) 관련 형사사건의 제1심 판결문, 23면.

(가) 이 사건 사업양수도계약의 내용은, 피고는 원고에게 피고 업체 사업권 일체를 양도하고 원고가 그 대가로 1,300억 원(부가가치세 별도)을 지급하는 것입니다.

그런데 관련 형사사건에서 이루어진 감정 결과에 의하면, 이 사건 사업양수도계약 당시 피고 업체의 기업가치는 약 301억 5,400만 원이었습니다. 그런데 이 사건 사업양수도 대금은 양수도 대상의 가치보다 무려 그 4배 이상을 넘는 고가로서, 급부와 반대급부 사이에 현저한 불균형이 존재합니다.

(나) 게다가 피고가 양수도 대금으로 요구한 1,300억 원(부가가치세 별도)은 피고 업체의 실제 기업가치와 무관하게 산정한 금액으로, 원고가 2015년 전 세계의 협력업체로부터 받은 CR 금액이 1,300억 원이니 그 돈을 자신에게 달라고 자의적으로 금액을 정하여 요구한 것에 불과하고, 피고는 재무제표라도 보여 달라는 원고의 이사회 의장 윤여을의 요청을 거절하면서 기업가치 실사를 허락하지 아니하였습니다. 관련 형사판결에서도 "위와 같은 CR 금액이 피고 업체의 인수대금을 정하는 정당한 근거가 된다고 볼 수 없음은 물론, 실제로도 위 금액은 피고 업체의 기업가치를 현저히 초과하는 과다한 금액이었다"고 판시하였습니다.[9]

(6) 이상에서 살펴본 바와 같이 확정된 형사판결에서 인정된 사실관계에 의하면, 피고의 부품 공급 중단으로 원고는 자동차회사들에게 천문학적인 손해를 배상할 위험을 안게 되었고, 피고가 공급 재개를 하지 아니할 경우 원고가 자동차 업계에서 퇴출될 수도 있는 급박한 상황에 처하게 되었으며, 당시 원고로서는 사업의 계

9) 관련 형사사건 항소심 판결문, 6면.

속을 위하여 피고의 협박에 굴복하여 이 사건 사업양수도계약을 체결하는 외에는 다른 대안이 없었습니다. 당시 원고가 정상적인 사업양수도라면 거쳐야 할 인수의향서 작성, 기업실사, 실질적인 가격협상 등의 절차를 거치지도 못한 채, 피고가 요구한 1,200억 원을 지급한 점에 비추어 볼 때에도 이 사건 사업양수도계약 당시 원고는 민법 제104조에서 정하는 바의 '궁박한 상태'에 있었다고 보아야 할 것입니다.

(7) 한편 이 사건의 민사 제1심법원은 이와 달리 이 사건 사업양수도계약 체결 당시 궁박의 상태에 있었다고 인정하기에 부족하다고 판단하였습니다.

(가) 그러한 판단의 근거로 위 법원은, (i) 원고는 1996년 ○월 ○일 한국증권거래소에 주식을 상장한 법인으로서, 원고와 그 종속기업의 2015년 당시 매출액은 5조여억 원, 영업이익은 3천5백여억 원, 당기순이익은 2천4백여억 원에 달하고 있었던 점, (ii) 원고는 불과 약 2일 만에 피고에게 1,200억 원에 달하는 거액의 사업양수도대금을 모두 지급하였을 정도로 상당한 자금력과 기업 운영 능력을 가지고 있었던 것으로 보이는 점, (iii) 원고는 변호사들의 자문과 조언을 받아 원고의 이사회 결의를 거쳐 이 사건 사업양수도계약을 체결한 점을 들고 있습니다.

(나) 아래에서 위 제1심판결(이하 단지 '제1심판결'이라고 합니다)이 제시한 사정들이 궁박을 부정하는 근거가 될 수 있는지에 대하여 보도록 하겠습니다. 이와 관련하여서는 원고 측 대리인의 본인에게 제공한 자료 등에 의존하였습니다.

(a) 제1심판결은, 원고는 위 (가) (i)의 점을 궁박을 부정하는 근거로 들고 있습니다.

그러나 민법 제104조 소정의 궁박이라 함은 '급박한 곤궁'을 의미하는 것이고 이는 경제적 원인에 기인할 수도 있고, 정신적 또는 심리적 원인에 기인할 수도 있으며, 당사자가 궁박의 상태에 있었는지 여부는 그의 신분과 재산상태 및 그가 처한 상황의 절박성의 정도 등 제반 상황을 종합하여 구체적으로 판단하여야 한다는 것은 앞의 나. (2)에서 살펴본 대로입니다. 따라서 원고와 같은 규모의 기업도 얼마든지 상대방의 의도적인 행위로 말미암아 벗어날 수 없는 궁박 상태에 빠질 수 있다고 할 것입니다.

원고는 피고에 의한 공급 중단이 계속될 경우 자동차회사들에게 천문학적인 손해를 배상하게 될 상황이었고, 더 나아가 원고 매출의 절반 이상을 차지하는 자동차회사들과의 거래가 완전히 단절될 수 있는 상황이었습니다. 즉, 피고는 그 회사들의 생산라인이 중단되는 것이 원고에게 경제적·심리적으로 막대한 위협이 된다는 사실을 이용하여 1,300억 원 지급 요구를 수용하도록 하였고, 이러한 상황에서 원고의 기업 규모는 아무런 도움이 되지 아니하였음은 자명한 것으로 생각됩니다.

(b) 제1심판결은 또한 위 (가) (ii)의 점을 근거로 들고 있습니다. 그러나 공갈의 피해자가 마련할 수 없을 수준의 금액이어야만 민법 제104조의 '궁박'이 성립하는 것은 아닙니다.

더욱이 원고가 약 2일 만에 1,200억 원에 달하는 사업양수도 대금을 지급하게 된 것은 한시라도 빨리 공급을 재개하기 위한 것이었다고 합니다. 원고의 주장에 따른다면, 원고는 위 1,200억 원 중 400억 원은 이를 하나은행으로부터 급하게 차용하고, 나머지는 회사의 MMF 적금을 해지하여 사업양수도대금을 마련하였습니다. 이와 같이 원고가 피고의 협박을 받고 비정상적으로 급하게 자금을 마련하여 오전 7시 및 새벽 2시경 위 양수도대금을 지급한 사정은 오히려 원고가 궁박 상태에 빠져 있었음을 확인할 수 있는 사정이지, 궁박 상태를 부정하는 근거는 될 수 없다고 하겠습니다.

앞의 가. (2) 및 나. (3)에서 살펴본 대로, 개발사업의 부지 일부를 소유하는 자가 과다한 매매대금을 요구하여 개발사업자가 사업의 계속 추진을 위하여 부득이하게 이를 응한 이른바 '알박기' 사안에 대한 재판례들[10]에 비추어 보더라도, 계약 무효를 주장하는 개발사업자의 기업규모나 자금력 등이 상당하다는 사정이 궁박상태를 인정하는 데 문제가 되지 아니한다는 점을 확인할 수 있습니다.

그 외에 위와 같은 부동산개발사업자가 그 규모와 자금력 등이 상당하고, 그가 그 사업부지의 소유자가 요구하는 매매대금을 충분히 마련할 수 있는 자금력이 있었던 사안에서도 그 매매계약 당시 원고가 궁박한 상태에 있었다고 인정한 재판례로 대법원 2010. 7. 15. 판결 2009다50308사건(판례공보 2010년, 1566면) 등이 있습니다

(c) 마지막으로 원고가 변호사들의 자문과 조언을 받아 원고의 이사회 결의를 거쳐 이 사건 사업양수도계약을 체결한 점에 관하여 보겠습니다.

만일 원고가 1,300억 원에 피고 업체를 인수하기로 하는 결정을 내리는 과정에서 충분한 변호사들의 자문으로 거치고 정상적인 소집절차를 거쳐 이사회를 소집하여 계약 체결을 결의한 후에 이 사건 계약을 체결한 것이라고 한다면, 이러한 사정들은 궁박을 부

---

10) 대법원 2017. 5. 30. 판결 2017다201422사건(법고을) 및 대법원 2009. 1. 15. 판결 2008도8577사건(판례공보 2009년, 189면).

정하는 근거가 될 수도 있겠습니다.

변호사의 조언 및 이사회 결의의 구체적인 과정과 내용에 관한 사실관계를 바탕으로 판단할 문제입니다. 그러나 원고가 절차적·형식적으로만 변호사의 자문이나 이사회 결의를 거친 것이라면, 이를 이유로 궁박을 부정할 수는 없을 것입니다. 특히 이 사건에서 원고가 변호사의 자문을 통해서 공급 중단에 관한 법적인 해결방안을 찾지 못하고, 피고로부터 1,300억 원의 요구를 받고 불과 하루 만에 이사회를 소집하여 결의를 한 사정에 비추어 보면, 원고가 다급한 상태에서 다른 대안을 찾지 못하여 위와 같은 절차를 거친 것이라고 보아야 할 것입니다.

2. 질의사항 제2항에 대하여 — 민법 제145조의 법정추인 사유로서의 '권리의 일부 양도'의 의미

가. 법정추인의 의의

(1) 법정추인 제도는, 추인은 반드시 명시적으로 하여야 하는 것은 아니며, 묵시적으로도 할 수 있어 실제 추인이 있었느냐 없었느냐가 명백하지 않은 경우가 있게 되므로, 취소할 수 있는 행위에 관하여 일반적으로 추인의 의사를 전형적으로 표출하는 것으로 보이는 일정한 사실을 민법 제145조에서 규정하고, 위 사실이 인정된다면 법률상 당연히 추인이 있었던 것으로 간주하는 것입니다.

(2) 민법 제145조는 "취소할 수 있는 법률행위에 관하여 전조의 규정에 의하여 추인할 수 있는 후에 다음 각 호의 사유가 있으면 추인한 것으로 본다"라고 정하면서, 같은 조 제5호에서 '취소할 수 있는 행위로 취득한 권리의 전부나 일부의 양도'를 규정하고 있

습니다.

나. 법정추인사유로서 '권리의 일부 양도'의 구체적인 의미

(1) 제1심판결은, 원고가 피고의 강박에 의하여 이 사건 사업 양수도계약을 체결한 사실은 인정하면서도, 원고는 늦어도 피고가 투입한 경호인력이 M공장과 N공장에서 철수한 2016년 ○월 ○일경 피고의 강박으로부터 벗어나 이 사건 사업양수도계약을 추인할 수 있는 상태에 있었다고 할 것이고, 원고가 합계 2억여 원 상당의 사출설비 49대를 2017년 ○월경 매각한 것은 취소할 수 있는 행위로 취득한 권리를 양도한 것에 해당하여 이 사건 사업양수도계약에 대한 법정추인의 효과가 발생하였다고 판단하였습니다.

(2) 원고 대리인으로 제공받은 자료에 의하면, 원고는 이에 대하여 2017년 ○월경 2억여 원 상당의 설비를 매각한 것은 일부 노후화되어 사용이 불가능하거나 사업구조 변경으로 인하여 보유할 실익이 없는 설비를 매각한 것으로 처분행위가 아니라 보존행위에 불과하다고 주장합니다. 원고는 형사소송·민사소송 등 관련 소송절차가 완료되기 전까지는 이 사건 사업양수도계약상의 양수대금을 돌려받을 수 없는 상황이었고, 이에 3년이 넘도록 사업체를 운영하는 과정에서 일부 노후화되어 수리비가 과다한 설비 등을 매각하고, 일부 설비는 새로 교체하거나 보수할 수밖에 없었다는 것입니다. 또한 원고는, 이 사건 영업양수도 이후 공장의 시설과 기계를 교체·보수하기 위하여 상당한 비용을 지출하였고, 현재 자료로 확인할 수 있는 수선·유지비만 하여도 약 9억 원 상당이라고 주장하고 있습니다.

(3) 이 사건 양수도의 대상이 되는 목적물은 하나의 '영업' 내지 '기업'으로서, 고정자산이 아니라 일정한 영업 목적에 의하여 조직화된 유기적 일체로서의 기능적 재산입니다. 고정자산에 대한 양수도계약의 경우에는 그 자산의 전부나 일부를 양도하는 행위가 일반적으로 추인이라고 인정할 수 있는 일정한 사실에 해당한다고 볼 수 있을 것입니다.

그러나 양도의 목적이 위와 같은 유기적 일체로서의 영업 또는 기업인 경우에도 위와 같은 양도가 민법 제145조 제5호 소정의 법정추인사유에 해당하는지 판단하기 위하여 그 권리 양도의 실질을 따져보아야 할 것입니다. 그리고 아직 원래의 양수도계약이 그 효력을 상실하였으나 원상회복이 되지 아니한 상태, 특히 양수도대금을 반환받지 못한 상태이어서 부득이하게 그 영업을 지속하면서 그에 필연적으로 수반될 수밖에 없는 보전행위의 경우에는 법정추인사유로서 '권리의 일부 양도'에 해당된다고 볼 수 없다고 하겠습니다.

앞의 가. (1)에서 본 대로 민법 제145조는 취소할 수 있는 행위에 관하여 일반적으로 추인의 의사를 전형적으로 표출하는 것으로 보이는 일정한 사실을 법정추인사유로 규정하는 것입니다. 그런데 위와 같은 보전행위는 일반적으로 취소할 수 있는 계약에 대한 추인의 의사를 전형적으로 표출한다고 결코 말할 수 없기 때문입니다.

(4) 이 사건의 경우에 원고는 피고의 협박에 의하여 인수할 계획이 전혀 없었던 사업체를 인수하게 되었으나, 고용까지 승계한 이상 관련 형사소송이 확정되고 이 사건 민사소송이 진행되는 지금까지 피고가 하던 것과 유사하게 영업활동을 지속할 수밖에 없었던 것으로 여겨집니다. 특히 이 사건 양수도계약의 효력 여하가

소송상 다투어지고 있는 상황에서 그 양수도대금을 전혀 반환받지
못하고 있는 원고로서는, 이미 실제로 인수받은 이 사건 영업을 계
속 유지하여 적어도 이 사건에서 문제된 궁박의 원인이 된 계속적
부품 공급의 필요를 충족하는 것이 당연히 합리적인 경제적 판단
이라고 할 것입니다.

그리고 이와 같은 영업 활동에서 노후된 설비를 매각하거나,
교체·보수하는 행위는 필연적으로 수반될 수밖에 없는 사항입니
다. 원고 주장과 같이 원고가 사업체 운영과정에서 부득이하게 양
수도대금의 일부분에 해당하는 설비의 작은 일부를 매각한 것은
당해 영업의 지속에 당연히 수반하는 행위입니다. 만일 제1심판결
과 같이 원고가 영업활동 과정에서 일부 노후화된 설비를 매각한
행위가 법정추인사유에 해당한다고 본다면, 강박에 의하여 1,200억
원이라는 거액을 주고 사업을 양수한 원고가 관련 형사소송 및 민
사소송 등이 진행되는 긴 기간 동안에 아무런 행위도 하지 아니한
채 해당 사업을 그대로 방치하여야 하고, 관련 시설이나 설비 역시
자연적 마모나 훼손에도 그냥 바라보고만 있어야 한다는 부당한
결론에 이르게 됩니다.

(5) 따라서 이를 가지고 이 사건 양수도계약의 '하자'를 치유하
는 추인의 의사표시를 일반적·전형적으로 표출하는 행위에 해당한
다고는 도저히 말할 수 없습니다. 원고가 위의 행위는 처분행위가
아니라 보전행위에 불과하여 '취소할 수 있는 행위로 취득한 권리
의 전부나 일부의 양도'라고 볼 수 없다고 주장하는 것은 적절하다
고 하겠습니다.

게다가 이 사건 사업양수도계약에서 원고가 피고의 협박에 의
하여 지급한 돈이 1,200억 원인데, 원고가 그 대금의 극히 일부분에

해당하는 2억여 원(위 양수대금의 1000분의2, 즉 0.2%에 불과합니다)의 사출설비를 매각한 사정을 들어 원고의 취소권이 소멸되었다고 하는 결론은 부당하며, 법정추인 제도의 취지에도 부합하지 아니합니다.

3. 질의사항 제3항에 대하여 ― 이 사건에서 상계의 통지를 취소 의사표시로 볼 수 있는지 여부

(1) 원고는, 위와 같이 극히 일부의 설비를 처분하기 이전인 2017. 2. 2.에 바로 뒤에서 본 바와 같은 상계를 한 것이 피고에 대하여 이 사건 양수도계약을 취소하는 의사표시를 당연히 포함하는 것이므로 그 이후에 일부 설비를 매각하였다고 하여 법정추인이 적용될 수 없다고 주장하고 있는 것으로 압니다. 여기서의 '상계'란, 이 사건 사업양수도계약이 처음부터 무효이거나 또는 취소되었으므로 원고가 피고에 대하여 이 사건 사업양수도계약의 효력불발생으로 인한 부당이득반환청구권 또는 피고의 협박 등 불법행위를 이유로 하는 손해배상청구권으로 적어도 1,200억 원의 채권을 가지므로 이를 자동채권으로 하여 피고의 물품대금채권과 상계한다는 취지의 통지를 하였다는 것입니다. 그런데 제1심판결은 이러한 원고 주장에 대하여는 판단하지 아니하였다고 합니다.

(2) 계약을 취소하는 의사표시가 인정되는지의 문제에 관하여는 대법원 1993. 9. 14. 판결 93다13162사건(법원공보 1993년, 2763면)이 기준적이라고 하겠습니다. 위 판결은 "계약 취소의 의사표시는 특별히 재판상 행하여짐이 요구되는 경우 이외에는 특정한 방식이 요구되는 것이 아니고, 취소의 의사가 상대방에 의하여 인식될 수 있다면 어떠한 방법에 의하더라도 무방하다"라고 전제한 다음, 보

다 구체적으로 "법률행위의 취소를 당연한 전제로 한 소송상의 이행청구나 이를 전제로 한 이행거절 가운데는 취소의 의사표시가 포함되어 있다고 볼 수 있다"고 판시하고 있습니다.

이러한 대법원의 판시에서 이 사건과 관련하여 주목을 끄는 것은, 법률행위의 취소를 당연한 전제로 하는 소송상 이행청구와 같은 당사자의 행위에는 취소의 의사표시가 포함되어 있다고 볼 수 있다는 부분입니다. 그리하여 그 후의 대법원 2009. 10. 15. 판결 2008다88832사건(법고을)은, 증여의 형식으로 금전을 갈취당한 사람, 즉 강박에 의한 증여를 한 사람이 갈취당한 금전에 관한 부당이득반환채권을 제3자에게 양도하였다는 통지를 갈취자에게 한 사안에서, 위와 같은 양도 통지는 강박에 의한 증여의 취소와 그에 따른 부당이득반환채권의 발생을 당연히 전제하고 있으므로 위 채권의 양도통지에는 강박에 의한 증여 취소의 의사표시가 묵시적으로 포함되었다고 판단하였던 것입니다.

(3) 이러한 판례의 태도는 이 사안에도 적용될 수 있습니다. 이 사건 사업양수도계약의 '원인 무효'를 이유로 발생하는 부당이득반환청구권을 자동채권으로 한 상계의 의사표시는 강박에 의한 이 사건 사업양수도계약의 취소와 그에 따른 부당이득반환채권의 발생을 당연히 전제하고 있는 것이므로, 위 상계통지에는 취소의 의사표시가 묵시적으로 포함되었다고 볼 수 있습니다. 취소권자가 의사표시를 취소하면 당해 법률행위의 효력이 소급적으로 소멸하여 무효가 되는 것이므로, 위 상계의 통지에 기재된 '원인 무효'를 처음부터 무효인 경우에 한정할 이유도 없다고 할 것입니다.

피고 역시 이 사건 사업양수도계약의 취소를 당연한 전제로 한 위 상계통지서를 받았을 때 원고 측의 취소의사를 인식할 수 있었을 것입니다.

(4) 그렇다면 원고는 2017. 2. 2.자 상계의 통지로 피고에 대하여 취소의 의사표시를 하였다고 볼 것이므로, 그 이후에 원고가 일부 설비를 영업 관리의 차원에서 매각하였다고 하더라도 이미 이 사건 사업양수도계약은 취소된 것으로서 그 효력을 소급적으로 상실하였습니다. 따라서 그에 대한 법정추인은 성립될 여지가 없습니다. 대법원 1997. 12. 12. 판결 95다38240사건(대법원판례집 제45권 3집, 민사편 360면; 판례공보 1998년, 243면)이 "이미 취소된 법률행위는 처음부터 무효인 것으로 간주되므로 취소할 수 있는 법률행위가 일단 취소된 이상 그 후에는 취소할 수 있는 법률행위의 추인에 의하여 이미 취소되어 무효인 것으로 간주된 당초의 의사표시를 다시 확정적으로 유효하게 할 수는 없다"고 판시하고 있습니다.[11]

4. 질의사항 제4항에 대하여 ─ 민법 제145조 단서에서 정하는 법정추인 배제사유로서의 '이의 유보'

(1) 원고는, ─앞의 2.에서 보다 상세히 살펴본 바 있는─ 일부 설비의 매각이 있기 전인 2016년 ○월 ○일에 피고를 공갈죄로 고소하고, 그 고소장이 접수될 무렵에 부당이득반환청구권 또는 손해배상청구권을 피보전채권으로 하여 피고의 재산에 대하여 가압류를 신청하여 이를 인용하는 가압류결정을 받았으며, 2017년 ○월 ○일에는 이 사건 사업양수도계약의 원인 무효로 인한 부당이득반환청구권을 자동채권으로 하여 상계통지를 하였던 점을 종합하면,

---

[11] 위 대법원판결은 이어서 "다만 **무효인 법률행위의 추인**의 요건과 효력으로서 추인할 수는 있다"고 덧붙이고 있습니다. 그러나 이 설시 부분은 이 사건과는 관계가 없다고 할 것입니다.

원고의 이러한 일련의 행위를 통하여 원고가 일부 설비를 매각하는 행위가 이 사건 사업양수도계약을 추인하는 것이 아니라는 '이의 유보'(민법 제145조 단서 참조)의 묵시적인 의사표시가 있었다고 볼 수 있다고 주장하는 것으로 알고 있습니다.

(2) 민법 제145조 단서에서 정하는 '이의의 유보'란 취소할 수 있는 행위를 추인하는 것이 아니라는 점을 밝히는 것을 가리키고, 취소권자가 법률에 의하여 당연히 부여되는 법정추인의 효과를 배척하는 내용의 의사표시를 말합니다. 이의유보의 의사표시는 상대방에 대하여 추인하는 것이 아니라는 뜻을 표시하면 되는 것으로 반드시 명시적인 방식으로 할 것이 요구되지 아니하며, 묵시적인 방식에 의하여도 가능합니다.

(3) 이 사건에서 원고가 앞의 3.에서 이미 살펴본 바 있는 일부 설비의 매각에 이르기 전에 한 일련의 행위를 살펴보도록 하겠습니다. 이에 관하여는 원고 대리인이 제공한 자료에 의존하고 있습니다.

(가) 원고는 이 사건 발생 직후인 2016년 ○월 ○일 피고를 공갈죄로 고소하면서, 피고가 원고를 협박하여 1,200억 원을 갈취하였다는 내용을 자세히 기재하였습니다. 원고는 이미 고소장에서 이 사건 양수도계약이 피고의 협박에 의하여 체결되었다고 주장함으로써 양수도계약이 무효이거나 또는 취소되어서 그 효력이 없음을 주장하였습니다. 고소장에서 향후 원고가 피고를 상대로 1,200억 원에 대하여 부당이득반환청구권을 행사할 것을 전제로 은행에 대하여 피의자들이 입금한 자금에 대한 인출 제한을 요청하기도 하

였습니다.

　　(나) 원고는 위와 같이 고소를 할 무렵 부당이득반환청구권 또는 손해배상청구권을 피보전채권으로 하여 피고의 재산에 대하여 가압류를 신청하여 2016년 ○월 ○일에 부동산가압류결정(○○지방법원 ○○지원 2016카합○○사건), 채권가압류결정(같은 지원 2016카합○○사건)을 받았고, 2016년 ○월 ○일에는 예탁유가증권에 대한 공유지분 및 예탁금 가압류결정(같은 지원 2016카단○○사건)을 받았습니다. 그리고 위 각 결정문에서는 그 청구채권의 내용을 손해배상청구권 또는 부당이득반환청구권 1,200억원 중 일부금이라고 명시하고 있으며, 이들 결정문은 피고에게 2016년 ○월 ○일 등에 피고에게 각 송달되었습니다.

　　(다) 무엇보다도 원고는, 앞의 3.에서 살펴본 대로, 강박을 이유로 하는 이 사건 사업양수도계약의 취소 및 그에 따른 부당이득반환채권의 발생을 전제로 이 사건 사업양수도계약의 원인 무효로 인한 부당이득반환청구권 등을 자동채권으로 하여 상계의 통지를 함으로써 취소의 의사표시를 하여 취소권을 실제적으로 행사하였습니다.

　　(4) 이상에서 본 바와 같이 원고는 이 사건 사업양수도계약 체결 직후부터 이 사건 사업양수도계약이 무효이거나 또는 취소되어서 그 효력이 없음을 일관되게 주장하여 왔습니다. 또한 원고가 영업 관리의 차원에서 부득이 사업양수도대금에 비하면 거의 0에 가까운 액수의 설비 일부를 매각한 것이 이로써 이 사건 사업양수도계약의 효력에 관한 다툼을 종결하려는 의사가 아니라는 점은 피

고도 충분히 인식하였거나 인식할 수 있었습니다.

그렇다면 원고는 일련의 행위를 통하여 추인하는 것이 아니라는 뜻을 표현함으로써 묵시적으로 이의를 보류하였다고 하여도 큰 잘못은 아닐 것입니다.

5. 질의사항 제5항에 대하여 — 이 사건 영업양수도계약의 무효 또는 취소에 따른 부당이득 반환의 방법

가. 부당이득의 대상인 영업의 반환 방법에 관한 일반적 법리

(1) 민법 제741조는 법률상 원인 없이 타인의 손실로 받은 이익은 그 수익자가 반환하여야 한다고 정하고 있습니다. 부당이득의 반환은 수익자가 얻은 이익 그 자체를 그대로 반환하는 것, 즉 원물의 반환을 원칙으로 합니다(민법 제747조 제1항의 반대해석). 수익자는 수익한 물건의 원물이 있으면 그 원물을 반환하고, 원물이 멸실되었거나 노무의 제공과 물건의 이용과 같이 취득한 이득이 성질상 원물 반환을 할 수 없을 때 또는 수익자가 사후적으로 그 받은 목적물을 반환할 수 없게 된 때에는 그 가액으로 반환하여야 합니다(민법 제747조 제1항).

(2) 대법원 2015. 12. 10. 판결 2013다84162사건(판례공보 2016년, 111면)은, 부당이득의 반환이 다루어진 것이 아니고 사해행위 취소에 따른 원상회복이 문제된 사안에서, "영업은 일정한 영업 목적에 의하여 조직화된 유기적 일체로서의 기능적 재산이므로, 영업을 구성하는 유형·무형의 재산과 경제적 가치를 가지는 사실관계가 서로 유기적으로 결합하여 수익의 원천으로 기능하고, 하나의 재화와 같이 거래의 객체가 된다. … 따라서 채무자가 영업재산과 영업권

이 유기적으로 결합된 일체로서의 영업을 양도함으로써 채무초과
상태에 이르거나 이미 채무초과상태에 있는 것을 심화시킨 경우,
그 영업양도는 채권자취소권 행사의 대상이 된다. 나아가 위와 같
은 영업양도 후 종래의 영업조직이 전부 또는 중요한 일부로서 기
능하면서 동일성을 유지한 채 채무자에게 회복되는 것이 불가능하
거나 현저히 곤란하게 된 경우에는, 채권자는 사해행위 취소에 따
른 원상회복으로서 피보전채권액을 한도로 하여 영업재산과 영업
권이 포함된 일체로서의 영업의 가액을 반환하라고 청구할 수 있
다"(점선은 본인이 생략한 부분을 가리킵니다)라고 판시하였습니다.

    (3) 사해행위 취소와 관련한 대법원과 하급심의 재판례에서는,
(i) 마트 영업의 양수 후에 그 시설의 교체 및 보수의 비용을 지출
하여 그 세부적인 개개의 재산에 관한 원상회복이 불가능하거나
현저히 곤란한 경우,[12] (ii) 화물자동차 운송사업의 양수 후에 그
물적 설비인 화물자동차가 모두 처분 또는 교체되어 이를 채무자
에게 귀속시키는 것이 불가능하게 된 경우,[13] (iii) 음식점 영업의
영업양수도계약 이후 상당한 기간 동안 양수인이 음식점 영업을
계속하였고 이로써 음식점 재고자산 등이 소비 또는 감가되었으며
양수인이 위 계약 체결 후에 당초 양도인이 부담하고 있던 거래처
에 대한 채무를 전액 변제한 경우[14] 등에서 원물 반환이 불가능하
거나 현저히 곤란한 경우에 해당하므로 가액배상의 방법으로 원상
회복을 하여야 한다고 판단한 바 있습니다.

---

12) 앞의 (2)에서 본 대법원 2015. 12. 10. 판결 외에도 부산고등법원 2013.
    10. 10. 판결 2012나7458사건(미공간) 참조.

13) 대법원 2014. 5. 16. 판결 2013다36453사건(판례공보 2014년, 1195면) 참조.

14) 서울고등법원 2017. 11. 16. 판결 2017나2044382사건(미공간) 참조.

(4) 이러한 실무의 태도는 영업양수도계약이 무효이거나 취소되어 부당이득반환의무가 발생한 경우에도 적용될 수 있습니다. 앞의 (2)에서 본 대법원 2015. 12. 10. 판결 외에도 대법원 2008. 4. 11. 판결 2007다89722사건(판례공보 2008년, 675면) 등에서도 설시하는 대로, 영업양도에 있어서의 '영업'이란 일정한 영업목적에 의하여 조직화된 유기적 일체로서의 기능적 재산으로서, 영업을 구성하는 유형·무형의 재산과 경제적 가치를 갖는 사실관계가 서로 유기적으로 결합되어 수익의 원천으로 기능한다는 것과 이와 같이 유기적으로 결합한 수익의 원천으로서 기능적 재산이 마치 하나의 재화와 같이 거래의 객체가 되는 것을 의미하는 것으로서, 영업양도 후 종래의 영업조직이 전부 또는 중요한 일부로서 기능하면서 동일성을 유지한 채 양도인에게 회복하는 것이 불가능하거나 현저히 곤란하게 된 경우에는 양수인이 그 영업을 원물로 반환하는 것이 불가능하다고 할 것이고, 이 경우에는 양도인에게 가액을 반환함으로써 족할 것입니다.

나. 이 사건 사업양수도계약이 무효이거나 취소된 경우 원물 반환이 가능한지 여부

(1) 피고는, "이 사건 사업양수도계약이 무효이거나 취소되는 경우 원고는 피고에게 부당이득의 반환의무로서 별지 토지 목록과 별지 건물 목록 기재 각 부동산에 관하여 진정명의회복을 원인으로 한 각 소유권이전등기절차를 이행하고, 별지 토지 목록과 별지 건물 목록 기재 각 부동산과 별지 동사 목록 기재 각 동산을 인도할 의무가 있다"고 주장하고 있다고 합니다.

(2) 이 사건 사업양수도는 가전사업을 제외한 피고 업체의 인적·물적 시설을 포함한 사업권 일체를 양도하는 것으로서, '양수도 대상 목적물'은 해당 사업과 관련된 부동산, 기계, 설비, 자재, 비품, 재고자산, 해당 사업과 관련하여 필요한 영업권, 지적재산권, 각종 인·허가권, 해당 사업과 관련된 계약상 지위와 제반 권리의무 등이고, 해당 사업에 근무하는 피고를 제외한 임직원 전원에 대한 고용관계를 승계하는 것을 그 내용으로 하는 것인 줄로 압니다.

즉, 이 사건 사업양수도는 일정한 영업목적에 의하여 조직화된 유기적 일체로서의 기능적 재산을 마치 하나의 재산과 같이 거래의 객체로 하여 이전하는 영업양도에 해당합니다. 따라서 이 사건 사업양수도에서 위 영업을 원물로 반환하는 것은 피고의 주장과 같이 영업을 이루는 개별적인 영업용 재산의 일부를 반환하는 것이 아니라, 원고가 피고로부터 양수한 피고 업체의 영업 일체, 즉 위 영업을 구성하는 유형·무형의 재산, 경제적 가치를 가지는 영업권 등의 사실관계 및 임직원들의 고용 등 유기적으로 결합된 기능적 재산을 그대로 반환하는 것을 의미합니다.

(3) 따라서 양수인인 원고가 양도인인 피고에게 부당이득반환의무가 있다고 하더라도, 위 영업을 원물로 반환하기 위해서는 종래의 영업조직이 전부 또는 중요한 일부로서 기능하면서 동일성을 유지한 채 피고에게 반환할 수 있다는 점이 전제되어야 할 것입니다.

만일 원고가 이를 운영하여 영리행위를 하는 과정에서 유형자산의 사용 및 수리, 재고자산의 소진, 영업 환경과 방침의 변경, 임직원의 이동, 퇴사 등으로 인하여 피고 업체 영업 자체가 이 사건 사업양수도 이후 그 외형과 구조에 있어 상당한 변화가 발생하였다면, 영업양도 이후 종래의 영업조직이 전부 또는 중요한 일부로서 기능하면서 동일성을 유지한 채 양도인인 피고에게 회복하는 것이 불가능하거나 현저히 곤란하게 된 경우에 해당한다고 하여야 합니다. 따라서 원물 반환은 불가능한 것이고, 이 사건 사업양수도계약 당시 피고 업체의 기업가치에 상당한 가액을 반환하는 형태가 되어야 할 것입니다.

(4) 그런데 이 사건 사업양수도계약이 체결된 시점은 2016년 ○월로서 원고가 그 무렵 피고 업체 영업을 양수하여 지금까지 약 4년 동안 운영하여 왔다면, 그 동안 유형자산의 사용 및 그에 따른 감가상각, 재고자산의 소진, 임직원의 이동 및 퇴사 등 그 영업의 외형과 구조에서 상당한 변화가 발생하였다고 짐작할 수 있습니다. 사실관계가 이와 같다면, 부당이득 반환으로서 이제 원물 반환은 불가능하고 양수한 영업의 가액이 반환되어야 할 것입니다.

(2020년 5월 작성)

15. 이른바 '과거사 사건'에서 시효소멸 주장의 신의칙 위반과 새로 개시된 소멸시효의 시효 기간

본인은 이른바 '징용공 소송'에서의 소멸시효 항변의 허용 여부에 관하여 피고들의 대리인으로부터 법률의견을 요청받고 다음과 같이 의견을 제출합니다.

다   음

I. 머리말

1. 이 의견서는, 뒤의 III.에서 보는 대로, 소멸시효의 완성으로 권리가 소멸하였다고 주장하는 것이 신의칙에 위반된다(또는 금지되는 권리남용에 해당된다)고 판단되는 것을 전제로 하여서, 거기서 나아가 그러한 판단을 뒷받침하는 '객관적으로 채권자가 권리를 행사할 수 없는 장애사유'(뒤에서 보는 제2유형)가 언제 소멸되었다고 볼 것인가, 또 권리자가 그 장애사유의 소멸 후에 권리를 행사하여야 하는 '상당한 기간'을 어떻게 볼 것인가 하는 법문제를 다루고자 합

니다.

그런데 이들은 소멸시효제도가 왜 존재하는가, 그 정당성 내지 합리성을 어디서 찾을 수 있는가 하는 기본적인 문제와 상당한 관련을 가진다고 여겨집니다. 우리나라의 실무가 또는 학자의 일부에서 발견되는 소멸시효제도 일반에 대한 포괄적 의문이 위의 법문제들의 해결에 분명히 영향을 미치고 있다고 보이는 것입니다.

2. 그러므로 이하에서는 우선 소멸시효제도의 정당성 내지 합리성으로부터 논의를 시작하고자 합니다(아래 Ⅱ.). 이어서 이 의견서에서 다루어질 법문제를 구체적으로 제시한 다음(아래 Ⅲ.), 이들을 각각 살펴보고자 합니다(아래 Ⅳ. 및 Ⅴ.). 그리고 마지막으로 결론을 제시하여 보겠습니다(아래 Ⅵ.).

Ⅱ. 소멸시효제도의 정당성 내지 합리성 일반에 관하여

1. 우리나라에는 소멸시효제도의 '합리성' 또는 '정당성'에 대하여 기본적으로 비판적인 의견을 가진 법률가가 적지 않은 것으로 여겨집니다. 그러한 태도의 밑바탕에는 어느 실무가가 말하는 대로 "소멸시효제도는 거래관계의 근저에 놓여 있는 사회·경제적 대가관계의 균형을 깨뜨릴 수 있어 일반 국민의 정의관념 또는 도덕의식과 갈등을 일으킬 수 있다"는 이해[1]가 깔려 있습니다. 또한 시효제도 일반에 대하여 어느 학자는 "극단적으로 말하면 빌린 돈을 갚지 않아도 무방하다든가 타인의 소유물을 자기의 소유물이다라고

---

1) 장석조, "소멸시효 항변의 소송상 취급", 법조 제48권 1호 (1999), 32면 이하(민사실무연구회, 민사재판의 제문제, 제10권 (2000), 667면 이하에 재수록).

하는 것이 시효제도이기 때문에, 한편으로 보면 **인간의 도덕률에 반
하는 것**으로 생각된다"(고딕체에 의한 강조는 인용자가 가한 것입니다.
다른 특별한 지적이 없는 한 이하 같습니다)라는 발언도 행하여지고 있
습니다.[2]

　　이러한 태도에 따르게 되면 소멸시효의 완성으로 인한 권리[3]
소멸의 주장(이하에서는 이를 단지 '소멸시효[의] 주장' 또는 '소멸시효
[의] 항변'이라고 부르기로 합니다)을 신의칙에 반한다거나 권리남용에
해당한다는 등의 이유로 가능한 한 넓은 범위에서 배척하려는 입
장으로 귀결되기 쉬움은 물론입니다. 그리고 나아가 뒤에서 구체적
으로 논의하는 법문제들, 즉 소멸시효 주장의 신의칙 위반 판단을
정당화하는 사유가 과연 소멸되었는가(뒤의 Ⅳ.), 그리고 그 소멸의
경우 이제 권리자가 그 권리를 행사하여야 하는 '상당한 기간'은 얼
마인가(뒤의 Ⅴ.)의 문제를 생각하는 경우에 있어서도 마찬가지일
것입니다.

---

2) 고상룡, 민법총칙, 제3판(2003), 656면. 그는 이 저서의 제2판 (1999), 665
　면 이하에서는 "스스로 채무를 지고 있다는 것을 자각하고 있는 채무자
　를 면책하고, 또는 무권원의 점유자도 소유자로서 보호받는 경우를 발생
　케 한다는 것은 **부도덕 나아가 법률상 약탈 이외에 아무것도 아니라는 비판**
　도 충분히 생각해 볼 수도 있다"라는 의견을 피력한 바 있습니다. 본문
　에서 인용한 바를 포함하여 그의 이와 같은 견해는 그의 박사학위 논문
　지도교수인 일본의 星野英一가 1969년부터 1974년의 5년 동안 발표한
　논문 "時效に關する覺書 — その存在理由を中心として"(그 後 星野英
　一, 民法論集, 제4권 (1978), 171면 이하에 재수록)에서 인용하고 있는
　일본구민법의 기초자 보아소아드의 발언(Boissonade, *Projet de Code
　civil pour l'Empire du Japon*, Nouvelle Edition, Tome V, nᵒ. 252)을 보다
　단정적으로 바꾸어(보아소아드는 "부도덕한 제도라고 할 것이 아닌가?"
　라고 의문형으로 말하고 있습니다) 반복하는 것으로 추측됩니다.
3) 이하에서는 권리라고 하여도 주로 소멸시효의 대상이 되고 있는 채권을
　염두에 두고 논의하여 가기로 합니다.

388 15. 이른바 '과거사 사건'에서 시효소멸 주장의 신의칙 위반과 …

2. 그러나 소멸시효는 그와 같이 막연한 '일반 국민의 정의관념'을 들어 그 합리성이 의심될 수 있을 만큼 허술한 제도가 아니라고 할 것입니다.

가. 우선 역사적으로 로마법 이래 오늘날에 이르기까지 일관되게, 나아가 대륙법계·영미법계를 불문하고 세계의 주요한 나라에서 아무런 예외도 없이 보편적으로 인정되고 있습니다. 독일의 가장 중요한 법학자인 사비니는 소멸시효를 로마법에서 "가장 중요하고 유익한 법제도의 하나"라고 평가하고 있습니다. 그에 의하면, 장기간 지속된 사실상태는 법률상태와 일치할 가능성이 큰데,[4] 설사 그렇지 않다고 하더라도 법적 평화, 즉 시간의 경과와 함께 기하급수적으로 증가하는 '불명확성'을 배제하기 위하여 장기간 행사되지 아니한 권리의 추급을 인정하지 아니함으로써 분쟁이 종국적으로 해결되어야 한다는 것(로마법의 가장 중요한 법원法源인 『학설휘찬學說彙纂』의 표현에 의하면 "어떻게든 쟁송을 종결짓기 위하여" *ut aliquis li-*

---

4) 이에 대하여는 우선 19세기 종반 독일의 가장 중요한 법학자의 한 사람인 빈트샤이트의 다음과 같은 설명(그야말로 '고전적'인 설명이라고 할 것입니다)이 중요한 참조가 됩니다. Windscheid, *Lehrbuch des Pandektenrechts*, 9.Aufl. (1906), § 105(S.544) : "소멸시효법은 이러한 효력[권리를 행사하지 아니한 상태가 지속되면 이제 이를 법적으로 공격할 수 없도록 하는 효력]을 인정함으로써 하나의 진리—이는 단순히 법적 영역에서만 타당한 것이 아니다—를 승인한다. 시간은 사람의 소위所爲로써는 어쩔 수 없는 힘이다. 오래 존재하는 것은 그 오랜 존재 자체에 의하여 확고한 것, 불가변의 것으로 우리에게 여겨진다. 이 기대가 저버려진다면 이는 **하나의 악**이다. … 대체 그렇게 긴 시간이 경과한 후에 실제의 법상태를 확실하게 인식하는 것이 가능한 것인가? 시간이 흐름으로써 사태가 밝혀지는 일도 있지만, 그것을 불명확하게 만들기도 하는 것이다." (여기서의 고딕체는 원문에서도 이탤릭체를 써서 강조된 것을 표시하기 위하여 가한 것입니다)

tium finis esset[5])입니다.[6] 요컨대 소멸시효는 채권자라고 주장하는 사람이 스스로 일정한 기간 동안 소의 제기나 압류·가압류 등과 같은 적극적인 권리 행사를 하지 아니하였다면 채무자가 그 사이에 자신의 채무를 스스로 인정하는 행태를 취하지 아니한 한 채권 그 자체의 소송상 행사를 아예 부인함으로써 분쟁을 종식시키고자 하는 —역사적·비교법적으로 이미 그 합리성 내지 정당성이 확증된— 제도입니다.

나. 또한 더욱 중요한 것으로, 우리 민법에 중요한 영향을 미친 대륙법계의 여러 나라, 특히 독일과 프랑스는 최근에 그들의 민법에 심중한 의미가 있는 개정을 가한 바 있습니다. 이들 국가는 모두 소멸시효제도를 오히려 강화하는 방향으로 —가장 현저한 예로서는 시효기간을 대폭적으로 단축하는 내용으로[7]— 나아갔습니다.

---

5) 이는 D. 41. 10. 5 pr., 즉 학설휘찬 제41권 제10장 제5절 전문前文에 나오는 말입니다.

6) 이상에 대하여는 우선 양창수, "사비니의 소멸시효론", 민법산책(2006), 59면 이하 참조. 오늘날 독일에서 소멸시효제도의 '목적론적 기초'에 관하여는 사비니의 설명이 '변함없이 기준적'이라고 평가되고 있습니다. 무엇보다도 이를 정면에서 다룬 문헌으로 Hartmut Oetker, *Die Verjährung. Strukturen eines allgemeinen Rechtsinstituts*(1994), S. 33에서의 설명 참조. 기타 표준적인 민법 교과서의 설명으로 예를 들면 Larenz/Wolf, *Allgemeiner Teil des Bürgerlichen Rechts*, 8. Aufl.(1997), § 17 Ⅰ 1(S. 335f.)도 소멸시효제도의 근거로 같은 취지를 말합니다.

7) 예를 들면 일반소멸시효기간을 독일이나 프랑스나 모두 30년이었던 것을 독일의 경우에는 2002년의 대개정에서 무려 10분의 1인 3년으로(독일민법 제195조), 프랑스의 경우에는 2008년의 개정에서 그 6분의 1인 5년으로(프랑스민법 제2224조) 대폭 감축하였습니다. 물론 그 기간의 기산점은 종전에는 '청구권이 성립하는 때'라고 정하였던 것과는 달리 독일의 경우에는 "채권자가 청구권을 발생시키는 사정 및 채무자의 신원을 알았거나 중대한 과실 없이 알았어야 하는 해가 끝나는 때"(독일민법

다. 이는 개별 국가의 입법 동향에서뿐만 아니라, 통합된 유럽에서의 법 통일 작업의 차원에서도 명백히 간취되는 바입니다. 예를 들어 그 가장 중요한 성과의 하나인 「유럽계약법원칙」(Principles of European Contract Law. 통상 PECL로 약칭됩니다)은 그 제3부에서 소멸시효(prescription)에 관한 규정을 포함하고 있습니다.[8] 그에 의하면, 소멸시효제도는 "개별 사안에서 가혹한 결과를 낳을 가능성이 있기는 하지만, 일반적으로 현대의 법체계에서 불가결한 장치로 이해되고 있다"는 것입니다.[9] 그리하여 이는 소멸시효기간을 3년으로 현저하게 단축하고 있습니다(제14:201조).[10]

제199조 제1항), 프랑스의 경우에는 이와 유사하게 "권리를 행사할 수 있다는 사실을 알았거나 알 수 있었을 때"로 개정되었습니다(프랑스민법 제2224조).

8) 이에 대하여는 우선 양창수, "「유럽계약법원칙」의 소멸시효규정 ← 우리 민법에의 시사를 덧붙여", 서울대 법학 제44권 4호(2003.12), 114면 이하(동, 민법연구, 제8권(2005), 131면 이하에 재수록)(이하에서는 후자에 의하여 인용하도록 하겠습니다). 그 말미에 「유럽계약법원칙」의 규정 전문을 수록하고 있는데, 그 중 제14장이 소멸시효에 관한 것입니다.

9) Ole Lando et al.(eds.), *Principles of European Contract Law. Part III*, prepared by The Commission on European Contract Law(2003), p. 160. 소멸시효제도의 「정당성」과 관련하여서, 위 책, p.194는 다음과 같이 말하기도 합니다 : "우리는 다시 한 번 다음과 같은 사실을 기억하여야 할 것이다. 우리는 채권자가 오랜 세월에 흐른 후에도 자신의 채권을 입증할 수 있음에도 불구하고 소멸시효에 의하여 그 행사를 저지당하는 가혹함만을 염두에 두고, 소멸시효제도가 부당한 채권의 추급을 막은 수많은 경우들에 대하여는 잊어버리기 쉽다는 것이다."

10) 이에 대하여는 우선 양창수, "「유럽계약법원칙」의 소멸시효규정 ― 우리 민법에의 시사를 덧붙여", 민법연구 제8권(2005), 131면 이하, 특히 137면 이하 참조. 다만 이러한 소멸시효기간의 단축에 대한 균형(counterbalance)을 맞추기 위하여 채무자 및 채권 발생의 원인 사실을 알지 못하고 또한 알지 못하는 데 합리적인 이유가 있는 동안에는 시효기간의 진행이 정지된다고 합니다(제14:301조). 이들 규정의 번역으로는 양창수, 위 책, 176면 참조.

라. 또한 우리 민법에 영향이 큼을 인정하지 않을 수 없는 일본 민법은 그 중 채권법을 2017년 6월에 공포되어 2020년 4월부터 시행된 개정법률에 의하여 크게 변화시켰음은 주지하는 대로입니다.[11] 이 개정에서 채권의 소멸시효기간을 종전의 "권리를 행사할 수 있는 때'(일본에서는 이를 통상 '객관적 기산점'이라고 부릅니다)로부터 기산하여 10년"으로 하는 규정은 그대로 유지되었습니다만, "채권자가 권리를 행사할 수 있음을 안 때(이는 통상 '주관적 기산점'이라고 불립니다)로부터 5년"이 경과한 경우에는 소멸시효가 완성된다는 규정이 신설되었습니다(제166조 제1항 제1호). 그리하여 위의 두 경우 중 어느 하나라도 충족하는 경우에는 소멸시효가 완성된다는 것이어서, 소멸시효의 완성이 인정되는 범위는 종전보다 현저히 확대되는 것입니다.

이와 관련하여 더욱 주목하지 않으면 안 되는 것은, 후자의 '주관적 기산점' 규정에 대하여 이번 일본민법의 개정작업에서 핵심적인 역할을 담당하여 민법개정위원회의 「대변인」 역할을 하고 있는 일본 교토대학의 민법 교수 潮見佳男(시오미 요시오)는 "거래로부터 생기는 채권 중 주된 급부에 관한 것에 대하여는 통상 그 주관적 기산점은 앞서 본 객관적 기산점과 일치한다고 생각하여도 좋다"고 설명하고 있다는 점입니다.[12] 즉 그러한 채권에 대하여는 다른 특

---

11) 이번의 일본민법의 개정 일반에 대하여는 우선 양창수, "[자료] 최근의 일본민법 개정 : 계약법 및 소멸시효법", 동, 민법연구, 제10권(2019), 489면 이하 참조. 그 중 소멸시효법에 대하여는 동, 495면 내지 500면 참조.

12) 潮見佳男, 民法(債權關係)の改正法の概要(2017), 46면 이하. 여기서 그는 가장 중요한 입법자료의 하나인 「部會資料」에 나타난 발언, 즉 심의 과정에서 표명된 견해를 인용하고 있습니다. 그 전에 이미 동, 民法(債權關係)の改正に關する要綱假案の概要(2014.12), 23면 이하 및 동, 民法(債權關係)の改正法案の概要(2015), 46면에서도 같은 취지를 밝히고 있

별한 사정이 없는 한 행사할 수 있는 때로부터 5년의 소멸시효에
걸린다는 것입니다.[13)

마. 이상에서 개관한 바와 같은 주요한 다른 나라의 법, 나아가
법 통일 작업의 일치된 동향 내지 추세는 소멸시효제도의 합리성
을 무엇보다도 생생하게 보여 주는 것이라고 하겠습니다.

3. 소멸시효제도의 중요한 목적은 앞에서도 본 대로 분쟁을 조
기에 종식시켜서 법적 평화를 이룩하겠다는 것입니다. 그러므로 소
멸시효에 관한 법규정이나 그 해석·적용의 양상 자체가 구체적인
사건에서 시효의 완성으로 인한 권리의 소멸 여부 및 그 법적 주장
의 허용 여부를 둘러싸고 빈번하게 분란을 일으키는 원인이 되어
서는 안 될 것입니다. 그리하여 예를 들면 앞의 2. 다.에서 본 「유
럽계약법원칙」도 소멸시효제도는 가급적 "단순하고 명확하며 통일
적(simple, straight-forward and uniform)"이어야 한다고 분명히 밝힙니
다.[14)

그 사이 여러 외국의 법, 나아가 소멸시효에 관한 법통일 작업
도 이러한 방향으로 진행되었습니다. 단지 하나의 예만을 들면, 독
일민법에서는 우리 민법 제163조, 제164조에서 대응하는 단기소멸
시효제도에 관한 제196조(2년의 소멸시효) 및 제197조(4년의 소멸시
효)는 2002년의 대개정에서 모두 삭제되었습니다. 이와 같이 복잡
한 시효기간을 정하는 태도를 폐지하는 것은 앞의 2. 라.에서 본 일

없습니다.
13) 그리하여 우리 상법 제64조에서와 같이 5년의 상사시효를 정하는 일본
    상법 제522조는 위 민법 개정과 함께 폐지되었습니다.
14) Lando(주 9), p. 162.

본의 민법개정에서도 같은 이유로 마찬가지입니다.[15] 나아가 「유럽계약법원칙」도 그와 같은 단순성의 고려에서 '다원적 시효기간' 대신에 '일원적 시효기간'을 정하였습니다.[16]

이하에서는 소멸시효제도의 목적 내지 정당성에 대한 이상과 같은 관점을 전제로 하여 여기서 논의되어야 할 개별 법문제를 살펴보도록 하겠습니다.

Ⅲ. 여기서 다루어질 구체적인 법문제들

1. 대법원은 일련의 '과거사 사건'에서, 우선 소멸시효 완성 전에 객관적으로 권리행사를 할 수 없는 사실상의 장애사유가 있었

---

15) 우선 潮見佳男(주 12. 2017), 47면 : "개정 전 민법이 정하고 있던 직업별의 단기소멸시효는 폐지된다. 개정 전 민법 아래서의 직업별 단기소멸시효는 그 분류·시효기간 구분의 점에서 합리적인 설명이 이루어지는 것이 아닐 뿐더러, 현대 사회의 거래유형과 거래의 실태를 적확하게 반영한다고는 말할 수 없는 것이었다. 개개의 개념의 사정射程에도 의논을 불러일으키는 것이 적지 않고, 예측가능성의 점에서 문제가 있었다. 나아가 복잡한 분류 위에 성립하는 단기소멸시효의 제도는 일반 시민에 있어서 알기 어려운 것이 되었다. 그리하여 개정 후의 민법은 개정 전 민법 제170조부터 제174조까지의 단기소멸시효 규정을 삭제하고, 이들 장면을 채권의 소멸시효에 관한 일반규정으로 처리하는 것으로 하고 있다."

16) 그 이유는 다음과 같습니다. Lando(주 9), p. 164 : "이와 같이 다원적 시효기간을 택하게 되면 결국 채권자나 채무자가 자신의 법적 지위를 정확하게 알고 또 그에 따라 적절한 조치를 취하게 하는 것이 어렵게 된다. 그보다는, 모든 채권에 일률적으로 적절하다고 할 수는 없지만 그래도 위와 같은 어려움을 피할 수 있는 일원적 시효기간을 정하는 것이 상대적으로 낫다. 그리고 이것이 그 사이의 국제적인 경향에도 보다 잘 들어맞는다." 나아가 위 곳은, 각종의 소멸시효기간 사이에 광범위한 차이를 두는 것은 위헌적인 차별에 해당할 수 있다는 벨기에 헌법재판소의 견해를 인용하고 있습니다.

던 경우에 채무자가 소멸시효 완성을 주장하는 것은 신의칙에 반하는 권리남용으로서[17] 허용될 수 없다고 판단한 바 있습니다. 그리고 나아가 그 경우에 채무자 측에게 이제 그 주장이 허용되는 새로운 소멸시효의 진행에 관하여는, 그러한 장애가 해소된 때로부터 상당한 기간 내에 권리를 행사하여야만 채무자의 소멸시효의 항변을 저지할 수 있고, 위 권리 행사의 '상당한 기간'은 특별한 사정이 없는 한 민법상 시효정지(민법 제179조 이하 참조)의 경우에 준하여 단기간으로 제한되어야 하며, 특히 불법행위로 인한 손해배상청구 사건에서는 매우 특수한 개별 사정이 있어서 그 기간을 연장하여 인정하는 것이 부득이한 경우에도 민법 제766조 제1항이 규정한 단기소멸시효기간인 3년을 넘어서는 안 된다고 판시하였습니다. 그리고 이러한 판시는 그 후 주지하는 대로 대법원의 관련 재판례의 다수에서 반복되고 있습니다(우선 대법원 전원합의체 2013. 5. 16. 판결 2012다202819사건(대법원판례집 제61권 민사편(상), 160면; 판례공보 2013년 하권, 1077면); 대법원 2014. 1. 16. 판결 2013다205341사건(법고을)을 들어 둡니다).

2. 이른바 '징용공 소송'(또는 주지하는 대로 '강제징용 사건'이라고 불리기도 합니다. 이하 '징용공 소송' 또는 '징용공 사건'이라고 부르기로 합니다)에 대하여 보면, 대법원이 2012. 5. 24.에 판결을 선고한 2009다22549사건(대법원판례집 제60권 민사편, 382면; 판례공보 2012년 하권, 1084면) 및 2009다68620사건(법고을)에서, 대법원은 1965년에

---

17) 대법원의 재판례나 학설 등에서는 소멸시효 주장이 '신의칙에 위반된다'는 것 외에 '권리남용에 해당한다'는 말도 쓰이고 있습니다. 그러나 이들은 그야말로 표현의 차이에 불과한 것으로 여겨집니다. 그리하여 이하에서는 ─인용문에서 쓰인 것은 그대로 인용하되─ 양자를 구별함이 없이 일률적으로 신의칙 위반의 관점에서 논의하고자 합니다.

체결된 「대한민국과 일본국 간의 재산 및 청구권에 관한 문제의 해결과 경제협력에 관한 협정」(이하 단지 '청구권협정'이라고 합니다)의 적용대상에 피징용자의 손해배상청구권은 포함되었다고 보기 어려워서 청구권협정으로 피징용자들의 손해배상청구권이 소멸하지 아니하였으며, 설령 피징용자들의 손해배상청구권이 청구권협정의 적용대상에 포함된다고 하더라도 그 개인청구권 자체는 청구권협정에 의하여 당연히 소멸한다고 볼 수는 없고 다만 청구권협정으로 그 청구권에 관한 대한민국의 외교적 보호권만 포기되었다고 판단하였습니다. 그리고 원고들의 청구를 기각하였던 원심판결을 파기환송하였습니다(이하 '2012년 대법원 판결'이라고 부르기로 합니다).

　그 후 서울고등법원은 위 대법원 2009다68620사건을 환송받아 2013. 7. 10. 판결 2012나44947사건에서 이를 2012년 대법원 판결의 취지에 좇아 처리하였습니다. 이 서울고등법원 판결에 대한 재상고심에서 대법원 전원합의체 2018. 10. 30. 판결 2013다61381사건(대법원판례집 제66권 민사편, 767면; 판례공보 2018년 하권, 2371면)은 위 판결에 대한 피고의 상고를 기각하였습니다(이하 '2018년 대법원 전원합의체 판결'이라고 부르기로 합니다).

　3. 2012년 대법원 판결 및 2018년 대법원 전원합의체 판결 이후 다수의 징용공 소송이 제기되어 현재 하급심에 계속 중인 것으로 압니다. 위와 같이 피징용자들의 개인적 청구권의 존재를 인정하는 대법원의 견해가 표명된 이상, 이로써 객관적으로 권리 행사를 할 수 없는 사실상의 장애사유는 해소되었다고 보아야 하는지, 그렇다면 그 해소 시점은 언제인지, 그로부터 기산되는 권리 행사의 '상당한 기간'은 어떻게 보아야 하는지가 문제됩니다. 이에 따라 현재 진행 중인 징용공 소송에서 원고들이 주장하는 손해배상청구

권이 시효소멸하였는지 여부가 판가름 나기 때문입니다.

이 논점은 결국 앞의 1.에서 본 대법원 판례의 소멸시효에 관한 여러 법리를 징용공 소송이라는 실제의 사건에서 그 사실관계 기타에 비추어 구체적으로 판단하여 법적 결론을 얻고자 하는 문제입니다.

Ⅳ. '객관적으로 채권자가 권리를 행사할 수 없는 장애사유'의 해소 시점에 관하여

1. '객관적으로 채권자가 권리를 행사할 수 없는 장애사유'라는 기준은 민법 기타 법령에 규정된 것이 아닙니다. 이는 소멸시효와 관련하여서는 대법원이 소멸시효의 주장이 신의칙에 위반되는 것으로 보아야 하는 네 가지 사안유형을 선언한 판결, 즉 대법원 1994. 12. 9. 판결 93다274604사건(법원공보 984호, 434면)에서 처음 등장한 이래 우리 민사실무에 확고하게 자리잡은 판단기준입니다.[18] 위의 대법원 판결에서 선언된 사안유형은 (i) 채무자가 시효 완성 전에 채권자의 권리 행사나 시효 중단을 불가능 또는 현저히 곤란하게 하거나 그러한 조치가 불필요하다고 믿게 하는 행동을 하였거나, (ii) 객관적으로 채권자가 권리를 행사할 수 없는 장애사유가 있거나, (iii) 일단 시효 완성 후에 채무자가 시효를 원용하지 아니할 것 같은 태도를 보여 채권자로 하여금 그와 같이 신뢰하게 하였거나, (iv) 채권자 보호의 필요성이 크고 같은 조건의 다른 채권자가 채무의 변제를 수령하는 등의 사정이 있어 채무 이행의 거절을 인정함이 현저히 부당하거나 불공평하게 되는 것의 넷입니다.

18) 뒤의 Ⅳ. 6. 가.에서 보는 대법원 2002. 10. 25. 판결 2002다32332사건(판례공보 2002년, 3249면)은 그 한 예입니다.

여기에서 든 4개의 사안유형은 그 후의 많은 대법원 판결들에서 마치 하나의 독자적인 법률요건과 같이 다루어진다고 말할 수 있는데, 따라서 이들은 이하에서 본문·각주를 막론하고 제1유형, 제2유형, 제3유형 및 제4유형으로 각각 불리게 될 것입니다.

   2. 소멸시효의 주장이 신의칙에 위반하는 것으로 판단되는 위의 네 가지 사안유형에 있어서는 ―바로 뒤의 3.에서 보는 재판례에서 알 수 있는 대로― 그 사유가 발생하는 원인 및 시점, 그 사유가 해소되는 원인 및 시점, 권리자 보호의 필요성 여하, 소멸시효의 완성에 대한 채무자의 신뢰가 보호받을 필요성 등에 많은 차이가 있습니다. 특히 네 가지 유형 중 제2유형('객관적으로 채권자가 권리를 행사할 수 없는 장애사유가 있었던 때')은 그 포섭 범위가 매우 다양합니다. 위와 같은 소멸시효 주장의 신의칙 위반에 관한 대법원 판례의 형성에 강하게 영향을 미친 것으로 보이는[19] 일본의 문헌[20]에서도, 이에 대응하는 유형에 대하여 "여러 가지 사정에 의하여 채권자가 사실상 소를 제기할 수 없거나 또는 소 제기를 기대할 수 없는 사정이 있는 경우"라고 내세운 다음, 바로 이어서 "이 유형에는 많은 사례가 포함될 수 있다"고 설명하고 있는 데도 이를 추측할 수 있습니다.

   그런데 이와 같이 '많은 사례가 포함될 수 있다'고 하는 제2유형에 대하여는 적지 않은 의문도 있다고 하지 않을 수 없습니다. 그것은 무엇보다도 위의 제2유형은 민법 제166조 제1항에서 소멸

---

19) 이 점에 대하여는 우선 한강현, "소멸시효의 주장이 권리남용에 해당하는가", 민사재판의 제문제 제9권(1997), 205면 이하 참조.

20) 半田吉信, "消滅時效の援用と信義則", ジュリスト 872号(1986. 11. 15.), 79면 내지 84면.

시효의 기산점으로서 규정된 '권리를 행사할 수 있는 때'의 판단과 관련하여 우리 판례가 일찍부터 채택한 이래 현재까지 한결같이 취하고 있는 '법률상 장애사유'와 '사실상 장애사유'의 구별을 실제로 무의미하게 할 우려가 크다는 것과 관련됩니다. 다시 말하면 이 제2유형은 한편으로 소멸시효의 진행을 막지 못하는 사유가 그와 같이 하여 시효가 완성된 경우에는 돌연 그 완성의 주장을 하지 못하게 하는 사유로 원용할 수 있게 되는 말하자면 평가모순評價矛盾에 빠지게 되지 않을까요? 이를 피하려면 제2유형을 충족하는 바의 '장애사유'라는 것을 뚜렷한 경계를 가진 일정한 유형의 예외적 사유에 한정하지 않으면 안 될 것입니다.

그리고 그 장애사유의 해소 시점 등도 이를 일의적으로 정의하거나 유형화하기는 대단히 어렵고, 결국 개별 사건의 사실관계의 특수성을 고려하여 케이스 바이 케이스로 판단될 수밖에 없다고 생각됩니다.

3. 한편 특히 제2유형은 채무자가 그러한 사유의 발생에 어떠한 '기여'(고의·과실과 같은 엄밀한 의미의 귀책사유가 있는 경우는 물론이고, 단지 순전히 객관적으로 원인을 제공하였다는 가장 넓은 의미에서도)도 **하지 아니한 경우**까지 포함된다는 점에서 다른 유형들과 현저한 차이가 있습니다. 이와 같이 객관적인 장애사유의 발생에 채무자가 아무런 기여도 하지 아니하였다는 측면은, 채무자가 소멸시효의 이익을 원용하지 아니할 것 같은 신뢰를 부여하였다는 제3유형,21) 채무자가 시효의 완성 전에 채권자의 권리 행사나 시효중단

---

21) 뒤의 V. 2.에서 보다 상세히 살펴보는 대법원 전원합의체 2013. 5. 16. 판결 2012다202819사건(대법원판례집 제61권 민사편(상), 160면; 판례공보 2013년 하권, 1077면)이 바로 이에 해당합니다.

을 불가능 또는 현저히 곤란하게 하였거나 그러한 조치가 불필요하다고 믿게 하는 행동을 한 제1유형과 같이 채무자에게 그 사유의 발생에 —유일한 기여는 아니라고 하더라도— 최소한 '중요한 기여'를 하였다고 평가되는 유형들과 비교하면 그 특이성을 바로 알 수 있을 것입니다. 이러한 제2유형의 특성을 고려한다면, 이 유형을 시인하여 신의칙 위반을 긍정하는 판단을 하는 경우는 물론이고, 나아가 —뒤의 7. 및 V.에서 살펴보는— 권리자가 그 권리를 행사하지 못하게 하는 장애사유가 과연 해소되었는지, 그리고 그 해소 후에 이제 새로이 그 권리를 행사하여야 할 '상당한 기간'을 어떻게 정할 것인가를 판단함에 있어서도 채무자 측의 사정을 고려할 필요성, 특히 소멸시효의 완성에 대한 채무자의 신뢰를 보호할 필요성은 한층 크다고 할 것입니다.

4. '객관적으로 채권자가 권리를 행사할 수 없는 장애사유'가 있었다는 이유로 소멸시효의 항변이 배척되는 경우에, 그러한 장애사유의 해소 시점과 장애사유 해소 이후의 권리 행사의 '상당한 기간'에 관하여 일단 참고로 할 수 있는 재판례를 살펴봅니다.

가. 우선 이른바 '과거사 사건'에 관한 다수의 재판례가 있습니다.

'과거사 사건'을 살펴보면, 거기에는 우선 피해자들이 수사기관의 고문에 의한 허위자백 등으로 억울하게 간첩으로 몰려서 유죄의 확정판결을 받았다가 나중에 재심절차에서 무죄판결을 받은 경우와 같이, 국가기관의 적극적인 위법행위, 그리고 아마도 은폐행위가 있었다가 나중에 실체적 진실이 밝혀진 사안이 있습니다.

그런가 하면, 한국전쟁 전후의 민간인 희생 사건이나 권위주의

정권 시절의 인권유린 사건에서와 같이, 국가기관의 적극적인 은폐 행위가 있었다고 보기는 어렵지만, 반공을 국시國是로 삼는 사회 분위기 또는/및 권위주의 정권의 일반적 억압구조 아래서 진상이 밝혀지지 못하고 있다가 「진실·화해를 위한 과거사정리위원회」[22) 또는 「군의문사 진상규명위원회」[23) 등의 이른바 진상규명결정을 통하여 그 실상이 밝혀진 사안이 있습니다.

나. 한편 이와는 달리 대법원 2013. 7. 12. 판결 2006다17539사건(판례공보 2013년 하권, 1454면)이나 대법원의 같은 날 판결 2006다17539사건(법고을) 등과 같은 이른바 '고엽제 소송'에서는, 피해자들이 애초에는 자신의 피부 질환이 염소성 여드름에 해당하고 또 그것이 피고들이 제조·판매한 고엽제에 노출된 것과 인과적 관련이 있을 수 있다는 사실 자체를 알지 못했던 사안이 문제되었습니다.

5. 이상의 사건들과는 달리, 여기서 문제되는 징용공 소송의 경우에는, 위의 4. 가.에서와 같이 국가기관이 피징용자의 피징용 사실을 적극적으로 은폐하였다거나 권위주의 정권 아래서의 일반

---

22) 2005년 7월의 법률 제7542호 「진실·화해를 위한 과거사정리 기본법」, 그리고 같은 해 12월의 동법 시행령(대통령령 제19161호)이 제정·공포됨으로써 독립적 국가기관으로 「진실·화해를 위한 과거사정리위원회」가 2005년 12월부터 활동을 개시하였습니다. 원래는 2010년으로 활동이 종료하는 일시적인 기구로서 발족하였으나, 그 후 2010년 5월 위 법률을 일부 개정하여 그 활동기간을 3년 연장하였습니다.

23) 2005년 7월의 법률 제7626호 「군의문사 진상규명 등에 관한 특별법」, 그리고 같은 해 12월의 동법 시행령(대통령령 제20675호)이 제정·공포됨으로써 대통령 직속의 「군의문사 진상규명위원회」가 2006년 1월 1일부터 활동을 개시하였습니다. 원래는 2008. 12. 31.까지 활동하는 한시적인 기구로 발족하였으나, 2008년 12월에 위 시행령을 일부 개정하여 2009. 12. 31.까지로 활동기간을 1년 연장하였습니다.

적인 억압적 구조가 존재하였다거나, 위의 4. 나에서와 같이 피징용 사실 및 피징용 사실과 손해 발생 사이의 인과관계가 불분명하여 채권자가 구체적인 불법행위의 존재와 가해자를 알지 못하였던 사안과는 다릅니다.

피징용자들이 일본 기업들에 대하여 징용과 관련하여 손해배상청구권을 가진다는 점을 알지 못하게 되거나, 적어도 착안하지 못하게 한 사정, 즉 대법원의 재판례가 논의하는 '객관적으로 채권자가 권리를 행사할 수 없는 장애사유'는, 일본 기업의 징용에 의하여 피징용자들이 손해를 입었다는 사실 등의 증명이나 그 사실 등과 위 손해와 사이에 인과관계가 있다는 점이 문제되는 것이 아니라, "한국과 일본 사이에 국교가 수립되는 과정에서 체결된 청구권협정으로 대한민국 국민의 일본국 또는 일본 국민에 대한 개인적 청구권이 포괄적으로 해결되어 이제 이를 개별적으로 행사할 수 없게 되었다는 견해가 대한민국 내에서 일반적으로 받아들여져 온 사실"이라고 이해됩니다. 2012년 대법원 판결이 피고의 소멸시효 항변을 배척하는 근거로서 "청구권협정 제2조 및 그 합의의사록의 규정과 관련하여 청구권협정으로 대한민국 국민의 일본국 또는 일본 국민에 대한 개인청구권이 포괄적으로 해결된 것이라는 견해가 대한민국 내에서 일반적으로 받아들여져 온 사실, 일본에서는 청구권협정의 후속조치로 재산권조치법을 제정하여 원고들의 청구권을 일본 국내적으로 소멸시키는 조치를 취하였고 공동원고들인 원고 1 및 원고 2가 제기한 일본소송에서 청구권협정과 재산권조치법이 이들의 청구를 기각하는 부가적인 근거로 명시되기도 한 사실, 그런데 원고들의 개인청구권, 그 중에서도 특히 일본의 국가권력이 관여한 반인도적 불법행위나 식민지배와 직결된 불법행위로 인한 손해배상청구권은 청구권협정으로 소멸하지 않았다는 견해가 원고

1 및 원고 2 등 강제동원 피해자들이 일본에서 소송을 제기한 1990
년대 후반 이후에야 서서히 부각되었고 마침내 2005년 1월 한국에
서 한일 청구권협정 관련 문서가 공개된 뒤, 2005. 8. 26. 일본의 국
가권력이 관여한 반인도적 불법행위나 식민지배와 직결된 불법행
위로 인한 손해배상청구권은 청구권협정에 의하여 해결된 것으로
볼 수 없다는 민관공동위원회의 공식적 견해가 표명된 사실"을 들
고 있는 것이나, 2018년 대법원 전원합의체 판결이 "환송 후 원심
은, 1965년 한일 간에 국교가 정상화되었으나 청구권협정 관련 문
서가 모두 공개되지 않은 상황에서 청구권협정으로 대한민국 국민
의 일본국 또는 일본 국민에 대한 개인청구권까지도 포괄적으로
해결된 것이라는 견해가 대한민국 내에서 널리 받아들여져 온 사
정 등 그 판시와 같은 이유를 들어, 이 사건 소 제기 당시까지도 원
고들이 피고를 상대로 대한민국에서 객관적으로 권리를 행사할 수
없는 장애사유가 있었다고 봄이 상당하므로, 피고가 소멸시효 완성
을 주장하여 원고들에 대한 채무의 이행을 거절하는 것은 현저히
부당하여 신의성실의 원칙에 반하는 권리남용으로서 허용될 수 없
다고 판단하였다. 이러한 환송 후 원심의 판단 또한 환송판결의 취
지에 따른 것으로서, 거기에 상고이유 주장과 같이 소멸시효에 관
한 법리를 오해하는 등의 위법이 없다"고 판시한 것에 비추어 보
면, 2012년 대법원 판결 및 2018년 대법원 전원합의체 판결의 판단
역시 이러한 취지라고 할 것입니다.

6. 또한 장애사유의 해소 여부를 판단함에 있어서, 장애사유가
해소되어 권리 행사가 가능하게 되었음을 채권자가 실제로 인식하
였어야 하는 것은 아닙니다.

가. 소멸시효의 주장이 우리의 판례 법리상 신의칙 위반이 되는 유형들 중 제2유형은 '객관적으로 채권자가 권리를 행사할 수 없는 장애사유'라는 것이므로, '객관적으로 권리 행사가 가능하게 됨'으로써 그 장애사유가 해소되었다고 보는 것이 **논리상** 당연합니다. 대법원 2002. 10. 25. 판결 2002다32332사건(판례공보 2002년, 3249면)에 대한 대법원 재판연구관의 「판례해설」은 '객관적으로 채권자가 권리를 행사할 수 없는 장애사유'의 의미에 관하여 "일반인의 눈으로 보았을 때 그러한 권리 행사를 기대하기 어렵다는 등의 사정이 있어 채권자가 권리를 행사하지 아니한 것이 사회적으로 상당한 것으로 평가될 수 있어야 한다"라고 설명하고 있습니다.[24] 이는 권리 행사의 기대 가능성이 —채권자의 주관적 인식의 문제가 아니라— 어디까지나 규범적인 판단의 문제임을 여실히 보여준다고 하겠습니다. 따라서 그 해소의 시점 역시 규범적으로 판단되는 바의 '객관적으로 권리 행사가 가능한 시점'이 되어야 합니다.

나. 만약 채권자의 주관적 인식에 따라 권리 행사의 가능 시점을 정하여야 한다면, 수십 년 혹은 수백 년 후에도 권리 행사가 가능하다는 결론이 되어 법적 안정성을 심각하게 훼손할 수 있습니다. 이는 소멸시효제도의 예외를 인정하여 주는 것을 훨씬 넘어서 시효제도 자체를 무력하게 만듭니다. 따라서 그 기준은 채권자의 주관적인 인식 여부와는 상관없이 '객관적으로 권리 행사가 가능한 시점'이 되어야 할 것입니다.[25]

---

24) 이주현, "채권자의 권리 행사가 객관적으로 불가능한 사실상의 장애사유가 있음에 불과한 경우 채무자의 소멸시효항변이 신의칙에 반한다는 이유로 허용되지 아니할 수 있는지 여부", 대법원판례해설 제42호(2003), 577면 이하.

25) 이영창, "과거사 사건의 사실 확정 및 소멸시효 문제", 대법원판례해설

7. 징용공 소송에서도 '객관적으로 채권자가 권리를 행사할 수 없는 장애사유'의 해소 시점은 이러한 점을 염두에 두고 고찰되어야 할 것입니다.

가. 2012년 대법원 판결 및 이 대법원 판결의 판시를 그대로 수긍한 2018년 대법원 전원합의체 판결에서의 상고이유 제4점(소멸시효에 관한 법리 오해 주장)에 대한 판시에 관하여서는, 단적으로 일본에서는 1990년대부터 지속적으로 전후보상 관계의 소송이 제기되어 왔고, 다수의 한국인 원고들이 일본에서 소송을 제기하였다는 점에서, 과연 객관적으로 권리 행사를 할 수 없는 장애사유의 존재를 쉽사리 인정할 수 있는가 하는 근본적인 의문이 제기됩니다. 게다가 그들 중 적지 않은 부분에 있어서도 일찍이 2000년대부터 한국에서 소송이 제기되게 되었습니다. 2012년 대법원 판결의 원고들도 1990년대에 일본에서 선행소송을 제기하였고, 2000년대에 한국에서 제소하였습니다.

나. 그러나 이 점을 차치하고라도, 2012년 대법원 판결 및 2018년 대법원 전원합의체 판결을 전제로 하는 경우에 '장애사유가 해소된 시점'으로 생각할 수 있는 실제의 사정으로서는 다음과 같은 것들을 생각할 수 있습니다.

(i) 「대일항쟁기 강제동원 피해조사 및 국외강제동원 희생자 등 지원위원회」[26](이하 '대일항쟁기위원회'라고 부르기로 합니다) 등의

제95호(2013년 상권)(2014), 463면.

26) 이 위원회는 2010년 3월 법률 제10143호의 「대일항쟁기 강제동원 피해조사 및 국외강제동원희생자 등 지원에 관한 특별법」(이 법률은 연혁적

개별 피징용자에 대한 '강제동원 희생자 결정일'

   (ii) '민관공동위원회'[27) 보도자료 발표일(2005. 8. 26.)

   (iii) 2012년 대법원 판결 선고일(2012. 5. 24.)

   (iv) 2018년 대법원 전원합의체 판결 선고일(2018. 10. 30.)

이하 하나씩 짚어보도록 하겠습니다.

   다. 위의 5.에서 살펴본 바와 같이, 징용공 소송에서의 객관적으로 채권자가 권리를 행사할 수 없는 장애사유가 "국교의 수립 과정에서 한일 양국 사이에 체결된 청구권협정으로 대한민국 국민의 일본국 또는 일본 국민에 대한 개인적 청구권이 포괄적으로 해결되어 이제 이를 개별적으로 행사할 수 없다는 것이라는 견해가 대한민국 내에서 일반적으로 받아들여져 온 사실"이라고 본다면, (i) 대일항쟁기위원회 등의 '강제동원 희생자 결정일'을 그러한 장애사

     으로는 2004년 3월의 「일제강점하 강제동원 피해 진상규명 등에 관한 특별법」 및 2007년 12월의 「태평양전쟁 전후 국외강제동원희생자 지원법」을 계승하는 것입니다)에 기하여 "일제 강점기 강제동원 피해의 진상을 규명하여 역사의 진실을 밝히고, 나아가 앞서 본 청구권협정과 관련하여 국가가 국외 강제동원 희생자와 그 유족 등에게 인도적 차원에서 위로금 등을 지원함으로써 이들의 오랜 고통을 치유하고 국민 화합을 도모하기 위하여"(위 법률의 제1조에서 정하는 '목적') 설립된 국무총리 산하의 한시적 조직으로서, 원래의 존속기간은 2012. 12. 31.까지였으나 몇 번에 걸쳐 그 존속이 연장되던 중 2016. 6. 30.자로 공식적으로 해산되었습니다.

27) 정부는 2005. 6. 25. 한일회담 문서 공개에 따른 후속대책을 논의하기 위하여 공동위원장 2인, 정부위원 9인, 민간위원 10인으로 구성된 '민·관 공동위원회'(이하 본문·각주를 통틀어 단지 '민관공동위원회'라고 부르기로 합니다)를 개최한 바 있습니다. 그 위원회의 종료 후에 당일 「보도자료」가 발표되었습니다.

유의 해소일이라고 보기는 어렵다고 할 것입니다. 대일항쟁기위원회 등의 '강제동원 희생자 결정'은, 그 근거인 법률의 목적[28]에서 밝히고 있듯이, '강제동원' 피해자들에게 인도적인 차원에서 위로금 등을 지급하기 위한 것일 뿐이고, 위 장애사유와 그 해소에 대하여서는 어떠한 해답도 주고 있지 아니하기 때문입니다.

   라. 다음으로 (ii) 민관공동위원회 보도자료 발표일에 관하여 보기로 합니다.

   (1) 2012년 대법원 판결은 "원고 등의 개인청구권, 그 중에서도 특히 일본의 국가권력이 관여한 반인도적 불법행위나 식민지배와 직결된 불법행위로 인한 손해배상청구권은 청구권협정으로 소멸하지 아니하였다는 견해가 원고 등이 1995. 12. 11. 일본소송을 제기하고 2000. 5. 1. 한국에서 이 사건 소를 제기하면서 서서히 부각되었고, 마침내 2005. 1. 한국에서 한일 청구권협정 관련 문서가 공개된 뒤, 2005. 8. 26. 일본의 국가권력이 관여한 반인도적 불법행위나 식민지배와 직결된 불법행위로 인한 손해배상청구권은 청구권협정에 의하여 해결된 것으로 볼 수 없다는 민관공동위원회의 공식적 견해가 표명된 사실 등을 알 수 있다"라고 설시하고 있어서, 마치 민관공동위원회 보도자료 발표일을 장애사유 해소일로 보는 듯한 뉘앙스를 풍기고 있습니다.
   또한 2018년 대법원 전원합의체 판결을 앞두고 대법원이 전원합의체 회부할 사건에 관하여 대법원 인터넷사이트에 게시한 「해당 사건의 쟁점」 중에는 "(2) 객관적으로 권리를 행사할 수 없는 장애사유가 해소된 시점(민관공동위원회 공식 견해 표명 시 vs 파기환

---

   28) 이에 대하여는 앞의 주 26 인용의 입법목적 참조.

송 판결 시) 및 해소 시점부터 권리를 행사하여야 하는 상당한 기간 등"이 포함되어 있습니다. 그리하여 대법원 역시 민관공동위원회의 보도자료 발표 시점을 장애사유 해소 시점으로 볼 가능성을 염두에 두고 검토를 하였던 것으로 보입니다.

(2) 민관공동위원회 보도자료가 발표된 날인 2005. 8. 26. 열린 제3차 민관공동위원회의 논의 내용[29]에 의하면, 민관공동위원회는 '강제동원' 피해의 보상에 관하여 한국정부가 일본에 다시 법적 피해보상을 요구하는 것은 신의칙상 곤란하지만, 피해자 개인들이 "강제동원은 일제의 불법적인 한반도 지배 과정에서 발생한 정신적·물질적 총체적 피해이다"라는 법적 논거로 일본에 배상을 청구하는 것은 가능하다고 정리하고 있습니다.[30] 앞서 본 2012년 대법원 판결의 판시도 바로 이 점을 반영한 것으로 이해됩니다.

그러나 2005. 8. 26. 발표된 민관공동위원회의 보도자료는 백서와는 달리 피징용자 개인들의 청구권 유무에 대하여서는 명시적인 언급을 피하고 있고, 피징용자들의 개인적 청구권에 관하여 상반된 방향으로 해석될 여지가 있는 추상적인 문구로 작성되어 있습니다.

오히려 민관공동위원회 보도자료의 강조점은, 피징용자 개인들에 대한 법적 권리의 존재 여부 또는 그 구제의 방법·내용 등이 아니라, 정부가 이들에 대한 지원대책을 마련하기 위하여 노력하겠다는 선언적인 의미에 있는 것으로 이해됩니다. 따라서 민관공동위원회 보도자료 발표에 의하여 객관적으로 채권자가 권리를 행사할

---

29) 민관공동위원회의 논의 내용을 포함한 상세한 활동 내역은 2007년 10월 발간된 국무총리실의 『한일수교회담문서공개등대책기획단 활동백서』 (이하 단지 '백서'라고 부르기로 합니다)에 수록되어 있습니다.

30) 백서, 43면.

408   15. 이른바 '과거사 사건'에서 시효소멸 주장의 신의칙 위반과 …

수 없는 장애사유가 해소되었다고 볼 수는 없다고 여겨집니다.

   뒤의 바. (1)에서 보는 광주고등법원 2018. 12. 5. 판결 2017나
13822사건(각급법원판결공보 2019년 상권, 185면)도 이 점에 관하여
"민관공동위원회가 당시 보도자료를 통해 표명한 내용은 '청구권협
정은 기본적으로 일본의 식민지배 배상을 청구하기 위한 것이 아
니었고, 대일평화조약(샌프란시스코조약) 제4조에 근거하여 한일 양
국 간 재정적·민사적 채권채무관계를 해결하기 위한 것이며, 일본
군위안부 문제 등 일본 정부·군 등 국가권력이 관여한 반인도적인
불법행위에 대해서는 청구권협정에 의하여 해결된 것으로 볼 수
없고 일본 정부의 법적 책임이 남아 있으며, 사할린 동포, 원폭피해
자 문제도 청구권협정 대상에 포함되지 않는다'는 것으로서, 강제
동원 내지 근로정신대 피해자들 개개인의 강제노동이 이루어진 일
본 군수사업체 기업에 대한 불법행위를 원인으로 한 손해배상청구
권이 청구권협정의 범위에 포함되는지 여부에 관하여는 구체적인
판단이 이루어지지 않았다. 뿐만 아니라, 위 민관공동위원회의 견
해 표명 이후에도 대한민국 외교통상부는, 2009. 8. 14. '강제동원
피해자의 공탁금은 청구권협정 체결을 통하여 일본으로부터 받은
무상 3억 불에 포함되어 있다고 보아야 하므로, 일본 정부에 대해
청구권을 행사하기는 어려움'이라는 내용이 포함된 「보도 참고자료」
를 배포하였고, 원고 등과 같은 근로정신대 피해자를 지원하는 「근
로정신대 할머니와 함께하는 시민모임」의 질의에 대하여 2011. 12.
13.경 '청구권협정의 대상범위에는 강제동원 관련 피징용 한국인
미수금(공탁금) 및 피징용자 피해보상 문제 등이 포함되어 있으므
로, 위 사안에 대한 일본 측과의 협상은 현재로서 실익이 없을 것
이 예상되는바, 위 문제 해결을 위해 정부는 앞으로도 이제까지와
마찬가지로 미수금 자료의 입수를 통한 국내 보상, 일본 기업과의

화해 추구 등에 있어서의 측면 지원 관련 노력을 기울여 나가고자 한다'는 내용의 답변서를 보내기도 하였다. 따라서 위 민간공동위원회의 견해 표명이 있었다는 사실만으로 원고들의 권리행사 장애사유가 해소되었다고 볼 수 없다"고 판시하고 있는 것입니다.

마. 이어서 (iii) 2012년 대법원 판결 선고일에 관하여 살펴보기로 합니다.

(1) 대법원은 2012년 대법원 판결에서, 피징용자의 손해배상청구권은 청구권협정의 적용 대상에 포함되었다고 보기 어려우므로 청구권협정으로 피징용자들의 손해배상청구권이 소멸하지 아니하였으며, 설령 피징용자들의 손해배상청구권이 청구권협정의 적용 대상에 포함된다고 하더라도 그 개인적 청구권 자체는 청구권협정에 의하여 당연히 소멸한다고 볼 수는 없고, 다만 청구권협정으로 그 청구권에 관한 대한민국의 외교적 보호권만 포기된 것이라고 명시적으로 판시하였습니다.

(2) 법령의 해석 적용에 관하여 공적인 차원에서 최종적으로 판단하는 권한을 가지고 또 그 책임을 지는 국가기관인 한국의 최고법원이 청구권협정에 관하여 위와 같은 해석을 천명한 이상, 이로써 피징용자들의 객관적인 권리 행사의 장애사유, 즉 "한국과 일본의 국교 수립 과정에서 체결된 청구권협정으로 대한민국 국민의 일본국 또는 일본 국민에 대한 개인적 청구권이 포괄적으로 해결된 것이라는 견해가 대한민국 내에서 일반적으로 받아들여져 온" 상황은 이제 종국적으로 해소되었다고 보아야 할 것입니다. 또한 앞의 6. 가.에서 보았듯이, '객관적으로 채권자가 권리를 행사할 수

없는 장애사유'의 의미에 관하여 "일반인의 눈으로 보았을 때 그러한 권리 행사를 기대하기 어렵다는 등의 사정이 있어 채권자가 권리를 행사하지 아니한 것이 사회적으로 상당한 것으로 평가될 수 있어야 한다"라고 설명하고 있는 대법원 2002. 10. 25. 판결 2002다32332사건에 대한 대법원 재판연구관의 「판례해설」에 비추어 보더라도, 2012년 대법원 판결의 선고로써 그러한 장애사유는 해소되었다고 보는 것이 타당합니다.

(3) 대법원은 2012년 대법원 판결이 선고된 날에 이례적으로 별도의 「보도자료」까지 작성하여 각급 언론기관에 배포하였습니다. 그리하여 많은 언론매체에서도 2012년 대법원 판결의 내용과 그 판결이 피징용자들에 대하여 가지는 의미를 대대적으로 보도하였습니다. 또한 2012년 대법원 판결이 선고된 직후에 「근로정신대시민모임」, 「일제피해자공제조합」 등 여러 시민단체가 2012년 대법원 판결을 환영하는 성명을 발표하였습니다. 그리고 그 후에 다수의 후속소송이 제기되기도 하였습니다.

그리고 2012년 대법원 판결이 『대법원판례집』에 수록되었다는 사실도 이 맥락에서 일정한 의미가 부여되어야 할 것입니다. 『대법원판례집』은 대법원에 부속된 공적 기관인 「법원도서관」이 편찬·발행하는 대법원 재판례와 관련하여서는 유일한 공찬公纂의 자료입니다. 이 『대법원판례집』에 수록되는 판결 기타 재판을 선정하기 위하여 대법원에 대법원장이 위원장이고 대법관 전원이 위원에 포함되는 '판례심사위원회'를 두고 있습니다. 그 조직·편성과 운영 등을 규율하기 위하여 대법원규칙으로 「판례심사위원회 규칙」(1970년 9월 대법원규칙 제420호로 제정되어, 최종적으로 1995년 8월 대법원규칙 제1380호로 개정되었습니다)이 마련되어 있습니다. 따라서 설사 그

구체적인 편집은 대체로 그 위원회에 소속되어 있는 '조사위원'들
이 담당한다고 하더라도, 또한 그것은 재판이 있고서 일정 기간이
지난 후에 발간된다고 하더라도, "여기에 수록된 재판은 적어도 대
법관들 자신의 의식에서는 다른 재판들보다 더욱 중요한 것이라고
일단 말할 수 있겠다"[31]는 것입니다. 늦어도 2000년대 이후로『대
법원판례집』에는 민사만 보더라도 매년 대법원이 선고하는 1만 건
이 넘는 사건 중에서 겨우 15건 내외, 그러니까 0.15%만이 수록되
고, 거기에는 전원합의체의 재판들 또는 그에 준하는 '판례로서의
무게', 즉 장래의 대법원 자신 및 하급심의 재판, 그리고 일반의 민
사실무를 지도할 것으로 예상되는 재판들만이 수록됩니다. 그만큼
그것들이 상당한 시일 내에 변경될 가능성은 전무하다시피 합니다.
그렇게 보면 청구권협정과는 무관하게 피징용자들의 손해배상청구
권을 인정한 2012년 대법원 판결이 앞서 본 대로『대법원판례집』
에 수록되었다는 사실은 그 판결의 그러한 '중요성', 나아가 그 사
회적 의미가 현저하고 그 파장이 클 가능성이 높다는 것이 애초부
터 의식되었음을 말하여 주는 증거라고 하겠습니다.

　(4) 이 점에 관하여, 아래와 같은 사정은 피징용자들의 개인적
청구권의 존재를 인정한 2012년 대법원 판결이 대한민국 내에서 **일
반적·사회적으로** 어떻게 받아들여졌는지를 살피는 데에 도움이 될
것으로 사료됩니다.

　예를 들면, 2012년 대법원 판결로부터 거의 3년이 되는 2015년
4월에 '징용 피해로 인한 손해배상청구권'에 대하여 소멸시효를 아
예 적용하지 아니하고 집단소송으로 진행할 수 있도록 하는 내용
의「일제 강점 하 강제징용 피해자의 손해배상 소송에 관한 특례법

---

31) 양창수, 민법입문, 제8판(2020), 190면.

안」이 발의되었습니다.[32] 그 제안이유 중에는 "2012년 대법원 판결 선고일로부터 3년이 경과한 2015. 5. 24. 소멸시효가 완성된다"는 취지의 기재가 있습니다.

나아가 대한변호사협회는 2015. 4. 29.에 "일제 강점 하 강제징용 피해자의 손해배상 소송에 관한 특례법안의 조속한 통과를 촉구한다"라는 제목의 성명을 발표하여 위 법안의 통과를 촉구하고 있습니다. 그 성명서에는 그 법안 통과를 촉구하는 이유로 "대법원은 2012. 5. 24. 일제 강점기 때 강제동원 당한 한국인 징용피해자들이 일본 미쓰비시중공업과 신일철주금(구 신일본제철)을 상대로 제기한 손해배상 및 임금지급 청구 소송에서 한일청구권협정으로 개인 청구권까지 소멸됐다고 보기 어렵다는 취지로 판결하였다. 현행 민법상 손해배상청구권은 피해자나 법정대리인이 손해 및 가해자를 안 날로부터 3년이 경과하면 시효로 인하여 소멸되도록 규정되어 있어, 이에 따르면 강제징용 피해자들의 손해배상청구권은 2015. 5. 24. 시효로 소멸된다"라고 하고 있습니다.

또한 「사단법인 아시아 태평양전쟁 희생자 한국 유족회」는 2015. 2. 24.에 기자회견을 열어서, "1,000명에 이르는 원고를 모집하여 전범기업을 상대로 소송을 추진한다"고 하면서(위 기자회견에는 한국 변호사는 물론이고 미국 변호사도 참석하고 있습니다), "불법행위로 인한 손해배상청구권 시효가 소멸되는 2015년 5월 23일 이전에 소송을 제기한다는 계획"을 밝히기도 하였습니다.[33]

---

32) 이 법률안은 2016. 5. 29.의 제19대 국회 임기 만료로 자동폐기되기는 하였습니다. 이 점에 관하여는 헌법 제51조("국회에 제출된 법률안 기타의 의안은 회기 중에 의결되지 못한 이유로 폐기되지 아니한다. **다만, 국회의원의 임기가 만료된 때에는 그러하지 아니하다**") 참조.
33) https://www.yna.co.kr/view/AKR20150224096600004?input=1195m (2021. 5. 6. 최종 방문).

이상의 사실에서 명확한 대로 2012년 대법원 판결이 선고된 날로부터 3년이 경과하면 소멸시효가 완성되어 더 이상 소 제기가 불가능하다는 것이 일반적인 인식이었습니다. 그리고 이는 "2012년 대법원 판결이 선고됨으로써 객관적인 권리 행사의 장애사유가 해소되었다"는 점을 전제로 한 것이었다고 하지 않을 수 없습니다. 다시 한 번 강조하거니와, 위와 같은 사정들은 2012년 대법원 판결에 의하여 객관적인 권리 행사의 장애사유가 해소되었다는 일반적·사회적 인식을 반영하는 것입니다.

바. 한편 이와는 달리, (iv) 2018년 대법원 전원합의체 판결이 선고된 날(2018. 10. 30.)을 장애사유의 해소 시점으로 보는 견해가 있을 수 있겠습니다.

(1) 예를 들어, 광주고등법원 2018. 12. 5. 판결 2017나13822사건(각급법원판례공보 2019년 상권, 185면)[34]은, "원고 등을 비롯한 강제동원 피해자들은 1920년경부터 1930년경 사이에 태어난 사람들로써 위 대법원 2009다22549 판결 및 2009다68620 판결이 선고될 무렵에도 이미 상당한 고령이었고, 그 지위, 교육 수준 등에 비추어 볼 때 충분한 법률적 지식을 가지고 있다거나 적절한 법률적 조언을 받기 어려웠을 것으로 보인다", "환송심에서 피고 등이 제출한 새로운 주장이나 증명에 따라 위 각 대법원 판결의 판단의 기초가 된 사실관계 등이 변동됨으로써 강제동원 피해자들의 일본 기업에 대한 손해배상청구권이 인정되지 않을 가능성이 완전히 사라진 것도 아니었다"는 등의 이유를 제시하면서, 2018년 대법원 전원합의체 판결에 의하여 "일본 정부의 한반도에 대한 불법적인 식민지배

34) 그 사건명은 「손해배상(기)」입니다.

및 침략전쟁의 수행과 직결된 일본 기업의 반인도적인 불법행위를
전제로 하는 강제동원 피해자의 일본 기업에 대한 손해배상청구권
은 청구권협정의 적용대상에 포함되지 아니한다"는 법리가 최종적
으로 확인됨으로써 비로소 대한민국 내에서 피징용자들이 청구권
협정의 해석 등과 관련하여 객관적으로 권리를 사실상 행사할 수
없었던 장애사유가 해소되었다고 봄이 타당하다고 판시하고 있습
니다.

　　(2) 그러나 앞의 6.에서 자세히 살펴본 바와 같이 장애사유가
해소되어 권리 행사가 가능하게 되었음을 채권자가 실제로 인식하
였어야 하는 것은 아닙니다. 그러한 관점에서 보면, "피징용자들이
2012년 대법원 판결 선고 무렵에 이미 상당한 고령이었고, 충분한
법률적 지식을 가지고 있거나 법률적 조언을 받기도 어려웠을 것
으로 보인다"는 점은 합당한 근거가 될 수 없다고 하겠습니다.

　　(3) 나아가 "2012년 대법원 판결은 파기환송판결이었고, 환송
심에서의 주장이나 증명에 따라 강제동원 피해자들의 일본 기업에
대한 손해배상청구권이 인정되지 아니할 가능성이 완전히 사라진
것도 아니었다"는 논거 역시 수긍하기 어렵습니다.
　　주지하는 대로 상고법원이 파기의 이유로 삼은 사실상 및 법률
상의 판단은 사건을 환송받거나 이송받은 법원을 기속합니다(민사
소송법 제436조 제2항 후문). 이 기속력은 환송 후 원심뿐 아니라 원
칙적으로 재상고심에도 미칩니다. 이 점은 무엇보다도 바로 뒤에서
도 살펴보는 대법원 전원합의체 2001. 3. 15. 판결 98두15597사건
(대법원판례집 제49권 1집, 특별편 586면; 판례공보 2001년, 890면)에서
명백합니다. 대법원은 그 판결에서 "상고심으로부터 사건을 환송받

은 법원은 그 사건을 재판함에 있어서 상고법원이 파기이유로 한 사실상 및 법률상의 판단에 대하여, 환송 후의 심리과정에서 새로운 주장이나 입증이 제출되어 기속적 판단의 기초가 된 사실관계에 변동이 생기지 아니하는 한 이에 기속을 받는다고 할 것이다. 따라서 환송 후 원심판결이 환송 전후를 통하여 사실관계에 아무런 변동이 없음에도 불구하고 환송판결이 파기이유로 한 법률상의 판단에 반하는 판단을 한 것은 일응 환송판결의 기속력에 관한 법리를 오해한 위법을 저지른 것이라고 아니할 수 없다. 그런데 행정소송법 제8조 제2항에 의하여 행정소송에 준용되는 민사소송법 제406조 제2항이, 사건을 환송받은 법원은 상고법원이 파기이유로 한 법률상의 판단 등에 기속을 받는다고 규정하고 있는 취지는, 사건을 환송받은 법원이 자신의 견해가 상고법원의 그것과 다르다는 이유로 이에 따르지 아니하고 다른 견해를 취하는 것을 허용한다면 법령의 해석적용의 통일이라는 상고법원의 임무가 유명무실하게 되고, 사건이 하급심법원과 상고법원 사이를 여러 차례 왕복할 수밖에 없게 되어 분쟁의 종국적 해결이 지연되거나 불가능하게 되며, 나아가 심급제도 자체가 무의미하게 되는 결과를 초래하게 될 것이므로, 이를 방지함으로써 법령의 해석적용의 통일을 기하고 심급제도를 유지하며 당사자의 법률관계의 안정과 소송경제를 도모하고자 하는 데 있다고 할 수 있다. 따라서 위와 같은 환송판결의 하급심법원에 대한 기속력을 절차적으로 담보하고 그 취지를 관철하기 위하여서는 원칙적으로 하급심법원뿐만 아니라 상고법원 자신도 동일 사건의 재상고심에서 환송판결의 법률상 판단에 기속된다고 할 것이다"라고 판시하고 있는 것입니다.[35] 다만 위 판결은

35) 그리고 같은 취지의 대법원 1990. 1. 12. 판결 88다카24622사건(법원공보 1990년, 451면); 대법원 1995. 8. 22. 판결 94다43078사건(법원공보 1995

예외적으로 대법원의 전원합의체가 종전의 환송판결의 법률상 판단을 변경할 필요가 있다고 인정하는 경우에는 그에 기속되지 아니하고 통상적인 법령의 해석적용에 관한 의견의 변경절차에 따라 이를 변경할 수 있다는 새로운 판단을 하고 있습니다.[36)]

여기서 문제되는 징용공 소송에 돌아와 보건대, 2018년 대법원 전원합의체 판결은 전원합의체에서 선고되었지만, 2012년 대법원 판결의 법률상 판단을 변경 없이 그대로 수긍하면서 서울고등법원이 파기환송된 사건을 2012년 대법원 판결의 취지에 따라 판결한 것을 받아들여 피고의 상고를 기각하고 있습니다. 따라서 2012년 대법원 판결의 기속력은 재상고심에서도 소멸됨이 없이 그대로 유지되고 있는 것입니다.

이와 같이 민사소송법상 대법원의 파기환송 판결에 기속력이 인정되고, 실제로 징용공 소송의 재상고심에도 2012년 대법원 판결의 기속력이 미치고 있는 이상, 2012년 대법원 판결이 선고된 때에 객관적인 권리 행사의 장애사유는 해소되었다고 보아야 합니다. 실제로 2018년 대법원 전원합의체 판결에서 대법관 이기택은 청구권협정에 관한 피고의 상고이유가 환송판결의 기속력에 반하는 것으로서 받아들일 수 없다는 별개의견을 밝히고 있기도 합니다.

2018년 대법원 전원합의체 판결이 밝힌 청구권협정에 관한 판단 역시, 향후 대법원의 전원합의체 판결에 의하여 변경될 가능성이 있습니다. 만약 "환송심에서 제출된 새로운 주장이나 증명에 따라 위 각 대법원 판결의 판단의 기초가 된 사실관계 등이 변동됨으

년 하권, 3236면) 및 대법원 1997. 6. 13. 판결 97다12150사건(미공간)을 인용하고 있습니다.

36) 이로써 종전의 대법원 전원합의체 1981. 2. 24. 판결 80다2029사건(대법원판례집 제29권 1집, 58면) 및 대법원 1995. 5. 23. 판결 94재누18사건(미공간)의 견해를 이와 저촉되는 한도에서 변경하고 있습니다.

로써 강제동원 피해자들의 일본 기업에 대한 손해배상청구권이 인정되지 아니할 가능성이 완전히 사라진 것도 아니었다"는 이유로 2012년 대법원 판결 시점에서조차 장애사유가 해소되지 아니한 것으로 본다면, 마찬가지로 "향후 대법원 전원합의체 판결에 의한 판례 변경으로 강제동원 피해자들의 일본 기업에 대한 손해배상청구권이 인정되지 아니할 가능성이 완전히 사라진 것도 아니"므로,[37] 2018년 대법원 전원합의체 판결이 선고된 이후에도 여전히 피징용자들이 객관적으로 권리를 사실상 행사할 수 없었던 장애사유가 존재한다고 보아야 한다는 결론이 됩니다. 이는 피징용자들이 객관적으로 권리를 사실상 행사할 수 없었던 장애사유는 사실상 영원히 해소될 수 없다는 결론에 다름아닌 것입니다.

이에 관하여 주목할 만한 것은 대법원 2010. 9. 9. 판결 2008다15865사건(미공간)입니다. 대법원 전원합의체 2004. 4. 22. 판결 2000두7735사건(대법원판례집 제52권 1집, 특별편 341면)에 의하여서, 임용기간이 만료된 국공립대학 교원에 대한 재임용거부처분에 대하여 이를 다툴 수 없다는 종전의 판례(대법원 1997. 6. 27. 판결 96누4305사건(판례공보 1997년, 2380면))가 변경된 바 있습니다. 그런데 위 2008다15865사건의 사안에서는 원고(상고인)가 "대법원의 종전 견해는 법률상 장애사유에 해당하므로 임기만료된 국공립대학 교원에 대한 재임용거부가 불법행위임을 이유로 하는 손해배상청구권의 소멸시효는 재임용심사에 관한 규정이 신설된 개정 교육공무원법 시행일인 2005. 1. 27.부터 진행되어야 한다"고 주장하였습니다. 이에 대하여 대법원은, 대법원의 종전 견해는 법률상의 장애사유에

---

37) 앞의 주 35 및 그 본문에서 본 대로, 대법원 전원합의체 2001. 3. 15. 판결도 역시 대법원 전원합의체의 1981. 2. 24. 판결의 태도를 뒤집은 것입니다.

해당한다고 볼 수도 없음은 물론, 객관적으로 권리를 행사할 수 없는 장애사유로도 볼 수 없다고 판시하였던 것입니다.

징용공 사건은 바로 앞에서 본 대법원 2010. 9. 9. 판결 2008다15865사건과는 반대의 상황이라고 할 수 있습니다. 징용공 사건의 사안은, 피징용자의 손해배상청구권은 청구권협정의 적용대상에 포함되지 아니하였으므로 피징용자의 개인적 청구권은 청구권협정에 의하여 소멸한다고 볼 수 없다는 판결(2012년 대법원 판결)이 선고되었고, 다만 그 재상고심에서 파기환송판결의 기속력에도 불구하고 전원합의체 판결에 의한 판례변경으로 피징용자의 손해배상청구권이 부인된다는 ―지극히 '이론적'이라고 평가될 수 있을― 가능성만이 문제되는 경우입니다. 이를 앞서 본 대법원 2008다15865 판결의 사안과 대비하여 본다면, 징용공 소송에서 2012년 대법원 판결에도 불구하고 2018년 대법원 전원합의체의 판결이 선고되는 때까지는 '객관적으로 권리를 행사할 수 없는 장애사유'가 존재한다고 본 앞의 광주고등법원 2018. 12. 5. 판결의 판시는 도저히 수긍할 수 없다고밖에 할 수 없습니다.

8. 이상과 같은 이유에서 본인은 2012년 대법원 판결 및 2018년 대법원 판결을 전제로 징용공 소송에서 '객관적으로 채권자가 권리를 행사할 수 없는 장애사유'는 늦어도 2012년 대법원 판결이 선고된 때인 2012. 5. 24.에는 종국적으로 해소되었다고 보아야 한다고 판단합니다.

V. 권리 행사의 '상당한 기간'에 관하여

1. 채무자의 소멸시효 항변이 신의칙 위반을 이유로 저지된 경

우에 그 후 채권자가 그 권리를 행사하여야 할 '상당한 기간'에 관
하여는 다음과 같은 견해가 대립하고 있다고 합니다. 즉 (i) 신의칙
에 위반되었다는 판단에 이르게 하는 사정이 종료한 후 권리를 행
사할 수 있게 된 시점으로부터 새로이 온전한 소멸시효기간이 다
시 진행한다는 견해, (ii) 위와 같은 사정이 계속되고 있는 동안은
이를 소멸시효가 진행하는 기간에서 제외하는 견해, (iii) 위와 같은
사정이 해소된 때에는 채권자는 그로부터 신의칙상 상당하다고 인
정되는 기간 내에 소를 제기하는 등의 방법으로 권리를 행사하여
야 한다는 견해 등이 있습니다. 그리고 위의 (iii)설은 그 '상당한 기
간'의 해석과 관련하여 다시 (iii-1) 소멸시효의 중단과 같은 강력한
보호를 부여할 필요가 없다는 점을 근거로 단기간으로 함이 상당
하다는 견해, (iii-2) 소멸시효 중단의 경우에 준하여 장기간으로 함
이 상당하다는 견해, (iii-3) 소멸시효의 주장이 신의칙에 위반되게
하는 우리 판례상의 사안유형 중 제1유형, 제2유형 및 제3유형의
경우에는 당해 채권의 소멸시효기간으로 하고, 제4유형의 경우에는
제한이 없다는 견해, (iii-4) 모든 사건에 획일적인 기간을 설정할
수는 없고, 여러 가지 개별적인 상황을 참작하여 각 사안별로 상당
한 기간을 설정하여야 할 것이라는 견해 등이 그것입니다.[38)]

2. 대법원 전원합의체 2013. 5. 16. 판결 2012다202819사건(대법
원판례집 제61권 민사편(상), 160면; 판례공보 2013년 하권, 1077면)은 소
멸시효의 주장이 신의칙에 반하는 경우에 채권자가 그 후 권리를

---

38) 김미리, "납북된 피랍자의 납북 피해에 대한 국가배상청구권의 소멸시효
   기산점", 특별법연구 제10권: 전수안 대법관 퇴임 기념호(2012), 592면
   이하; 윤진수, "과거사 정리와 소멸시효", 민사재판의 제문제 제23권
   (2015), 834면 이하 참조.

행사하는 기간, 즉 그 '상당한 기간' 여하에 관한 판단 기준을 최초로 밝히고 있습니다. 그에 의하면, "채무자가 소멸시효의 이익을 원용하지 아니할 것 같은 신뢰를 부여한 경우에도 채권자는 그러한 사정이 있은 때로부터 상당한 기간 내에 권리를 행사하여야만 채무자의 소멸시효의 항변을 저지할 수 있는데, 여기에서 '상당한 기간' 내에 권리 행사가 있었는지는 채권자와 채무자 사이의 관계, 신뢰를 부여하게 된 채무자의 행위 등의 내용과 동기 및 경위, 채무자가 그 행위 등에 의하여 달성하려고 한 목적과 진정한 의도, 채권자의 권리 행사가 지연될 수밖에 없었던 특별한 사정이 있었는지 여부 등을 종합적으로 고려하여 판단할 것이다. 다만 신의성실의 원칙을 들어 시효 완성의 효력을 부정하는 것은 법적 안정성의 달성, 입증곤란의 구제, 권리 행사의 태만에 대한 제재를 이념으로 삼고 있는 소멸시효 제도에 대한 대단히 예외적인 제한에 그쳐야 할 것이므로, 위 권리 행사의 '상당한 기간'은 특별한 사정이 없는 한 **민법상 시효정지의 경우에 준하여 단기간으로 제한되어야 한다**. 그러므로 **개별 사건에서 매우 특수한 사정이 있어 그 기간을 연장하여 인정하는 것이 부득이한 경우에도 불법행위로 인한 손해배상청구의 경우 그 기간은 아무리 길어도 민법 제766조 제1항이 규정한 단기소멸시효기간인 3년을 넘을 수는 없다**고 보아야 한다"는 것입니다.

위 대법원 전원합의체 2013. 5. 16. 판결에 대한 재판연구관의 「판례해설」은, 권리 행사의 '상당한 기간'에 관하여 시효정지제도와의 균형상 이를 6개월로 보는 견해와 법원이 개별적인 상황을 참작하여 사안별로 이를 판단하면 된다는 견해가 있다는 점을 언급한 후, "상당한 기간 내 권리 행사의 근거가 신의성실의 원칙이라는 점에서 그 기간을 제척기간처럼 일정 기간으로 고정시킨 후 그 기간을 경과하면 무조건 권리 행사를 금지시키는 것은 타당하지 아니할 것이다. 하지만 이를 각 재판부의 판단사항이라고 보아 재판부의 판단에 무조건 맡겨버리는 것은 재판부의 입장에 따라 구제 여부가 달라지는 문제가 있고, 이미 오랜 기간이 경과한 상태라는 점에서 볼 때 법적 안정성의 측면에서도 바람직하지 아니하다고 하겠다. 민법 제179조, 제180조, 제181조, 제182조의 '시효완성의 정지' 제도(6개월 또는 1개월)와 균형상 그 기간은 권리 행사가 객관적으로 가능한 시점부터 6개월 정도로 봄이 상당하다고 하겠다. 다만 피해자에게 특수한 사정이 있어 6개월 내 권리 행사가 여의치 아니하였다면 그 기간은 연장가능하다고 하겠다. 연장의 허용 여부를 판단함에 있어서 핵심은 신의성실의 원칙에 비추어 채권자의 권리 행사가 성실히 이루어졌다고 볼 수 있는지가 될 것이다", "이에 더하여 대법원은 그 기간은 아무리 길어도 3년을 넘을 수 없다고 보았다"고 하고 있습니다.[39]

3. 그 후 대법원은 대법원 2013. 12. 12. 판결 2013다201844사건(판례공보 2014년 상권, 174면)을 위시하여 일련의 과거사 사건에 대한 판결에서, 위 대법원 전원합의체 2013. 5. 16. 판결의 사안, 즉 "채무자가 소멸시효의 이익을 원용하지 아니할 것 같은 신뢰를 부여한 경우(제3유형)"를 넘어, "객관적으로 채권자가 권리를 행사할 수 없는 장애사유가 있는 경우(제2유형)"에까지 동일한 법리를 적용하고 있습니다. 이렇게 적용범위를 정하여 나감에 있어서, 대법원은 소멸시효의 주장이 신의칙 위반이 되는 네 가지 사안유형에 좇아 서로 다르게 차등적으로 그 권리 행사의 '상당한 기간'을 설정하고 있지는 아니한 것으로 이해됩니다.

그리고 앞의 Ⅳ. 4. 가.에서 본 대로 소멸시효의 주장이 신의칙

---

39) 이영창(주 25), 464면 이하, 471면.

위반에 해당하는 제2유형의 대표적인 경우라고 할 수 있는 과거사 사건에 관한 대법원 판결에 대한 재판연구관의 「판례해설」도, 여기서 살펴보는 법문제와 관련하여 "[네 가지 유형 모두] 채무자의 시효항변을 권리남용으로서 배척하게 하는 사유들 중 하나에 불과한데, 그 중 제3유형에 관하여 위 2012다202819 전원합의체 판결에서 채권자의 권리 행사기간에 제한을 둔 이상, 다른 유형의 사유들에도 권리 행사기간 제한의 법리를 적용하여야 할 것이고, 제1, 제2 및 제4의 각 유형에는 위 법리가 적용되지 아니한다고 할 합리적인 근거가 없다고 생각된다. 이미 권리 행사를 할 수 있는 시기로부터 장기간이 경과하였고, 이제 객관적인 장애사유가 제거되어 채권자가 언제라도 권리 행사를 할 수 있게 되었음에도 다시 새로이 소멸시효가 시작된다고 보는 것은 채무자에게 지나치게 불이익을 주는 것이고 또 그런 효과를 인정할 이유도 생각하기 어렵다"라고 설명하고 있습니다.[40)]

4. 이와 관련하여서는 독일민법에서 위와 같은 법문제에 관한 학설 및 판례의 태도를 참고할 수 있다고 생각됩니다.

독일에서는 채권자가 권리를 행사할 수 있음에도 채무자의 적극적인 행위로 인하여 이를 행사하지 못한 경우, 즉 우리 판례법리상의 제1유형에서만 예외적으로 권리남용 내지 신의칙 위반을 인정하며, 그 경우에 소멸시효의 주장이 신의칙 위반이라는 주장을 이유 있게 하는 사정이 소멸한 후에 권리가 행사되기에 '상당한 기간'을 판단함에 있어서도 6주(!!)를 넘는 기간은 너무 길다고 보아

---

40) 김상훈, "재심절차에서 무죄 확정판결을 받은 자의 손해배상청구에 대한 소멸시효 항변의 허용 여부", 대법원판례해설 제97호 하권(2014), 29면 이하.

신의칙 적용을 매우 엄격히 제한합니다.[41]

물론 독일민법에서는 권리자가 소의 제기를 비롯하여 권리 행사와 관련된 다양한 실정實定의 제도를 '이용'한 경우(그것도 세부적으로는 훨씬 세밀하고 규정을 두고 있습니다. 동법 제204조 제1항은 모두 17개의 법적 수단을 열거합니다)는 물론이고, 나아가 다양한 객관적 사유로 권리 행사가 일반적으로 어려울 수 있다고 여겨지는 경우(동법 제205조 내지 제211조)에는 그 사유가 존속하는 기간 동안 소멸시효의 '정지(Hemmung)'를 인정합니다. 예를 들면, 성적 자기결정권의 침해로 인한 청구권의 경우에는 피해자가 21세가 될 때까지, 또 그 시효의 기산시에 피해자가 가해자와 가정적 공동생활을 하는 경우에는 그 공동생활의 종료시까지 소멸시효가 정지하는 것입니다(동법 제208조).[42] 또한 생명·신체의 침해로 인한 손해배상청구권 등 따로 정하여진 일정한 청구권의 경우에는 그 소멸시효기간을 위와 같이 개정되기 전과 같이 30년으로 규정하고 있습니다(동법 제197조 제1항).

이와 같이 신의칙과 같은 일반조항을 동원하지 아니하더라도 실정규정에 의하여 구체적 타당성을 확보할 수 있는 길이 열려 있다는 사실에도 주목하여야 할 필요가 있을 것입니다.[43] 그렇다고 하더라도 예외적으로 인정되는 신의칙 위반의 사안유형에서 그 사

---

41) 최창호 외, "과거사 사건에 있어 법원의 소멸시효 남용론에 대한 비판적 고찰", 법조 제686호(2013.11), 62면 이하.

42) 2020년 10월의 법률 제17503호로 새로 추가된 민법 제766조 제3항("미성년자가 성폭력, 성추행, 성희롱, 그 밖의 성적 침해를 당한 경우에 이로 인한 손해배상청구권의 소멸시효는 그가 성년이 될 때까지는 진행되지 아니한다")의 입법적 선구를 이룹니다.

43) 이에 관하여서는 김희송·차예민, "소멸시효 남용에의 시효정지규정 유추의 타당성과 소멸시효 남용의 유형별 고찰", 법학평론(서울대학교 법학전문대학원) 제5권(2015), 361면 이하 참조.

유가 소멸한 후의 권리 행사의 기간을 매우 짧게 설정함으로써 그러한 '예외의 확장'을 극력 방지하고 있다는 점은 시사하는 바가 적지 않습니다.

이와 관련하여서는, 앞의 IV. 7. 바. (3)에서도 살펴본 바 있는 대법원 2010. 9. 9. 판결 2008다15865사건(판례공보 2010년 하권, 1876면)이 다음과 같이 판시하고 있는 바를 여기서 상기하고자 합니다.[44)]

"실정법에 정하여진 개별 법제도의 구체적 내용에 좇아 판단되는 바를 신의칙과 같은 법원칙을 들어 말하자면 당해 법제도의 외부로부터 배제 또는 제한하는 것은 법의 해석·적용에서 구현되어야 할 기본적으로 중요한 법가치의 하나인 법적 안정성을 후퇴시킬 우려가 없지 아니하다. 특히 법률관계에는 불명확한 부분이 필연적으로 내재하는바 그 법률관계의 주장에 일정한 시간적 한계를 설정함으로써 그에 관한 당사자 사이의 다툼을 종식시키려는 것을 취지로 하는 소멸시효 제도에 있어서는, 애초 그 제도가 누구에게나 무차별적·객관적으로 적용되는 시간의 경과가 1차적인 의미를 가지는 것으로 설계되었음을 고려하면, 위와 같은 법적 안정성의 요구는 더욱 선명하게 제기된다. 따라서 소멸시효에 관하여 신의칙을 원용

―――――――――

44) 이미 대법원 2005. 5. 13. 판결 2004다71881사건(판례공보 2005년 상권, 950면)이 소멸시효 주장의 신의칙 위반과 관련하여 유사한 취지를 밝힌 바 있습니다. 즉 "국가에게 국민을 보호할 의무가 있다는 사유만으로 국가가 소멸시효의 완성을 주장하는 것 자체가 신의성실의 원칙에 반하여 권리남용에 해당한다고 할 수는 없으므로, 국가의 소멸시효 완성 주장이 신의칙에 반하고 권리남용에 해당한다고 하려면 일반 채무자의 소멸시효 완성 주장에서와 같은 특별한 사정이 인정되어야 할 것이고, 또한 그와 같은 일반적 원칙을 적용하여 법이 두고 있는 구체적인 제도의 운용을 배제하는 것은 법해석에 있어 또 하나의 대원칙인 법적 안정성을 해할 위험이 있으므로 그 적용에는 신중을 기하여야 한다."

함에는 신중을 기할 필요가 있다. 특히 채권자에게 객관적으로 자신의 권리를 행사할 수 없는 장애사유가 있었다는 사정을 들어 그 채권에 관한 소멸시효 완성의 주장이 신의성실의 원칙에 반하여 허용되지 아니한다고 평가하는 것은 소멸시효의 기산점에 관하여 변함없이 적용되어 왔던 법률상 장애/사실상 장애의 기초적인 구분기준을, 내용이 본래적으로 불명확하고 개별 사안의 고유한 요소에 열려있는 것을 특징으로 하는 일반적인 법원칙으로서의 신의칙을 통하여 아예 무너뜨릴 위험이 있으므로 더욱 주의를 요한다."

그리고 그 후에도 대법원 2014. 5. 29. 판결 2011다95847사건(판례공보 2014년 하권, 1300면)은 주 44에서 본 대법원 2005. 5. 13. 판결을 인용하면서 "채무자의 소멸시효 완성 주장이 신의칙에 반하고 권리남용에 해당한다고 하려면 앞서 본 바와 같은 특별한 사정이 인정되어야 할 것이고, 또한 위와 같은 일반적 원칙을 적용하여 법이 두고 있는 구체적인 제도의 운용을 배제하는 것은 법해석에 있어 또 하나의 대원칙인 법적 안정성을 해할 위험이 있으므로 그 적용에는 신중을 기하여야 할 것이다"라고 판시하고 있습니다.

이상과 같은 점을 염두에 둔다면, 신의칙에 의하여 소멸시효 주장이 배척되는 경우가 있을 수 있다는 점을 긍정한다고 하더라도 이는 극히 예외적으로만 인정되고, 같은 견지에서 그 신의칙 위반의 주장을 이유 있게 하는 사정이 소멸한 후에 문제되는 권리 행사의 '상당한 기간'을 매우 짧게 설정하는 독일 판례의 태도는 주목할 만하다고 할 것입니다.

5. 한편 6개월/3년이라는 대법원 판례의 도식을 전제로 한다고 하더라도, 권리 행사의 '상당한 기간'을 3년으로 인정하기 위하여서

426   15. 이른바 '과거사 사건'에서 시효소멸 주장의 신의칙 위반과 …

는 "개별 사건에서 매우 특수한 사정이 있어 그 기간을 연장하여
인정하는 것이 부득이한 경우"라야 한다는 것이 대법원의 확립된
입장입니다.

  불법행위로 인한 손해배상청구권의 시효 소멸이 문제되는 사
안에서 권리 행사의 상당한 기간을 3년, 즉 불법행위로 인한 손해
배상청구권의 단기소멸시효 기간으로 보는 것은 사실상 원래의 소
멸시효기간을 그대로 인정하는 것과 다르지 아니합니다. 이는 본질
적으로 소멸시효의 기산 및 진행에 영향을 미칠 수 없는 사실상의
사유의 일종인 객관적인 권리 행사의 장애사유를, 거듭된 예외의
인정(신의칙에 의한 소멸시효 항변의 배척, 권리 행사의 상당한 기간을 3
년으로 인정)이라는 우회로를 통하여, 결국 법률상의 장애사유와 동
일하게 취급하는 것에 다름 아닙니다. 그 결과 앞의 4. 중간부분에
서 인용한 대법원 2010. 9. 9. 판결이 경계하고 있는 "법률상 장애/
사실상 장애의 기초적인 구분기준을, 내용이 본래적으로 불명확하
고 개별 사안의 고유한 요소에 열려 있는 것을 특징으로 하는 일반
적인 법원칙으로서의 신의칙을 통하여 아예 무너뜨리고" 마는 것입
니다. 대법원이 "개별 사건에서 매우 특수한 사정이 있어 그 기간
을 연장하여 인정하는 것이 부득이한 경우"라는 극히 예외적인 상
황에서만 권리 행사의 상당한 기간을 3년으로 인정하는 것은 이러
한 취지에서 수긍할 수 있습니다.

  6. 이와 관련하여, 징용공 사건의 일부 하급심 판결 중에는 권
리 행사의 '상당한 기간'을 2012년 대법원 판결 선고 시점으로부터
3년으로 보면서, 그 근거로 다음과 같은 사정들을 들고 있습니
다.[45] 이들에 대하여 아래 가. 이하에서 살펴보기로 합니다.

  45) 서울중앙지법 2018. 11. 29. 판결 2016나56389사건(미공간) 및 위에서 인

(i) 2012년 대법원 판결의 당사자가 아닌 원고들로서는 위 각 판결에 기하여 위와 같은 장애사유가 해소되었음을 단시일 내에 확정적으로 인식할 수 있었다고 보기 어려운 점.

(ii) 2012년 대법원 판결에도 불구하고, 피징용자의 일본기업에 대한 손해배상청구권이 즉시 확정되지 아니하여 일본기업이 피징용자에 대하여 손해배상책임을 부담하는지 여부에 관하여 여전히 국내외의 논란이 있었고, 이에 따라 대법원은 2018. 10. 30.의 전원합의체 판결을 통하여 청구권협정의 적용대상에 관한 법리를 재확인하였고, 이로써 피징용자의 손해배상청구권이 최종적으로 확정되었던 점.

(iii) 원고들은 2012년 대법원 판결에 따라 일본국 정부나 일본기업인 피고가 피징용자들의 권리 구제를 위한 적절한 조치를 취할 것으로 기대할 수도 있었을 것인데, 한반도에 대한 불법적인 식민지배 및 침략전쟁의 수행과 직결된 반인도적인 불법행위를 자행한 침략국인 일본국이나 이에 편승한 일본기업인 피고는 피징용자들의 권리 행사를 독려하거나 피해보상을 위한 어떠한 조치도 취하지 아니한 채 오히려 현재까지도 청구권협정 관련 정보공개조차 거부하며 피징용자들의 권리 행사를 어렵게 만든 법적 조치를 그대로 유지하고 있는 점.

가. 우선 위 (i)의 사정은 권리자들의 주관적인 인식 여하의 문

용한 광주고등법원 2018. 12. 5. 판결 2017나13822사건(각급법원판결공보 2019년 상권, 185면). 이 중 후자의 광주고등법원 판결은, 2018년 대법원 전원합의체 판결이 선고된 시점이 장애사유의 해소 시점이라고 보면서, 가정적으로 2012년 대법원 판결이 선고된 시점을 장애사유의 해소 시점으로 보더라도 그때로부터 3년 이내에 소가 제기되었으므로, 원고들은 '상당한 기간' 내에 소를 제기하였다고 판단하고 있습니다.

428 15. 이른바 '과거사 사건'에서 시효소멸 주장의 신의칙 위반과 …

제에 불과합니다. 따라서 이는 소멸시효의 진행을 정지시키는 법률
적인 장애사유에 해당하지 아니함은 물론이고, 앞의 Ⅳ. 6.에서 본
바와 같이 객관적인 권리 행사의 장애사유의 존재나 그 해소 여부
에 관한 판단에 있어서 고려될 수 없는 사정입니다. 채권자의 주관
적 인식 여부와 무관하게 객관적인 권리 행사의 장애사유는 해소
되는 것인데, 그 해소 시점으로부터 권리를 행사하여야 하는 상당
한 기간을 판단함에 있어서는 채권자의 주관적 인식을 고려하여야
한다는 것은 논리적인 모순이며, 장애사유 해소의 판단에 채권자의
주관적 인식은 고려되지 아니한다는 원칙을 사실상 몰각시키는 것
입니다. 이렇게 볼 바에는 아예 채권자들이 인식하지 못할 경우에
는 객관적인 권리 행사의 장애사유가 해소되지도 아니한다고 보는
것이 솔직한 태도일 것입니다. 그러나 이렇게 본다면 제2유형의 범
주화 자체가 문제됩니다.

　　나. 위 (ii)의 사정에 대하여 보면, 2012년 대법원 판결의 선고
로써 '일본기업이 피징용자에 대하여 손해배상책임을 부담하는지
여부'에 관한 한국 내의 논란은 적어도 법적인 측면에서는 결말이
났으며, 대법원이 그러한 취지를 담은 보도자료까지 배포하고 그
판결을『대법원판례집』에 수록하였으며, 앞서 본 바와 같이 파기환
송 판결의 기속력에 따라 실제로 2018년 전원합의체 판결이 2012
년 대법원 판결의 법적 판단을 변경 없이 그대로 수긍하면서 피고
의 재상고를 기각하고 있는 이상, 위 (ii)의 사정은 권리 행사의 상
당한 기간을 3년으로 인정하여야 할 "개별 사건에서 매우 특수한
사정이 있어 그 기간을 연장하여 인정하는 것이 부득이한 경우"에
해당한다고 보기 어렵다고 할 것입니다.

다. 위 (iii)의 사정은 피고 기업이 일관되게 책임을 부인하고 있음에도 불구하고 원고들이 일방적으로 일본국 정부나 피고 기업의 임의이행을 기대하였다는 것을 출발점으로 합니다. 그러나 피고 기업이 임의이행을 할 듯한 태도를 보였다는 등의 특별한 사정이 없는 이상 이 역시 권리 행사의 상당한 기간의 진행을 저지하는 사정이 될 수 없습니다.

나아가 "청구권협정에 관련한 정보의 공개조차 거부하며 강제노동 피해자들의 권리 행사를 어렵게 만든 법적 조치를 그대로 유지하고 있는 것"은 우선 피고 기업과는 무관한 조치이므로, 이 때문에 피고 기업이 상당한 기간의 산정과 관련하여서 불이익을 받을 이유는 없습니다. 뿐만 아니라 한국에서는 —앞의 각주 27에서 본 대로— 노무현 정부 시절인 2005년에 청구권협정 관련 문서를 포함한 한일수교회담 관련 문서가 전부 공개되었으므로, '청구권협정에 관련한 정보의 공개를 거부하였다는 점'이 피징용자들의 권리 행사를 어렵게 만들었다고 할 수도 없습니다.

라. 결론적으로, 일부 하급심 판결이 들고 있는 사정들은 징용공 소송에서 권리 행사의 '상당한 기간'을 6개월보다 훨씬 장기인 3년으로 인정하여야 할 "개별 사건에서 매우 특수한 사정이 있어 그 기간을 연장하여 인정하는 것이 부득이한 경우"에 해당한다고 볼 수 없습니다. 그 밖에 권리 행사의 '상당한 기간'을 3년으로 연장하여야 할 사정은 쉽사리 상정하기 어렵습니다. 따라서 이 경우의 권리 행사의 상당한 기간은 원칙으로 돌아가 소멸시효의 정지에 관한 민법 제179조 이하의 규정들이 대체로 정하는 6개월에 준하는 기간으로 제한되어야 합니다.

특히 2012년 대법원 판결은 앞의 IV. 7. 마.에서 본 대로 언론에서도 대대적으로 보도되었습니다. 또한 대법원도 선고 당일에 그 판결에 관한 「보도자료」를 배포하여 판결의 내용과 의의를 상세히 설명하기까지 하였는데, 그 「보도자료」에서는 2012년 대법원 판결이 해당 사건의 원고들만이 아니라 "국외 강제동원 피해자 전체에 대하여서 적용된다"는 취지가 기재되어 있습니다.

또한 2012년 대법원 판결 이전에 여러 차례에 걸쳐 특별법, 즉 「대일 민간청구권 신고에 관한 법률」(1971년 1월 법률 제2287호), 「대일 민간청구권 보상에 관한 법률」(1974년 12월 법률 제2685호), 「일제 강점 하 강제동원 피해 진상규명 등에 관한 특별법」(2004년 3월 법률 제7174호), 「태평양전쟁 전후 국외 강제동원희생자 등 지원에 관한 법률」(2007년 12월 법률 제8669호), 「대일항쟁기 강제동원 피해조사 및 국외강제동원 희생자 등 지원에 관한 특별법」(2010년 3월 법률 제10143호) 등이 제정·시행되어 피징용자 본인 또는 유족들의 신고를 받고 위원회 등의 심의와 결정을 거쳐 보상조치를 취한 바 있어, 피징용자들이 피징용 사실을 인식하고 권리를 행사할 기회가 여러 차례 있었습니다. 또한 「근로정신대 할머니와 함께 하는 시민모임」, 「태평양전쟁 희생자 유족회」 등 시민단체는 물론, 1990년대부터 징용공 문제에 천착하여 온 변호사들이 활동하여 온 사정 등도 권리 행사의 '상당한 기간'을 판단함에 있어서는 고려되어야 할 것입니다.

Ⅵ. 결 론

이상에서 살펴본 대로, 징용공 사건에서 우선 제2유형에서 신의칙 위반 판단의 기준이 되는 '장애사유'는 2012년 대법원 판결이 선고됨으로써 소멸하였다고 할 것입니다.

그리고 거기서의 손해배상청구권자들은 “그 기간을 연장하여 인정하는 것이 부득이한 것으로 평가하게 하는 매우 특수한 사정”이 발견되지 아니하는 이 사건에서는, 위 장애사유가 소멸된 때로부터 6개월 내에 그 권리를 행사하여야 하며, 그 기간을 도과한 경우에는 그 권리에 대하여는 소멸시효가 완성되었다고 할 것입니다.

(2021년 6월 작성)

16. 계속적 계약관계의 취소에서 소급효의 제한 여부 및 그로 인한 부당이득관계

사　건　서울고등법원　2023나○○(본소)　손해배상(기)
　　　　　　　　　　2023나○○(반소)　미수금
원　　고(반소피고, 피항소인)　　　　○○ 외 2인
피　　고(반소원고, 항소인)　　　　주식회사 ○ 외 1인

위 사건에 관하여 본인은 피고(반소원고, 항소인)(이하 단지 '피고'라고만 부르기로 합니다)의 소송대리인으로부터 의견서 작성을 의뢰받고 다음과 같이 의견을 개진합니다.

다　　음

A. 의견서 작성을 의뢰받은 사항 및 참고 자료

I. 의견서 작성을 의뢰받은 사항

1. 계속적 계약관계에서의 계약 취소의 소급효 제한에 관한 법리, 그리고 그 법리의 이 사건 사실관계에의 적용

    2. 계속적 계약관계가 취소된 경우 그 계약 당사자 일방이 행한 '하는 급부'(또는 '노무급부')의 원상회복의 내용에 관한 법리, 그리고 그 법리의 이 사건 사실관계에의 적용

Ⅱ. 제공받은 자료

    1. 서울지방법원 제○민사부 2023년 ○월 ○일 판결 2021가합○○(본소), 2022가합○○(반소)사건(이 사건 제1심판결)

    2. 이 사건(위 1.의 제1심판결에 대한 항소심)에서 피고(반소원고, 항소인)들의 소송대리인이 제출한 2023년 ○월 ○일자 준비서면

    3. 이 사건에서 피고(반소원고, 항소인)들의 소송대리인이 제출한 2023년 ○월 ○일자 「반소 청구취지 및 청구원인 변경 신청서」

    4. 기타 이 사건 소송 관련 자료들

B. 취소로 인한 계약의 소급적 무효와 그 제한

    1. 계약이 적법하게 취소되는 경우에 그 효과에 대하여, 민법은 '취소의 효과'라는 표제가 붙은 제141조의 본문[1]에서 "취소된 법률행위는 처음부터 무효인 것으로 본다"라고 정합니다. 즉 계약이 처음 체결된 때로부터 무효인 것으로 간주한다는 것입니다. 이

---

[1] 민법 제141조 단서는 "다만, 제한능력자는 그 행위로 인하여 받은 이익이 현존하는 한도에서 상환할 책임이 있다"고 정합니다. 이는 행위능력의 제한으로 인하여 계약이 취소된 경우(민법 제5조 제2항, 제10조 및 제13조 제4항 등)에 대한 것이어서, 이 사건과 전혀 관계가 없습니다. 앞으로 위 단서 조항에 대하여는 더 이상 언급하지 아니하기로 합니다.

는 주지하는 대로 '취소의 소급효'라고 불립니다.

그러나 이러한 소급효의 원칙에 대하여는 예외가 결코 좁다고
할 수 없는 범위에서 그 예외가 인정되고 있습니다.

2. 일단 계약이 성립하였음에도 그 효력이 인정되지 아니하는
것은 우선 계약이 무효인 경우(민법 제103조, 제104조, 제107조 제1항
단서, 제108조 제2항 등)와 계약이 취소된 경우(앞의 각주 1에서 든 행
위능력 제한의 경우 외에 민법 제109조 제2항, 제110조 제3항 등)가 있습
니다.

그런데 그 밖에 계약의 효력이 인정되지 아니하는 원인사유로
서는 무엇보다도 계약이 해제된 경우(민법 제543조 이하)를 들 수 있
을 것입니다. 이는 계약 당사자에게 해제의 권한이 —당사자 사이
의 약정 외에도— 채무불이행을 이유로 법률에서 부여되는 경우(특
히 민법 제544조 내지 제546조)에 문제됩니다. 그런데 민법은 계속적
계약관계의 경우에는 같은 이유로 계약관계의 해소를 불러일으키
는 제도로서 계약 해지를 인정합니다. 즉 민법 제550조는 "당사자
일방이 계약을 해지한 때에는 계약은 **장래를 행하여** 그 효력을 잃는
다"(고딕체에 의한 강조는 인용자가 가하였습니다. 아래에 나오는 인용문
(법규정의 인용을 포함합니다) 중에서 이와 같이 고딕체에 의한 강조는 본
인이 가한 것입니다)고 정하고 있는 것입니다. 그렇다면 계속적 계약
관계에 관하여는 계약이 취소되더라도 그 소급효가 제한되어야 하
지 않을까요?

3. 민법에도 취소의 소급효를 부인하는 규정이 있습니다. 예를

들면 제824조는 "혼인의 취소의 효력은 기왕에 소급하지 아니한다"고 정하는데, 이 법조항은 입양 취소의 효력에 준용됩니다(제897조 말미). 이는 혼인 또는 입양을 취소하는 의사표시가 실제로 행하여지기까지는 당사자들이 혼인관계 또는 양친자관계에 있어서 이에 기하여 여러 가지 행위를 하여 왔던 것이므로, 이를 법적으로 존중하자는 고려에 기한 것으로 이해되고 있습니다.

나아가 상법, 그 중에서도 회사법에서는 매우 많은 경우에 특히 일정한 조직행위에 대하여 그 취소의 효력을 ―나아가 무효의 효력까지도― 시간적으로 제한하는 규정을 두고 있습니다. 즉 제190조 단서(합명회사 설립의 취소 또는 무효), 제240조(합명회사 합병의 취소 또는 무효), 제269조(위 합명회사 관련 규정들을 합자회사에 준용), 제287조의6(위 제190조를 유한책임회사에 준용), 제530조(주식회사 합병에 위 제240조 준용), 제552조(유한회사 설립 취소 또는 무효의 경우 위 제190조 단서 준용), 제603조(유한회사 합병 취소 또는 무효의 경우 위 제240조 준용) 등이 그러합니다. 이들 규정은 특히 회사의 설립이나 합병과 같은, 말하자면 조직행위, 즉 단체의 장기간 지속을 발생시키는 행위에 대한 특칙이라는 점이 주목됩니다.

4. 우리의 민사실무도 취소의 소급효를 부인하고 그 장래효만을 인정하는 것에 낯설지 아니합니다.

(1) 대법원 1972년 4월 25일 판결 71다1833사건(대법원판례집 제20권 1집, 217면)은 다음과 같이 판시하고 있습니다(점선은 본인에 의하여 생략된 부분을 가리킵니다. 아래의 인용문에서도 달리 특별한 지적이 없는 한 이와 같습니다).

"원심은 … 본건 계약이 성립되어 그에 따라 위 피고들이 위에서 본 바와 같이 본건 광산의 공동광업권자로 된 이상 원·피고들은 조합계약을 한 것으로 간주되는 것[2]인데, 그 조합체는 원고의 사기를 이유로 한 본건 계약의 취소 의사표시 전에 이미 본건 계약의 실행에 착수하여 많은 노무자를 고용하고 기구 등을 장만하여 배수작업 내지 채굴작업을 해 왔음은 기록상 분명하므로, **조합이 사업을 개시하고 제3자와의 간에 거래관계가 이루어지고 난 다음에는** 조합계약 체결 당시의 그 의사표시의 하자를 이유로 취소하여 조합 성립 전으로 환원시킬 수 없다고 판단하였는바, 이는 정당하다 할 것"이다.

이 판결은, 광산업의 운영에 관한 조합계약의 경우에서 일방 당사자가 당해 계약의 실행에 착수하여 그 조합의 업무로서 일정한 대외적인 거래가 행하여진 경우에는 비록 당해 계약이 사기를 이유로 취소되더라도 그 취소의 소급효는 부인된다는 점을 밝힌 것입니다. 위 판시에서는 '조합체'라는 용어를 사용하여 어떠한 단체적 결합을 지시하는 점도 흥미를 끕니다.[3]

(2) 근자의 대법원 2017년 12월 22일 판결 2013다25194사건(판례공보 2018년 상권, 270면)은, 근로자인 원고가 경력을 속여서 피고

---

2) 당시의 광업법 제26조 제5항, 제29조는 공동광업권자는 조합계약을 한 것으로 간주된다고 규정하고 있었습니다.

3) 여기서 대법원 1987년 5월 12일 판결 86도2566사건(법원공보 1987년, 1012면); 대법원 1994년 5월 13일 판결 94다7157사건(법원공보 1994년, 1685면); 대법원 2015년 6월 11일 판결 2013다29714사건(법고을) 등 판례가 조합계약에서 조합원은 그 해산청구를 하거나 탈퇴하거나 다른 조합원을 제명할 수 있을 뿐이고 일반의 계약에서와 같이 조합계약을 해제 또는 해지하고 상대방에게 그로 인한 원상회복의무를 지울 수 없다는 태도를 취하고 있다는 점도 지적할 필요가 있을지도 모르겠습니다.

주식회사에 취업한 사안에서, 원고의 기망으로 체결된 위 근로계약
은 피고 회사의 취소의 의사표시로써 적법하게 취소되었으나, "그
와 같이 근로계약의 무효 또는 취소를 주장할 수 있다 하더라도 **근
로계약에 따라 그동안 행하여진 근로자의 노무 제공의 효과를 소급하여 부
정하는 것은 타당하지 않으므로** 이미 제공된 근로자의 노무를 기초로
형성된 취소 이전의 법률관계까지 효력을 잃는다고 보아서는 아니
되고, **취소의 의사표시 이후 장래에 관하여만 근로계약의 효력이 소멸된
다**고 보아야 한다"고 판시하면서, 피고 회사의 취소 의사표시가 행
하여지기 이전의 법률관계는 여전히 유효하다고 판단하고 있습니
다.[4][5]

    (3) 비록 계약이 취소된 경우가 아니라 해제된 경우에 관한 것
이기는 하지만, 건축공사도급계약에서 일정한 경우에 해제의 소급
효를 제한하는 판례의 태도도 여기서 의미 있는 참고가 될 수 있다
고 생각됩니다.

    대법원 1986년 9월 9일 판결 85다카1751사건(대법원판례집 제34

---

    4) 이 판결의 태도는 일반적으로 지지되고 있습니다. 권오성, "근로계약의
       취소와 소급효의 제한", 노동법포럼(노동법이론실무학회) 제23호(2018),
       249면 이하; 이정아, "근로계약의 무효·취소로 인한 소급효 제한 및 그
       한계", 민사판례연구 제41집(2019), 59면 이하 등 참조. 다만 김형배, "경
       력 사칭(기망행위)과 근로계약 취소의 소급효", 노동법논총(한국비교노
       동법학회) 제42집(2018), 151면 이하는 반대 의견을 개진합니다.
    5) 보다 일반적으로 우리나라의 학설은 다음과 같이 말하고 있습니다. 예를
       들면 이철수, 노동법(2023), 126면 이하: "근로계약이 무효·취소인 경우
       라도 그동안 행한 근로자의 노무 제공의 효과를 소급하여 부정하는 것
       은 타당하지 않다. 이미 제공된 노무를 기초로 형성된 취소 이전의 법률
       관계까지 효력을 잃지는 않으며, 취소 이후 장래에 관하여만 근로계약의
       효력이 소멸된다."

권 3집, 12면)은 "건축도급계약에 있어서 미완성부분이 있는 경우라
도 **공사가 상당한 정도로 진척되어 그 원상회복이 중대한 사회적·경제적
손실을 초래하게 되고 완성된 부분이 도급인에게 이익이 되는 경우에, 수
급인의 채무불이행을 이유로 도급인이 그 도급계약을 해제한 때는 그 미완
성부분에 대하여서만 도급계약이 실효된다**고 보아야 할 것"이라고 판시
한 다음, 바로 이어서 "따라서 이 경우 수급인은 해제한 때의 상태
그대로 그 건물을 도급인에게 인도하고 도급인은 그 건물의 완성
도 등을 참작하여 인도받은 건물에 상당한 보수를 지급하여야 할
의무가 있다"고 마무리짓고 있는 것입니다.

이러한 태도는 그 후 대법원 1989년 2월 14일 판결 88다카4819
사건(법원공보 1989년, 422면); 대법원 1992년 3월 31일 판결 91다
42630사건(법원공보 1992년, 1419면)에서 반복되고 있고, 나아가 근자
의 대법원 2017년 1월 12일 판결 2014다11574사건(판례공보 2017년
상권, 305면) 등에서도 여전히 유지되고 있는 것입니다.

우리 판례가 정당하게도 계약 해제의 효과에 관하여 계약이 애
초에 체결되지 아니한 것으로 된다는 이른바 직접효과설(그 중에서
도 물권적 효과설)을 취하고 있음은 주지하는 대로입니다.[6] 그럼에

---

6) 계약 해제의 효과에 대하여는 학설상 약간의 우여곡절이 있습니다. 그것
   은 일부 학설이 독일에서 근자에 다수설을 차지하게 된 이른바 청산관
   계설을 그대로 우리 민법의 해석으로 주장한 데서 연유합니다. 그러나
   우리 민법에서는 무엇보다도 계약 해지의 관한 민법 제550조가 계속적
   계약에서 인정되는 계약 해지의 효과에 관하여 "당사자 일방이 계약을
   해지한 때에는 계약은 장래에 대하여 **그 효력을 잃는다**"고 정합니다. 그
   렇다면 매매·도급과 같이 계속적 계약이 아닌 계약, 즉 이른바 일시적
   계약에 있어서 계약이 해제되면 그 계약은 처음부터 효력을 잃는다는
   것이 자연스러운 해석일 것입니다. 그리하여 위의 청산관계설은 서서히

도 위와 같이 건축도급계약에 있어서는 일정한 사안유형에서 이를 제한하여 미완성부분에 대하여만 그 효력을 상실한다는 태도를 취하는 것입니다.

(4) 또한 서울고등법원 2022년 3월 17일 판결 2019나2046801사건(로앤비 및 Case Law)은 취소의 소급효 제한과 관련되어 매우 주목됩니다.

위 사건의 사실관계는 다음과 같습니다. 원고가 피고에 대하여 상가건물 중 일부(바로 뒤에 인용하는 판결문에서 드는 '401호')를 임대하였는데 그 목적물에는 제3자가 소유하여 원고가 사용할 권한이 없는 주차장 부지가 포함되어 있었고, 그 사실을 원고를 대리하여 위 계약을 체결한 사람(원고의 남편)은 잘 알고 있었습니다. 원고는 이 사건에서 미지급 차임의 지급을 구하였는데, 피고는 위 임대차계약이 원고 측의 사기를 이유로 취소하였다고 주장하였습니다. 위 서울고등법원 항소심 판결의 원심인 제1심의 판결(서울중앙지방법원 2019년 9월 27일 판결 2018가합572805사건(로앤비))은 우선 위 임대차계약이 사기를 이유로 적법하게 취소되었다고 판단하였습니다. 나아가 위 제1심법원은 다음과 같이 판시하여 사기 취소의 소급효를 부인하는 판단을 내렸습니다(인용문에서의 꺾음괄호 안은 본인이 가한 것입니다. 아래에서도 같습니다).

"[그 전의 단락에서 앞의 (2) 및 (3)에서 지적한 대법원 2017년 12월 22일 판결 및 대법원 1992년 3월 31일 판결을 인용한 다음] 이

그 힘을 잃어 갔습니다. 그리고 최근의 학설은 대체로 해제로 인한 계약의 소급적 소멸을 인정하고 있습니다.

사건으로 돌아와 보건대, 위와 같은 계속적 계약관계의 특성 및 대법원 판결의 취지에다가 앞서 든 증거 및 변론 전체의 취지를 종합하여 인정되는 다음과 같은 사정들, 즉 ① 이 사건 임대차계약의 경우 피고가 2016. 12. 12.자 내용증명의 송달로써 이 사건 임대차계약을 취소를 할 때까지 약 4년 동안 법률관계가 계속되어 온 점, ② 이 사건 임대차계약의 목적은 이 사건 치과를 치과의원으로 사용·수익하는 것에 있는데, 위 기간 동안 피고가 별다른 문제 없이 이 사건 치과를 운영하여 상당한 수익을 얻음으로써 그 계약의 목적은 달성된 것으로 보이는 점, ③ 피고가 이 사건 상가 401호를 점유하여 사용·수익함으로써 발생한 영업이익 등을 소급하여 제거하는 것은 사실상 불가능하고, 그 통상의 사용이익에 따른 반환의무의 범위를 산정하여 원고의 원상회복의무와 정산하는 것 역시 사실상 불가능한 점, ④ 이 사건 임대차계약 취소의 소급효가 인정되는 경우, 피고의 점유로 인한 사용이익 상당의 반환의무와 원고가 지급받은 차임의 반환의무는 등가적으로 판단될 수밖에 없는바, 상호 반환의무를 인정하는 것은 사실상 무의미한 점 등을 고려하여 보면, 이 사건 임대차계약이 취소된다고 하더라도, 그 취소의 의사표시 이후 장래에 대하여만 이 사건 임대차계약의 효력이 소멸된다고 봄이 타당하다.”

이러한 제1심판결에 대한 항소심판결인 앞서 본 서울고등법원 2022년 3월 17일 판결은 우선 문제된 임대차계약이 임대인인 원고 측의 사기를 이유로 적법하게 취소되었음을 인정하였습니다. 그리고 사기 취소의 소급효 제한에 대하여는 위 제1심판결의 판시 부분을 위 인용부분에서의 ④를 삭제하는 것을 제외하고는 그대로 인용하고 있습니다.

그리고 위의 서울고등법원 2022년 3월 17일 판결에 대하여는
원고 측이 상고를 제기하였습니다. 그러나 상고인이 인지보정명령
을 이행하지 아니함으로써 상고장 각하의 결정이 내려짐으로써 **위
서울고등법원 판결은 그대로 확정**되었습니다.

5. 계약 취소의 소급효 제한에 관하여는 학설도 크게 다르지
아니합니다. 여기서는 가장 최근에 나온 종합적인 문헌에서의 언명
을 조금 길더라도 그대로 인용하기로 합니다.[7]

계속적 계약 내지 계속적 법률관계에서는 소급적 효력을 갖는 해
제 이외에 비소급적 해지가 인정된다. 마찬가지로 무효·취소에서
도 소급효는 부정되어야 하는 것은 아닌가 하는 문제가 있다. 예컨
대 [조합계약에 관한 언명] … 또한 수년에서 수십년 간 지속되어
온 근로관계에 무효·취소사유가 존재한다 하여 소급적으로 무효로
한다면, 한편으로는 이미 제공한 노무(service) 자체는 반환할 방법
이 없다는 점이, 다른 한편으로는 그 근로자를 통하여 형성된 여러
법률관계에 흠이 생길 수 있다는 점이 문제된다. … 그러나 근래에
는 사실적 계약관계이론이 폐기됨에 따라 더는 이와 같이 설명하지
아니하고 규범목적에 비추어 무효·취소의 소급효를 직접 제한하여
야 한다는 것이 통설이다. … 현행법의 무효·취소는 1회적 급여 교
환의 청산을 염두에 두고 마련된 것으로 계속적 계약관계, 특히 계
속적으로 노무가 제공된 경우 급여 청산에 그대로 적용하면 당사자
의 신뢰의 신뢰와 특히 그 관계를 준거점으로 하여 형성된 다수의
제3자와의 법률관계를 해친다. 무효·취소사유와 당해 법률관계의
실제 상황에 따라 다르겠으나 이익형량의 결과 그 소급효를 제한하

---

7) 양창수 편집대표, 제2판 민법주해 [IV](2022), 12면 이하(이동진 집필부
분).

여야 하는 경우가 있을 것이다. 다만, 당연히 소급효가 부정되는 것은 아니고, 사안별로 구체적 이익형량이 필요하다는 점에 유의하여야 한다.

6. 이상에 비추어 보면, 이 사건에서 이 사건 컨설팅계약이 적법하게 취소되었다고 하더라도, 그 취소의 소급효는 제한되어 취소의 의사표시가 행하여진 후에만 위 계약이 효력이 상실된다고 보아야 할 것입니다.

(1) 이 사건 컨설팅계약은 원고 ○○과 사이에 2015년 ○월 ○일에 체결되었고, 원고 ○○과 사이에서는 2016년 ○월 ○일, 원고 ○○과 사이에서는 동년 ○월 ○일 각 체결되었습니다. 그런데 제1심판결의 사실인정에 의하면, 원고들이 위의 각 계약을 사기를 이유로 취소한다는 의사표시는 2021년 ○월 ○일 발송되어 그 무렵 피고 회사에 도달하였다는 것입니다.

그러므로 이 사건 계약관계는 5년 4개월 또는 4년 5개월 동안이라는 장기간 동안 유지되고 있었습니다. 원고들과 피고 회사 사이의 이 사건 계약관계는 일정한 기간 지속되어 당사자들이 각기 일정한 급부를 시기에 맞추어 실행하여야 하는 이른바 '계속적 계약관계'에 해당함은 그 성질상 당연합니다.

나아가 그 계약기간은 이 사건 컨설팅계약에 의하면 모두 각기 60개월, 즉 5년이라는 장기간인 것입니다.

(2) 나아가 이 사건 컨설팅계약에서 피고 회사가 계약상 실행

의 의무를 부담하는 급부는 다음과 같습니다(이 사건 컨설팅계약 제2
조).

1. 스파[SPA] 설립 운영 관련 1차(설립단계) 컨설팅 및 2차(설립
   후) 운영 컨설팅 제공
2. ○○ 스파 교육 제공 및 인력 관리 지원
3. 이 사건 서비스표 사용권 부여
4. 스파 설립 및 운영에 필요한 물품 공급

여기서도 알 수 있는 바와 같이 이 사건 컨설팅계약에 기하여
피고 회사가 제공하여야 하는 급부는 무엇보다도 스파 시설의 설
립 및 운영에 관한 컨설팅과 그에 관련한 교육 및 인력 관리 지원
입니다. 이들 급부는 모두 '용역급부' 내지는 '노무급부'에 해당하는
것으로서, 위와 같은 피고 회사의 채무은 모두 전형적으로 강학상
의 이른바 '하는 채무'에 해당합니다.

이와 같은 컨설팅·교육이나 시설 관리 등의 급부는 일단 그것
이 행하여지고 나면 물건의 반환이나 등기의 말소 등과 달리 이를
사후적으로 '제거'하는 것이 애초에 불가능합니다. 나아가 그러한
급부의 '객관적인 가액'를 산정하는 것은 ─뒤의 C.에서도 보다 상
세히 살펴보는 대로─ 당사자들이 당해 계약에서 합의하여 정한,
급부수령자 측의 반대급부를 제외하고는 사실상 불가능합니다. 왜
냐하면 그러한 컨설팅 등의 급부는 그 시설 여하, 시설 운영의 방
식, 스파 고객들의 다양한 구성 내지 그 취향 등에 맞추어 행하여
져야 하는 것이기 때문입니다.

(3) 이 사건 계약관계에서 원고들과 피고 회사 사이에는 원고

들이 운영하는 스파업체와 피고 회사 사이에 일정한 '결합' 관계가 존재합니다. 원고들이 운영하는 업체는 피고 회사가 총괄하여 운용하는 「더 ○○ 스파(The ○○ SPA)」의 가맹점이고, 이 사건 컨설팅계약은 원고들이 그 스파 사업에서 개별적 운영권을 부여받는 가맹계약에 해당합니다. 이러한 '가맹사업'의 특징은 그에 관한 법률관계를 규율하는 「가맹사업거래의 공정화에 관한 법률」에서의 '가맹사업'의 정의(동법 제2조 제1호)가 이를 잘 표현하고 있습니다.

"가맹사업"이라 함은 가맹본부가 가맹점사업자로 하여금 자기의 상표·서비스표·상호·간판 그 밖의 영업표지(이하 "영업표지"라 한다)를 사용하여 **일정한 품질기준이나 영업방식에 따라** 상품(원재료 및 부재료를 포함한다. 이하 같다) 또는 용역을 판매하도록 함과 아울러 **이에 따른 경영 및 영업활동 등에 대한 지원·교육과 통제를 하며,** 가맹점사업자는 영업표지의 사용과 경영 및 영업활동 등에 대한 지원·교육의 대가로 가맹본부에 가맹금을 지급하는 계속적인 거래관계를 말한다.

이 사건 컨설팅계약에 기한 거래에 있어서도, 피고 회사가 원고들의 가맹점에 대하여 행하는 '지원·교육'에는 '일정한 품질기준이나 영업방식'에 따른 '통제'의 요소가 필연적으로 따르게 마련입니다. 이는 가맹점사업을 운영하는 '가맹본부'로서는 자신의 그 사업의 장래를 좌우하는 중요한 포인트라고 하지 아니할 수 없을 것입니다. 이러한 점은 앞의 (2)에서도 살펴본 피고 회사의 원고들 가맹점에 대한 각종 '급부'의 특수성을 더욱 두드러지게 합니다.

그러한 점을 배경으로 하여 보면, 원고들이 피고 회사가 원고들의 이 사건 취소 의사표시까지 5년 내지 4년 이상이라는 장기간에 걸쳐 행하여진 '급부'를 애초 없었던 것으로 돌릴 수는 없다고 보아야 할 것입니다. 피고 회사는 원고들에게 이 사건 스파 운영에 관하여 그 특성 및 그 질의 유지·관리에 필요한 고유의 노하우, 영업 비결, 각종 문제점에의 대처 방식 등을 이미 '전수傳受'하였고, 이는 원고들의 커다란 자산으로 자리잡았다고 보아야 할 것입니다. 바로 그것이 피고 회사와 원고들 사이에만 존재하는 '조직적 관계' 내지는 '일체一體로서의 관계'의 특성인 것입니다.

이 점은 우리 판례에서 취소의 소급효를 제한하는 사안유형으로서 두드러진 근로관계 및 조합관계[8]에 이 사건 계약관계가 근접함을 보여주는 것으로서 특히 강조하여 둘 필요가 있다고 할 것입니다.

(4) 이 사건 제1심판결에 의하면, 원고들, 특히 원고 ○○ 및 ○○은 이 사건 컨설팅계약에 기하여 그 운영의 개별적인 스파사업으로부터 상당한 수익을 얻었습니다(동 판결 21면 (3) 부분). 아마도 이는 다른 원고 ○○의 경우에도 다를 바 없다고 여겨집니다. 이는 앞의 (1)에서 본 대로 5년 내지 4년 이상이 흐른 다음에서야 취소의 의사표시를 행하였고, 그 사이에 이 사건 컨설팅계약에서 정하여진 상당한 액의 각종의 반대급부, 즉 컨설팅 대금, 로열티 등을 문제 없이 지급하여 왔다는 데서도 알 수 있습니다.

---

8) 이 점은 독일에서도 다를 바가 없습니다. 우선 Palandt/Ellenberger, *Bürgerliches Gesetzbuch*, 72. Aufl.(2013), § 142 2) a) (S. 158). 그 외에 독일에서의 논의에 대하여는 제2판 민법주해(앞의 각주 7), 14면 주 58(이동진 집필부분) 참조.

그렇다면 원고들은 이 사건 컨설팅계약의 경제적 목적을 충분히 달성하였다고 말할 수 있을 것입니다. 그럼에도 이제 와서 이를 뒤엎어 '계약이 애초 없었던 것과 같은 상태'를 달성하려는 것은 그야말로 신의성실의 원칙에 저촉된다고 할 것입니다.

(5) 결론적으로, 설사 이 사건 컨설팅계약이 적법하게 취소되었다고 가정하더라도, 앞의 4.에서 살펴본 확고한 우리 판례의 태도에 좇아 그 취소는 소급효를 가지지 아니하며 장래에 대하여서만 효력이 있다고 하겠습니다.

C. 컨설팅계약의 취소 기타 그 효력 불발생의 경우 컨설팅 제공 회사의 부당이득청구권의 내용

1. 일반적으로 계약이 애초 무효이거나 후에 취소되어 "처음부터 무효인 것"으로 간주되는(민법 제141조 본문)(이하 민법의 조항은 달리 특별한 지적이 없는 한 본문 및 각주를 포함하여 법 이름을 지시하지 아니함이 없이 인용합니다) 경우, 또는 나아가 해제조건이 성취됨으로써 계약이 "효력을 잃는"(제147조 제2항) 경우와 같이 널리 '계약의 효력 불발생'이라고 부를 수 있는 경우에, 계약의 당사자는 상대방이 그 계약의 이행으로 행한 급부, 즉 상대방의 계약상 급부를 반환하여야 할 의무를 집니다. 그것은 계약의 효력 불발생으로 말미암아 그 계약상 급부는 '법률상 원인'이 애초 없었거나 사후적으로 없게 되었으므로, 민법 제741조에 기하여 부당이득반환의무를 지게 되기 때문입니다.

2. 이러한 경우 급부자의 부당이득반환청구권은 부당이득의

유형 중에서 이른바 급부부당이득에 해당하는 것입니다. 우리의 민사실무도 근자에 이르러 부당이득제도 일반에 관하여 급부부당이득이라는 유형을 특히 침해부당이득 유형과의 대비에 있어서 일정한 범위에서 인정하고 있습니다.[9]

(1) 하나의 예를 들면, 대법원 2018년 1월 24일 판결 2017다 37324사건(판례공보 2018년 상권, 489면)은 "당사자 일방이 자신의 의사에 따라 일정한 급부를 한 다음 급부가 법률상 원인 없음을 이유로 반환을 청구하는 이른바 급부부당이득의 경우에는 법률상 원인이 없다는 점에 대한 증명책임은 부당이득반환을 주장하는 사람에게 있다. … 이는 타인의 재산권 등을 침해하여 이익을 얻었음을 이유로 부당이득반환을 구하는 이른바 침해부당이득의 경우에는 부당이득반환청구의 상대방이 이익을 보유할 정당한 권원이 있다는 점을 증명할 책임이 있는 것과 구별된다"고 판시합니다. 다시 말하면, 위의 두 유형에서 '법률상 원인 없음'의 증명책임을 각기 다른 당사자가 부담함을 정면으로 긍정하고 있는 것입니다.

---

9) 여기서 '일정한 범위에서 인정하고 있다'는 제한적인 서술을 한 것은 다음과 같은 점을 고려하였기 때문입니다. 즉 부당이득법의 이론과 관련하여서는 주지하는 대로 흔히 통일설(공평설)과 비통일설(유형론)의 대립이 논의되고 있습니다. 여기서 이를 상세히 설명할 필요는 없을 것입니다. 그런데 판례가 이 중 어느 한 편의 태도를 취하고 있는지는 반드시 명확하다고 할 수 없습니다. 즉 한편으로는 본문에서 설명한 대로 유형론의 입장에 서 있는 듯도 합니다. 그러나 다른 한편으로 대법원 2003년 6월 13일 판결 2003다8862사건(대법원판례집 제51권 1집, 340면); 대법원 2017년 6월 29일 판결 2017다213838사건(판례공보 2017년 하권, 1569면) 등은 "부당이득제도는 이득자의 재산상 이득이 법률상 원인을 결여하는 경우에 공평·정의의 이념에 근거하여 이득자에게 그 반환의무를 부담시키는 것"이라고 설시하여서, 여전히 공평설의 입장을 드러내고 있는 것입니다.

(2) 이러한 판례의 태도는 대법원 2020년 10월 29일 판결 18다 228868사건(판례공보 2020년 하권, 2254면)에서도 그대로 이어지고 있습니다. 즉 "물건의 소유자가 물건에 관한 어떠한 이익을 상대방이 권원 없이 취득하고 있다고 주장하여 그 이익을 부당이득으로 반환청구하는 경우", 즉 침해부당이득의 경우에는 "상대방은 그러한 이익을 보유할 권원이 있음을 주장·증명하지 않는 한 소유자에게 이를 부당이득으로 반환할 의무가 있다"고 판시하고 있는 것입니다.

(3) 또한 대법원 2020년 12월 10일 판결 2020다254846사건(판례공보 2021년 상권, 216면)도 같은 관점에서 이해될 수 있습니다. 이 대법원판결은, 원고가 피고로부터 주택건설사업을 위한 견본주택을 건설하기 위하여 이 사건 토지를 임차하였으나 그 후 위 임대차계약이 적법하게 해지된 사안에 대한 것입니다. 원고는 이 사건에서 피고에 대하여 임대차보증금의 반환을 청구하였습니다. 원심판결은 원고의 청구를 인용하였는데, 그 이유로 "원고와 피고 사이에 … 이 사건 임대차계약이 체결되었으므로, **임대차보증금을 누가 지급하였는지 여부를 묻지 않고** 원고는 **임대차계약의 당사자로서** 임대차 종료 후 피고에게 임대차보증금의 반환을 청구할 수 있다"고 판시하였습니다. 피고의 상고에 대하여 위 대법원판결은 ―상고를 기각하는 대법원판결에서 흔히 보는 대로― "원심판결 이유를 기록에 비추어 살펴보면, 원심판결은 정당하고 상고이유 주장과 같이 논리와 경험의 법칙에 반하여 자유심증주의의 한계를 벗어나거나 계약 당사자, 사정변경에 따른 계약 해지 등에 관한 법리를 오해한 잘못이 없다"고만 설시하고 이를 기각하였습니다. 그런데 계약에서 정하여진 급부가 행하여진 경우에, 그 계약이 효력 불발생이 되면, 당해

급부가 구체적으로 누구에 의하여 행하여졌는지에 상관없이 계약
상으로 그 급부의무를 부담하는 계약 당사자가 이를 부당이득으로
반환청구할 수 있음[10]을 선언한 것으로, 역시 급부부당이득 특유의

---

10) 이와 같이 그 대표적인 사안유형은, 채권자와 채무자가 채권을 발생시키
는 계약에서 계좌이체의 방식으로 금전을 지급하기로 약정한 경우에 금
전채무자가 자신의 은행계좌에서 채권자 명의의 은행계좌로 금전을 이
체하는 경우입니다. 이 경우 채권자는 자신의 은행계좌에서 금전을 출금
함으로써 비로소 금전소유권을 취득하므로, 금전의 지급이라는 원래의
급부는 구체적으로는(혹은 비유적으로 말하자면 '내부적으로는') 채권자
가 계좌를 가지는 은행이 행하는 것입니다(또는 그 금전은 채무자가 계
좌를 가지는 은행에서 이체되어 온 것이므로, 그 급부는 내부적으로는
채무자 거래 은행이 행하는 것입니다). 그렇지만 위 계약이 효력 불발생
인 경우에 그로 인한 급부부당이득반환청구권은 위 계약의 당사자인 채
무자가 상대방인 채권자에 대하여 가진다고 할 것입니다.

이는 계약 불발생의 사안이 아니라 이른바 착오 송금의 경우에도 하
등 다를 바 없습니다. 이에 대하여는 보다 상세하게 우선 양창수, "판례
평석 : 마이너스 통장에의 착오 송금에서 부당이득반환청구의 상대방 —
대법원 2022. 6. 30. 선고 2016다237974 판결", 법률신문 제5012호(2022
년 8월 25일자), 12면 참조. 이하 그 주요 부분을 인용하여 둡니다.

"은행 계좌에의 착오 송금의 사안유형에서 은행이 아니라 수취인이
송금의뢰인이 취득하는 부당이득반환청구권의 상대방이 된다고 하여야
하는 이유를 애초 예금채권의 발생 여부 또는 그 귀속에서 찾을 것이 아
니었다. 오히려 송금의뢰인은 일정한 목적으로 —예를 들면 채무의 이행
을 위하여 또는 대여나 증여의 목적으로(causa solvendi, credendi, donan-
di. 이 셋이 전통적으로 어떠한 급부의 원인이다)— 금전을 인도('지급')
하였지만 결국 지급의 목적이 달성되지 못하고 좌절되었다는 것, 그것이
부당이득의 성립 여부를 판단하는 데 결정적으로 중요한 사정이다(이는
이른바 과다지급의 경우에도 조금도 다를 바 없다. 이하에서는 이 유형
은 따로 논의하지 않는다).

거기서 은행은 단지 송금의뢰자가 행하는 금전 지급의 '통로' 내지 '수
단'일 뿐으로서 그 상대방이라고 할 수 없고, 그의 법적 지위를 성질결
정하자면 민법 제391조에서 정하는 이행보조자(또는 수령보조자)에 불
과하다. 그러므로 지급된 금전의 반환이라는 급부의 원상회복이 문제되

법리를 확인하였다고 할 것입니다.

3. 계약이 쌍무계약의 성질을 가지는 것으로서 쌍방 당사자가 각기 자신이 계약에 기하여 부담하는 채무를 이행한 경우에는, 그 계약이 효력 불발생이면, 각 당사자는 자신이 행한 계약상 급부에 대하여 각기 부당이득으로서 반환청구할 수 있음은 물론입니다.

(1) 이러한 부당이득반환관계를 민법은 계약 해제의 효과에 관한 제548조 제1항에서 '원상회복의 의무'라고 표현하고 있습니다. 여기서의 '원상회복原狀回復'은 물론 그 문언 그대로 계약상 급부가 행하여지지 아니하였던 상태로 회복하는 것을 가리킵니다. 다시 반복하지만 구체적으로는 각 당사자가 자신이 행한 계약상 급부에 대하여 부당이득으로서 반환청구할 수 있다는 것을 말합니다.

(2) 판례는 여러 재판례를 통하여 민법 제548조 제1항에서 정

는 법적 장면에서 그는 급부자의 급부 반환청구의 상대방이 될 수 없는 것이다. 한편 은행 계좌에의 이체를 통한 금전 지급이 적법한 것으로 효력을 가진다는 것은 자신의 계좌 번호를 일반적으로 또는 특정한 제3자에게 개시開示하는 것에 의하여 다른 특별한 사정이 없는 한 금전 지급의 당사자 사이에 합의된 바라고 보아야 할 것이다. … 즉 착오 송금의 부당이득법 처리에서는 그 이유를 수취인의 예금채권의 성립 등을 들어 은행에는 이익이 없다는 것에서 찾을 것이 아니라, "송금 의뢰로 인한 급부관계는 송금의뢰인와 수취인 사이에서만 성립하는 것이므로 그 급부의 원인 결여로 인한 부당이득(이른바 급부부당이득)도 송금의뢰인과 수취인 사이에만 성립한다"는 것이다(양창수, 일반부당이득법의 연구, 1987년 서울대 박사학위 논문, 224면 이하; 김형석, "지급지시·급부관계·부당이득", 서울대학교 법학 제47권 3호(2006), 308면 이하. 위 2007년 판결에 대하여 윤진수, "2007년 주요 민법판례 회고", 서울대학교 법학 제49권 1호(2008), 379면)."

하는 '원상회복의무'가 부당이득의 성질을 가진다고 태도를 거듭 밝히고 있음은 주지하는 대로입니다.

예를 들어 대법원 1997년 12월 9일 판결 96다47586사건(판례공보 1998년, 213면)은, 원고(원래는 복수이나 여기서는 이렇게 표시하기로 합니다)가 피고로부터 호텔을 매수하고 이를 인도받아 그 용도대로 점유·사용하여 왔는데, 위 매매계약이 적법하게 해제되었다는 사실관계에 대한 것입니다. 이 사건에서 원고는 그 매매대금의 반환을 청구하였는데, 피고는 원고가 위 호텔의 점유·사용으로 인한 이익에 기한 부당이득반환채권으로 이를 상계한다는 항변을 하였습니다. 이에 대하여 원고는 선의의 수익자인데 위 호텔의 영업 부진으로 실제로 이익을 받은 일이 없어서 반환할 이익이 없다고 주장하였습니다. 이에 대하여 대법원은 "계약 해제의 효과로서의 원상회복의무를 규정한 민법 제548조 제1항 본문은 부당이득에 관한 특별규정의 성격을 가진 것"이라고 전제적으로 설시한 다음, "그 이익 반환의 범위는 이익의 현존 여부나 선의·악의에 불문하고 특단의 사유가 없는 한 받은 이익의 전부"라고 판시하였습니다. 그리하여 원고의 주장, 즉 그가 선의의 수익자로서 그 받은 이익이 현존하지 아니함을 들어 그 반환 범위를 다투는 주장을 받아들이지 아니하였습니다.

그 후에도 대법원 1998년 12월 23일 판결 98다43175사건(판례공보 1999년, 228면); 대법원 2014년 3월 13일 판결 2013다34143사건 (판례공보 2014년 상권, 842면) 등 여러 판결은 우선 계약의 해제로 당사자가 제548조 제1항 본문에 기하여 부담하는 원상회복의무는 부당이득반환책임의 성질을 가진다는 태도를 취합니다. 이는 여러 번 거듭 판시된 확고한 판례의 태도입니다.

(3) 이와 같이 확고한 실무의 태도는 이를 뒤집으면 계약 해제가 아니라 그 무효·취소 등 계약의 효력 불발생 사유가 있는 경우에는 계약의 원상회복이 부당이득반환청구권을 통하여 실현되어야 함을 말하여 준다고 할 것입니다.

4. 이 사건 컨설팅계약과 같이 당사자 일방의 계약상 급부가 주로 기업을 운영함에 관한 상담·조언·협의 등의 제공 등과 같은 이른바 **노무급부(또는 용역급부)**로 또는 상표와 같은 영업표장標章(또는 영업표지標識)의 일시적 사용[11])과 같이 **시간적 제약 아래서 추상적 이익의 취득으로 행하여지는 급부**로 이루어진 경우에 그 계약의 취소 등 효력 불발생으로 말미암아 그 급부를 부당이득으로서 반환하여야 하는 때에는 그 반환청구권은 가액 반환의 형태를 가지게 됩니다.

(1) 민법은 부당이득반환청구권 일반에 대하여 그 반환의 방법으로 원물 반환과 가액 반환을 규정하고 있습니다. 즉 부당이득제도는 민법에서 제741조부터 제749조 사이에 그 일반적인 내용이 정하여져 있습니다. 그 중 제748조는 '원물 반환 불능한 경우와 가액 반환, 전득자의 책임'이라는 표제를 가집니다. 그 제1항은 "수익자가 그 받은 목적물을 반환할 수 없는 때에는 그 가액을 반환하여야 한다"고 정합니다. 이러한 제1항이 위 제748조의 표제 중 앞 부분의 **'원물 반환** 불능한 경우와 **가액 반환'**에 해당하는 것임에는 아무런 의문이 없는 것입니다.

---

11) 여기서 '일시적'이란 '시간적으로 제약이 있는'이라는 의미입니다.

(2) 위 법규정 중 '원물 반환이 불능인 때'라고 함은 반환이 객관적으로 불능인 경우, 즉 사회관념상 누구나 반환할 수 없는 경우뿐만 아니라, 수익자(즉 부당이득반환의무자)가 물건을 양도하는 등으로 말미암아 제3자가 점유하고 있는 경우와 같이 주관적으로 불능인 경우, 즉 수익자 일신상의 사유로 인하여 반환할 수 없는 경우를 포함한다고 설명되고 있습니다.[12]

그리고 구체적으로 이에 해당하는 것 중 대표적인 것으로, '성질상 원물을 반환할 수 없는 경우'를 들 수 있습니다. 그리고 앞서 본 바와 같은 노무급부(또는 '용역급부'라고 부를 수도 있을 것입니다)가 이에 해당함은 우리 학설이 일치하여 지적하는 바입니다.[13]

(3) 그러나 상표 등 영업 표장標章의 사용의 일시적 허용도 마찬가지로 '성질상 원물을 반환할 수 없는 경우'에 해당합니다. 이 점에 대하여는 따로 설명이 필요 없을 만큼 자명하다고 할 것입니다만, 만일을 위하여 물건의 일시적 사용의 경우와 대비하여 보면 이를 쉽게 납득할 수 있을 것입니다.

우리는 토지 · 건물 기타 물건의 소유자가 제3자에게 이를 일시적으로 사용할 권한을 부여하는 계약을 체결한 후에 그 기간의 만료나 계약의 해지 등으로 그 계약이 종료된 경우의 법적 처리를 익히 알고 있습니다. 그 계약의 가장 전형적인 예로서 임대차계약을

---

12) 우선 민법주해 [XVII](2005), 565면(양창수 집필부분) 참조.
13) 동지: 민법주해(앞의 각주 12), 565면(양창수 집필부분); 곽윤직, 채권각론, 제6판(2003), 370면; 김증한 · 김학동, 채권각론, 제7판(2006), 757면; 송덕수, 채권각론, 제6판(2023), 513면 등.

들어본다면, 원고가 된 임대인이 그 목적물의 반환과 아울러 임대
차계약의 종료 후 위 반환시까지의 '차임 상당 금전'의 지급을 청구
하는 것이 통상입니다. 이때 후자의 청구는, 원고 소유의 물건을 그
권한 없이 사용하는 이익은 이를 원물대로 반환할 수 없는 성질의
것이므로, 그 가액의 반환을 구함으로써 행하여지는 것입니다. 즉
그러한 사용이익의 '가액'을 차임을 기준으로 하여 정함에 따른 것
입니다. 이 점은 무엇보다도 근자의 대법원 2018년 11월 29일 판결
2018다240424사건(법고을)이 "임차인이 임대차계약 종료 후 임대차
건물을 계속 점유하였으나, 본래의 임대차계약상의 목적에 따라 사
용·수익하지 아니한 경우"에는 임차인에게 차임 상당의 부당이득
반환의무가 성립하지 아니한다고 판단한 것[14]에서 명확하게 드러
납니다. 뒤집어 말하면, 임차인이 임대차계약 종료 후에도 목적물
을 사용·수익하였다면 그는 부당이득으로 차임 상당의 금전을 지
급할 의무가 있다는 것으로서, 거기서의 '차임 상당 금전'이 목적물
의 사용이익이 원물대로 반환될 수 없으므로 그 가액이 금전으로
산정되어야 한다는 것입니다.

　　물건의 사용이익이 그러할진대, 상표와 같은 영업표장의 일시
적 사용이 계약상 급부인 경우는 더욱 그러할 것입니다. 앞에서 여
러 차례 언급한 '사용이익'은 독일어의 Gebrauchsvorteil에 해당하는
데, 독일민법 제100조는 이를 '물건 또는 **권리의 사용**이 주는 이익
(die Vorteile, welche der *Gebrauch* der Sache oder *des Rechts* gewährt)'이

---

14) 이러한 판시는 이미 대법원 1984년 5월 15일 판결 84다카108(대법원판례
　　집 제32권 3집, 31면)에 명확하게 나타나며, 이후 여러 차례 반복되고 있
　　습니다. 근자의 재판례로서는 대법원 2006년 10월 12일 판결 2004재다
　　818사건(판례공보 2006년, 1875면)이 있습니다.

라고 정의하여 물건의 사용과 권리의 사용을 완전히 평행되게 정하고 있습니다. 이로부터도 양자를 동일하게 처리할 수 있다는 것이 극명하게 드러난다고 할 것입니다.

5. 결국 이 사건 컨설팅계약이 취소된 경우에 피고 회사는 그 계약의 상대방인 원고들에 대하여 자신이 제공한 위와 같은 노무급부(또는 용역급부) 및 영업표장의 사용 등의 '가액'을 부당이득으로 반환할 것을 청구할 권리를 가진다고 할 것입니다.

(1) 부당이득을 가액으로 반환하는 경우에 그 '가액'이란 '원물'의 객관적 가치를 금전으로 환가한 것을 말합니다.[15] 우리의 민사실무에서 이는 일단 당사자들이 문제된 계약에서 합의한 대가를 일응의 기준으로 하여 이를 산정하는 것으로 이해됩니다.

이는, 앞의 4. (3) 등에서 본 임대차 종료 후의 사용이익 반환청구에 있어서 많은 재판례가 계약의 당사자들이 당해 임대차계약에서 단위 기간에 대한 차임으로 합의한 금액을 그대로 '차임 상당 부당이득'으로 반환하도록 명하는 것에서 선명하게 드러납니다.

그렇다고 하면, 원고들은 이 사건 컨설팅계약에서 반대급부로서 피고 회사에 대하여 지급하기로 약정하였던 이른바 '로열티' **상당**의 금전을 위 계약의 취소로 인한 가액 반환으로 피고 회사에 지급할 의무가 있다고 할 것입니다.

(2) 물론 이는 피고 회사가 원고들에 대하여 이 사건 컨설팅계

---

15) 우선 민법주해 [XVII](앞의 각주 12), 568면(양창수 집필부분).

약상의 의무를 제대로 이행한 것을 전제로 하는 것입니다. 그런데
이 사건에서는 피고 회사가 이 사건 컨설팅계약으로 원고들에게
그 사용을 허용한 영업표장(이 사건 서비스표)가 그 계약 당시 관할
관청에 등록된 것이어야 하느냐가 다투어지고 있습니다(위 계약 당
시 이 사건 서비스표는 그러한 등록이 되어 있지 아니하였던 것으로 압니
다). 이 점은 본인이 의견을 제시하여야 사항에 포함되어 있지 아니
합니다만, 설사 그것이 긍정되어 등록된 서비스표로서의 사용이 합
의 내용이라고 가정하는 경우에도, 그러한 사용과 이 사건 서비스
표 그 자체의 사용 사이에 그에 관하여 그 '객관적 가치'가 얼마만
큼 차이가 날 것인지는 다른 증거방법, 예를 들면 전문가의 감정
등에 의하여 밝혀져야 할 것입니다. 다만 본인으로서는 그 차이가
크지 아니하고 오히려 미미하리라고 여겨집니다.

   (3) 부당이득 반환의 한 방법으로서 가액 반환에 대하여는 그
'가액' 산정의 기준시점과 관련하여 입장의 대립이 있음은 주지하
는 대로입니다.

   이에 대하여 본인은 일찍부터 가액반환청구권이 성립하는 때
를 기준으로 한다는 입장을 취하였습니다.[16] 즉 노무급부(또는 용역
급부)나 타인 물건의 사용 등과 같이 원물 반환이 성질상 애초부터
불가능한 경우에는 애초 부당이득이 성립하는 때를 기준으로 할
것이고, 또 예를 들면 수익자가 후에 목적물을 처분함으로써 사후

---

16) 민법주해 [XVII](앞의 각주 12), 568면(양창수 집필부분). 그 이유는 "가령
   그에 대한 시가가 그 후 상승하였다는 등의 '가액 증가'를 수익자가 이용
   하여 재산적 이익을 취할 여지가 애초 없었음에도 불구하고 그와 같은
   이익을 손실자가 다른 산정시점을 선택함으로써 취하는 것은 불합리하
   기 때문"입니다. 그 외에 이은영, 채권각론, 제4판(2004), 701면도 동지.

적으로 가액반환청구권으로 변경된 때에는 그와 같이 변경된 때를 기준으로 한다는 것입니다. 이에 대하여는 반환시를 기준으로 할 것이라는 입장도 주장되고 있습니다.[17]

(4) 그런데 판례는 본인과 같은 견해를 취하는 것으로 이해됩니다. 예를 들면 대법원 1965년 4월 27일 판결 65다181사건(대법원 판결요지집 민사편 제1권 2집, 1123면)은 "수익자가 이득한 물건[즉 원물, 이 사건에서는 정조正租]을 타에 처분하여 현물 반환이 불능인 경우에는 특별한 사정이 없는 한 그 매각대금이라 할 것이며, 그 후에 물건의 가격이 앙등하였다고 하여서 앙등한 가격으로 계산한 금액이 이득이라고는 할 수 없다"고 판시하였습니다.

이러한 태도는 그 후의 대법원 1972년 11월 14일 판결 72다1633사건(대법원판례집 제20권 3집, 117면)에서도 그대로 이어지고 있습니다. 즉 "원심은 피고가 이 사건에서 수익한 정조正租와 나맥裸麥은 그 시경 이를 소비하여 반환이 불가능한 사실을 인정하고 그렇다면 그 가액을 반환하여야 할 것인바 그 가액은 특별한 사유가 없는 한 그 처분 당시의 대가라고 판시하는바, 이러한 원심의 판시는 정당"하다는 것입니다.

그리하여 하급심에서도 같은 태도가 취하여지고 있습니다. 예를 들면 서울고등법원 1983년 2월 16일 판결 82다2433사건(고등법원판결집 1983년, 153면)에서도, 직물류 도소매업을 경영하는 상인 간에 직물의 가액이 반환되어야 하는 사안에 대하여, 피고가 그 직물

---

17) 예를 들면 김증한 · 김학동(앞의 각주 13), 758면.

을 처분할 당시의 도매가격을 그 물건의 '객관적 가액'이라고 하고
그 가액의 지급을 명하고 있는 것입니다.

　이상의 재판례는 처음부터 성질상 원물 반환이 불가능한 사안
에 대한 것은 아니라고 보입니다. 그러나 적어도 그것이 앞의 (3)에
서 든 반대설, 즉 '가액' 산정의 기준시기가 반환시라는 입장을 취
하지 아니하였음을 명백합니다.

　(5) 앞의 (4)에서 본 여러 재판례를 잘 읽어보면, 앞의 (1)에서
지적한 바, 즉 당사자들 사이의 계약에서 합의된 반대급부, 즉 일방
당사자가 행한 급부에 대하여 상대방이 지급할 반대급부(통상 '대가'
라고 불리는 것)로 합의된 것이 계약의 원상회복관계에서 관철되고
있다는 것을 알 수 있을 것입니다.

D. 결 론

　그러므로 결론적으로 항소심법원으로서는 이 사건의 원심판결
을 파기하여야 할 것으로 사료됩니다.

(2023년 11월 작성)

[후 기]

　이 사건의 항소심을 맡은 서울고등법원은 2024년 10월에 다음
과 같이 판시하여 이 사건 가맹계약의 취소로 그 계약이 장래를 대
해서만 효력을 상실한다는 결론을 내렸다.

민법 제141조 본문은 "취소된 법률행위는 처음부터 무효인 것으로 본다"라고 규정하고 있어, 민법에 따른 법률행위의 취소는 소급효가 있는 것이 원칙이다. 그런데 법률행위에 따라서는 소급하여 무효로 돌리는 것이 사실상 무의미하거나 불가능한 경우가 있어 규범적 측면에서 취소를 할 수 있다고 하더라도, 사실적 측면에서는 그 법률행위로 인하여 발생한 결과가 소급하여 없었던 것처럼 돌리는 것이 무의미하거나 불가능한 경우가 있다. 따라서 계속적 법률관계는 취소되더라도 기왕의 과거 법률관계를 소급적 무효이론에 의하여 정리하는 것이 어렵고 부당하여 취소의 소급효를 제한할 필요성이 있고, 취소의 소급효를 제한하지 않으면 법률관계에 큰 혼란을 초래하게 되는 경우가 발생한다.

위와 같은 계속적 계약관계의 특성에다가, 이 사건에서 인정되는 사정을 종합하여 보면, 이 사건 계약 체결에 의사표시에 취소의 사유가 있다고 하여 취소된다고 하더라도, 피고가 그동안 이 사건 계약에 따라 제공한 서비스에 따른 효과가 소급하여 부정하는 것은 타당하지 않다.

① 이 사건 계약은 피고가 계약 기간에 해당하는 5년 동안 원고에게 스파 상품의 구성, 인테리어 및 영업설비 제공 및 관리, 직원에 대한 교육 제공, 운영매뉴얼 제공 등 적극적으로 영업 및 경영활동을 지원하는 것을 그 내용으로 하는 계속적 계약인데, 원고가 소장 부본의 송달로써 계약을 취소할 때까지 약 4년 동안 법률관계가 계속되어 왔다.

② 원고는 위 기간에 별다른 문제 없이 이 사건 영업점을 이용하여 상당한 매출이익을 얻은 것으로 보이므로 계약의 목적이 일응 달성되었다고 볼 수 있다.

③ 원고가 이 사건 영업점을 운영함으로써 영업 기간에 매출이 발생하였으므로 이를 소급하여 제거하는 것은 사실상 불가능하고, 이 사건 영업점이 선불권을 판매하여 영업을 하는 특성이 있다는

사정을 고려하면 그 통상의 매출액에 따른 반환의무의 범위를 산정하여 정산하는 것 또한 사실상 불가능하다.

④ 이 사건 계약 제14조 제4항에서는 원고 또는 피고가 계약을 해제할 경우 해제 효력 발생 전에 생긴 권리의 행사나 의무의 이행에는 아무런 영향이 없는 것으로 정하고 있는데, 이 사건 계약이 계속적 계약임을 고려하여 해제 이후 장래에 관하여만 이 사건 계약의 효력을 소멸시키려는 당사자의 의사가 반영된 취지로 보인다.

17. 계약의 해제로 인한 원상회복의무와 부당이득

사 건   서울중앙지방법원 2019가합○○호 손해배상(기)
원 고   ○○ 유한회사
피 고   ○○ 외 6인

본인은 위의 소송사건에 관하여 피고 ○○ 등의 대리인인 법무법인 ○○으로부터 법적 의견을 요청받고 다음과 같이 의견을 진술합니다.

A. 전제된 사실관계, 소송상 주장 및 논의 대상인 법적 쟁점

I. 사실관계 및 원고의 소송상 주장

1. 가. 피고들은 ○○ 주식회사(이하 단지 'A 회사'라고 부릅니다)와 그 관계사인 4개 회사의 주주들입니다(이하 피고들이 보유하는 이들 주식을 '이 사건 주식'이라고 부릅니다). 피고 1 내지 5는 가족관계에 있으며, 피고 6은 A 회사의 대표이사이고 피고 7은 피고 6의 아들입니다.

나. 원고는 피고들로부터 위의 주식 전부를 매수하는 내용의 아래 2.에서 보는 계약(이하 그 변경계약을 포함하여 '이 사건 계약'이라고 부릅니다)을 체결한 회사입니다.

2. 피고들은 2014년 ○월 ○일 원고와의 사이에 대금을 400여억 원으로 정하여 위 주식을 원고에게 매도하는 매매계약을 체결하였습니다. 원고는 계약금 40여억 원, 중도금 90여억 원을 피고들에게 각 지급하였습니다. 잔금의 지급기일은 2014년 ○월 ○일로 약정되었습니다.

가. 원고가 잔금의 지급기일에 이를 지급하지 못하였습니다. 그러자 2015년 ○월 ○일에 이르러 원고와 피고들 사이에 변경계약이 체결되었습니다. 위 변경계약의 내용은, 원고의 지체책임을 인정한다는 것, 그리고 원고가 위의 지급 지체에 따른 지연이자 및 향후 잔금을 지급할 때까지의 지연이자를 지급한다는 것, 그리고 지급기일을 다시 지키지 못하는 경우에는 위약금 등을 지급한다는 것이었습니다. 그러나 그러한 변경계약 후로도 원고는 잔금 중 일부를 지급하였을 뿐이고 나머지의 잔금 250여억 원은 이를 지급하지 못하였습니다. 그 결과 원고와 피고들 사이에는 위의 경우를 포함하여 모두 4회에 걸친 변경계약이 체결되기에 이릅니다.

나. 그리하여 그 후 2015년 ○월 ○일, 2016년 ○월 ○일 및 동년 ○월 ○일에 각기 변경계약이 다시 체결되었습니다. 그 각 변경계약의 구체적 내용은 여기서 들지 아니하도록 하겠습니다만, 위의 마지막 제4차 변경계약에서 약정된 지급기일은 2016년 ○월 ○일이었습니다. 그러나 그때까지도 잔금이 지급되지 못하였습니다.

다. 위 제4차 변경계약에는, 최종적으로 약정된 위의 2016년 ○월 ○일의 지급기일이 도과되는 경우에는 이 사건 주식매매계약은 자동적으로 해제된다는 조항이 포함되어 있었습니다. 또한 피고들은 후일의 분쟁을 우려하여 위의 최종적 지급기일인 2016년 ○월 ○일에 주권 등의 이행제공을 하면서 계약 해제의 의사표시를 별도로 하여 두었습니다.

라. 피고들은 원고로부터 지급받은 계약금·중도금 및 일부 잔금으로부터 지연이자, 위약금 등을 공제한 잔액을 위 계약 해제 후에 원고에게 반환하였습니다.

3. 피고들은 그 후 2016년 ○월 ○일 소외 ○○ 주식회사(이하 'B 회사'라고 부르기로 합니다)와의 사이에 피고들의 이 사건 주식 전부를 B 회사에 매도하는 계약을 체결하였습니다. 그 매매대금은 이 사건 계약상의 매매대금보다 적은 440여억 원이었는데, 나중에 실사로 인한 감액과 우발채무 발견으로 인한 감액으로 최종적으로 410여억 원으로 정하여졌습니다. 피고들은 B 회사에 위의 계약에 기한 주식양도의무를 주권의 인도 등으로 모두 이행하였습니다.

4. 원고는 이 사건 소송에서 다양한 청구원인에 기하여 여러 가지 청구를 하고 있습니다.

가. 우선 원고의 주장에 의하면, 위 4차에 걸친 변경계약은 착오 또는 사기·강박을 이유로 원고에 의하여 취소되었고, 따라서 원래의 이 사건 주식매매계약은 유효하게 존속합니다. 그런데 피고들이 이 사건 주식을 B 회사에 매도 및 양도함으로써 원고에 대한

계약상 의무의 이행은 불능이 되었다고 주장하고, 그로 인한 손해의 배상을 청구하며, 또한 이를 이유로 이 사건 주식매매계약을 해제하고 그 원상회복을 청구하고 있습니다.

   나. 본인의 의견서 작성과 문제되는 것은 다음과 같은 점입니다. 즉, 피고들과 원고 사이의 이 사건 주식매매계약이 유효하게 존속하고 있는 동안에, 원고는 피고들의 양해 아래 A 회사의 경영에 참여하기로 하여 원고가 추천한 사람들이 그 회사의 임원으로 선임되거나 직원으로 채용되어 그 회사의 업무에 관여하였습니다(이하 이들은 '원고 측 임직원들'이라고 부릅니다). 원고의 주장에 의하면, A 회사는 제주도의 ○○관광단지 안에 일정한 부동산을 소유하고 있었는데, 이들 부동산에 대하여 원고 측 임직원들의 노력으로 제주도지사로부터 「조성계획 변경 승인 처분」을 받기에 이르렀고 이로 말미암아 위 부동산의 가치가 상승하였으며, 또한 위의 처분을 받는 데에는 원고의 모기업인 주식회사 ○○(이하 'M 회사'라고 부릅니다)의 활동도 기여하여서, 그에 따라 A 회사의 주식도 그 가치가 370여억 원만큼 상승하였다는 것입니다. 그러므로 피고들은 부당이득으로서 이를 원고에게 반환하여야 한다고 주장합니다.

Ⅱ. 본인의 의견이 구하여진 법적 쟁점

   1. 계약 해제의 효과에 관한 민법 제548조와 민법 제741조 이하의 규정에 기한 부당이득청구권과의 관계

   2. 이 사건 주식매매계약이 적법하게 해제된 경우에, 위의 Ⅰ. 4. 나.에서 본 바와 같은 주식가치 상승분이 민법 제548조 제1항에

서 정하는 '원상회복의무'의 내용에 포함되는지 여부

3. 위의 2.에서 제기되는 문제에 대하여 부정적으로 답하는 경우에, 원고는 이를 민법 제741조 이하의 규정에 기하여 부당이득으로 반환청구를 할 수 있는지 여부

4. 계약 당사자 사이에 해제의 효과에 관하여 정산에 관한 특약을 둔 경우 그 특약에 의하여 법률상 별도의 부당이득 성립이 부정되거나 적어도 의사표시 해석상 위 특약은 별도의 부당이득 성립을 부정하는 취지로 볼 수 있는지

B. 의 견

Ⅰ. 민법 제548조에서 정하는 계약 해제의 효과와 민법 제741조 이하의 규정에 기한 부당이득청구권과의 관계

1. 민법 제548조가 정하는 「계약 해제의 효과」

가. 민법 제548조(이하 민법의 법조항은 다른 특별한 사정이 없는 한 법명을 지시함이 없이 인용합니다)는 「계약 해제의 효과, 원상회복의무」라는 표제를 가지고 있습니다. 그리고 그 제1항에서 "당사자 일방이 계약을 해제한 때에는 각 당사자는 그 상대방에 대하여 원상회복의 의무가 있다. 그러나 제3자의 권리를 해하지 못한다"라고 정하고, 제2항에서 "전항의 경우에 반환할 금전에는 그 받은 날로부터 이자를 가하여야 한다"고 정합니다.

나. 계약이 적법하게 해제된 경우에 해제된 그 계약은 그 효력을 소급적으로 상실합니다. 이에 대하여는 해제로 인하여 계약의 효력이 상실하는 것이 아니라, 계약의 내용이 「원상회복관계」로 변화하는 것이라는 이른바 청산관계설淸算關係說이 주장되고 있습니다마는,[1] 이는 독일 학설의 영향을 강하게 받은 것으로서 우리 민법의 해석으로는 적절하지 아니합니다.

다. 무엇보다도 제550조는 계약 해지의 효과에 관하여 "당사자 일방이 계약을 해지한 때에는 계약은 장래에 대하여 **그 효력을 잃는다**"(이하 인용문에서 고딕체에 의한 강조는 다른 특별한 지적이 없는 한 인용자가 가한 것입니다)고 정합니다. 계약 해지는 임대차·소비대차·고용·임치·조합과 같은 이른바 계속적 계약에 있어서 문제되는 사항임에는 의문의 여지가 없습니다. 그리하여 그와 같은 계약을 '해지'하게 되면 그 계약은 그 해지의 효력이 발생한 때(즉 해지의 의사표시가 상대방에게 도달한 때)로부터 장래에 대하여 그 효력을 잃는다고 정하는 것이 위 규정인 것입니다. 그렇다면 매매·도급과 같이 계속적 계약이 아닌 계약, 즉 이른바 일시적 계약에 있어서 계약이 해제되면 그 계약은 처음부터 효력을 잃는다는 것이 자연스러운 해석일 것입니다. 그리하여 위의 청산관계설은 서서히 그 힘을 잃어 갔습니다.[2] 그리하여 최근의 학설은 대체로 해제로 인한

---

1) 그 학설은 김형배, "해제의 효과에 관한 소감", 고시연구 1978년 10월호(그 후 동, 민법학연구(1986), 21면 이하에 수록되었습니다)에서 처음 주장되었습니다. 그리고 김용담(당시 독일 유학에서 갓 돌아온 실무가이었습니다), "해제의 효과에 관한 일고찰", 사법행정 1983년 5월호, 7월호 및 11월호(그 후 민사법학 제4·5합병호(1985), 118면 이하에 수록되었습니다)가 이를 이어받았습니다. 그즈음부터 교과서 등에 이 견해를 채택한 경우가 적지 않았습니다.

계약의 소급적 소멸을 인정하고 있습니다.[3]

라. 무엇보다도 판례는 일관되게 이른바 직접효과설(그 중에서도 물권적 효과설), 즉 계약이 해제되면 그 효과로 계약은 그 효력을 상실하고, 그 계약에 기하여 이전되었던 소유권 기타 물권은 당연히 복귀한다는 입장을 취하였고, 지금도 취하고 있습니다.

(1) 예를 들면 일찍이 대법원 1977년 5월 24일 판결 75다1394 사건(대법원판례집 제25권 2집, 44면)은 "계약이 해제되면 그 계약의 이행으로 변동이 생겼던 물권은 당연히 그 계약이 없었던 원상태로 복귀한다고 봄이 타당하다"고 판시하고 있는 것입니다. 그리고 대법원 1982년 11월 23일 판결 81다카1110사건(대법원판례집 제30권 4집, 45면)은 그것이 '당원當院의 판례'라고 밝힙니다.

(2) 그리고 최근의 대법원 2021년 8월 19일 판결 2018다244976 사건(판례공보 2021년, 1693면)도 "계약이 적법하게 해제되면 **그 효력이 소급적으로 소멸**하므로 그 계약상 의무에 기하여 실행된 급부는 원상회복을 위하여 부당이득으로 반환되어야 하고, 그 계약의 이행

---

2) 청산관계설에 대한 포괄적·종합적인 비판으로서, 김욱곤, "해제의 효과에 관한 법리 소고", 황적인 박사 화갑 기념 논문집(1990), 711면 이하 참조. 한편 계약 해제의 효과에 관한 학설 추이를 '외국 이론의 무비판적 도입'이라는 관점에서 비판한 본인의 글로서, 양창수, "해제의 효과에 관한 학설들에 대한 소감", 고시연구 1991년 4월호, 26면 이하(그 후 동, 민법연구, 제3권(1995), 267면 이하에 수록되었습니다) 참조.

3) 예를 들면 최근에 발간된 교과서 문헌 중에서 청산관계설을 취하는 것은 김상용, 김학동 등이고, 직접효과설을 취하는 것은 김대정, 김준호, 송덕수, 윤철홍, 지원림 등입니다. 이들 「교과서 학설」의 분포에 대하여는 우선 송덕수, 채권법각론, 제6판(2023), 142면 이하 참조.

으로 변동이 되었던 물권은 당연히 그 계약이 없었던 상태로 복귀한다(민법 제548조 제1항 본문)"고 판시합니다. 그리하여 앞서 본 직접효과설(나아가 물권적 효과설)의 입장을 여전히 채택하고 있는 것입니다.

2. 제741조 이하의 부당이득반환청구권

가. 민법은 제3편에서 취급하는 채권에 관하여 그 발생원인으로 계약(제2장), 사무관리(제3장), 부당이득(제4장), 그리고 불법행위(제5장)의 넷을 정하고 있습니다. 이 중에서 제741조 이하에서 규정된 부당이득제도는 앞의 1.에서 본 계약 해제와도 밀접한 관련이 있습니다.

(1) 계약이 애초 효력이 없거나 나중에 효력을 상실하게 되는 원인은 계약 해제 외에도 여러 가지가 있습니다.

(가) 계약 등 법률행위의 무효 원인으로 강행법규 위반, 「선량한 풍속 기타 사회질서」(제103조) 위반 등과 같이 주로 계약의 내용에 문제가 있는 경우가 있는가 하면, 당사자에게 의사능력이 흠결된 경우, 통정허위표시의 일반적인 경우(제108조 제1항)나 비진의의사표시의 제한적인 경우(제107조 제1항 단서) 등과 같이 계약이 성립하는 과정, 특히 그것을 구성하는 의사표시에 문제가 있는 경우도 있습니다.

(나) 또한 위와 같은 계약 '무효'의 경우뿐만 아니라, 민법은 계약이 취소되면 그 계약은 "처음부터 무효인 것으로 본다"고 정합니다(제141조 본문). 따라서 계약을 구성하는 의사표시에 행위능력 제

한(제5조 제2항, 제10조 제1항 또는 제13조 제4항) 또는 착오나 사기·
강박(제109조, 제110조) 등의 '하자'(제116조 표제의 표현)가 있는 경우
에 그 하자 있는 의사표시를 하여 취소권을 가지는 측에서 당해 계
약을 취소한 경우에도 그 계약은 소급적으로 효력을 잃게 됩니다.

(다) 그 외에도 해제조건이 성취된 경우에도 그 계약은 "조건이
성취한 때로부터 그 효력을 잃는" 것입니다(제147조 제2항).

(2) 이와 같이 계약이 처음부터 효력이 없거나 사후적으로 그
효력을 상실하게 되는 다양한 경우(이하에서는 이들을 합하여 '효력불
발생'이라고 부르기로 합니다)와 관련하여서는 민법적으로는 대체로
두 가지 관점에서 문제가 발생합니다. 하나는, 당사자가 계약에 기
하여 그 이행을, 즉 무엇보다도 계약에서 정하여진 급부를 청구할
수 있는가 하는 문제이고, 다른 하나는 당사자가 이미 계약을 이행
하여 계약상 급부를 실행한 경우에 그 급부가 반환되어야 하지 않
는가 하는 문제, 즉 통상 「계약상 급부의 원상회복」이라고 불리는
문제입니다. 이 사건에서는 후자의 문제가 논의되고 있으므로, 이
에 한정하여 살펴보기로 합니다.

나. 제741조 이하의 부당이득제도가 규율하는 사안 유형 중에
앞서 본 「계약상 급부의 원상회복」의 사안이 포함됨에는 의문이
없습니다. 주로 이러한 사안을 염두에 두고 이른바 급부부당이득의
문제가 구상構想·처리되고 있습니다.

(1) 위와 같이 계약이 효력불발생임에도 불구하고, 따라서 이
행 당시 계약에 기하여 그와 같은 급부를 할 의무가 없음에도 불구

하고 그 급부가 실행되었던 경우에서 한 걸음을 나아가면, 예를 들어 제대로 된 계약에서 이미 이행을 하여 계약상 채무가 소멸하였음에도 다시 이행을 한 경우(이른바 이중변제), 애초 계약당사자가 아님에도 불구하고 당사자라고 잘못 생각하고 또는 근친인 A를 위하여 제3자로서 이행하여 그를 채무로부터 벗어나게 한다고 생각하고 이행하였으나 사실 A는 그 급부를 받은 자에 대하여 아무런 채무도 부담하지 아니하고 있었던 경우 등도 앞서 본 「계약상 급부의 원상회복」 문제와 같이 이를 해결할 수 있을 것입니다.[4]

  (2) 부당이득법의 이론과 관련하여서는 주지하는 대로 흔히 통일설(공평설)과 비통일설(유형론)의 대립이 논의되고 있습니다. 여기서 이를 상세히 설명할 필요는 없을 것입니다. 판례가 어떠한 태도를 취하는지는 반드시 명확하다고 할 수 없습니다. 즉 한편으로 대법원 2018년 1월 24일 판결 2017다37324사건(판례공보 2018년, 489면)은 "당사자 일방이 자신의 의사에 따라 일정한 급부를 한 다음 급부가 법률상 원인 없음을 이유로 반환을 청구하는 이른바 급부부당이득의 경우에는 법률상 원인이 없다는 점에 대한 증명책임은 부당이득반환을 주장하는 사람에게 있다. … 이는 타인의 재산권 등을 침해하여 이익을 얻었음을 이유로 부당이득반환을 구하는 이른바 침해부당이득의 경우에는 부당이득반환청구의 상대방이 이익을 보유할 정당한 권원이 있다는 점을 증명할 책임이 있는 것과 구별된다"고 판시하여, 위 두 유형에서 '법률상 원인 없음'의 입증책임을 각기 다른 당사자가 부담함을 정면으로 긍정하고 있으므로,

---

  4) 제742조의 표제인 「비채변제」 또는 제744조(표제: 「도의관념에 적합하비채변제」)에서 규율되는 "채무 없는 자가 채무로 인하여 변제한 경우" 등은 이러한 사안유형과도 밀접한 관련이 있습니다.

유형론의 입장에 서 있는 듯도 합니다. 그러나 다른 한편으로 대법원 2003년 6월 13일 판결 2003다8862사건(대법원판례집 제51권 1집, 340면); 대법원 2017년 6월 29일 판결 2017다213838사건(판례공보 2017년, 1569면) 등은 "부당이득제도는 이득자의 재산상 이득이 법률상 원인을 결여하는 경우에 공평·정의의 이념에 근거하여 이득자에게 그 반환의무를 부담시키는 것"이라고 설시하여서 여전히 공평설의 입장을 드러내고 있는 것입니다.

　(3) 그러나 어떠한 이론적 입장에 서든지 간에 제741조 이하의 부당이득제도에 계약상 급부의 원상회복 문제가 일반적으로 맡겨져 있다는 사실은 부정될 수 없습니다. 제742조부터 제745조까지 네 개의 민법 조항이 그 표제에서 '변제'라는 용어를 포함하고 있는 것이 그 점을 명확하게 보여 줍니다. 그리고 앞서 가. (1) (나)에서 인용한 제141조가 계약 등 법률행위가 취소된 경우, 즉 취소권이 현실적으로 행사된 경우에 관하여 그 본문에서 "취소된 법률행위는 무효인 것으로 본다"고 하면서도 단서에서는 "다만, 제한능력자는 그 행위로 받은 이익이 현존하는 한도에서 상환할 책임이 있다"고 정하고 있습니다. 이는, 행위능력의 제한을 이유로 계약 등 법률행위가 취소된 경우에 그 계약상 급부의 원상회복에 관하여서는, 일반의 부당이득에서 선의의 수익자에게만 반환범위를 현존이익에 한정하는 것(제748조 제1항)을 위의 행위능력 제한으로 인한 취소의 경우에는 그 선의·악의를 불문하고 인정함으로써 명백하게 일반 부당이득법리를 배경으로 하고 있다는 점에서 명확하게 드러나는 것입니다.

3. 계약 해제에 관한 제548조와 제741조 이하의 일반 부당 이득법리

가. 그러면 계약이 해제된 경우에 그 효과에 대하여 정하는 제 548조 외에 제741조 이하의 일반적인 부당이득법리가 적용될 가능 성이 있을까요? 본인은 이는 허용되지 아니한다고 보아야 한다고 생각하며, 우리 판례도 그러한 태도를 취하고 있습니다. 그리고 문 제는 오히려 제548조 제1항에서 정하는 '원상회복의무'를 구체적으 로 어떠한 내용으로 파악하는가에 달려 있다고 봅니다.

나. 대법원 1997년 12월 9일 판결 96다47586사건(판례공보 1998 년, 213면)은 여러 가지로 흥미로운 태도를 취하고 있습니다.

(1) 이 판결은, 원고(원래는 복수이나 여기서는 이렇게 표시하기로 합니다)가 피고로부터 호텔을 매수하고 이를 인도받아 그 용도대로 점유·사용하여 왔는데, 위 매매계약이 적법하게 해제되었다는 사 실관계에 대한 것입니다. 이 사건에서 원고는 그 매매대금의 반환 을 청구하였는데, 피고는 원고가 위 호텔의 점유·사용으로 인한 이익에 기한 부당이득반환채권으로 이를 상계한다는 항변을 하였 습니다. 이에 대하여 원고는 선의의 수익자인데 위 호텔의 영업 부 진으로 실제로 이익을 받은 일이 없어서 반환할 이익이 없다고 주 장하였습니다. 이에 대하여 대법원은 "계약 해제의 효과로서의 원 상회복의무를 규정한 민법 제548조 제1항 본문은 부당이득에 관한 특별규정의 성격을 가진 것"이라고 전제적으로 설시한 다음, "그 이익 반환의 범위는 이익의 현존 여부나 선의·악의에 불문하고 특 단의 사유가 없는 한 받은 이익의 전부"라고 판시하고, 원고의 주

장, 즉 그가 선의의 수익자로서 그 받은 이익이 현존하지 아니한다고 하면서 그 반환 범위를 다투는 주장을 받아들이지 않았습니다.

(2) 이 판결은 우선 계약의 해제로 당사자가 제548조 제1항 본문에 기하여 부담하는 원상회복의무는 부당이득반환책임의 성질을 가진다는 태도를 취합니다. 이는 대법원 1998년 12월 23일 판결 98다43175사건(판례공보 1999년, 228면); 대법원 2014년 3월 13일 판결 2013다34143사건(판례공보 2014년, 842면) 등 여러 번 거듭 판시된 확고한 판례의 태도입니다.

(3) 나아가 여기서 문제 삼고 있는 법문제와 관련하여 더욱 중요한 것으로서, 이 판결은 계약 해제로 인한 부당이득반환청구권(즉 앞서의 표현으로 하면 '계약상 급부의 원상회복'이 계약 해제를 원인으로 하는 경우의 부당이득반환청구권)에 관하여 정하는 제548조 제1항 본문은 제741조 이하에서 정하여진 일반적인 부당이득반환청구권에 대한 '특별규정', 즉 특칙이라고 그 법규정의 성질을 밝힙니다. 그리고 그 귀결로서, 급부수령자의 선의 · 악의 또는 이익의 현존 여부를 불문하고 급부 전부를 반환하여야 한다고 판시합니다. 즉 부당이득반환청구권 일반에 대하여 수익자의 선의와 악의를 구분하여 그 각 경우에 따라 그 반환의 범위를 달리 정하는 제748조의 적용을 배제하고 있는 것입니다. 이상 역시 일찍이 대법원 1962년 3월 29일 판결 4294민상1429사건(대법원판례집 제10권 1집, 281면) 이래 줄곧 대법원이 취하여 온 태도입니다.

(4) 그런데 계약 해제를 포함하여 그 효력불발생의 여러 경우에 문제되는 부당이득반환청구권은 앞의 2. 나.에서도 본 대로 '급

부부당이득'의 유형에 해당하는 것으로서 일반적으로 당사자가 행한 급부의 원상회복을 중심적인 내용으로 합니다. 계약이 애초 무효인 경우에도, 계약이 적법하게 취소된 경우 등에도 다를 바 없습니다. 바로 그것을 제548조 제1항 본문에서 말하는 '원상회복의무'가 정하고 있는 것입니다.

(5) 그리고 앞서의 재판례들이 일반 부당이득에 관한 제741조 이하의 규정에 대하여 제548조의 법적 성질을 '특별규정' 또는 '특칙'이라고 일관하여 파악하고 있는 데서도 알 수 있듯이, 그 경우의 부당이득 문제는 제548조에 의하여서만 처리되어야 하는 것이고, 그 외에 제741조 이하의 규정이 적용될 여지는 없습니다. 본인은 대법원이 계약 해제의 경우에 그 효과와 관련하여 제548조 외에 제741조 이하의 일반규정을 적용하여 부당이득을 인정한 예를 전혀 알지 못합니다. 이는 본인이 아는 한에서는 하급법원의 경우도 마찬가지이며, 학설도 다를 바 없습니다. 실제로 제548조에는 아무런 규율의 공백이 없으며, 오히려 문제는 제548조 제1항 본문에서 정하는 '원상회복의무'의 구체적인 내용이 무엇인가 하는 점입니다. 따라서 제741조 이하 일반규정의 적용이 모색되어야 할 실익도 없는 것입니다.

Ⅱ. 원고 측 임직원들의 이른바 업무 성과가 제548조의 '원상회복의무'에 해당하는가?

1. 전제

가. 아래에서 본인은 원고 측에서 주장하는 사실관계, 즉 원고

측 임직원들의 노력 및 원고의 모기업인 M 회사의 활동으로 A 회사 소유의 부동산에 대하여 제주도지사로부터 「조성계획 변경 승인 처분」을 받았고 이로 말미암아 위 부동산의 가치가 상승하여 그 결과 A 회사의 주식도 그 가치가 371억 원만큼 상승하였다는 주장을 사실인 것으로 전제로 하여 피고들의 그 주가 상승분에 대한 부당이득반환책임 유무에 관하여 의견을 개진하기로 합니다.

나. 또한 본인에게 주어진 사실관계에 의하면, "피고들과 원고 사이의 이 사건 주식매매계약이 유효하게 존속하고 있는 동안에, 원고는 **피고들의 양해 아래** A 회사의 경영에 참여하기로 하여 원고가 추천한 사람들이 그 회사의 임원으로 선임되거나 직원으로 채용되어 그 회사의 업무에 관여하였습니다"라고 합니다. 본인은 원고가 A 회사의 임직원이 되도록 일정한 사람들을 '추천한' 것이 이 사건 매매계약에서 약정된 바에 좇아 원고의 계약 이행으로 행하여진 것임을 전제로 하기로 합니다.

2. 이 사건 계약에서 약정된 '급부'와 제548조의 원상회복의무

가. 이 사건 계약은 피고들이 가지는 A 회사의 주식 전부를 원고에게 매도하는 것을 내용으로 합니다. 물론 이러한 주식매매계약의 경제적 목적은 원고의 입장에서 보면 A 회사의 지배권을 획득하는 것으로, 일반 사람들이 흔히 '회사 인수'라고 부르는 바일 것입니다. 그리고 그 과정에서 주식 매수인(또는 회사 인수인)인 원고가 자신과 일정한 관계에 있는 사람을 주식 매도인(또는 회사 양도인)과의 합의 아래 그 회사의 임직원으로 '보내는' 일도 충분히 상정될 수 있습니다.

나. 그러나 원고 측 임직원들이 A 회사에서 행한 업무의 성과 또는/및 M 회사의 활동으로 인한 주식 가치 상승의 이익이 이 사건 계약이 적법하게 해제된 경우에 주식 매도인이 부담하는 '원상회복의무'에 해당할 수는 없습니다.

(1) 무엇보다도 주의하여야 할 것은, 원고는 이 사건에서 이 사건 매매의 목적물인 A 회사의 주식을 취득한 일이 없다는 사실입니다. 따라서 이 사건 계약이 해제되었더라도 이 사건 주식은 매수인인 원고가 원상회복으로 피고들에게 반환하여야 할 것에 속하지 아니합니다. 그러므로 계약 해제에서 매수인이 반환하여야 할 목적물의 가치가 목적물 인도 후에 상승한 경우에 그 상승분만큼도 반환되어야 하는가 하는 법문제 또는 이를 뒤집어 말하면 매도인이 그 상승분만큼을 지급하여야만(또는 그 지급과 상환하여서만) 그 목적물의 반환을 청구할 수 있는 것이 아닌가 하는 법문제는 이 사건에서 원고가 주장하는 부당이득 또는 원상회복의무와는 전혀 무관한 것입니다.

(2) 이 사건에서 원고는 원고 측 임직원들이 이 사건 계약의 이행으로 A 회사의 임직원이 되고 나아가 그 업무를 수행한 결과로 이 사건 주식의 가치가 상승하였으므로 이 사건 계약이 해제됨으로 인하여 주식 매도인인 피고들이 부담하는 원상회복의무에는 그 가치 상승분의 지급이 포함된다고 주장합니다. 그러나 이 사건 계약의 이행으로 원고가 행한 바는 일정한 사람들을 A 회사의 임직원으로 '보낸' 것에 그치며, 그들이 어떠한 업무 성과를 냈는지는 원고의 이 사건 계약 이행과는 무관합니다. 또한 이 사건 계약은 원고와 피고들 사이에 체결되었고 원고의 모기업이라는 M 회사는

그 당사자가 아닌 것이며(설사 원고 회사의 '모기업'이었다고 하더라도 그것이 원고 회사와는 별개의 법인격을 가지고, '모기업'이라고 해서 '자기업子企業'의 법적 권리의무가 그에게 귀속되거나 그 계약상 법률관계에 대하여 어떠한 법적 지위를 가지지 아니함은 명백합니다), 나아가 이 사건 계약에 M 회사가 위와 같은 승인 처분을 얻기 위하여 활동한다는 내용은 포함되지 아니한 것으로서 M 회사의 '활동'이라는 것은 역시 이 사건 계약의 이행과는 무관한 것입니다.

　(가) 이 사건에서 원고는 다른 사람과 사이에 행한 약정의 이행으로 일정한 제3자로 하여금 어떠한 직위에 앉도록 하였을 뿐입니다(그리고 그 계약의 상대방인 피고들은 자신들이 주식을 보유하고 있는 A 회사에 그들을 받아들임으로써 그와 관련된 의무를 다하였습니다). 원고는 그 제3자가 그 직위에서 수행한 업무에서 어떠한 긍정적 성과를 내는 것 또는 최소한 실패하지 아니하는 것에 대하여 계약상 이를 보장하거나 기타 책임을 지지 아니하였습니다. 말하자면 그 직위 자체와 그 직위에서의 업무 수행의 성공 여부와는 엄밀히 구별되는 것입니다. 원고 측 임직원들은 그 업무 수행에서 큰 성과를 거둘 수도 있지만, 반대로 크게 실패할 수도 있습니다. 그리고 이러한 업무 수행의 성공 또는 실패는 그 결과가 A 회사라는 주식회사 자체에 귀속되는 것입니다. 그러므로 위와 같은 약정을 포함하는 이 사건 계약이 그 해제로 효력을 상실한 경우에 피고들이 원고에 대하여 '원상회복'하여야 할 것은, 위와 같은 약정이 행하여지지 아니한 상태, 즉 구체적으로는 원고 측 임직원들을 A 회사로부터 벗어나게 하는 것 또는 애초부터 그 임직원이 아닌 상태로 돌아가는 것일 수는 있을지도 모릅니다. 그러나 그들이 A 회사의 임직원으로 있으면서 행한 업무 처리의 성공 또는 그 성과(그로 인한 주식 가치

의 상승)을 단지 A 회사의 주주인 피고들에게 '원상회복'할 것을 청구할 수는 없습니다.

(나) 이와 관련하여서는 앞의 Ⅰ. 3. 나.에서 인용한 바 있는 대법원 1997년 12월 9일 판결 96다47586사건(판례공보 1998년, 213면)이 계약상 급부 자체와 그 수령자의 급부 이용의 결과를 구분하는 태도를 여기에 인용할 수 있을 것입니다. 즉 "[매매의 목적물인] 부동산을 점유·사용함으로써 받은 이익은 특별한 사정이 없는 한 임료 상당액이라 할 것이므로, 원고들이 [이 사건 매매계약의 목적물인] 위 호텔을 인도받아 그 용도대로 사용한 이 사건의 경우에도 원고들은 그 임료 상당의 이익을 받았다고 할 것이고, **가사 전체적인 호텔 영업이 적자였다고 하더라도 사용으로 인한 이익 자체를 부정할 수는 없다**"(인용문에서의 꺾음괄호 안은 인용자가 부가한 것입니다)고 판시하고 있는 것입니다. 이는 뒤집어서 말하면 "전체적인 호텔 영업이 큰 흑자였다고 하더라도 원고들은 사용 자체로 인한 이익, 즉 임료 상당만을 지급하면 족하고 그 영업 이익을 반환할 책임은 없다"는 것입니다.

(다) 또한 다음과 같은 점도 이 맥락에서 고려되어야 할 것입니다.

(a) 상법에서는 주식회사 이사의 임무 해태로 인한 책임에 대하여 제399조·제400조와 제401조를 나누어 규정하고 있습니다. 그 각 표제에서 보듯이, 앞의 두 개조는 '회사에 대한 책임'을 다루며, 뒤의 제401조는 '제3자에 대한 책임'을 정합니다. 이 제401조의 해석과 관련하여서는 직접손해와 간접손해를 구분하여 논의되고 있는데, 여기서 전자는 이사의 임무 해태로 인하여 제3자가 직접

입은 손해를 말하고, 후자는 이사의 임무 해태로 회사가 손해를 입
고 그 회사의 손해로 인하여 다시 제3자가 입은 손해를 말합니다.
"예컨대 이사가 임무 해태로 인하여 회사 재산을 감소시켜 회사 채
권자의 채권 회수를 어렵게 한 경우"입니다.[5]

　　(b) 그런데 판례는 확고하게 여기서의 **간접손해에 대하여는 제
3자가 손해배상을 청구하지 못한다는 태도**를 취하고 있습니다. 대법원
1993년 1월 26일 판결 91다36093사건(법원공보 1993년, 845면)은 "주
식회사의 주주가 대표이사의 악의 또는 중대한 과실로 인한 임무
해태행위로 직접 손해를 입은 경우에는 이사와 회사에 대하여 상
법 제401조, 제389조 제3항, 제210조에 의하여 손해배상을 청구할
수 있으나, 대표이사가 회사 재산을 횡령하여 회사 재산이 감소함
으로써 회사가 손해를 입고 결과적으로 주주의 경제적 이익이 침
해되는 손해와 같은 간접적인 손해는 상법 제401조 제1항에서 말
하는 손해의 개념에 포함되지 아니하므로 이에 대하여는 위 법조
항에 의한 손해배상을 청구할 수 없"다고 판시하였습니다. 이러한
법리는 그 후에 대법원 2003년 10월 24일 판결 2003다29661사건(판
례공보 2003년, 2250면); 대법원 2012년 12월 13일 판결 2010다77743
사건(판례공보 2013년, 121면) 등에서도 일관되게 인정되고 있습니다.

　　(c) 이러한 직접손해/간접손해의 구분을 이 사건과 관련지어
말하면, 직접이익/간접이익, 즉 회사가 이익을 봄으로써 그 결과로

---

　5) 이철송, 회사법강의, 제31판(2023), 832면. 또한 정찬형, 회사법강의, 제4
　　판(2022), 901면 이하도 같은 취지로 말하는데, 여기서는 그 예로 "이사
　　가 회사 재산에 대하여 손해를 기하였기 때문에 이익 배당을 받지 못한
　　주주가 입은 손해"를 들고 있습니다(그 책, 902면).

주주가 가지는 주식의 가치가 올라가는 것에 상응한다고 할 수 있 겠습니다. 그리고 판례가 앞서 본 바와 같이 간접손해의 배상을 부 정하고 있다는 것을 배경으로 놓고 보면, 이 사건에서 설사 원고 측 임직원들의 노력 또는/및 M 회사의 활동으로 A 회사 주식회사 의 가치가 상승하였다고 하더라도, 또 그로 인하여 피고들과 같은 주주가 이익을 얻었다고 하더라도, 이를 부당이득으로 반환청구하 는 것은 허용되지 아니한다고 보아야 할 것입니다.

　(라) 한편 본인이 앞의 (가)에서, "피고들이 원고에 대하여 '원 상회복'하여야 할 것은, 위와 같은 약정이 행하여지지 아니한 상태, 즉 구체적으로는 원고 측 임직원들을 A 회사로부터 벗어나게 하는 것 또는 애초부터 그 임직원이 아닌 상태로 돌아가는 것일 수는 있 을지도 모릅니다."라고 대체로 유보적으로 말한 것은 다음과 같은 사정과 관계가 있습니다.

　(a) 일반적으로 아마도 이 사건에서 원고 측 임직원들이 적 어도 그 일부가 체결하였을 '근로계약'에 관하여는 그것이 효력불 발생된 경우에도 노무가 실제로 제공된 한에서는 계약적 효력이 인정되어야 한다는 「사실적 근로계약」의 이론이 주장되고 또 대법 원 재판례에서도 받아들여지고 있습니다. 즉 우리나라의 노동법 교 과서에서는 예를 들면 "근로계약이 무효·취소인 경우라도 그동안 행한 근로자의 노무 제공의 효과를 소급하여 부정하는 것은 타당 하지 않다. 이미 제공된 노무를 기초로 형성된 취소 이전의 법률관 계까지 효력을 잃지는 않으며, 취소 이후 장래에 관하여만 근로계 약의 효력이 소멸된다."고 말하여집니다.[6] 그리고 대법원 2017년

---

6) 이철수, 노동법(2023), 126면 이하.

12월 22일 판결 2013다25194사건(판례공보 2018년, 270면)은, 근로자
인 원고가 경력을 속여서 피고 주식회사에 취업한 사안에서 원고
의 기망으로 체결된 위 근로계약은 피고 회사의 취소의 의사표시
로써 적법하게 취소되었으나, "그와 같이 근로계약의 무효 또는 취
소를 주장할 수 있다 하더라도 근로계약에 따라 그동안 행하여진
근로자의 노무 제공의 효과를 소급하여 부정하는 것은 타당하지
않으므로 이미 제공된 근로자의 노무를 기초로 형성된 취소 이전
의 법률관계까지 효력을 잃는다고 보아서는 아니 되고, 취소의 의
사표시 이후 장래에 관하여만 근로계약의 효력이 소멸된다고 보아
야 한다"고 판시하면서, 피고 회사의 **취소 의사표시가 행하여진 장래
에 관하여만 근로계약의 효력이 소멸하고 그 이전의 법률관계는 여전히 유
효하다**고 판단하고 있습니다.

　　(b) 이러한 법리는 계약이 해제되어 그 효력이 상실된 경우
에도 마찬가지라고 할 것입니다. 그러한 관점에서 보면, 앞에서 본
바와 같이 설사 원고 측 임직원들이 앞서 본 바와 같은 약정을 포
함하여 이 사건 계약이 해제될 때까지는 여전히 유효하게 A 회사
의 임직원으로서 일한 것이 됩니다.[7] 그러므로 원고 측 임직원들의
노력으로 제주도 소재의 일정한 부동산에 대하여 그 노력으로 「조
성계획 변경 승인 처분」을 받았고, 이로써 A 회사의 가치가 상승하
였다고 하더라도, 이는 그들이 A 회사의 임직원으로 유효하게 재직
하고 있는 동안에 그 업무 집행으로 일어난 일이므로, 그들에게 그

---

7) 물론 이 사건 계약이 해제되었다고 해서 원고 측 임직원들이 당연히 그
　직위를 상실하는가 하는 점도 따져 볼 필요가 있다고 하겠습니다. 그러
　나 이 사건의 맥락에서는, **그 해제 전에** 그들의 노력으로 본문에서 본 바
　와 같은 '처분'을 받게 되었다는 것이므로, 위와 같은 논점은 이 사건과
　는 관련이 없다고 해도 되겠습니다.

기간에 관하여 지급된 급료 기타 보수 이외에 별도로 무슨 '보상'을 법적으로 구할 수 없습니다. 회사의 임직원이 그 업무 수행의 과정에서 엄청난 공로를 올려 회사에게 많은 이익을 가져다 주었다고 해서 그가 회사를 상대로 '보너스'의 지급을 구할 수 있는 법적 권리, 예를 들면 부당이득반환청구권을 가질 수는 없다는 것은 자명하다고 하겠습니다. 즉 그와 같은 회사의 이익은 회사와 그 임직원 사이의 근로계약 등이 그 법률상 원인이 되는 것입니다. 이와 달리 부당이득은 —제548조에서 규율되는 그것을 포함하여— 이익의 발생에 법률상 원인이 없는 경우에만 성립할 수 있습니다. 이는 대법원 2005년 4월 15일 판결 2004다49976사건(판례공보 2005년, 740면)은 물론이고, 극히 최근의 대법원 2023년 4월 27일 판결 2022다304189 (판례공보 2023년, 940면)이 **"계약당사자 사이에서 그 계약의 이행으로 급부된 것은 그 급부의 원인관계가 적법하게 실효되지 아니하는 한 부당이득이 될 수 없**는 것"이라고 명시적으로 판시하고 있는 바입니다.

3. 소 결

이상과 같은 이유로 원고 측 임직원들이 행한 업무의 성과 또는/및 원고의 모기업이라는 M 회사의 활동으로 인한 A 회사의 주식 가치 상승의 이익은 이 사건 계약이 적법하게 해제된 경우에 주식 매도인인 피고들이 부담하는 '원상회복의무'에 해당될 수 없습니다.

Ⅲ. 원고가 위와 같은 A 회사의 주식 가치 상승의 이익을 민법 제741조 이하의 규정에 기하여 부당이득으로 반환청구를 할 수 있는지 여부

이 문제에 대하여는, 앞의 Ⅰ. 3. 나. (3)에서 본 대로, 계약이 해제된 경우 당사자들의 부당이득 문제는 제548조에 의하여서 정하여진 바에 의해서 '계약상 급부의 원상회복'으로서만 처리되므로, 제741조 이하의 일반 부당이득에 관한 규정에 기하여 그 반환을 청구할 수는 없습니다.

Ⅳ. 계약 해제의 효과에 관한 별도의 약정이 있는 경우 그 약정의 효력 여하

1. 제548조 및 제741조 이하 규정의 임의규정성

가. 계약 해제의 효과에 관한 제548조는 물론이고, 부당이득 일반에 관하여 정하는 제741조부터 제749조까지도 모두 민법의 제3편 「채권」에 포함되어 있습니다. 이러한 채권편 규정에 대하여는 그 특질로서 일반적으로 '임의법적 성질'을 듭니다.[8) 그리고 위의

---

8) 대표적으로 김형배, 채권총론, 제2판(1998), 16면 : "채권에 대해서는 물권(제185조 참조)에 있어서와는 달리 내용상의 획일성이나 정형성을 필요로 하지 않는다. 그 이유는 채권은 배타성이 없는 특정인에 대한 청구권에 지나지 않기 때문이다. 그러므로 채권법을 구성하는 모든 규정은 임의규정 내지는 보충규정으로서의 성질을 가질 뿐이다. … 이와 같이 채권법은 임의법규로서 합리적 거래의 기초를 제시하는 데 그치며, 당사자의 의사가 불명료하거나 흠결되어 있는 경우에 당사자의 의사를 해석하고 보충하는 작용을 한다." 물론 이러한 일반적 설명이, 예를 들면 채권 양도에서 대항요건을 포함하여 그 요건에 관한 규정들이 제3자의 이

제548조나 제741조 이하의 규정들도 모두 임의법규로 이해되고 있습니다. 따라서 계약의 당사자들은 그 계약에서 계약이 해제된 경우의 여러 가지 효과에 대하여 위 규정들과는 다른 내용의 특약을 유효하게 할 수 있습니다.

나. 다만 위와 같은 특별한 약정에 대하여는, 계약의 효력을 규제하는 일반규정, 예를 들면 '선량한 풍속 기타 사회질서에 반하는' 계약 내용을 무효로 하는 제103조 등에 기하여서 말하자면 「내용통제」를 가할 수 있음은 물론입니다.

다. 또한 제548조나 제741조와 같은 임의규정들은 위와 같은 특약을 '해석'함에서도 일정한 영향을 미침은 물론입니다. 그것은 계약 해석에서 임의규정의 '지침성' 또는 '방향 지시성'으로서의 역할이라고 부를 수 있는 것입니다.

2. 우리 법에서 계약 해석의 원칙

가. 계약의 해석 원칙에 대하여는 여기서 상세히 논할 수 없으며, 또 그렇게 할 필요도 없을 것입니다. 다만 그 요목을 아래와 같이 정리할 수 있습니다.

나. 계약 해석에 관하여 확립된 한국 법원의 입장은 우선 당사자들의 의사가 일치하는 경우에는 그 문언 기타 표현에 구애받지

해관계에 직접 영향을 주는 것으로서 강행성을 가진다는 것 또는 임대차에서 일정한 규정을 이른바 편면적 강행규정으로 명시적으로 정하고 있는 것(제652조)과 같이 일정한 예외를 부정하는 취지는 아닐 것입니다.

않고 그 일치된 의사 내용으로 해석되어야 합니다. 이는 통상 「오 표시 무해의 원칙」이라고도 불리는데, 대법원 1993년 10월 26일 판 결 93다22629사건(법원공보 1993년, 3165면)은 다음과 같이 판시하여 이 원칙을 여실히 보여주고 있습니다.

> "일반적으로 계약의 해석에 있어서는 형식적인 문구에만 얽매여 서는 아니되고 쌍방 당사자의 진정한 의사가 무엇인가를 탐구하여 야 하는 것이므로, 부동산의 매매계약에 있어 쌍방당사자가 모두 특정의 갑 토지를 계약의 목적물로 삼았으나 그 목적물의 지번 등 에 관하여 착오를 일으켜 계약을 체결함에 있어서는 계약서상 그 목적물을 갑 토지와는 별개인 을 토지로 표시하였다 하여도 위 갑 토지에 관하여 이를 매매의 목적물로 한다는 쌍방당사자의 의사합 치가 있은 이상 위 매매계약은 갑 토지에 관하여 성립한 것으로 보 아야 할 것이고 을 토지에 관하여 매매계약이 체결된 것으로 보아 서는 안 될 것이며, 만일 을 토지에 관하여 위 매매계약을 원인으로 하여 매수인 명의로 소유권이전등기가 경료되었다면 이는 원인이 없이 경료된 것으로써 무효라고 하지 않을 수 없다."

다. 나아가 그러한 일치된 의사를 확인할 수 없고 쌍방이 주장 하는 계약 의사가 합치하지 아니하는 경우에는, 기본적으로 "계약 문언의 내용에 의하여 당사자가 그 표시행위에 부여한 객관적 의 미를 합리적으로 해석하여야"한다는 것입니다. 나아가 한국의 판 례는 일찍부터 일관되게 당사자 사이에 계약의 해석에 관하여 다 툼이 있는 경우에는 "당사자의 내심적 의사의 여하에 관계없이 그 계약상 문언의 내용과 그 계약이 이루어지게 된 동기 및 경위, 당 사자가 그 계약에 의하여 달성하려고 하는 목적과 진정한 의사, 거

래의 관행 등을 종합적으로 고찰하여 사회정의와 형평의 이념에
맞도록 논리와 경험의 법칙, 그리고 사회 일반의 상식과 거래의 통
념에 따라 당사자 사이의 계약의 내용을 합리적으로 해석하여야
한다"는 태도를 취합니다. 이는 일찍이 대법원 1962. 4. 18. 판결
4294민상1236사건(대법원판례집 제10권 2집, 민사편 160면)에서 선언되
었는데, 그 후로도 많은 재판례에서 반복적으로 설시되고 있습니
다. 예를 들면, 대법원 1993. 10. 26. 판결 93다3103사건(법원공보
1993년, 3167면); 대법원 1996. 10. 25. 판결 96다16049사건(판례공보
1996년, 3442면); 대법원 2002. 6. 28. 판결 2002다23482사건(판례공보
2002년, 1816면) 등이 있습니다.

　　라. 이와 같이 계약을 '합리적 해석'으로 해석하여야 한다는 일
반적인 요청에 기하여 한국의 대법원이 구체적으로 계약의 개별
조항을 해석함에 있어서 고려한 보다 세부적인 사항으로서는 다음
을 들 수 있을 것입니다. 즉, (i) 계약의 체결 과정에서 일방이 타방
에게 계약의 목적물에 대하여 설명한 내용과 같이 계약 체결 전에
존재한 각종의 사정,9) (ii) 계약 당시에 당해 조항에서 정하여진 사
항과 관련하여 당사자 사이에 존재하던 사정,10) (iii) 계약 체결 후
당사자들이 다툼이 있는 조항에 대하여 처리한 내용 등을 고려하
고 있습니다.11)

---

　9) 대법원 1998. 7. 14. 판결 96다39707사건(판례공보 1998년, 2115면) 등 참
　　조.
　10) 대법원 1997. 11. 28. 판결 97다36231사건(판례공보 1998년, 90면); 대법
　　원 1998. 5. 29. 판결 97다27015사건(판례공보 1998년, 1745면) 등 참조.
　11) 대법원 1996. 9. 20. 판결 95다20454사건(판례공보 1996년, 3107면) 등 참
　　조.

3. 소 결

이 사건 계약에서 계약 해제의 효과에 관하여 당사자 사이에 약정한 바가 있다면 그 약정은 이상의 원칙에 좇아 합리적으로 해석되어야 합니다. 그리고 그 해석의 결과로 별도의 부당이득 성립은 부정되는 방향으로 판단되기 쉬울 것입니다. 앞의 1. 다.에서 지적한 임의규정(여기서는 제548조 및 제741조 이하)에 대한 법해석이 가지는 계약 해석에서의 '지침성' 또는 '방향 지시성'에 의하여 그러합니다.

(2023년 11월 작성)

[후 기]

이 사건의 제1심을 맡은 서울중앙지방법원은 2024년 6월에 판결을 선고하면서, A 회사의 주식 가치 상승분에 대한 피고들의 부당이득반환의무를 부정하고 이 부분 청구("제1 예비적 청구")를 기각하였다.

그 이유는, 첫째, 무엇보다도 이 사건 주식매매계약이 나중에 자동해제되어 그 각 계약상 급부는 반환되어야 하는데, 그 계약상 정하여진 원고의 급부는 주식매매대금의 지급이고 피고들의 급부는 A 회사 주식의 양도이며, 이 사건 사업승인을 받는 것은 계약상 정하여진 원고의 급부가 아니라는 것, 둘째, 이 사건 사업승인은 A 회사의 비용과 노력으로 이루어진 것으로 여겨져서 이를 두고 '원고의 재산 또는 노무'로 인하여 피고들이 얻은 이익이라고 볼 수 없으며, 원고가 이 사건 사업승인을 위하여 비용과 노력을 투입한 것이 없는 이상 원고에게 '손해'가 발생하였다고 볼 수도 없다는 것이다.

대체로 위 글과 같은 취지라고 여겨진다.

재판례 색인

사항 색인

** 여러 페이지에 이어지는 경우에는 처음 나오는 페이지만을 적어
두었다.

민사의견서집 제1권

초판발행	2025년 3월 20일
지은이	양창수
펴낸이	안종만 · 안상준
편 집	김선민
기획/마케팅	조성호
표지디자인	권아린
제 작	고철민 · 김원표

펴낸곳	(주) **박영사**
	서울특별시 금천구 가산디지털2로 53, 210호(가산동, 한라시그마밸리)
	등록 1959. 3. 11. 제300-1959-1호(倫)
전 화	02)733-6771
f a x	02)736-4818
e-mail	pys@pybook.co.kr
homepage	www.pybook.co.kr
ISBN	979-11-303-4772-1 93360

copyright©양창수, 2025, Printed in Korea

* 파본은 구입하신 곳에서 교환해 드립니다. 본서의 무단복제행위를 금합니다.

정 가　　　45,000원

저자약력

서울대학교 법과대학 졸업
법학박사(서울대학교)
서울대학교 법과대학 교수
대법관
한양대학교 법학전문대학원 교수
현재 서울대학교 명예교수

주요저술

(저) 民法研究 제 1 권, 제 2 권(1991), 제 3 권(1995), 제 4 권(1997),
　　제 5 권(1999), 제 6 권(2001), 제 7 권(2003), 제 8 권(2005),
　　제 9 권(2007), 제10권(2019)
　민법 Ⅰ: 계약법, 제 4 판(2024)(공저)
　민법 Ⅱ: 권리의 변동과 구제, 제 5 판(2023)(공저)
　민법 Ⅲ: 권리의 보전과 담보, 제 5 판(2023)(공저)
　민법입문(1991, 제 9 판 2023)
　민법주해 제 1 권(1992, 제 2 판 2022), 제 4 권, 제 5 권(각 1992),
　　제 9 권(1995), 제16권(1997), 제17권, 제19권(각 2005)(분담 집필)
　註釋 債權各則(Ⅲ)(1986)(분담 집필)
　民法散考(1998)
　민법산책(2006)
　노모스의 뜨락(2019)
　민법전 제정자료 집성: 총칙·물권·채권(2023)

(역) 라렌츠, 정당한 법의 원리(1986, 신장판 2022)
　츠바이게르트/쾨츠, 比較私法制度論(1991)
　로슨, 大陸法入門(1994)(공역)
　독일민법전 ─ 총칙·채권·물권(1999, 2024년판 2024)
　포르탈리스, 民法典序論(2003)
　독일민법학논문선(2005)(편역)
　존 로버트슨, 계몽 ─ 빛의 사상 입문(2023)